SAINT JÉRÔME

SA VIE ET SON ŒUVRE

UNIVERSITÉ CATHOLIQUE
ET COLLÈGES THÉOLOGIQUES O. P. ET S. J., DE LOUVAIN

SPICILEGIUM SACRUM LOVANIENSE
ÉTUDES ET DOCUMENTS
FASCICULE I

FERD. CAVALLERA
PROFESSEUR A L'INSTITUT CATHOLIQUE DE TOULOUSE

SAINT JÉRÔME

SA VIE ET SON ŒUVRE

PREMIÈRE PARTIE

TOME I

LOUVAIN
"SPICILEGIUM SACRUM LOVANIENSE"
BUREAUX
RUE DE NAMUR, 40

PARIS
Librairie Ancienne HONORÉ CHAMPION
ÉDOUARD CHAMPION
QUAI MALAQUAIS, 5

1922

A. 1.

INTRODUCTION

Ce livre est la première partie d'un travail d'ensemble sur saint Jérôme et son œuvre. Laissant pour un autre volume l'étude doctrinale et littéraire, je n'ai en vue ici que la biographie. Une attention spéciale y est accordée aux questions de chronologie, pour lesquelles il a paru, qu'en dépit des recherches antérieures, il était possible d'arriver à plus de précision et même sur certains points à de véritables certitudes.

Jérôme qui a conservé à la postérité, par ses biographies ou ses éloges, le souvenir de tant de ses contemporains [1], n'a point trouvé dans son entourage un Possidius ou un Gerontius, pour nous transmettre sur lui quelques souvenirs, pas davantage un Grégoire de Nazianze, pour composer son éloge. Ses plus anciennes vies sont tardives et légendaires [2]. Elles forment les premiers anneaux de la chaîne des histoires modernes, elles n'ont aucun titre à représenter les contemporains dont parfois elles usurpent le nom.

Il nous reste, pour nous documenter, avec les allusions des auteurs qui connurent saint Jérôme ou des témoins de sa vie, les œuvres mêmes de l'infatigable écrivain. Sans faire la lumière sur tous les points, les unes et les autres permettent une reconstitu-

[1] Biographies de Paul l'ermite, de saint Hilarion, du moine Malchus, éloges de Léa, d'Asella, de Marcella, de Paula, de ses filles Blésilla et Paulina, de Népotien, de Nebridius, de Lucinus.

[2] Voir note complémentaire T.

tion assez complète. Les *Apologies* de Rufin, les lettres et les traités de saint Augustin, quelques témoignages, précieux quoiqu'assez brefs, de Sulpice Sévère, d'Orose, de Palladius, de Théophile, la correspondance pontificale renseignent sur nombre de faits [1]. Saint Jérôme lui-même, si l'on met à part les autobiographies comme les *Confessions*, est sans doute celui des auteurs chrétiens d'Occident qui nous a laissé le plus de détails personnels. Occupations ou sentiments, goûts littéraires et dispositions morales, souvenirs de jeunesse, difficultés du présent, appréhensions pour l'avenir, amitiés et rancunes, contradictions et controverses, infirmités chroniques ou momentanées, il n'est pas jusqu'à ses tentations et à ses rêves sur lesquels il ne nous fasse quelque confidence [2].

Mais cette abondance ne va pas sans danger : il importe d'y prendre garde. Ces renseignements nous arrivent par des sources diverses. Il y a d'abord les lettres [3] et les préfaces. Fort nombreuses, celles-ci, plus encore que les lettres dont un grand nombre sont de vrais opuscules, constituent des fragments d'autobiographie, écrits au jour le jour, sous l'impression du moment [4]. Elles précisent des particularités de la vie extérieure ou fixent un état d'âme. Il y a ensuite les traités de polémique et les apologies où la préoccupation de la défense personnelle est prépondérante [5]. En dernier lieu viennent les autres œuvres de caractère moins sub-

---

[1] Un choix, sous le titre de *Selecta Veterum testimonia de Hieronymo eiusque scriptis*, allant du Ve au XVIIe siècle, dans Migne, PL, XXII, 213-232.

[2] Ces détails ont été réunis à diverses reprises dans des recueils spéciaux qu'il y aurait avantage à refaire: Aug. Cermelli, *Vita primi et maximi doctoris Ecclesiae Smi Hieronymi*, Ferrare, 1648, 8°, 71 pages; Seb. Dolci, *Maximus Hieronymus vitae suae scriptor, sive de moribus, doctrina et rebus gestis Hieronymi Stridonensis commentarius ex ipsismet eius operibus decerptus, editus, illustratus*, Ancône, 1750, 8°, XVI-240 pages.

[3] L'édition critique de M. Hilberg (CSEL, t. LIV-LVI) comprend 154 lettres; 122 sont de Jérôme lui-même, les autres sont des papes Damase, Anastase, Innocent I, de saint Augustin, de saint Épiphane, de Théophile d'Alexandrie, etc. On peut compter 69 lettres familières et 53 traités, sous forme épistolaire. A ces derniers Jérôme donne de préférence le nom de *libelli* (par exemple pour la lettre XXII).

[4] Les préfaces sont au nombre de 110, plusieurs fort courtes.

[5] Polémique personnelle : le *Contra Iohannem Hierosolymitanum* et les deux *Apologies* contre Rufin.

jectif. Accessoirement, au gré de l'imagination et au hasard du développement, elles présentent des allusions ou évoquent des souvenirs. Bien que fort divers d'étendue et d'importance, ces matériaux autobiographiques posent tous le même problème et requièrent dans leur emploi la même prudente méthode.

Elle est conditionnée par le tempérament littéraire de saint Jérôme et plus encore par sa psychologie. De nature fort primesautière, ressentant avec une vivacité singulière la première impression fâcheuse, et s'y abandonnant sans réserve, il l'exprimait avec force et sans ménagement. Son éducation littéraire, loin d'atténuer ces dispositions, avait contribué à les exagérer. Ce n'est pas en vain que Jérôme avait pris, comme étudiant de rhétorique, sa large part des controverses fictives, ou suivi avec assiduité les audiences des tribunaux romains où s'invectivaient les avocats. La lecture des satiriques et des comiques avait encore développé en lui le talent et le goût de la caricature, le penchant aux allusions malignes et aux exagérations. Assurément il cherchait à se surveiller, et tâchait de respecter les lois de la charité et de la vérité. Mais les premières n'étaient guère en question, quand il s'agissait de polémique, et les secondes comportaient, dans les mœurs littéraires du temps, des libertés beaucoup plus étendues que de nos jours.

Saint Jérôme s'est expliqué là-dessus sans ambages dans son *Apologie* pour l'*Adversus Iovinianum* [1]. C'est, dit-il, une question de genres littéraires. La polémique n'est pas la dogmatique. Celle-ci demande un exposé franc et loyal. Celle-là est une escrime qui requiert l'habileté dans la feinte et la souplesse. L'adversaire doit se parer contre les ruses et s'attendre, quand on lui présente du pain, à recevoir une pierre. Ainsi ont agi non seulement les écrivains profanes, mais aussi les chrétiens, dans la controverse, exprimant moins leurs sentiments intimes que ce

---

[1] *Epist.* XLIX, 13 (XLVIII, VALLARSI), un long développement sur ce sujet: « Interdum coguntur loqui non quod sentiunt sed quod necesse est. » Il montre ensuite comment saint Paul et le Christ lui-même adaptent leur enseignement aux divers auditoires. Autre est la méthode suivie avec les apôtres, autre avec les Pharisiens.

que réclamerait la situation. Chaque genre a ses lois qu'il faut suivre et d'après lesquelles il faut juger les écrits.

Ailleurs il a lui-même appliqué consciemment la théorie [1], et cet exemple doit être toujours présent à l'esprit, quand on utilise son œuvre, car il éclaire d'un jour singulier cet état d'âme si différent du nôtre. Il serait aussi injuste qu'inélégant de le taxer d'insincérité. Son ami Rufin l'ayant visé, dans sa préface du *Periarchon*, d'une manière qu'il jugea désobligeante et qui lui imposait, assuraient ses partisans romains, de protester publiquement, Jérôme, ne tenant pas à briser une amitié péniblement renouée, imagina pour tout concilier d'écrire la phrase suivante : « Les feuilles que vous m'avez envoyées m'ont honorablement insulté. Elles louent mon talent, de manière à me refuser l'orthodoxie. *Comme à Alexandrie, à Rome et dans presque tout l'univers de braves gens* ont l'habitude de répandre les mêmes bruits, et m'aiment au point de ne pouvoir être hérétiques sans moi, je laisserai les personnes et répondrai aux faits et aux accusations seulement. » Rufin s'étant plaint de cette attaque, à son avis injustifiée, Jérôme lui fit en toute candeur l'étrange réponse que voici : « *Ce dont un seul et un ami m'avait chargé à Rome, j'ai dit que beaucoup d'ennemis me le reprochaient dans tout l'univers*, pour ne point paraître répondre à une personne, mais à une accusation. » Ainsi pour dépister les lecteurs et ne point mécontenter Rufin, Jérôme multipliait le nombre de ses ennemis. Il créait de toutes pièces le fait d'une opposition qui, par la précision des

[1] *Epist.* LXXXIV, 1, à Pammachius et Océanus : « Schedulae quas misistis honorifica me affecerunt contumelia, sic ingenium praedicantes ut fidei tollerent veritatem. Quia eadem et Alexandriae et Romae et in toto paene orbe boni homines super meo nomine iactare consueverunt et tantum me diligunt ut sine me haeretici esse non possint, omittam personas et rebus tantum et criminibus respondebo. » Dans l'*Apologie,* — je désignerai toujours sous ce nom le *Contra Rufinum,* — expliquant son attitude (II, 3 ; PL, XXIII, 399, C), il écrit: « Quamvis laesus sic amicitiae iura servavi ut me sine accusantis accusatione defenderem et quod unus Romae amicus obiecerat a multis in toto orbe inimicis dicerem iactitatum, ut non viderer homini sed criminibus respondere. » Il répète cette explication, l'année suivante (*Apol.* III, 34 ; *Ibid.* 482, A) : « Purgare me volui et hoc sine invidia nominis tui ut quod tu solus accusaveras ad multos referrem, non tibi haeresim obiciens sed a me repellens. »

détails donnés (Alexandrie, Rome), pouvait paraître une information historique de première valeur.

On pourrait citer d'autres exemples [1]. Ils ne doivent entraîner, je le répète, aucune appréciation désobligeante sur la sincérité de saint Jérôme. On reste dans l'ordre littéraire et psychologique, au moins habituellement. Il faut seulement y voir un procédé de style sur lequel il n'y a point à prendre le change, quand il s'agit d'interpréter les textes. Leur donner une valeur absolue serait s'exposer à des erreurs considérables. C'est dire toute la complexité et la délicatesse de la tâche qui s'impose à l'historien.

Une autre conséquence doit être signalée. Puisqu'il faut y regarder de si près et n'accepter les assertions, parfois les plus formelles, que sous bénéfice d'inventaire, saint Jérôme ne peut être le seul à profiter d'un traitement équitable. Ses adversaires ont droit à voir leur cause appréciée avec la même impartialité. Pour les juger il faut tenir compte de l'état d'esprit et des habitudes littéraires de leur contradicteur. L'historien n'est pas un apologiste. Quelles que soient ses sympathies personnelles, il doit à tous la même mesure de justice et de compréhension et ne saurait approuver chez les uns ce qu'il a déclaré blâmable chez les autres. Il est assurément plus facile et parfois, peut-être, littérairement plus intéressant de simplifier les lignes, d'accuser les contrastes ou d'aviver les couleurs, mais pour les morts comme pour les vivants, même dans les querelles de plume, la probité, l'attention vigilante à se conformer aux exigences rigoureuses de la conscience professionnelle restent le premier des devoirs. C'est à quoi j'ai tâché au cours de ce volume.

Il repose avant tout sur l'étude directe des textes. L'édition critique des œuvres de saint Jérôme en est à peine à ses débuts, sauf pour les lettres [2]. Elle a cependant déjà permis à plusieurs

---

[1] Il est clair, en particulier, que lorsqu'il parle des gens qui viennent se plaindre à lui *catervatim* à Bethléem ou *de tota Italia et Dalmatia*, il faut mettre une sourdine. Là où la lettre LXXXV, 3, dit : « Nisi omnis paene fraternitas postulasset », en parlant de Rome, il faut voir seulement un écho de ce que Pammachius et Oceanus disaient dans leur lettre : « Non tam nobis quam universis qui in Urbe habitant profuturum opus » (*Epist.* LXXXIII).

[2] Le second volume contiendra une étude sur les éditions de saint Jérôme.

reprises des rectifications notables aux données considérées comme acquises. Pour le reste, l'édition Vallarsi, reproduite par Migne dans la Patrologie latine, t. XXII-XXX, malgré ses insuffisances, rend toujours service. Les biographies modernes m'ont surtout aidé à critiquer les résultats de l'étude directe. Au lieu d'embroussailler les notes de discussions avec certains écrivains récents, il m'a paru préférable d'insister sur la preuve même et de mettre en tout son jour ce que j'ai cru être la vérité. Il sera facile au lecteur de se former un jugement.

Je ne saurais terminer cette introduction sans remercier les Directeurs du *Spicilegium Sacrum Lovaniense* pour la publication de ce travail comme premier volume de leur collection. Que le R. P. de Ghellinck en particulier reçoive ici l'expression de ma cordiale gratitude. Il ne s'est pas contenté de surveiller de près l'impression de ces pages. Elles doivent encore beaucoup à sa critique bienveillante et éclairée non moins qu'à son érudition aussi étendue et complaisante que désintéressée.

TOULOUSE, *Institut Catholique*,

21 juin 1922.

FERDINAND CAVALLERA.

LISTE DES ABRÉVIATIONS

AA. SS.	*Acta Sanctorum Septembris...* tomus VIII, Anvers, 1762.
BARDENHEWER *Geschichte*	*Geschichte der altkirchlichen Literatur*, tome III, Fribourg-en-Brisgau, 1912.
BHL	*Bibliotheca Hagiographica Latina antiquae et mediae aetatis*, ediderunt Socii Bollandiani, 3 vol. Bruxelles, 1898-1911.
BLE	*Bulletin de Littérature Ecclésiastique*, publié par l'Institut Catholique de Toulouse, Paris et Toulouse, 1899 et suiv.
CSEL	*Corpus Scriptorum Ecclesiasticorum Latinorum* editum consilio et impensis Academiae Litterarum Caesareae Vindobonensis, Vienne, 1866 et suiv.
DACL	*Dictionnaire d'Archéologie chrétienne et de Liturgie* (publié sous la direction de dom Cabrol et de dom Leclercq), Paris, 1907 et suiv.
DTC	*Dictionnaire de Théologie catholique* (publié sous la direction de Vacant, Mangenot et de M. Amann), Paris, 1903 et suiv.
HE	*Historia Ecclesiastica* (d'Eusèbe, de Socrate, de Sozomène, de Théodoret, etc.).
JAFFÉ	*Regesta Pontificum Romanorum ab condita Ecclesia ad annum post Christum natum MCXCVIII*, 2e édit., 2 vol., Leipzig, 1888.
MGH	*Monumenta Germaniae Historica*, Hanovre et Berlin.
PG	*Patrologiae cursus completus*, accurante J. P. Migne, série grecque, Paris, 1857-1866.
PL	*Patrologiae cursus completus*, accurante J. P. Migne, série latine, Paris, 1844-1855.
RHLR	*Revue d'histoire et de littérature religieuses*, Paris, 1897 et suiv.
SCHANZ	*Geschichte der römischen Litteratur bis zum Gesetzgebungswerk des Kaisers Justinian*. Vierter Teil : *Die römische Litteratur von Constantin bis zum Gesetzgebungswerk Justinians*. Erste Hälfte : *Die Litteratur des vierten Jahrhunderts* (*Handbuch der klassischen Altertumswissenschaft*, Band VIII, Teil IV, Hälfte 1), 2e édition, Munich, 1914.
TU	*Texte und Untersuchungen zur Geschichte der Altchristlichen Literatur*, publiés par O. von Gebhardt, A. von Harnack et C. Schmidt, Leipzig, 1882 et suiv.

LIVRE I

LA JEUNESSE ET LE PREMIER SÉJOUR EN ORIENT

(347-382)

CHAPITRE I

LES PREMIÈRES ANNÉES

(347-374)

I. Naissance et enfance à Stridon. — II. Éducation à Rome. — III. Séjour à Trèves. — IV. Retour en Italie : Aquilée.

I

Saint Jérôme naquit un peu avant le milieu du IVe siècle [1], à Stridon, bourgade fortifiée, située sur la frontière orientale d'Italie, là où elle confinait aux provinces de Dalmatie et de Pannonie [2]. Quand l'invasion des Goths vint se briser contre les Alpes Juliennes, Stridon fut ruinée par eux de fond en comble, si bien que, toute trace en ayant disparu et Jérôme étant le seul écrivain à en faire mention, sa situation précise reste incertaine. Elle était cependant assez voisine d'Aquilée vers l'ouest et d'Haemona (Lubiana) au nord, pour que les relations fussent faciles et fréquentes avec ces deux cités, ainsi qu'avec les îles du Quarnero [3]. Le pays était riche et prospère. Ses habitants en tiraient bon parti. Jérôme leur reprochera plus tard, outre leur manque d'éducation, de se plaire uniquement aux jouissances matérielles et de n'estimer que la richesse [4].

Sa famille était-elle autochtone ou d'origine latine ? Il n'est pas possible de le déterminer. En tout cas elle était considérable et

---

[1] Pour toutes les questions de dates, se reporter à l'*excursus* sur la chronologie de saint Jérôme, t. II, p. 1-63.

[2] Voir la note complémentaire A sur la patrie de saint Jérôme. Le texte essentiel est le chapitre CXXXV du *De Viris* (PL, XXIII, 719) : « Hieronymus, natus patre Eusebio, oppido Stridonis, quod a Gothis eversum, Dalmatiae quondam Pannoniaeque confinium fuit. »

[3] Cela ressort de la correspondance (*Epist.* I-XIV), de la polémique avec Rufin et du voyage de Paulinien, frère de Jérôme, au pays natal (*Epist.* LXVI, 14).

[4] *Epist.* VII, 5 : « In mea enim patria, rusticitatis vernacula, deus venter est et de die vivitur, sanctior est ille qui ditior est. »

des mieux pourvues. Ses domaines étaient assez vastes pour qu'après la ruine du pays, leur vente apportât des ressources appréciables au monastère de Bethléem [1]. Les parents de Jérôme étaient catholiques [2], mais, selon l'usage alors si répandu, tout en l'élevant dans leur foi, ils ne le firent point baptiser et le laissèrent grandir simple catéchumène. On l'appela Hieronymus et parfois l'on ajoutait à ce nom celui de son père Eusebius [3]. Sur ses parents, Jérôme ne nous a guère laissé de détails [4]. Il mentionne seulement une tante maternelle Castorina, avec laquelle il fut quelque temps brouillé [5], et une grand'mère dont l'indulgence caressante lui laissa de tendres souvenirs [6]. Une sœur et un frère Paulinien, notablement plus jeunes, complétaient la famille [7].

---

[1] La preuve est tirée de la lettre LXVI, 14 : « Compulsi sumus fratrem Paulinianum ad patriam mittere ut semirutas villulas quae barbarorum effugerunt manus et parentum communium cineres venderet » (*edd.*: census; la correction est adoptée par M. Hilberg). Elle est confirmée par tout ce qui est dit de la situation sociale de Bonose et par les détails sur les esclaves; cfr *infra*, p. 5.

[2] Préface de la traduction de Job sur l'hébreu (PL, XXVIII, 1082, B) : « Ego christianus, de parentibus christianis natus. » — *Epist.* LXXXII, 2 : « Nos ... ab ipsis, ut ita dicam, incunabulis, catholico sumus lacte nutriti. »

[3] La notice autobiographique (*De Viris*, CXXXV) ne connaît que le nom de *Hieronymus*. Ainsi les lettres, les dédicaces et les traités sauf la *Chronique* : par exemple, *Epist.* IV, 2 et VII, 3 : « Hieronyme, veni foras. » De même les contemporains : Épiphane, Palladius, Jean de Jérusalem. La traduction de la *Chronique* (en 380-381) débute exceptionnellement (PL, XXVII, 33-34) par : « Eusebius Hieronymus Vincentio, etc. ». Quant au nom de *Sophronius* donné à Jérôme par quelques manuscrits, il est dû sans doute à une confusion avec le nom du moine grec, son ami, traducteur de quelques-unes de ses œuvres et auquel est attribuée une version grecque du *De Viris*.

[4] Ils étaient encore en vie, lors de son premier départ pour l'Orient, en 374 (*Epist.* XXII, 30). Ils sont donnés comme parents communs de lui et de Paulinien dans la lettre LXVI, 14. Tillemont renvoie à tort à l'*Apologie* (I, 30) : il y est question de l'*avia*, non de la mère. On a voulu tirer des conclusions défavorables de ce silence sur sa mère : rien de plus vain que de pareilles déductions. D'ailleurs il a su parler du dévouement maternel avec émotion sinon avec un goût irréprochable (*Epist.* CXVII, 4) : « Illa te diu portavit, diu aluit et difficiliores infantiae mores blanda pietate sustinuit; lavit pannorum sordes et immundo saepe foedata est stercore, adsedit aegrotanti et quae propter te sua fastidia sustinuerat, tua quoque passa est, etc. » Voir encore les touchantes recommandations au moine Rusticus sur la conduite à tenir à l'égard de sa mère (*Epist.* CXXV, 6).

[5] *Epist.* XIII. Voir plus bas, chapitre II, p. 48-49.

[6] *Apol.* I, 30 (PL, XXIII, 422, A); cfr *infra*, p. 5, n. 2.

[7] Il est remarquable que Jérôme ne mentionne que sa sœur dans l'énumération de la lettre XXII, 30: «Parentibus, sorore, cognatis,» — probablement parce

Dès le berceau Jérôme fut élevé avec un compagnon de même âge et de même rang social, Bonose, qui devint pour lui un ami très cher. Ils passèrent ensemble des bras des nourrices aux mains des pédagogues [1].

Assez vite, on appliqua l'enfant à l'étude des éléments, mais ce ne fut pas sans difficulté. L'heure de la classe venue, il fallait plus d'une fois l'arracher de force à sa grand'mère pour le livrer au maître impitoyable, qui n'épargnait pas les coups. Il prenait sa revanche les jours de congé et s'en donnait alors à cœur joie de courir à travers les chambrettes des esclaves et de cultiver ses jeux préférés [2]. Toutefois il ne tarda pas non plus à s'intéresser aux jouissances intellectuelles et à manifester un goût surprenant pour les travaux de l'esprit. On peut se le représenter alors comme un enfant d'aspect plutôt chétif, petit de taille et de santé délicate, ce qui expliquerait au besoin une pointe non dissimulée de gourmandise [3]. Il a des qualités et des défauts caractérisés. Remuant, espiègle, fort sensible, aussi prompt aux éclats de la colère qu'aux élans passionnés de la reconnaissance et de l'amitié, il est susceptible, ombrageux, vindicatif, habile à dis-

---

que, à la date où il écrivait (384), Paulinien l'avait déjà rejoint à Rome. Il semble que la sœur fût l'aînée de Paulinien, car celui-ci n'avait pas trente ans lors de son ordination (394) ; il était donc né après 364. Or onze ans plus tard, Jérôme disait (*Epist.* VII, 4) en parlant de sa sœur, qu'elle allait entrer dans l'adolescence ; elle devait donc avoir atteint environ sa quinzième année. Vallarsi (*Vita Hieronymi*, I, 4 ; PL, XXII, 13-14) fait une confusion au sujet de Paulinien ; il n'est nullement question de lui comme « e servo clericum factum », dans la lettre LXXXII, 6, mais d'un autre clerc.

[1] *Epist.* III, 5 : « Scis ipse (Christe) ... ut ego et ille a tenera pariter infantia ad florentem usque adoleverimus aetatem, ut idem nos nutricum sinus, idem amplexus foverint baiulorum. » Plus haut (*Epist.* III, 4), Jérôme avait déjà écrit : « Ecce puer honestis saeculo nobiscum artibus institutus, cui opes adfatim, dignitas adprime inter aequales. »

[2] *Apol.* I, 30 (PL, XXIII, 422, A) : « Memini me puerum cursitasse per cellulas servulorum, diem feriatum duxisse lusibus et ad Orbilium saevientem de aviae sinu tractum esse captivum. » Ce maître est appelé Orbilius, par allusion à celui dont parle Horace (*Epist.* II, 1, 71).

[3] *Epist.* III, 1 : « Invalidum etiam cum sanum est corpusculum » ; *In Zachariam*, XII, 2 (PL, XXV, 1509, D). Pour la gourmandise, j'interprète en ce sens l'aveu de la lettre XXII, 30 : « Cum... domo... cognatis et, *quod his difficilius est, consuetudine lautioris cibi*, propter caelorum me regna castrassem. » Les données qui suivent sont déduites des manifestations ultérieures de son caractère.

cerner les travers et à les souligner d'un trait mordant. Son esprit est très vif et sa mémoire tenace. Il manifeste une curiosité intellectuelle de bon augure. En dépit de sa causticité, son cœur est généreux, accessible aux sentiments élevés ; un idéal terre à terre ne pourra jamais lui suffire. Sa nature complexe offre pour le bien comme pour le mal des ressources peu communes.

II

Soit à cause de ses dispositions merveilleuses, soit pour d'autres motifs, lorsque l'instruction élémentaire prit fin et qu'il fallut chercher hors de Stridon où poursuivre les études, ce ne fut point aux villes voisines que l'on songea, ni même à Milan relativement proche, mais à la capitale. Aux environs sans doute de la douzième année, le fils d'Eusebius de Stridon prit avec Bonose la route de Rome.

On était aux derniers temps de l'empereur Constance, à ce moment où l'empire officiellement chrétien était déchiré par les luttes intestines, tandis qu'aux frontières l'ennemi multipliait les incursions. Le pouvoir favorisait l'arianisme, mais s'il avait pu désorganiser les communautés orthodoxes en exilant leurs évêques, il n'avait point réussi à détacher l'Occident du catholicisme. Rome en restait le plus vif foyer, malgré les désordres que l'éloignement de Libère et les conversions superficielles favorisaient. D'ailleurs elle n'avait point cessé d'être le centre d'attraction de toutes les sectes chrétiennes, aussi bien que des cultes païens. Les manichéens et les novatiens y voisinaient avec les fidèles du polythéisme que ne décourageait point la défaveur du pouvoir. La plupart des patriciens et des hommes en place s'en tenaient ainsi aux coutumes ancestrales. Plusieurs même regardaient avec complaisance vers la Gaule où le César Julien laissait deviner vers quels autels il porterait ses hommages, lorsqu'il serait le maître.

D'ailleurs les écoles continuaient à y être florissantes et le goût des choses de l'esprit n'y avait rien perdu de sa ferveur. Parmi les nombreux professeurs qui se disputaient la clientèle scolaire, deux surtout retinrent l'attention du nouveau venu : le rhéteur Marius Victorinus et le grammairien Aelius Donatus. C'est à celui-ci qu'il s'adressa d'abord [1]. Sous sa direction il n'apprit pas seulement les règles arides de la grammaire et de la poétique [2], il s'initia surtout à la lecture raisonnée des prosateurs et des poètes latins [3]. Du grec il n'était alors plus sérieusement question dans l'enseignement occidental et en général on se contentait d'en apprendre les éléments [4].

---

[1] Sur Donat, voir SCHANZ, § 832 (t. IV, 1, p. 149-161). Jérôme l'appelle toujours *praeceptor meus*. Les textes sont groupés dans LUEBECK, p. 224; y ajouter celui de la *Chronique*, 17e année (354) de Constance (PL, XXVII, 687-688; édit. HELM, p. 239) : « Victorinus rhetor et Donatus grammaticus praeceptor meus, Romae insignes habentur. »

[2] Les œuvres de saint Jérôme y font allusion quelquefois, surtout par voie d'exemples.

[3] Les commentaires conservés de Térence et de Virgile peuvent donner une idée de cet enseignement où les leçons morales se mêlaient aux remarques d'ordre philologique et littéraire. Le commentaire de Jérôme sur l'Ecclésiaste rappelle une anecdote caractéristique de cet enseignement oral (PL, XXIII, 1019, A), à propos d'un vers de Térence : « Unde praeceptor meus Donatus cum istum versiculum exponeret : Pereant, inquit, qui ante nos nostra dixerunt. »

[4] Sur la connaissance du grec par saint Jérôme, son propre témoignage concorde avec celui de Rufin. Dans la lettre XVII, au prêtre Marc, de 377, il écrit ironiquement (n. 2) : « Plane times ne eloquentissimus homo in syro sermone vel graeco ecclesias circumeam ! » Rufin écrit de son côté (*Apol.* II, 7 ; PL, XXI, 590-591) : « Ante enim quam converteretur (la conversion monastique) mecum pariter et litteras graecas et linguam penitus ignorabat. » Il est probable que, comme saint Augustin, Jérôme et Rufin savaient au moins les éléments (*Confessiones*, I, 13-14 ; PL, XXXII, 670-671). C'est lors de son séjour au désert, puis à Antioche, que Jérôme se mit sérieusement à l'étude de cette langue. Pammachius et Oceanus n'auraient sans doute pas écrit à saint Jérôme pour avoir une traduction, s'ils avaient pu confronter celle de Rufin avec l'original. Eusèbe de Crémone, qui appartenait à une famille distinguée, ignorait le grec (JÉRÔME, *Epist.* LVII, 2) : « Graeci enim eloquii penitus ignarus erat. » Paulin de Nole, à qui Jérôme attribue une connaissance suffisante du grec pour lire le *Periarchon* (*Epist.* LXXXV, 3), se plaint de le savoir peu (*Epist.* XLVI, 2; PL, LXI, 392-393) et souhaiterait avoir Rufin près de lui pour se perfectionner. En revanche, Blésilla est louée pour sa connaissance parfaite de cette langue (*Epist.* XXXIX, 1) : « Si graece loquentem audiisses, latine eam nescire putares. » Il est vrai que sa famille, du côté paternel, était d'origine grecque et se glorifiait de descendre d'Agamemnon. Elle possédait la plus grande partie de ses propriétés en Épire (*Comm. in... Titum*, prologue; PL, XXVI, 546, A). Il y avait donc une raison spéciale à cette étude approfondie. Sur cette période, il n'existe pas, à ma connaissance, de monographie, comme pour les trois premiers siècles de l'ère chrétienne et le début du IVe siècle : *Excursus* I de CASPARI, dans *Quellen zur Geschichte des Taufsymbols*, t. III, 1875, p. 267-466,

A l'école de ce maître expérimenté, Jérôme fit des progrès rapides et se passionna sans peine pour la littérature. C'est alors qu'il commença ces vastes lectures dont une mémoire particulièrement heureuse lui assurerait le bénéfice jusque dans sa vieillesse. Le maître commentait de préférence Virgile; l'élève l'apprenait par cœur et d'eux-mêmes les vers du chantre d'Énée se présentaient sous sa plume pour embellir ses propres compositions [1]. Mais les autres auteurs n'étaient pas négligés : Cicéron, Salluste, Tite-Live, Quintilien, les comiques et les satiriques, où s'alimentait de préférence sa verve railleuse, étaient lus et relus, soit avec le maître, soit dans la solitude de sa chambre d'étudiant. Bientôt les manuscrits commencèrent à s'y aligner, prémices d'une bibliothèque personnelle, persévéramment enrichie et où passait le plus clair des ressources qui lui venaient de Stridon [2]. A côté des textes il y avait les commentaires, ceux du maître d'abord sur Térence, sur Virgile, puis les autres, plus ou moins célèbres ou recommandés aux écoliers studieux, d'Asper, de Volcatius, de Victorinus [3]. Jérôme s'appliquait aux exercices destinés à dérober aux modèles le secret de leur correction et de leur élégance. Son vocabulaire s'enrichissait en même temps qu'il apprenait à varier ses phrases et à leur donner bonne tournure. Il alliait ainsi l'érudition et le goût. Son esprit s'ornait des connaissances les plus diverses, sa plume s'affinait, son style

---

« Griechen und Griechisch in der römischen Gemeinden in den drei ersten Jahrhunderten ihren Bestehens », résumé par SANDAY, *A critical and exegetical Commentary on the Epistle to the Romans*, Edimbourg, 1900. Introduction, p. LII-LIV.

[1] Pour Virgile et les citations qu'en fait saint Jérôme, voir LUEBECK, p.167-191. Cicéron, Horace lui étaient aussi très familiers (*ibid.*, p. 128-159 et 160-167).

[2] *Epist.* XXII, 30 : « Bibliotheca quam mihi Romae summo studio ac labore confeceram. » Il nomme là Cicéron et Plaute.

[3] Voir l'ouvrage de LUEBECK, *Hieronymus quos noverit scriptores et ex quibus hauserit*, Leipzig, 1872. Je me contente de deux textes indiquant soit les lectures de Jérôme soit ses appréciations, *Apol.* I, 16 (PL, XXIII, 410, A B) : « Puto quod puer legeris Aspri in Virgilium et Sallustium commentarios, Volcati in orationes Ciceronis, Victorini in dialogos eius et in Terentii comoedias praeceptoris mei Donati atque in Virgilium et aliorum in alios, Plautum videlicet, Lucretium, Flaccum, Persium atque Lucanum. » — *Epist.* CXXV, 12 : « Ut, post Quintiliani acumina Ciceronisque fluvium gravitatemque Frontonis et lenitatem Plinii, alphabetum discerem. »

commençait à présenter ce cachet personnel qui le désignait dès lors à ses maîtres et à ses condisciples comme un écolier d'avenir [1].

Ces heureuses dispositions eurent leur plein épanouissement lorsqu'il aborda quelques années plus tard, — c'était après la mort de l'empereur Julien (363), — l'étude de la rhétorique. Il est vrai, Marius Victorinus n'était plus là pour l'y guider. Le professeur à qui Rome reconnaissante avait élevé sur le forum de Trajan une statue, dut quitter sa chaire, lorsque, en 362, un décret de l'apostat Julien interdit aux chrétiens l'enseignement des auteurs classiques [2]. Mais à son défaut, Jérôme trouva d'autres maîtres excellents qui l'aidèrent à tirer très bon parti de ses dons naturels et de ses inclinations. Il s'y employa lui-même de son mieux. Assidu aux leçons, il ne l'était pas moins aux exercices où les étudiants essayaient leurs talents. Dans son âge mûr, il avait encore parfois le cauchemar de ces séances où, sous les yeux de camarades attentifs, enthousiastes et parfois goguenards, l'apprenti rhéteur se présentait devant son maître, les cheveux bien lustrés, et revêtu de la toge, pour déclamer une plaidoyer fictif ou prendre part à l'une de ces controverses dont les œuvres de Quintilien et de Sénèque le rhéteur ont conservé des spécimens. Il se réveillait tremblant encore d'émotion, tout heureux d'être délivré de cet exercice. L'étudiant était plus encore intéressé par les plaidoiries réelles. Il ne se faisait pas faute de courir les tribunaux pour assister aux joutes entre avocats célèbres. Il en revenait souvent écœuré de les voir abandonner tout à coup leur

[1] *Epist.* L, 5 : « Et nos didicimus litterulas et nos saepe manum ferulae subtraximus, de nobis quoque dici potest: faenum habet in cornu. » — *Ibid.*, 1, il avait déjà écrit : « Ego... qui meliorem stili partem eam legerim quae deleret quam quae scriberet. » — *Epist.* XXIX, 7 : « Quidquid pueri plausibile habueramus, amisimus » (il s'agit de *sermo* opposé à *scientia*). Plus tard il souffrira beaucoup d'être obligé de dicter, ce qui l'empêche de polir son style comme il le voudrait.

[2] Sur Marius Victorinus, voir SCHANZ, § 828-831a (t. IV, 1, 2e édit., p. 149-161). Nulle part Jérôme n'appelle Victorinus son maître, comme il le fait constamment pour Donat. La seule explication plausible, étant donnés ses éloges du célèbre rhéteur, c'est qu'il n'a pu le suivre parce que celui-ci avait cessé d'enseigner. En effet, saint Jérôme dit lui-même qu'il étudiait encore la grammaire, quand parvint à Rome la nouvelle de la mort de Julien. Victorinus était démissionnaire depuis l'année précédente.

cause, pour se livrer, à l'égard de leurs adversaires, aux injures personnelles les plus odieuses [1].

Le cours des études libérales se couronnait par la philosophie et notamment par la dialectique. Saint Jérôme s'initia avec entrain à toutes les finesses de l'art du syllogisme. Non sans complaisance, il rappelait plus tard, à son ancien condisciple Rufin, la longue liste des divers modes d'argumentation [2]. Au besoin il

[1] *Epist.* LXXXI, 1 : « Poteram et ego, qui saepissime controversias figuratas declamavi, aliquid de veteri artificio repetere. » — *Apol.* I, 30 (PL, XXIII, 422, A B) : « Et, quo magis stupeas, nunc cano et recalvo capite saepe mihi videor in somnis, comatulus et sumpta toga, ante rhetorem controversiolam declamare. Cumque experrectus fuero, gratulor me dicendi periculo liberatum. » Sur ces exercices, voir dans le *Dictionnaire des Antiquités*, de Daremberg et Saglio, l'article de Boissier, *Declamatio*. — *Comm. in... Galatas*, II, 11 (PL, XXVI, 340, B): « Aliquoties cum adulescentulus Romae controversias declamarem et ad vera certamina fictis me litibus exercerem, currebam ad tribunalia iudicum et disertissimos oratorum tanta inter se videbam acerbitate contendere ut, omissis saepe negotiis, in proprias contumelias verterentur et ioculari se invicem dente morderent. » — Lui-même a signalé sa lettre à Héliodore (*Epist.* XIV, de 376) comme un spécimen de ces exercices littéraires, *Epist.* LII, 1 : « In illo opere pro aetate tunc lusimus et, calentibus adhuc rhetorum studiis atque doctrinis, quaedam scolastico flore depinximus. » Certains contemporains en virent un autre exemple dans la lettre CXVII, ad matrem et filiam in Gallia commorantes; cfr *Contra Vigilantium*, III (PL, XXIII, 341, B): « Fieri enim potest ut rursum malignus interpres dicat fictam a me materiam cui rhetorica declamatione respondeam, sicut illam scripsi ad Gallias matris et filiae inter se discordantium. » Il a mentionné les séances de l'Athenaeum (*Epist.* LXVI, 9) en rappelant à Pammachius une anecdote de leur vie d'étudiant.

[2] *Apol.* I, 30 (PL, XXIII, 422, B) : « Septem modos conclusionum dialectica me elementa docuerunt, quid significet ἀξίωμα, quod nos *pronuntiatum* possumus dicere, quomodo absque verbo et nomine nulla sententia fit, soritarum gradus, pseudomeni argutias, sophismatum fraudes. Iurare possum me, postquam egressus de schola sum, haec nunquam omnino legisse. » — *Ibid.*, III, 39 (484-485): « Nonne in epistula mea (LXXXIV, 6) quam criminaris haec verba sunt? « Sed fac me errasse in adulescentia et philosophorum id est gentilium studiis eruditum, in principio fidei ignorasse dogmata christiana et hoc putasse in apostolis quod in Pythagora et Platone et Empedocle legeram », de dogmatibus eorum non de libris locutus sum, quae potui in Cicerone, Bruto ac Seneca discere. » — *Epist.* L, 1 : « Nunc dialecticum urbis vestrae et Plautinae familiae columen non legisse quidem categorias Aristotelis, non περὶ ἑρμηνείας, non analytica, non saltem Ciceronis τόπους sed per imperitorum circulos ... syllogismos ἀσυλλογίστους texere et quasi sophismata nostra callida argumentatione dissolvere. Stultus ego qui me putaverim haec absque philosophis scire non posse; frustra ergo Alexandri verti commentarios, nequicquam me doctus magister per εἰσαγώγην Porphyrii introduxit ad logicam. » Il s'agit d'Alexandre d'Aphrodise et de son commentaire sur la logique d'Aristote. M. Grützmacher

savait faire appel aux artifices de Chrysippe ou développer la théorie stoïcienne des vertus [1]. Il semble pourtant que la philosophie n'ait point exercé sur lui d'influence bien profonde. Il y vit matière à érudition plutôt qu'il n'y trouva un aliment de vie intérieure. La spéculation ne fut jamais son fait et moins encore à ces heures de sa jeunesse où le vin capiteux de la gloire littéraire commençait à lui monter au cerveau. Il lut les philosophes comme il avait lu les historiens et les grammairiens. Il leur donna place dans la bibliothèque qu' « à grand soin et à grands frais » il se formait; il ne s'attarda guère à les fréquenter.

L'empreinte reçue en ces années de travail attentif et intelligent fut définitive. Entre tous les écrivains chrétiens de ce siècle et du suivant, Jérôme se distinguera par l'art du style, la richesse et la variété de sa langue, le caractère personnel des compositions, la souplesse du talent. Plus qu'aucun d'eux il reste sensible à la louange pour une phrase artistement travaillée ou à la critique blâmant un terme mal choisi, une locution impropre, une tournure de phrase mal venue [2]. D'elles-mêmes et sans qu'il ait besoin de rafraîchir sa mémoire par la lecture, les citations les plus variées des auteurs classiques jailliront sous sa plume et tout naturellement se fondront avec ses propres trouvailles [3]. Aucun des procédés chers aux rhéteurs, aucune des ressources du métier d'écrivain ne lui seront étrangers [4]. Il n'arrivera même jamais à

(t. I, p. 124, n. 3) pense que *vertere* ne signifie pas ici traduire mais feuilleter; je ne trouve pas d'exemple de cette acception dans les lexicographes, bien qu'elle soit plausible, d'autant plus que la connaissance que Jérôme avait du grec était alors très élémentaire.

[1] Sur Chrysippe, voir les passages indiqués à la table générale, au tome XXX de Migne. L'éthique stoïcienne est surtout utilisée dans les commentaires sur saint Paul.

[2] Si l'on veut connaître la susceptibilité littéraire de Jérôme, qu'on lise, entre autres, la lettre L à Domnion, écrite en 393, la lettre LVII à Pammachius, de 395, et la polémique avec Rufin, où il réitère souvent le reproche tout à fait exagéré qu'il fait à son adversaire d'être dépourvu de culture et de ne savoir pas écrire. Voir encore l'*Adversus Iovinianum*, I, 3 (PL, XXIII, 212, B).

[3] Cfr le recueil de LUEBECK, d'ailleurs incomplet, où ces citations sont recueillies et classées par auteurs.

[4] Lui-même en avait conscience et, comme les Pères grecs ses contemporains, suivait de très près, ce qui est assez naturel, dans ses compositions soignées, les préceptes des rhéteurs (*Epist.* LX, 5) : « Quid agimus anima ? quo nos vertimus ?

se défaire complètement de certaines habitudes qui trahissent à nos yeux le caractère un peu trop artificiel de sa manière d'écrire, en particulier sa tendance à l'exagération. Ces exercices développèrent aussi en lui le penchant à la satire non sans de fâcheuses concessions au mauvais goût, en même temps qu'une susceptibilité chatouilleuse. Elle justifie trop souvent la parole sévère de Tillemont : « Quiconque l'a eu pour adversaire a presque toujours été le dernier des hommes [1]. » Mais à la différence d'autres contemporains, il sut joindre à l'acquisition de brillantes qualités de style, celle d'un fonds solide de connaissances. S'il appréciait une phrase bien tournée, un mouvement oratoire puissant, une cadence harmonieuse, il n'était pas moins intéressé par les choses et ne mettait aucune borne à sa curiosité. Sa mémoire emmagasinait, avec les récits, les renseignements les plus divers, d'ordre littéraire ou scientifique. Il ne se contentait pas de s'appliquer à enrichir, de la manière la plus variée, sa bibliothèque d'étudiant, il meublait son esprit : historiens, géographes, savants, tels qu'ils étaient alors, avec leurs lacunes et leurs bizarreries, l'avaient pour disciple fervent. Les anecdotes ne lui plaisaient pas moins que les grands faits, inépuisable mine pour relever l'intérêt de ses ouvrages. Il se préparait ainsi, sans le savoir, à la tâche ardue de traducteur et de commentateur des Livres Saints. Ami du pittoresque et du concret, curieux de tout ce qui pouvait lui offrir un détail réaliste, une donnée inédite, une précision savante, c'était, avant la lettre, l'humaniste aussi féru d'érudition encyclopédique qu'amoureux du beau langage [2].

---

quid primum adsumimus ? quid tacemus ? Exciderunt tibi praecepta rhetorum et occupata luctu, oppressa lacrimis, praepedita singultibus dicendi ordinem non tenes. Ubi illud ab infantia studium litterarum ? » (*Ibid.*, 8): « Haec praecepta sunt rhetorum ut etc... » Cette influence est très sensible au commencement et à la fin des traités en forme de lettres, des éloges (prologue et épilogue avec métaphores nautiques), par exemple *Epist.* I, XIV, XXII.

[1] TILLEMONT, *Mémoires*, t. XII, p. 2 (Saint Jérôme, art. 1).

[2] Assurément il y a parfois un peu de rhétorique dans l'étalage de son érudition et les énumérations d'auteurs sont un peu enflées, — ceci encore est bien d'un humaniste, — mais on a fortement exagéré en sens contraire et diminué à l'excès son érudition. En plus de ses propres œuvres, nous avons le témoignage irrécusable de son hôte Postumianus, dans les dialogues de Sulpice Sévère,

Mais ce brillant élève, cet étudiant de premier ordre justement remarqué dès lors pour les qualités exceptionnelles de son style et les espérances qu'il éveillait, n'avait rien de morose. Joyeux compagnon, il prenait largement sa part des joies de l'existence. En classe même il n'était pas le dernier à rire des bévues ou des quiproquos [1]. Il chantait avec entrain le facétieux testament de Grunnius Corocotta [2], plaisanterie juridique dont l'intérêt ne paraissait jamais épuisé. On pense si, aux heures de délassement, l'espiègle de jadis, avec son esprit affiné par la lecture des comiques, était à court pour trouver des occasions de se distraire. Rome en fait de spectacles et de plaisirs était la ville de rêve. A ces jouissances Jérôme apporta la même fougue qu'au travail intellectuel. Sa nature ardente ne connaissait point la contrainte. Il résista d'autant moins aux passions naissantes que la grâce du baptême ne l'aidait pas encore à les amortir. Avec sa sensibilité frémissante et délicate, sa vivacité d'imagination, son caractère impétueux, prompt à se donner, mais aussi à se reprendre, toujours disposé à payer de retour qui lui témoignait de l'affection, il subit plus d'une fois le mirage des amours faciles et décevantes. Leur souvenir plus tard, en plein désert, agitait douloureusement sa chair déjà mortifiée et troublait de séductions importunes ses austères méditations [3]. Toutefois, il ne semble pas s'y être laissé

écrits du vivant même de saint Jérôme (I, 9; PL, XX, 189-190): « Totus semper in lectione, totus in libris est; non die non nocte requiescit; aut legit aliquid semper aut scribit. » Voir les textes dans LUEBECK ou seulement l'*Adversus Iovinianum*.

[1] Témoin l'anecdote qu'il rappelle à son condisciple Pammachius (*Epist.* LXVI, 9), sur le mot de Caton, rappelé par un orateur : « Sat cito si sat bene. »

[2] *Apol.* I, 17 (PL, XXIII, 412, A) : « Quasi non cirratorum turba milesiarum in scholis figmenta decantet et testamentum suis Bessorum cachinno membra concutiat. » Préface au XIIe livre du commentaire sur Isaïe (PL, XXIV, 409, D) : « Testamentum autem Grunnii Corocottae Porcelli decantant in scholis puerorum agmina cachinnantium. » Ce testament où un jeune pourceau lègue à ses parents et amis les diverses parties de son individu a été publié par Barnabé Brisson (réédition récente par Buecheler, Berlin, 1912). Grunnius est le surnom sous lequel Jérôme désigne habituellement Rufin, après leur brouille.

[3] *Epist.* XXII, 7 : « O quotiens in heremo constitutus..., putavi me romanis interesse deliciis;... saepe choris intereram puellarum; pallebant ora ieiuniis et mens desideriis aestuabat. »

embourber à fond. La foi chrétienne, l'amour de l'étude, de précieuses amitiés l'aidèrent à s'en dégager. Parmi ses condisciples et ses émules, il s'attacha particulièrement à Bonose, à Rufin de Concordia, à Héliodore d'Altinum et à Pammachius issu d'une des plus nobles familles romaines [1]. D'autres se joignirent à eux. Ils avaient en commun avec les goûts littéraires l'attachement sincère à la foi chrétienne. Ils ne bornaient pas leur enthousiasme à la jouissance artistique; ils savaient apprécier la beauté supérieure d'une vie consacrée à la divinité et d'une mort volontairement acceptée pour ne point trahir Jésus-Christ.

Jérôme n'oubliait pas, en effet, cette religion catholique, sucée avec le lait et dont nulle part mieux qu'à Rome, il n'aurait compris la puissance et la surnaturelle beauté. La foi des Romains, se manifestant d'une manière tout ensemble simple et bruyante, par les acclamations liturgiques, le ravissait d'aise [2].

---

[1] Bonose : *Epist.* III, 4 et 5 : « Post romana studia. » — Rufin : sa présence à Rome est maintenant couramment admise, elle résulte de tout ce que lui écrit Jérôme dans sa lettre III, qu'il s'agisse de leurs relations personnelles ou de leurs rapports communs avec Bonose, par exemple, *Epist.* III, 1 : « Quam illud os quod *mecum* vel erravit aliquando vel sapuit impressis figerem labiis ! » *Epist.* III, 4 : « Bonosus tuus, immo meus et, ut verius dicam, noster... ecce puer honestis saeculo *nobiscum* artibus institutus. » Il s'agit ici des arts libéraux étudiés à Rome. Rufin le confirme lorsqu'il écrit à propos du grec (*Apol.* II, 7 ; PL, XXI, 540-591): « Antequam converteretur, *mecum* pariter et litteras graecas et linguam penitus ignoravit. » On voit que le manque de culture que lui reproche saint Jérôme est tout relatif. Il avait moins bien profité que lui de sa formation. Il était d'ailleurs de naissance distinguée, au témoignage de Palladius qui l'a bien connu (*Historia Lausiaca*, XLVI, 5), et avait de la fortune. — Héliodore : cela me paraît supposé par la préface du commentaire d'Abdias où Jérôme écrit : « Hoc est illud tempus, mi Pammachi, hac luce dulcius, quo egressi schola rhetorum, diverso studio ferebamur, quando ego et Heliodorus carissimus pariter habitare solitudinem Syriae Chalcidis nitebamur » (PL, XXV, 1098, B). Cette façon de faire intervenir Héliodore ne semble pouvoir bien s'expliquer que s'il était le condisciple de l'un et de l'autre. — Pammachius : *Epist.* XLIX (XLVIII, VALLARSI), 1 : « Et condiscipulum quondam et sodalem et amicum. » *Epist.* XLVIII (XLIX, VALLARSI), 1 : « Magis silentio consolari quam retractando veteres amicitias ambitionis crimen incurrere. » Voir plus haut, p. 13, n. 1 (*Epist.* LXVI, 9).

[2] *Comm. in... Galatas*, II, préface (PL, XXVI, 355, B C) : « Romanae plebis laudatur fides. Ubi alibi tanto studio et frequentia ad ecclesias et ad martyrum sepulcra concurritur ? Ubi sic ad similitudinem tonitrui *Amen* reboat et vacua idolorum templa quatiuntur ?... quod devotio in eis sit maior et simplicitas ad credendum. »

La transcendance des dogmes révélés lui apparaissait plus éclatante dans le contact quotidien avec les erreurs des philosophes ou de l'hérésie et les puériles absurdités du polythéisme. Il n'y eut pas jusqu'à la réaction de Julien, avec la fin si brusque de l'empereur apostat, où à Rome même, dans l'entourage de Jérôme, des païens virent l'intervention impitoyablement rapide et sévère du Dieu des chrétiens [1], qui n'exerçât sur sa vie religieuse une influence profonde et ne l'inclinât à la démarche décisive. Ses vraies dispositions, la profondeur de sa religion, en même temps que sa curiosité universelle, éclatent à plein dans ces promenades dominicales, auxquelles il a consacré cette page émue :

« Dans mon enfance, à Rome, quand je m'adonnais aux études libérales, j'avais coutume, avec d'autres camarades de même âge et de même conduite, de visiter, le dimanche, les tombeaux des Apôtres et des Martyrs. Nous entrions souvent dans les cryptes profondément creusées sous terre et présentant aux promeneurs, de chaque côté, le long des parois, des corps ensevelis. Tout y est si obscur qu'on y voyait presque réalisée la parole prophétique : « Qu'ils descendent vivants dans les enfers. » Une lumière venant d'en haut tempérait à peine çà et là l'horreur de ces ténèbres ; c'était moins une fenêtre qu'une ouverture laissant descendre le jour. Puis on se remettait en marche à petits pas, immergés dans une nuit noire qui nous rappelait le vers de Virgile : Partout l'horreur et le silence même terrifient nos âmes [2]. »

Cette visite aux Catacombes, l'esprit hanté à la fois des souvenirs prophétiques et des réminiscences virgiliennes, offre l'image de ce que Jérôme sera toute sa vie : insatiable dans son désir de savoir et infatigable dans ses recherches, impuissant à se déprendre, dans la vie religieuse la plus intense, de la culture clas-

---

[1] *Comm. in Habacuc*, III, 14 (PL, XXV, 1329-30) : « Dum adhuc essem puer et in grammaticae ludo exercerer omnesque urbes victimarum sanguine polluerentur, ac subito, in ipso persecutionis ardore, Iuliani nuntiatus esset interitus, eleganter unus de ethnicis: Quomodo, inquit, christiani dicunt Deum suum esse patientem et ἀνεξίκακον ? Nihil iracundius, nihil hoc furore praesentius, ne modico quidem spatio indignationem suam differre potuit. Hoc ille ludens dixerit. »

[2] *Comm. in Ezech.* XL, 5, livre XII (PL, XXV, 375, A B). Remarquer surtout les premiers mots : « Dum essem Romae puer et liberalibus studiis erudirer, solebam cum ceteris, ejusdem aetatis et propositi, diebus dominicis sepulcra apostolorum et martyrum circuire. » Le *propositum* désigne ici, me semble-t-il, plus que la simple adhésion au christianisme, sans aller jusqu'à la profession monastique, selon le sens fréquent de ce mot dans la langue de saint Jérôme.

sique, mais n'ayant d'ailleurs aucune peine à associer la piété et la littérature et à les faire servir ensemble le Christ dont l'amour rayonnait sur sa vie. Combien profondes furent les impressions reçues au cours de ces pèlerinages aux Catacombes, il est facile de le deviner! Enracinant toujours plus profondément la foi dans l'âme de Jérôme, elles le désenchantaient des joies du monde, qu'il retrouvait ardentes à le poursuivre dans les rues bruyantes de la capitale. Il y apprenait le vrai sens de la vie et l'orientation nécessaire de son activité.

Aussi n'est-il pas étonnant qu'il se soit décidé à recevoir le baptême [1]. Il était fier de le rappeler plus tard; c'est à Rome qu'il avait revêtu la robe blanche du néophyte, la livrée du Christ. Plus encore pour cette consécration religieuse que pour la formation définitive de son esprit, Jérôme verra dans Rome sa véritable patrie. Avec une nuance marquée de dédain, il s'étonnera bientôt, en Orient, qu'on vienne exiger de lui « Romain » une profession de foi dont la Chaire romaine de Pierre ignore les termes [2].

Lui arriva-t-il cependant, après son baptême, malgré sa bonne volonté et sa ferveur, de retomber dans ses anciennes fautes ? On l'a cru généralement, mais surtout sur la foi d'un texte qui n'est qu'un emprunt littéraire et une glose de prédicateur. Il a souvent, il est vrai, parlé lui-même de ses crimes et de ses forfaits. Avec sa tendance à l'exagération, rien n'oblige à voir là autre chose que l'expression hyperbolique de ses regrets pour les égarements antérieurs à son baptême ou les menues défaillances de la vie quotidienne. Quoi qu'il en soit, s'ils se produisirent, ces écarts furent

[1] Pour la date du baptême, voir le texte cité, p. 10, n. 2, de l'*Apol.* III, 39, d'où il semble résulter qu'il fut reçu après les études philosophiques commencées, c'est-à-dire, assez tardivement, au cours du séjour fait à Rome.

[2] *Epist.* XV, 1 : « Ideo mihi cathedram Petri et fidem apostolico ore laudatam censui consulendam; inde nunc meae animae postulans cibum unde olim Christi vestimenta suscepi. » *Ibid.*, 3 : « Novellum a me homine Romano nomen exigitur. » *Epist.* XVI, 2 : « Ego igitur, ut ante iam scripsi, Christi vestem in Romana urbe suscipiens. » Ces sentiments pour Rome subirent une éclipse après le brusque départ de 385. — Rome est alors la Babylone et la *magna meretrix* de l'Écriture; mais les vrais sentiments reparaissent, dans la douleur et l'espèce d'agonie morale où le jeta la prise de Rome par Alaric; cfr *Comm. in Ezech.*, préface du livre Ier (PL, XXV, 15-16) et aussi la lettre LXIII, 2, à Théophile.

momentanés et c'est en chrétien convaincu et décidé à faire honneur à son baptême que, ses études terminées, Jérôme, toujours en compagnie de Bonose, quitta la Ville éternelle [1].

III

Nous ignorons à quelle date prit ainsi fin sa vie d'étudiant [2]. Sur les années qui suivirent, nous n'avons que des renseignements épisodiques, donnés par Jérôme au hasard de ses souvenirs. C'est ainsi que, peu après son départ de Rome, il fit un assez long séjour sur « les rives à demi barbares du Rhin ». Son fidèle Bonose l'accompagnait et partageait avec lui à Trèves le vivre et le couvert [3]. Était-ce un voyage d'agrément ? Si l'on se rappelle que Trèves était alors la résidence ordinaire de Valentinien, on serait plutôt porté à penser que saint Jérôme s'y rendit pour affaires, peut-être même pour essayer d'y « faire carrière ». En effet, on le verra plus loin, il était encore incertain sur son avenir et ne songeait pas, en dépit de sa ferveur chrétienne, à quitter le monde. De ce séjour sur le Rhin [4], il a rapporté quelques détails

---

[1] Voir note complémentaire B.

[2] TILLEMONT (*Mémoires*, t. X, p. 567) fixe cette date au plus tard à 370. Jérôme avait alors certainement atteint la 20e année donnée par la loi de Valentinien comme limite au séjour des étudiants de province à Rome (*Cod. Theod.* XIV, t. IX, 1, du 12 mars 370). Elle pourrait expliquer dans ce cas le départ de Rome, de Jérôme, de Bonose et de Rufin.

[3] *Epist.* III, 5 : « Cum post romana studia ad Rheni semibarbaras ripas eodem cibo, pari frueremur hospitio. »

[4] Il est possible qu'il ait profité de cette occasion pour voyager dans le reste de la Gaule, mais on le suppose sur des indices très insuffisants (VALLARSI, *Vita Hieronymi*, IV, 3 ; PL, XXII, 19) : « Arripuit itaque iter in Gallias neque unam modo aut alteram ex his invisit, sed omnes, quoad eius licuit, Galliarum oras perlustravit, ut ex omnibus doctis viris et bibliothecis thesaurum sibi scientiae compararet. » Il s'appuie sur un texte (*Epist.* CXXIII, 16), où Jérôme, près de quarante ans plus tard, racontant les invasions des barbares, énumère les villes qui ont eu spécialement à souffrir. A ce compte on pourrait soutenir que Jérôme a visité toutes les villes dont il fait mention dans son œuvre, surtout dans sa *Chronique*. Il est à remarquer que, pour Toulouse, dans sa correspondance avec l'évêque saint Exupère ou avec les moines Alexandre et Minervius, il n'y a aucune trace de connaissance personnelle de cette ville ; M. BERNARD (*Voyages*, chap. II, 2), renchérissant, en vertu du même raisonnement, le fait aller aussi en Espagne.

intéressants à relever pour l'étude de sa personnalité. Certains montrent en lui un voyageur attentif à recueillir les traits de mœurs et à observer les hommes et les choses. Il affirme quelque part [1] avoir vu en Gaule une tribu britannique, les Alticotti, qui se livrait encore à l'anthropophagie. Alors que ces barbares trouvaient en abondance, dans les forêts, des troupeaux de porcs et d'autres animaux, ils préféraient prélever sur les bergers ou les femmes tombant entre leurs mains ce qu'ils regardaient comme des morceaux de choix. La langue attira aussi son attention. Plus tard passant par Ancyre, en Galatie, il crut reconnaître une parenté entre le dialecte parlé par les habitants et celui de la Gaule rhénane. Il y voyait une confirmation de leurs affinités ethniques [2].

Une impression qui le concernait plus directement lui rendit cher à jamais son passage à Trèves. Ce n'était pas seulement une métropole civile importante. Le christianisme y florissait. Depuis que saint Athanase, aux jours lointains de son premier exil sous Constantin [3], y avait semé les germes de la vie monastique avec ses récits sur saint Antoine et ses disciples, cette forme supérieure de vie évangélique y avait conquis de nombreux adeptes et provoqué la constitution de monastères dont la vue était un appel permanent à la perfection. L'émouvant récit où Pontitianus [4] racontait plus tard à saint Augustin la vocation subite de deux officiers de la suite impériale, lors d'une visite inopinée à l'un de ces monastères, atteste cette action bienfaisante. Il est probable que ce fut un spectacle du même genre qui agit sur Jérôme. Dieu lui fit voir le danger de la vie mondaine et la gran-

---

[1] *Adversus Iovin.* II, 7 (PL, XXIII, 296, A) : « Cum ipse adulescentulus in Gallia viderim Alticottos, gentem britannicam, humanis vesci carnibus, et cum per silvas porcorum greges et armentorum pecudumque reperiant, pastorum nates et feminarum (et) papillas solere abscindere et has solas ciborum delicias arbitrari. »

[2] *Comm. in... Galatas*, II, préface, fin (PL, XXVI, 357, A) : « Galatas, excepto sermone graeco quo omnis Oriens loquitur, propriam linguam eandem paene habere quam Treviros nec referre si aliqua exinde corruperint. »

[3] Bardy, *Saint Athanase*, p. 44 et 48-49.

[4] *Confess.* VIII, 6 (PL, XXXII, 755-756).

deur du détachement absolu [1]. Il en informa Bonose. Celui-ci partagea bientôt ses aspirations. Ensemble ils s'encourageaient à renoncer au siècle pour servir uniquement Jésus-Christ. Bientôt ce fut chose absolument décidée. Un jour eux aussi demanderaient à la solitude la liberté de servir Dieu, loin de tout souci terrestre.

C'est peut-être sous l'empire de ces nouveaux sentiments que saint Jérôme, à Trèves, s'intéressa particulièrement à la littérature ecclésiastique. Lui, si féru des auteurs classiques, toujours prêt à relever ses propos d'une citation de Virgile ou d'Horace, profita de son séjour prolongé dans cette ville, pour obliger à ce sujet ses amis. A la prière de Rufin, il copia deux ouvrages de saint Hilaire : le Commentaire sur les Psaumes et l'écrit volumineux sur les Synodes. Ce détail rappelé incidemment dans une lettre postérieure [2], autorise à penser que d'autres ouvrages du même genre, calligraphiés de sa main, formèrent alors le premier fonds chrétien de cette bibliothèque, qui le suivrait même au désert et qu'il ne cesserait de compléter.

IV

C'est chargé de ces richesses littéraires et le cœur plein des graves pensées qu'il avait agitées au sujet de son avenir que Jérôme regagna la Haute Italie et revit Stridon. Il semble y avoir alors séjourné quelque temps. On sait que la ville d'Aquilée en était peu éloignée. Jérôme y retrouva des amis anciens, Rufin

---

[1] *Epist.* III, 5 : « Scis ipse (Christe)... ut ego primus coeperim velle te colere; memento quaeso istum bellatorem tuum mecum quondam fuisse tironem. » Tillemont en a conclu que Jérôme était revenu à Rome, pour se faire baptiser, parce que « ce serait faire tort à sa piété de croire qu'ayant été baptisé dans un âge avancé, il n'aurait commencé que depuis à vouloir servir Jésus-Christ » (*Mémoires*, t. XII, p. 10, art. 3). Le contexte indique pourtant manifestement qu'il s'agit du service de Dieu dans la vie monastique où Bonose précéda Jérôme, alors qu'il n'y avait pensé que sous l'inspiration de celui-ci.

[2] *Epist.* V, 2 : il y demande à Florentinus d'intervenir auprès de Rufin, pour qu'il lui renvoie certains manuscrits et ajoute : « Interpretationem quoque psalmorum davidicorum et prolixum valde de Synodis librum sancti Hilarii quae ei apud Treveris manu mea ipse descripseram aeque ut mihi transferas peto. »

entre autres, avec qui les relations rendues plus intimes par les mêmes desseins de vie religieuse, se nouèrent toujours plus étroites. Il y fit aussi des connaissances nouvelles qui ne tardèrent pas à lui devenir très chères. Il habita même probablement Aquilée où, — écrivait-il quelques années plus tard, dans sa *Chronique*[1], encore tout au regret de cet âge d'or, — les clercs formaient comme un chœur de bienheureux. C'était en effet un milieu extrêmement intéressant, tel qu'il le lui fallait alors. L'ascétisme y était en honneur et aussi les joies intellectuelles.

De cette élite, groupée autour de l'évêque Valérien[2], pour assurer la pleine victoire de l'orthodoxie et chasser les derniers restes de l'infection arienne, favorisée par son prédécesseur Fortunatien, le membre le plus en vue était le prêtre Chromatius. Sa maison était un vrai monastère où l'ascétisme comptait pour fidèles, avec son frère Eusebius, un ami commun l'archidiacre Jovinus, sa propre mère et ses sœurs qui avaient voué à Dieu leur virginité. Saint Jérôme y fréquentait encore le diacre Julien, père spirituel de sa jeune sœur, le sous-diacre Nicéas qui allait bientôt faire le voyage de Terre Sainte, un moine du nom de Chrysocomas. Peut-être y retrouva-t-il Héliodore, devenu officier puis moine, dont la patrie Altinum n'était qu'à quelques milles à l'ouest d'Aquilée.

Entre les deux cités se trouvait la petite ville de Concordia dont Rufin était originaire. L'un de ses compatriotes intéressa au plus haut point Jérôme[3]. C'était un vieillard presque centenaire, mais à qui l'âge n'avait rien ôté de sa vigueur physique et intel-

---

[1] 10e année (374) de Valentinien (PL, XXVII, 697-698; édit. HELM, p. 247): « Aquileienses clerici quasi chorus beatorum habentur. »

[2] Les détails qui suivent sont empruntés à la correspondance : *Epist.* VII, ad Chromatium, Iovinum et Eusebium; VI, ad Iulianum; VIII, ad Niceam hypodiaconum; IX, ad Chrysocomam. Il est question d'Héliodore dans diverses lettres qui seront signalées plus tard. Il ne se lia intimement avec Nicéas que plus tard, en Orient.

[3] *Epist.* X, ad Paulum senem Concordiae. Voir en plus la notice de Tertullien au chapitre LIII du *De Viris* (PL, XXIII, 661-663), et la lettre V, 2, où il est question des livres prêtés à Rufin : « Scripsit mihi et quidam, de patria supradicti fratris Rufini, Paulus senex, Tertulliani suum codicem apud eum esse, quem vehementer repoposcit. »

lectuelle. Il possédait une bibliothèque riche en auteurs chrétiens, qu'il mettait généreusement à la disposition de ses amis. Riche aussi en souvenirs, il racontait sur les grands hommes du passé des anecdotes que Jérôme recueillait avec une curiosité passionnée. Paul de Concordia avait, dans sa jeunesse, connu à Rome un secrétaire de saint Cyprien qui lui avait fait ses confidences. L'évêque de Carthage ne passait aucun jour sans lire quelque page de Tertullien : « Donne-moi le Maître », disait-il, en réclamant le volume. Livres prêtés et conversations avivaient en Jérôme l'intérêt pour cette histoire ecclésiastique si différente de l'histoire profane! Lui aussi lisait le Maître et ceux qui l'avaient imité. Pourquoi ne marcherait-il pas sur leurs traces et ne consacrerait-il pas son talent d'écrivain au service de sa foi ? Ce fut sans doute par l'intermédiaire des clercs d'Aquilée qu'il fit encore la connaissance d'Innocentius, animé de sentiments analogues aux siens et surtout de son ami le prêtre Evagrius [1]. Celui-ci était un personnage. Grâce à ses nobles origines, il avait facilement accès aussi bien auprès de l'empereur Valentinien qu'auprès du pape Damase. Il venait d'Antioche où sa famille, illustrée, au siècle précédent, par le général Pompeianus Francus, vainqueur de la reine Zénobie, s'était établie, sans perdre le contact avec le monde latin. De passage à Antioche, à son retour d'exil en 362, Eusèbe de Verceil se l'était attaché et l'avait emmené avec lui en

---

[1] La manière dont il parle d'eux à Rufin (*Epist.* III) montre bien que ce n'est pas à Antioche qu'il a fait d'abord leur connaissance, mais en Occident où Rufin les a connus : *Epist.* I, surtout n°s 1 et 15, et *Epist.* III, 3 ; *notice sur Evagrius*, chapitre CXXV du *De Viris* et *Chronique*, 2e année d'Aurélien (273), *sur Pompeianus* (PL, XXVII, 653-654, édit. Helm, p. 222) : « Zenobia apud Immas, non longe ab Antiochia, vincitur... in qua pugna strenuissime adversum eam dimicavit Pompeianus dux, cognomento Francus, cuius familia hodieque apud Antiochiam perseverat de cuius Evagrius presbyter, carissimus nobis, stirpe descendit. » La notice de M. Seeck sur ce personnage (*Die Briefe des Libanios*, p. 128-130) est à utiliser avec précaution, à cause de multiples confusions ; cfr S. Basile, *Epist.* CXXXVIII, 2 (PG, XXXII, 580, C). Je ne parle pas ici de son rôle au sujet d'Auxence, parce qu'il doit en être chronologiquement question plus tard (en 374), si l'interprétation que j'accepte de la lettre I, 15, est la seule admissible : « Sepultum paene antequam mortuum. » Il s'agit vraiment de la mort d'Auxence, non de sa déposition, tentée en vain par le concile romain de 370 (?), et que Valentinien refusa de laisser mettre à exécution.

Occident. L'évêque mort (370), Evagrius était resté dans la Haute Italie, mettant son influence au service du catholicisme et de la charité. Son intervention auprès de Valentinien avait assuré au pape Damase, injustement accusé, une décision favorable mais, en même temps, il avait veillé à empêcher des représailles. Une pauvre femme de Verceil, calomniée, s'était vue condamnée au dernier supplice pour adultère. Le bourreau toutefois n'avait pu, en dépit de ses efforts, en s'y reprenant à sept fois, lui trancher la tête. Des clercs l'avaient recueillie inanimée et ramenée à la vie. Comme il se trouvait des juges assez inhumains pour réclamer quand même l'exécution de la sentence, Evagrius se rendit à Milan où se trouvait alors l'empereur et obtint la grâce de l'infortunée [1]. Cette générosité de caractère le rendit extrêmement sympathique à Jérôme et comme Evagrius songeait à regagner définitivement l'Orient, cette amitié nouvelle l'intéressa davantage encore à la terre classique de l'ascétisme.

A Haemona aussi, Jérôme trouvait la pratique fervente de la vie religieuse. Il y était en relations avec un moine du nom d'Antoine et de pieuses vierges réunies en une sorte de communauté [2]. Leur ferveur contrastait avec la langueur spirituelle de Stridon et lui rendait peu sympathiques ses compatriotes. « Ma patrie, écrit-il, où la rusticité est chez elle, a pour dieu le ventre. On y vit au jour le jour, le plus saint est celui qui est le plus riche. La marmite, selon le trivial dicton populaire, a un couvercle digne d'elle : le prêtre Lupicin. Ce navire qui fait eau a pour le conduire un faible pilote. C'est l'aveugle qui mène des aveugles au fossé, un chef à la hauteur de ses administrés [3]. » A cela s'ajoutèrent des

[1] Le contexte semble bien indiquer que c'est à Milan, non à Trèves, qu'Evagrius a vu l'empereur. Valentinien, qui réside le plus souvent à Trèves, est à Milan en 365, à plusieurs reprises, en février 369, en novembre 373, en février 374. Peut-être est-ce à cette dernière date qu'Evagrius est intervenu pour les affaires d'Auxence, mort cette année. L'intervention pour la femme de Verceil doit être plus ancienne, car saint Jérôme écrit: « In nostram aetatem inciderat » (*Epist.* I, 1), ce qui suppose un certain recul.

[2] *Epist.* XI, ad virgines Haemonenses, et XII, ad Antonium monachum Haemonae.

[3] *Epist.* VII, 5, plus haut, p. 3, n. 4. Le mot *sacerdos* qui qualifie Lupicinus est amphibologique. L'usage de saint Jérôme ne permet aucune conclusion absolue,

difficultés de famille, une brouille durable avec sa tante maternelle Castorina [1]. Il eut cependant la satisfaction d'exercer sur sa jeune sœur une action bienfaisante. Sous son influence et grâce aux conseils de Julien, diacre d'Aquilée, elle se décida à mener une vie fervente et à marcher ainsi sur les traces de son aîné [2]. Quant à Paulinien, il n'en est pas encore question, sans doute parce qu'il était encore trop jeune, mais le souvenir de son frère ne fut évi-

---

car *sacerdos* est employé tantôt pour désigner des évêques et tantôt des prêtres, le plus souvent cependant pour des évêques, *presbyter* étant plus ordinaire pour les prêtres, quand il s'agit de la qualification courante. Ici il semble bien qu'il s'agisse d'un évêque, le contexte ne réclamant guère l'emploi d'une expression aussi solennelle s'il s'agit d'un simple prêtre, sauf intention ironique. Plusieurs ont nié que Stridon fût un évêché pour des raisons trop influencées par leur théorie particulière sur la patrie de saint Jérôme.

[1] *Epist.* XIII, ad Castorinam materteram. La lettre est de 374-376. Il y est dit expressément : « Super quorum ira non unius diei sed tantorum annorum sol occubuit. »

[2] Saint Jérôme parle d'elle deux fois, dans une première lettre (*Epist.* VI) à Julien, diacre d'Aquilée, puis vers le même temps (*Epist.* VII), dans une autre à Chromatius, Jovinus et Eusebius, également d'Aquilée. *Epist.* VI, 2 : « Sororem meam, filiam in Christo tuam, gaudeo, te primum nuntiante, in eo permanere quo coeperat. » *Epist.* VII, 4: « Soror mea sancti Iuliani in Christo fructus est : ille plantavit, vos rigate, Dominus incrementum dabit. Hanc mihi Iesus pro eo vulnere quod diabolus inflixerat praestitit vivam reddendo pro mortua. Huic ego, ut ait gentilis poeta, omnia etiam tuta timeo. Scitis ipsi lubricum adulescentiae iter in quo et ego lapsus sum et vos non sine timore transistis. Hoc illa cum maxime ingrediens omnium fulcienda praeceptis, omnium est sustentanda solaciis, id est crebris vestrae sanctitudinis epistulis roboranda et, quia caritas omnia sustinet, obsecro ut etiam a papa Valeriano (l'évêque d'Aquilée) ad eam confortandam litteras exigatis. Nostis puellares animos his rebus plerumque solidari, si se intellegant curae esse maioribus. » Il cite Virgile, *Aen.*, IV, 298.

On voit généralement dans ces textes l'affirmation que cette enfant avait commis quelque faute grave contre les mœurs, dont Julien l'avait aidée à se relever. J'y verrais plutôt l'adhésion à quelque secte hérétique, sinon au paganisme et peut-être simplement le baptême reçu. La sœur de Jérôme est devenue fervente catholique, mais maintenant on redoute pour elle la fragilité de l'adolescence. Loin de contenir l'affirmation d'une chute, le contexte l'exclut puisque Jérôme la redoute seulement pour l'avenir. La jolie remarque finale sur les *puellares animos*, encouragés par la confiance que leur témoignent de grandes personnes, montre bien qu'il n'y avait pas lieu de faire agir le mobile du repentir ; cfr BLE, 1918, p. 317-318. Peut-être même faut-il y voir que la sœur de saint Jérôme s'était dès lors consacrée à Dieu. En tout cas son frère eut part à ce développement de vie spirituelle, comme l'indique la fin de la lettre à Julien où il parle de *communi in Christo gloria* et où il l'invite à continuer à s'occuper d'elle et aussi à le rendre lui-même heureux par les nouvelles fréquentes qu'il lui communiquera à ce sujet.

demment pas étranger à la détermination qu'il prit plus tard de le rejoindre et de partager définitivement son genre de vie [1]. C'est vers ce temps et dans des circonstances mal définies que commencèrent à se répandre de Stridon jusqu'à Haemona et Aquilée des bruits fâcheux à propos de Jérôme. Sur leur nature nous sommes mal renseignés. Il semble qu'ils furent au moins partiellement motivés par le changement de vie de sa sœur. Quoi qu'il en soit, les sifflements de la « vipère d'Ibérie » furent si aigus et si funestes à sa réputation et à son repos que, dégoûté de la malice et de la sottise des hommes, il se résolut à quitter brusquement cette inhospitalière patrie, quelque déchirement que lui causât l'abandon définitif de sa famille et de ses amis [2].

[1] A Rome, d'où il partit en compagnie de Jérôme, pour la Palestine, en 385.
[2] Voir note complémentaire C.

CHAPITRE II

PREMIER SÉJOUR EN ORIENT. ANTIOCHE (374-375)

I. Le voyage et l'arrivée à Antioche. — II. Le songe. — III. Le commentaire d'Abdias. Héliodore et Rufin.

I

La résolution de voyager avait été si subite que saint Jérôme erra d'abord à l'aventure, un peu au gré des circonstances [1], désemparé et tout entier à l'amertume des mauvais procédés dont il était victime. Le voyage commencé par mer se poursuivit à travers la Grèce. C'est sans doute alors qu'il vit Athènes. Là, comme partout, en dépit de ses ressentiments, il apportait à ses excursions le double intérêt du lettré et du chrétien. Il remarque au passage l'inscription dédiée aux dieux inconnus, à laquelle saint Paul fait allusion dans son discours devant l'Aréopage et en même temps il examine avec curiosité une énorme sphère d'airain, placée près de la statue de Minerve, qu'il ne peut parvenir à soulever [2]. Le fugitif parcourut ainsi la Thrace, le Pont et la Bithynie, s'attarda le long des routes de Galatie, visita Ancyre puis la Cappadoce, et pénétra en Cilicie. Les fortes chaleurs l'y firent beaucoup souffrir. Ce devait être pendant l'été de 374. Il y a des chances pour qu'un abbé Théodose, auquel il écrivit peu

---

[1] Voir note complémentaire C.

[2] *Comm.in... Titum*, I, 12 (PL, XXVI, 572, C) sur l'inscription : « Inscriptio autem arae non ita erat, ut Paulus asseruit : *Ignoto Deo*, sed ita : *Diis Asiae et Europae et Africae, diis ignotis et peregrinis.* » Jérôme a pu, il est vrai, emprunter le renseignement. Pour la sphère, *In Zachariam*, XII, 1 (PL, XXV, 1509, D) : « In arce Atheniensium, iuxta simulacrum Minervae, vidi sphaeram aeneam gravissimi ponderis, quam ego pro imbecillitate corpusculi movere vix potui. Cum autem quaererem quid sibi vellet, responsum est... etc. »

après, soit le célèbre anachorète fondateur du monastère de Rhossos sur la côte syrienne [1]. Jérôme visita le couvent. L'austérité et la ferveur des moines réveillèrent en lui plus vif que jamais le désir de réaliser le projet formé à Trèves mais redoublèrent aussi son angoisse. Ses faiblesses d'antan l'avaient mal aguerri pour la lutte spirituelle. En dépit de sa bonne volonté, les tentations les plus violentes l'assaillaient. Comment aurait-il osé aspirer à l'idéal sublime qu'il avait sous les yeux ? Il partit avec la nostalgie du bonheur entrevu et le sentiment très vif de son indignité, mais aussi avec un secret espoir que Dieu finirait par le prendre en pitié et lui donner la force de suivre à son tour la voie étroite. Ces sentiments rendent émouvante la lettre que, d'un lieu inconnu, peut-être d'Antioche, il adressa peu après à ses hôtes d'un jour :

« A Théodose et aux autres anachorètes habitant le monastère.

Combien, combien je voudrais maintenant faire partie de votre groupe et, en toute allégresse, bien que mes yeux soient indignes de la voir, embrasser votre admirable compagnie! Je verrais un désert plus agréable qu'une cité, je verrais des lieux que les habitants ont abandonnés, assiégés comme une sorte de paradis par les assemblées des saints. Mais puisque mes péchés ont été cause que cette tête, souillée par tous les crimes, n'a pu s'agréger à la réunion des bienheureux, je vous en supplie, car je ne doute point que vous ne puissiez me l'obtenir, délivrez-moi par vos prières des ténèbres de ce siècle. Je vous l'avais dit de vive voix et maintenant je ne cesse de répéter mon souhait par lettre, mon âme y est entraînée de tout son désir. Il dépend de vous que la volonté soit suivie d'effet; à moi de vouloir, à vos prières de me faire vouloir et pouvoir. Je suis comme la brebis malade, errant loin du troupeau. Si le bon pasteur ne me rapporte à sa bergerie sur ses épaules, mes jambes fléchiront et je m'abattrai au moment même où j'essaierai de me relever. Je suis l'enfant prodigue qui, ayant dissipé la part que mon père m'avait remise, ne me suis pas encore jeté à ses genoux et n'ai point encore commencé d'écarter de moi les séductions de l'ancienne dissipation. Et comme j'ai moins renoncé quelque peu aux vices que commencé à vouloir y renoncer, le diable m'enlace maintenant de nouveaux liens, me suscite de nou-

[1] Un chapitre sur lui dans Théodoret, *Hist. religiosa*, X (PG, LXXX, 1388). Cependant l'identification prête à difficultés. Jérôme ne fait aucune allusion à la mer et parle au contraire d'un désert. La lettre (*Epist.* II) est donnée tout entière dans le texte. Le titre un peu énigmatique : *ad monachos intrinsecus commorantes*, signifie « vivant à l'intérieur du même monastère », par opposition aux solitaires dispersés.

veaux obstacles, me laissant en pleine mer, si bien que je ne veux rétrograder et ne puis progresser. Il reste que, par vos prières, le souffle de l'Esprit-Saint me fasse avancer et me conduise au port du rivage désiré.»

Ce port lui offrant l'absolue sécurité, à ce moment de son voyage, où il était brisé à la fois par la fatigue d'une longue pérégrination et par les luttes intérieures, par les tempêtes que soulevaient en lui les attaques des hommes et les tentations, Antioche, par l'intermédiaire de son ami Evagrius, allait le lui offrir. Il y arrivait à l'automne de 374.

Ce fut d'abord un vrai repos, tel qu'il le souhaitait, pour l'âme plus encore que pour le corps. A Antioche, il retrouvait Evagrius, son hôte, ce grand seigneur qui mettait au service d'une amitié toujours prévenante et empressée, les ressources de son opulente fortune. Jérôme eut ainsi l'occasion de séjourner dans le domaine de Maronia, où il fit la connaissance du moine Malchus, dont il raconta plus tard les aventures singulières [1]. Innocentius avait suivi Evagrius. En leur compagnie c'était quelque chose de la vie charmante d'Aquilée qui se prolongeait, sur cette terre d'Orient. Pour mieux en assurer l'illusion et aussi sans doute pour procurer plus vite la paix intérieure au pauvre vagabond, Innocentius lui rappela ses prouesses littéraires d'antan. Pourquoi laissait-il rouiller sa plume? Un sujet s'offrait tout désigné pour déployer son talent, cette extraordinaire aventure, un vrai conte, digne des plus fameux que rapportait la fable et pourtant vrai, cette histoire de la femme de Verceil, injustement condamnée, sept fois frappée par le bourreau et finalement arrachée au dernier supplice par l'intervention audacieusement charitable d'Evagrius. Jérôme après s'être fait quelque peu prier céda finalement à ces instances. La matière se prêtait à merveille à l'étalage que le jeune écrivain comptait faire de tous ses moyens littéraires. Le récit est alerte, brillant, précieux même; descriptions, dialogues, invocations s'y succèdent, tenant sans cesse en éveil l'attention du lec-

[1] *Vita Malchi,* 2 (PL, XXIII, 53, C) : « Maronia, triginta ferme millibus ab... Antiochia, urbe Syriae, haud grandis distat viculus. Hic post multos vel dominos vel patronos, dum ego adulescentulus morarer in Syria, ad papae Evagrii, necessarii mei, possessionem devolutus est... Cum curiose ab accolis quaererem etc. »

teur, ébloui de cette facilité de développement, de la richesse du vocabulaire, de la précision et de la vivacité des images. Les ressouvenirs classiques s'y profilent discrètement. C'est un vrai modèle de narration, tel qu'on peut l'attendre d'un excellent élève qui vient d'achever ses classes et ne sait pas encore assez se maîtriser pour se dégager des procédés, dissimuler son art et en user avec sobriété. Ce coup d'essai promettait : la littérature chrétienne pouvait être fière de cette recrue et en attendre beaucoup [1]. Quelques lignes à la fin du récit rappelaient brièvement la part prise par Evagrius à l'heureuse issue de l'épisode. Elles donnaient à l'œuvre d'art toute sa signification : c'était un discret hommage rendu à l'ami et au bienfaiteur [2].

Mais ces joies paisibles de l'amitié et de la littérature ne devaient pas durer. Presque aussitôt après son arrivée, Jérôme fut saisi par la maladie. Il semblait qu'elle s'acharnât après son pauvre corps déjà naturellement si frêle. A peine avait-il triomphé d'un mal qu'il succombait sous un autre. Cela dura des mois [3]. Jérôme n'était pas encore remis que la mort le frappait dans ses amitiés. L'un de « ses deux yeux », précisément Innocentius, cette « moitié de son âme », était en peu de jours emporté par une fièvre violente. Puis c'était un autre de ses compagnons, bien modeste et cependant aimé lui aussi, parce que, selon une expression, où la charité chrétienne de Jérôme n'a pas réussi à voiler le

[1] *Epist.* I : « Saepe a me, Innocenti carissime, postulasti ut de eius miraculo rei, quae in nostram aetatem inciderat, non tacerem cumque ego id... negarem... sive ... sive quia otium quasi quaedam ingenii robigo parvulam licet facultatem pristini siccasset eloquii. » On est d'accord pour y voir le plus ancien ouvrage conservé de saint Jérôme.

[2] « Iam enim ad Evagrii nostri nomen advenimus cuius ego pro Christo laborem si arbitrer a me dici posse non sapiam, si penitus tacere velim, voce in gaudium erumpente, non possim, etc. » C'est sur ce texte que l'on se fonde pour affirmer les relations entre Jérôme, Evagrius et Innocentius comme antérieures au séjour en Orient. Il est clair que les allusions de la lettre III, où ces personnages sont donnés comme déjà connus de Rufin, avant son départ d'Aquilée, sont un argument autrement solide.

[3] Il écrit à Rufin, l'été qui suivit son arrivée, c'est-à-dire presque un an après : *Epist.* III, 1 : « Invalidum etiam cum sanum est corpusculum crebri fregere morbi »; *Epist.* III, 2 : « Tunc vere aegrotum esse me dolui et nisi me adtenuatae corporis vires quadam compede praepedissent »; *Epist.* III, 3 : « Syria... ubi ego quicquid morborum esse poterat expertus. »

mépris du monde antique pour l'esclave, « il avait par la pureté de ses mœurs effacé la tache de la servitude. » C'était Hylas serviteur de sainte Mélanie. Il ne restait plus au malade que l'excellent Evagrius; en dépit de ses occupations, cet ami avait pour lui les attentions les plus assidues [1]. Ces deuils répétés unis aux luttes intérieures affligeaient douloureusement l'âme; mais le corps en subissait le contre-coup. L'état de Jérôme empira au point qu'il en vint presque à perdre conscience de lui-même et se trouva à deux doigts de la mort [2].

II

C'est probablement au cours d'une de ces maladies [3] qu'il fit un rêve dont les conséquences furent importantes pour les rapports entre sa vie intérieure et ses occupations littéraires. Lui-même l'a raconté avec une vivacité d'imagination et une chaleur de sentiment qui montrent à quel point, après dix ans écoulés, le souvenir qu'il en gardait lui était présent :

« Il y a bien des années, maison, parents, sœurs, alliés et, chose plus difficile, habitudes d'une nourriture assez recherchée, j'avais renoncé à tout cela pour le royaume des cieux et j'allais à Jérusalem pour y entrer dans la milice. A Rome je m'étais, avec beaucoup de soin et de peine, composé une bibliothèque. Elle m'était devenue indispensable. Malheureux que j'étais, la lecture de Cicéron suivait le jeûne; après de fréquentes veilles la nuit et les larmes que le souvenir de mes péchés passés m'arrachait du fond des entrailles, je prenais en mains Plaute. Si parfois revenu à moi-même, je commençais à lire un prophète, cette langue in-

---

[1] *Epist.* III, 3 : « E duobus oculis unum perdidi; Innocentium enim partem animae meae repentinus febrium ardor abstraxit. Nunc uno et toto mihi lumine Evagrio nostro fruor, cui ego semper infirmus quidam ad laborem cumulus accessi. Erat nobiscum et Hylas, sanctae Melaniae famulus, qui puritate morum maculam servitutis abluerat. Et hic necdum obductam rescidit cicatricem. »

[2] *Epist.* VI, 2 : « Quanquam ita me iugis tam corporis aegrotatio quam animae aegritudo consumpsit ut morte imminente nec mei paene memor fuerim. » On peut en rapprocher la description qu'il fait de la maladie grave du carême, pendant laquelle il eut le songe dont il va être question (*Epist.* XXII, 30).

[3] Ce songe est souvent rapporté à l'époque de la vie au désert, mais il n'y a aucun détail qui ne cadre avec ce que nous savons sur le séjour à Antioche auquel nous renvoie naturellement la mention de la maladie.

culte me repoussait et comme, dans ma cécité, je ne voyais pas la lumière, je n'en rejetais pas la faute sur mes yeux, mais sur le soleil. J'étais ainsi joué par l'antique serpent. Vers le milieu du carême, la fièvre pénétra jusqu'aux moelles mon corps épuisé et sans discontinuer, chose incroyable, ravagea tellement mes pauvres membres que mes os se tenaient à peine. On préparait déjà mes funérailles; la chaleur vitale en mon corps déjà tout refroidi ne palpitait plus guère que dans ma poitrine encore tiède. Tout à coup je fus ravi en esprit et entraîné devant le tribunal du juge. Tant de lumière et d'éclat jaillissait de la splendeur de l'assistance que projeté à terre je n'osais lever les yeux. Interrogé sur mon état : « Je suis chrétien », répondis-je. — « Tu mens, dit celui qui siégeait; tu es cicéronien, pas chrétien. Où est ton trésor, là est ton cœur. » Aussitôt je me tus et accablé de coups, sur son ordre, je me sentais plus tourmenté encore par le feu de ma conscience et ruminais ce verset : *En enfer qui vous confessera?* (Ps. VI, 6). Je me mis pourtant à prier et à gémir : « Ayez pitié de moi, Seigneur, ayez pitié de moi. » Ces cris résonnaient au milieu des coups de fouet. Enfin, se prosternant aux genoux du président, les assistants essayèrent d'implorer pardon pour ma jeunesse et possibilité de repentir pour mon erreur : je subirais le châtiment si dans la suite je venais à lire encore la littérature païenne. Moi qui dans une pareille torture étais prêt à faire des promesses plus fortes encore, je commençai à faire serment et à l'interpeller : « Seigneur, dis-je, si jamais j'ai encore des livres profanes, si j'en lis, je vous aurai renié. » Sur ce serment, je fus relâché. Je reprends mes sens et, à l'étonnement de tous, j'ouvre les yeux, tellement baignés de larmes que les sceptiques eux-mêmes devaient croire au témoignage de ma douleur. Ce n'était pas un assoupissement, un de ces vains songes qui souvent nous illusionnent. J'en atteste le tribunal où j'étais prosterné, j'en atteste le jugement qui me faisait peur. Puissé-je n'avoir jamais à subir pareille question! Mes épaules en étaient livides, les coups se faisaient sentir encore après le rêve. Je mis désormais à lire les ouvrages divins bien plus de passion que je n'en avais apporté à la lecture des livres mortels [1]. »

Longtemps après, quand Rufin eut le mauvais goût d'aller chercher dans ce récit un argument contre saint Jérôme, celui-ci affecta de n'y plus attacher aucune importance [2]. Il répondit avec désinvolture qu'il ne fallait pas faire tant de cas d'un songe : on

[1] *Epist.* XXII, 30.

[2] Rufin, *Apol.* II, 6 (PL, XXI, 588). — Jérôme, *Apol.* I, 30-31 et III, 32 (PL, XXIII, 421-423 et 480-481).

rêve parfois des choses si absurdes ! Comment en être rendu responsable et y chercher une règle de vie ? Il est incontestable toutefois qu'au moment même et de longues années encore, l'impression persista profonde et se traduisit par le renoncement absolu à toute lecture profane n'ayant pour but que le divertissement [1]. L'épisode montre avec quel sérieux Jérôme envisageait la carrière où il s'apprêtait à entrer, quel conflit soulevaient dans sa conscience ses habitudes littéraires aux prises avec le dessein d'une perfection chrétienne toujours plus stricte.

III

Sans doute l'un des fruits de cette résolution fut son premier travail d'exégèse, un commentaire sur le prophète Abdias. Il en a parlé quelque vingt ans plus tard, avec une bonne grâce amusée, en dédiant un second commentaire à son ancien condisciple Pammachius [2]. On devine ce qui avait valu à cette courte prophétie les préférences de Jérôme. Elle prêtait admirablement par sa teneur aux développements oratoires où le jeune écrivain pouvait utiliser les multiples ressources de son talent. Rien de plus facile que de faire écho, par des sentences bien frappées et des invectives passionnées, aux apostrophes du prophète. L'exégète novice se les appliquait sans doute à lui-même et y déchaînait la fougue de son zèle amer de nouveau converti. Quand, avec l'âge, l'exaltation fut tombée, quand surtout la maîtrise de la langue hébraïque et l'étude approfondie des Écritures lui eurent révélé la véritable manière de commenter les textes, il ne songeait plus, sans quelque honte, à ce premier fruit de ses études bibliques. Il aurait voulu en perdre lui-même le souvenir et se plaisait à penser que l'opuscule resterait enfoui, inconnu, dans un coin de sa bibliothèque :

[1] L'allusion transparente de la préface au livre III du Commentaire sur l'épître aux Galates est très caractéristique de son état d'esprit. Saint Jérôme y renvoie à la date précise du songe (PL, XXVI, 399, C; en 388-389 ?) : « Nostis enim et ipsae (Paula et Eustochium) quod plus quam XV anni sunt ex quo in manus meas nunquam Tullius, nunquam Maro, nunquam gentilium litterarum quilibet auctor ascendit. » Sur la réalité du songe, voir note complémentaire D.

[2] PL, XXV, 1097-1100.

« Quand j'étais enfant, je parlais et je pensais comme un enfant: aussi mérité-je l'indulgence pour avoir, dans mon adolescence, entraîné par l'ardeur à l'étude des Écritures, interprété allégoriquement le prophète Abdias dont j'ignorais le sens littéral. Mon cœur était enflammé par la connaissance mystique : j'avais lu que tout était possible aux croyants, j'ignorais qu'il y avait diversité des charismes; ma connaissance des lettres profanes me faisait croire que je pouvais lire un livre fermé. »

Et il parle de sa sottise, plaidant l'indulgence pour ce fruit de son juvénile talent :

« J'étais enfant, je ne savais pas encore écrire, ma main titubait, mes doigts tremblotaient. »

Il tâcha, dans un nouveau commentaire, de reprendre l'œuvre et de corriger si possible les lettres mal conformées. C'est qu'en effet, à son grand désespoir, un admirateur trop zélé venait de remettre au jour le malencontreux avorton : « J'espérais que mon écrit resterait caché dans les cassettes. J'avais voué au feu cette première témérité de mon petit talent quand subitement d'Italie m'en est apporté un exemplaire par un jeune homme, de l'âge que j'avais lorsque je composai cet écrit dont il était enthousiaste. Je l'avoue, j'admirais qu'un mauvais écrivain trouvât toujours lecteur à son niveau. Il vantait l'œuvre, moi je rougissais; il portait aux nues je ne sais quel sens mystique, moi la tête baissée je dissimulais ma honte. » Jérôme se consolait en pensant que, du moins, il était arrivé à faire sienne la parole de Socrate : *Je sais que je ne sais rien*, et en se rappelant les premiers essais médiocres des grands hommes ses modèles, d'un Cicéron, d'un Tertullien, d'un Origène et d'un Quintilien. Lui chétif pouvait bien, à son tour, avouer mésaventure pareille aux leurs.

A Antioche, Jérôme était admirablement placé pour se tenir au courant de ce qui intéressait les deux mondes, l'Orient et l'Occident. Les pèlerins pour l'Égypte et la Palestine s'y arrêtaient volontiers à l'aller ou au retour [1]. Parmi eux Jérôme avait parfois la joie de retrouver des compatriotes et des amis. C'est ainsi que Nicéas, sous-diacre d'Aquilée, s'y arrêta quelques jours, pendant

[1] Voir la *Peregrinatio* de la Pseudo-Silvie, XVII-XVIII, (édit. Geyer, p. 60-61) et l'*Itinerarium Burdigalense* (*Ibid.* p. 17).

lesquels Jérôme lui témoigna la plus vive affection [1]. Il fut plus ravi encore d'une autre rencontre qui éveilla d'abord en lui les espérances les plus séduisantes. Son vieil ami Héliodore, qui avait quitté l'armée pour se faire moine, avait lui aussi fait le pèlerinage de Terre Sainte [2]. Le voyage avait été pénible, mais Héliodore rencontrait à Jérusalem un bon Samaritain qui, par des soins généreux, le rétablit complètement [3]. Héliodore apportait à Jérôme une heureuse nouvelle: l'ami de cœur, celui dont un déchirement impie l'avait séparé à Aquilée, Rufin était lui aussi en Orient. Mais Jérôme n'osait croire à tant de bonheur. Un prêtre envoyé d'Alexandrie chez les confesseurs égyptiens, voisins de Jérôme [4], avait, depuis, lui aussi, parlé d'un Rufin qui visitait l'Égypte et ses anachorètes, mais il n'avait pu préciser quel était ce Rufin ni d'où il venait. A la longue, il y eut tant de gens arrivant d'Égypte et des détails si précis que le doute n'était plus possible. Rufin, — celui de Jérôme, — avait été visiter le fameux Macaire et continuait son pèlerinage au pays de saint Antoine et de saint Pacôme. On disait même qu'il allait venir à Jérusalem avec sainte Mélanie [5]. Bien sûr, cette fois, de ne point céder à une illusion, Jérôme se hâte de lui écrire sa joie et le désir qu'il a de le voir [6]:

« Que Dieu accorde plus qu'on ne lui demande et qu'il donne souvent ce que l'œil n'a point vu ni l'oreille entendu ni le cœur soupçonné, je l'avais déjà su à l'école des Écritures mais je viens d'en faire moi-même l'expérience, mon très cher Rufin. Je pensais être déjà bien audacieux,

---

[1] *Epist.* VIII.

[2] Contrairement à ce que l'on suppose et écrit couramment, il n'est pas question de la présence d'Héliodore en Syrie avant son retour de Palestine d'où il rapportait la nouvelle du séjour de Rufin en Égypte. La lettre VI, 2, à Julien d'Aquilée, indique bien que Jérôme et Héliodore ne s'étaient pas rendus ensemble en Orient : « Sanctus frater Heliodorus hic adfuit. »

[3] *Epist.* IV, 1, à Florentinus : « Heliodori fratris a te adiuta necessitas mutorum potest etiam ora laxare; quibus gratiis, quo ille praeconio, peregrinationis incommoda a te fota referebat. »

[4] Jérôme reparle de ces confesseurs dans sa lettre XV, 2, au pape Damase. On les identifie avec les évêques exilés à Diocésarée en Palestine, mais la distance est si grande entre cette ville et Antioche, que cela paraît bien invraisemblable. On ne voit guère pourquoi, en venant d'Égypte pour se rendre auprès de ces exilés, on serait remonté jusqu'à Antioche. Il s'agit donc d'un autre groupe.

[5] *Epist.* III, 2 et IV, 2.

[6] *Epist.* III, 1.

dans mes désirs, en espérant, par l'échange de la correspondance, une image menteuse de la présence. Or j'apprends que tu pénètres dans les secrets de l'Égypte, que tu visites les chœurs des moines. Ah ! si le Seigneur Jésus-Christ m'accordait tout à coup maintenant d'être transporté comme Philippe près de l'eunuque ou Habacuc près de Daniel, comme je te serrerais étroitement dans mes bras et cette bouche qui, avec moi, a été folle puis sage, comme je la presserais de mes lèvres ! Mais je ne le mérite point et, sans force quand il est en santé, mon pauvre petit corps est brisé par de fréquentes maladies ; j'envoie donc à ma place, à ta rencontre, cette lettre qui, t'enlaçant des liens de l'affection, te conduira jusqu'à moi. »

Après avoir longtemps hésité à croire la nouvelle, quand il en a eu des preuves évidentes par un moine d'Égypte :

« Alors, écrit-il, j'ai lâché complètement les rênes à la crédulité et j'ai vraiment souffert d'être malade. Si mes forces corporelles bien diminuées n'avaient été pour moi une entrave, ni les ardeurs de la mi-été, ni la mer toujours incertaine aux navigateurs n'auraient fait obstacle à ma hâte. Crois-moi, le marin ballotté par la tempête ne souhaite pas aussi vivement le port ni les champs desséchés la pluie, ni, assise sur le rivage fuyant, la mère anxieuse n'attend ainsi son fils. »

Il lui résume ensuite brièvement son voyage, depuis le moment où un ouragan subit l'a arraché à son côté et il s'attarde à faire longuement le panégyrique de Bonose.

Cet ami de toujours, ce compagnon d'enfance et d'étude avait, on se le rappelle, sous l'influence de Jérôme, décidé, comme lui, à Trèves, de se donner à Dieu. Depuis que Rufin avait quitté l'Italie, moins hésitant que son conseiller, Bonose avait mis à exécution son projet. Tandis que Jérôme, aux prises avec la maladie et les tentations, quoique déjà résolu au sacrifice, se débattait dans une incertitude pénible, Bonose avait quitté sans faiblir une mère, des sœurs, un frère très chers, pour se retirer dans une île du Quarnero, loin de tout voisinage humain, sans même un seul compagnon. Avec un sentiment de secrète envie, Jérôme portait ses regards vers ce coin de terre béni du ciel [1].

---

[1] Les détails sur Bonose de la lettre III, 4-6, sont à compléter par ceux de la lettre VII, 3. Il en résulte que le départ de Bonose pour la solitude maritime était postérieur à celui de Jérôme et de Rufin. Dans sa *Chronique*, en 381, Jérôme payait simultanément le tribut de l'amitié à Bonose, à Rufin et à Florentinus, en

C'est au bienfaiteur d'Héliodore, au moine latin Florentinus qu'il envoyait sa lettre à Rufin, avec prière de la lui transmettre à Jérusalem. Dans son billet d'envoi, il manifestait le désir de relations amicales avec le « père des pauvres »; mais, ajoutait-il modestement, que Florentinus prît bien garde de le croire un second Rufin. Celui-ci, récemment baptisé, est dans toute la splendeur de la vertu chrétienne. Jérôme n'est qu'un pécheur endurci dont la miséricorde de Dieu aura peut-être pitié et qu'elle tirera du tombeau comme Lazare. Florentinus avait près de lui un moine du nom de Martinien à qui Jérôme offre aussi ses souhaits d'amitié. L'un et l'autre n'étaient point des inconnus pour Evagrius. Il y avait entre eux échange de services. Evagrius, à plusieurs reprises, avait essayé, à Antioche, vainement d'ailleurs, d'arracher à son nouveau maître et de faire rendre à Florentinus un esclave fugitif [1].

En attendant de plus amples nouvelles, Jérôme s'efforçait, sur place même, d'amener Héliodore à le suivre au désert de Chalcis où, plus que jamais, il songeait à se retirer [2]. Héliodore

écrivant à la 13e année (377) de Valens (PL, XXVII, 699; édit. HELM, p. 248) : « Florentinus, Bonosus et Rufinus insignes monachi habentur, e quibus Florentinus tam misericors in egentes fuit ut vulgo pater pauperum nominatus sit. » L'éloge de la bienfaisante charité de Florentinus dans la lettre IV, 1, montre que c'est bien là le texte primitif, contrairement à ce que soutient Schoene, d'après qui saint Jérôme aurait d'abord écrit de Rufin ce qui est ici attribué à Florentinus. Cfr SCHOENE, *Die Weltchronik des Hieronymus*, pp. 111 et suiv., cité et approuvé par GRÜTZMACHER, p. 195, n. 5; BLE, 1918, p. 318, où je les réfute.

[1] *Epist.* IV et V.

[2] Les détails qui suivent sont tirés surtout de la lettre XIV à Héliodore. Il semble, d'après la lettre III, 1, qu'Héliodore avait déjà quitté Antioche quand Jérôme écrit à Rufin pour la première fois, c'est-à-dire presque un an après son arrivée. Il n'y a plus qu'Evagrius avec lui. Or le passage d'Héliodore est mentionné au n. 3. Il était sûrement parti lors de la lettre V, écrite peu de temps après, du désert, à Florentinus; de même *Epist.* VI, 2. La lettre IX à Chrysocomas le suppose déjà revenu à Aquilée; cfr VI, 2 : « Frater Heliodorus hic adfuit qui, cum mecum heremum vellet incolere, meis sceleribus fugatus abscessit. » — *Epist.* XIV, 1 : « Quanto studio et amore contenderim ut pariter in heremo moraremur conscium mutuae caritatis pectus agnoscit. Quibus lamentis quo dolore quo gemitu te abeuntem prosecutus sim, istae quoque litterae testes sunt quas lacrimis cernis interlitas. Verum tu, parvulus delicatus, contemptum rogantis per blandimenta fovisti et ego incautus quid tunc agerem nesciebam : tacerem ? sed quod ardenter volebam moderate dissimulare non poteram; impensius obsecrarem ? sed audire nolebas quia similiter non amabas. » Le voyage d'Héliodore aux Lieux-Saints lui

avait embrassé la profession monastique mais hésitait sur le genre de vie à adopter. Il n'y avait pas que des anachorètes ou des ermites; dans les villes, à Antioche, par exemple, existaient des communautés ferventes d'ascètes où on retrouvait, sous des formes un peu différentes, la pratique des mêmes vertus qu'au désert. Certains même se contentaient de vivre dans la continence sans pour cela quitter la maison paternelle ou renoncer à leurs occupations. Ils étaient plus assidus aux églises et plus sévères dans leur conduite; ils sanctifiaient le monde par leur présence sans éprouver le besoin de l'abandonner complètement. Entre Jérôme et Héliodore ces pensées faisaient l'objet de fréquents débats. Avec sa véhémente éloquence, Jérôme plaidait la cause de la solitude: ils y seraient si heureux tous deux ! Ils pourraient en toute liberté y prier, y travailler à l'abri des tentations périlleuses et des contacts troublants. Héliodore disait oui, souriait doucement, mais ne parvenait pas à se décider. La solitude prochaine lui apparaissait sous des couleurs moins riantes qu'à Jérôme. L'Orient ne l'avait point conquis. Il évoquait des tableaux plus intimes et plus lointains. Son cœur le ramenait à Altinum, sur l'Adriatique, vers la vaste et confortable demeure familiale où l'attendaient son père et sa mère, où l'affection d'une sœur déjà veuve et d'un neveu, Népotien, encore tout petit, demandait sa protection. De nombreux serviteurs y réclamaient l'héritier de la maison [1]. A l'exemple d'amis que Jérôme connaissait bien, il pourrait, sans difficulté, mener la vie monastique projetée, sans renoncer à l'intimité du foyer.

---

avait été particulièrement pénible, car outre l'allusion très claire de la lettre IV, 1, Jérôme redit ici (XIV, 1) : « Nolo te antiquae peregrinationis terreat difficultas. »

[1] *Epist.* XIV, 3 : « Neque vero nescio qua te nunc dicas compede praepediri. Non est nobis ferreum pectus nec dura praecordia, non ex silice natos Hyrcanae nutriere tigrides ; et nos per ista transivimus. Nunc tibi blandis vidua soror haeret lacertis, nunc illi cum quibus adolevisti vernulae aiunt : cui nos servituros relinquis ? nunc et gerula quondam anus et nutricius, secundus post naturalem pietatis pater, clamitat : morituros exspecta paulisper et sepeli. Forsitan et laxis uberum pellibus, arata rugis fronte, antiquum referens mamma lallare congeminet. » — Déjà *ibid.*, 2: « Licet parvulus ex collo pendeat nepos, licet sparso crine et scissis vestibus ubera quibus nutrierat mater ostendat, licet in limine iaceat pater, per calcatum perge patrem... »

Ce fut Altinum qui l'emporta. Après des tergiversations indéfinies, une décision s'imposait. Jérôme désirait de plus en plus vivement se rendre au désert, « paradis printanier du Christ ». Il insistait près d'Héliodore; mais celui-ci, sans dire ouvertement non, sans opposer un refus définitif, usait de paroles caressantes, comme l'enfant qui veut obtenir ce qu'on était d'abord décidé à lui refuser. Il lui fallait, disait-il, revoir sa patrie, refaire près des siens une santé ébranlée, se remettre des fatigues et des émotions de son pèlerinage aux Lieux-Saints. Après l'on verrait. L'expérience de Jérôme serait décisive. Quand il aurait goûté aux fruits de la solitude, il n'aurait qu'à faire signe, à écrire une de ces lettres éloquentes dont il avait le secret. Certainement Héliodore ne pourrait résister à son appel et viendrait le rejoindre [1]. Et, avec des pleurs et des sanglots, il donnait à Jérôme, en le quittant, les dernières marques d'affection et l'assurait d'un éternel attachement. Jérôme était brisé de douleur, mais n'osait insister. Son désir trop clair Héliodore ne voulait pas le comprendre, ayant sa résolution bien arrêtée. Il ne restait qu'à gémir et à prier pour que l'infidèle retrouvât plus tard, sous l'aiguillon du remords, le courage de faire le sacrifice complet. Jérôme, lui, ne pouvait retarder davantage l'accomplissement de son projet. Dès que ses forces furent rétablies, il laissa Antioche pour la solitude de Chalcis.

[1] *Epist.* XIV, 1 : « Quoniam igitur et tu ipse abiens postularas ut tibi postquam ad deserta migrassem invitatoriam a me scriptam transmitterem et ego facturum receperam. » Héliodore était déjà évêque d'Altinum en 381, lors du Concile d'Aquilée.

CHAPITRE III

LE DÉSERT. RETOUR A ANTIOCHE

(375-379)

I. La vie au désert : épreuves, mortifications, études. — II. Relations épistolaires avec l'Occident. — III. La querelle des hypostases et le schisme d'Antioche : lettres au pape Damase. — IV. Le retour à Antioche; Apollinaire; l'*Altercatio Luciferiani et Orthodoxi*.

I

La petite ville de Chalcis était située à cinquante-trois milles au sud-est d'Antioche, au-dessous d'Immae, célèbre par la victoire de Pompeianus, et de Bérée [1]. Elle était immédiatement entourée de campagnes fertiles mais, un peu au delà, sur son territoire, commençait un vaste désert où s'enlisaient dans le sable les confins de la vie civilisée et de la barbarie. Périodiquement s'y produisaient les incursions des nomades sarrasins. Un monastère y existait déjà où Malchus s'était fait moine, et c'était en le quittant pour rentrer en Mésopotamie qu'il avait été enlevé au cours d'une razzia [2]. La ferveur y était grande. Jérôme vit des moines dont la mortification ne le cédait en rien à celle des solitaires d'Égypte. L'un, pendant trente ans, enfermé dans sa cellule, s'était contenté de pain d'orge et d'eau bourbeuse; un autre, dans

---

[1] *Vita Malchi*, 3 (PL, XXIII, 54-55) : « Perveni tandem ad heremum Chalcidos, quae inter Immas et Beroeam magis ad Austrum sita est. » — *Epist.* V, 1 : « In ea mihi parte heremi commoranti quae iuxta Syriam Sarracenis iungitur »; même phrase dans *Vita Pauli*, 6. — *Epist.* XV, 3 : « Ad eam solitudinem commigravi quae Syriam iuncto barbariae fine determinat. » — *Epist.* XVI, 2 : « Nunc barbaro Syriae limite teneor. » Cfr *Epist.* VII, 1, texte cité plus loin, p. 46, n. 2.

[2] *Vita Malchi*, 4 (PL, XXIII, 55, B C) : « De Beroea Edessam pergentibus vicina est publico itineri solitudo per quam Sarraceni incertis sedibus huc atque illuc semper vagantur. »

une vieille citerne, ne mangeait que cinq figues par jour [1].

Nous ignorons dans quelles conditions Jérôme fut reçu au nombre des moines et comment s'organisa matériellement sa nouvelle existence. Sauf les compagnons qui peut-être vinrent le rejoindre [2], personne ne parlait latin autour de lui. Seuls, le syriaque et le grec étaient compris. La mortification la plus pénible pour Jérôme fut certainement la nourriture : le sacrifice d'une table recherchée lui parut plus dur encore que celui de la patrie et des parents [3]. Son estomac, délabré par suite de fréquentes maladies, lui en représentait sans doute continuellement le mérite. Lui aussi dut se contenter de pain et d'eau. Du reste, ce n'était là qu'une part de ses mortifications. S'il avait espéré trouver le repos et la tranquillité au désert, il fut vite détrompé. Les passions le poursuivaient sans trêve. Prière, pénitence, veilles et jeûnes, lectures et travail ardu ne parvenaient point à le rendre insensible à la voix des sirènes ni à calmer les troubles intérieurs.

Il a décrit [4], avec quelle poignante éloquence ! ces heures d'angoisse, sans taire cependant les consolations célestes qui parfois les couronnaient :

« Combien souvent quand j'étais au désert, dans cette vaste solitude qui, brûlée par les ardeurs du soleil, n'offre aux moines qu'une affreuse demeure, je m'imaginais être encore au sein des délices romaines ! J'étais

---

[1] *Vita Pauli*, 6 (PL, XXIII, 21, B) : « Iesum testor et sanctos angelos eius, in ea heremi parte quae iuxta Syriam Sarracenis iungitur et vidisse me monachos et videre, e quibus unus per XXX annos clausus hordeaceo pane et lutulenta aqua vixit, alter in cisterna veteri, quam gentili sermone Syri gubbam vocant, quinque caricis per singulos dies sustentabatur. »

[2] Il écrit à Chromatius et Iovinus que, seules, leurs lettres « hic latine sciunt. Hic enim aut barbarus seni sermo discendus est aut tacendum est » (*Epist.* VII, 2). D'autre part il mentionne dans la lettre XVII, à Marc, les compagnons qui sont partis: « Abruperunt a me partem animae meae carissimos fratres. Ecce discedere cupiunt immo discedunt. » Il peut s'agir de moines orientaux dont il aurait fait la connaissance au désert. De même les *alumni* de la lettre V, 2, occupés à transcrire les manuscrits latins.

[3] *Epist.* XXII, 30 : « Cum ante annos plurimos domo, parentibus, sorore, cognatis et, quod his difficilius est, consuetudine lautioris cibi, propter caelorum me regna castrassem. » *Ibid.*, 7 : « De cibis vero et potu taceo cum etiam languentes aqua frigida utantur et coctum aliquid accepisse luxuriae sit.... repugnantem carnem hebdomadarum inedia subiugabam. »

[4] *Epist.* XXII, 7.

assis tout seul, livré à mon amertume. Je faisais peur à voir sous le sac qui déformait mes membres, mon extérieur inculte donnait à ma chair l'aspect de la race éthiopienne. Chaque jour des larmes, chaque jour des gémissements. Quand, malgré mes efforts contraires, le sommeil finissait par m'accabler, mes os mal joints ensemble se brisaient sur la terre nue. Je ne dis rien du manger et du boire, car même les malades n'ont à leur disposition que de l'eau froide, et manger chaud paraît être du relâchement. Eh bien, moi qui, par crainte de l'enfer, m'étais condamné à une pareille prison, moi qui n'avais pour société que les scorpions et les bêtes fauves, je me trouvais souvent mêlé aux danses des jeunes Romaines. Le jeûne faisait pâlir mon visage, mais mon cœur brûlait de désirs dans un corps refroidi; ma chair avait devancé la mort entière de ma personne; seul l'incendie des passions coupables y flambait. Aussi, dépourvu de tout secours, je me jetais aux pieds de Jésus. Je les arrosais de larmes, je les essuyais de mes cheveux et, par des semaines de jeûne, je cherchais à subjuguer la chair rebelle. Je ne rougis point de mon malheur, je pleure plutôt de n'être plus ce que j'étais. Je me souviens que souvent je continuais à pousser des cris quand le jour succédait à la nuit. Je ne cessais de me frapper la poitrine que lorsque, sur l'objurgation du Seigneur, revenait la tranquillité. Ma cellule même, comme complice de mes pensées mauvaises, m'était en horreur. Irrité et cruel contre moi-même, je m'enfonçais seul dans le désert. Le creux des vallées, l'aspérité des montagnes, les rochers abrupts devenaient mes lieux de prière et le cachot de ma misérable chair. Mais, le Seigneur m'en est témoin, après avoir beaucoup pleuré et contemplé le ciel, il m'arrivait parfois de me croire admis dans les troupes des Anges. Satisfait et joyeux je chantais alors : Nous courons après toi à l'odeur de tes parfums » (*Cant.* I, 3).

A ces tentations Jérôme opposait, avec la prière, le remède d'un travail acharné. La Bible qui l'avait d'abord rebuté devint le principal sujet de ses études. Peu satisfait de la traduction latine, ou même de la version des Septante, il voulut remonter jusqu'à l'original. C'est ainsi qu'il mit à profit la présence d'un Juif converti pour apprendre à lire le texte hébraïque. Mortification, désir de s'instruire lui firent affronter courageusement les multiples obstacles [1] :

« Dans ma jeunesse, écrit-il, au moine Rusticus, quand le désert de la solitude me servait de rempart, je ne pouvais supporter les excitations

---

[1] Voir le récit de la lettre XXII, 30, sur le songe, p. 29-30; *Epist.* CXXV, 12.

des passions et l'ardeur de la nature. J'avais beau chercher à les briser par la fréquence des jeûnes, mon âme était toute embrasée par les pensées mauvaises. Pour la dompter je me mis sous la conduite d'un moine hébreu converti. Aux pointes de Quintilien, aux fleurs de Cicéron, à la gravité de Fronton, à la placidité de Pline, succédait maintenant l'étude de l'alphabet: des mots sifflants et haletants à ruminer. Ah! quel labeur de pensée ! quelles difficultés à vaincre ! combien de fois j'ai désespéré, combien de fois j'ai renoncé! Puis, m'entêtant, résolu à apprendre, je me remettais à l'étude : ma conscience me rend témoignage des peines endurées et ceux-là aussi qui partageaient ma vie. Mais j'en remercie Dieu; l'amère semence de ces lettres me fait goûter de doux fruits. »

C'est au désert de Chalcis encore que Jérôme dut sérieusement étudier la langue grecque, sans pouvoir cependant se rendre déjà le témoignage qu'il la parlait avec aisance [1]. La transcription des manuscrits l'occupait aussi. Il avait à sa disposition des copistes dont le travail continuait à enrichir sa bibliothèque [2]. S'il délaissait complètement les auteurs profanes, il n'avait que plus d'ardeur à compléter sa collection d'auteurs chrétiens. C'est ainsi qu'il a recours aux bons offices de Florentinus pour obtenir de Rufin qu'il laisse prendre copie du sublime commentaire de Rheticius d'Autun sur le Cantique des Cantiques et d'un certain nombre d'ouvrages de Tertullien, dont il lui envoie la liste, malheureusement perdue pour nous. Il réclame également la transcription des deux livres de saint Hilaire qu'il avait de sa main copiés à Trèves pour Rufin, le *Commentaire des Psaumes* et l'ouvrage sur les *Synodes*. En retour, il mettait copistes et manuscrits de la Bible à la disposition de Florentinus, dont, — il le savait par Héliodore, — les recherches bibliographiques concernant l'Écriture, n'étaient pas toujours couronnées de succès :

---

[1] *Epist.* XVII, 2 : « Plane times ne eloquentissimus homo in syro sermone vel graeco, ecclesias circumeam. » Il le savait assez en sortant du désert pour suivre avec profit l'enseignement d'Apollinaire.

[2] *Epist.* V, 2 : « Habeo alumnos qui antiquariae arti serviant. » Ces *alumni* étaient en général des enfants trouvés, adoptés par les chrétiens; cfr LECLERCQ, *Alumni*, dans le DACL, t. I, p. 1287-1306. Comme il est peu probable que saint Jérôme les ait amenés d'Occident, ils venaient sans doute d'Antioche et Jérôme leur avait appris les éléments de lecture et d'écriture nécessaires pour leur travail de transcription. Dans la lettre, il s'agit de livres latins de la Bible, mais sans doute ils transcrivaient aussi des manuscrits grecs.

« Grâces à Dieu, notre bibliothèque sacrée est abondante : vous n'avez qu'à commander; vos ordres ne me gêneront pas, j'ai des élèves appliqués à l'art des manuscrits [1]. » Une autre lettre à son vieil ami, Paul, le centenaire de Concordia, complète ces renseignements. On y saisit sur le vif la curiosité intense de Jérôme pour tout ce qui concerne la littérature chrétienne et sa méthode judicieuse de travail : « Je vous demande la perle évangélique, les commentaires de Fortunatien, puis, pour bien me renseigner sur les persécuteurs, l'histoire d'Aurelius Victor et aussi les lettres de Novatien : connaissant le poison du schismatique, j'aurai plus de plaisir à boire l'antidote du saint martyr Cyprien. » Ici aussi Jérôme n'entend pas seulement mettre autrui à contribution. Il rend service du mieux qu'il peut. Paul l'ayant prié de le faire rentrer en possession du manuscrit de Tertullien qu'il avait prêté à Rufin, Jérôme s'était empressé de transmettre par l'intermédiaire de Florentinus cette pressante requête [2].

Études grammaticales, lectures, transcriptions de textes ne suffisaient pas. Jérôme ne pouvait laisser inutilisé le talent d'écrire que Dieu lui avait donné. La biographie d'Antoine, le grand initiateur de la vie monastique, était traduite en latin depuis quelques années par son ami Evagrius. Antoine avait eu un précurseur, Paul, dont on contait bien des choses invraisemblables mais sur qui on avait aussi des renseignements assurés. Deux disciples d'Antoine, Amathas et Macaire, affirmaient que Paul avait le premier pratiqué en Égypte la vie solitaire et que, sur l'ordre de Dieu, leur maître était lui-même allé s'édifier près de lui: Paul l'attendait comme pour lui passer son héritage avant de mourir. Antoine l'avait enseveli dans le manteau qu'Athanase lui avait donné et avait rapporté, pour s'en revêtir aux grandes fêtes, la tunique de palmes tressées, vêtement ordinaire du premier ana-

[1] *Epist.* V, 2. Sur le manuscrit de Tertullien : « Et ex hoc quaeso ut eos libros quos non habere me brevis subditus edocebit librarii manu in charta scribi iubeas. »

[2] *Epist.* X, à rapprocher de la lettre V, 2. Je crois cependant la lettre X écrite plutôt de Constantinople, vers 380; cfr la chronologie, t. II, p. 16-17.

chorète. De qui Jérôme tenait-il ces détails et d'autres ? Peut-être des confesseurs égyptiens, exilés non loin de Chalcis, avec qui il était en relations ; peut-être de moines venus les visiter. Quoi qu'il en soit, il vit là une riche matière pour sa plume et une excellente occasion de communiquer au public son enthousiasme pour la vie solitaire. Écrivant à Paul de Concordia, il lui offrait, — « à Paul vieillard, un Paul plus vieux encore », — la primeur du récit qu'il venait d'écrire sur le premier représentant du monachisme égyptien. Il s'était efforcé, dit-il, d'y humilier son style de manière à le rendre accessible même aux plus simples. Mais il avait conscience de n'y avoir qu'à moitié réussi : « Même remplie d'eau la bouteille conserve encore l'odeur du premier liquide qu'elle a reçu [1]. »

Dans cet opuscule le brillant élève des rhéteurs romains se retrouve tout entier [2]. L'histoire de Paul, comme celle de la femme frappée sept fois, se prêtait admirablement aux descriptions et aux narrations où excellait Jérôme. Fond et forme étaient faits

---

[1] *Epist.* X, 3 : « Misimus interim tibi (VALLARSI : te tibi), id est Paulo seni Paulum seniorem, in quo propter simpliciores quosque multum in deiciendo sermone laboravimus, sed nescio quomodo, etiam si aqua plena sit, tamen eundem odorem lagoena servat quo, dum rudis esset, imbuta est. »

[2] *Vita Pauli* (PL, XXIII, 17-28) ; traduction française par M. DE LABRIOLLE, dans la collection *Science et Religion*, n. 436. L'ouvrage dès le début rencontra des incrédules auxquels saint Jérôme lui-même fait allusion, au début de la vie de saint Hilarion (PL, XXIII, 29, B) : « Maledicorum voces contemnimus qui olim detrahentes Paulo meo nunc forte detrahent et Hilarioni, illum solitudinis calumniati, huic obicientes frequentiam, ut qui semper latuit non fuisse, qui a multis visus est vilis existimetur. » Les sources grecques antérieures à Jérôme ignorent en effet Paul de Thèbes. Lui-même ne donne qu'un petit nombre de faits précis, tels cependant qu'il est difficile d'y voir une invention pure et simple. En tout cas Jérôme, en guise sans doute de protestation contre ces attaques, n'a cessé d'associer Paul et Antoine dans les énumérations qu'il a faites à plusieurs reprises des premiers et plus illustres représentants de l'ascétisme monastique : dès la *Chronique* (381), 18e année (356) de Constance (PL, XXVII, 637-688 ; édit. HELM, p. 240) : « Antonius monachus CV aetatis suae anno in heremo moritur, solitus multis ad se venientibus de Paulo quodam Thebaeo mirae beatitudinis viro referre, cuius nos exitum brevi libello explicuimus. » *Epist.* XXII, 36 : « Huius vitae auctor Paulus, illustrator Antonius. » *Epist.* LVIII, 5 : « Nos autem habemus propositi nostri principes Paulos, Antonios, Iulianos, Hilariones, Macarios. » *Epist.* CVIII, 6 : « Incomitata (Paula) ad heremum Antoniorum atque Paulorum pergere gestiebat. » Bibliographie dans SCHANZ, § 974 (t. IV, 1, p. 438), et BARDENHEWER, *Geschichte*, t. III, p. 636-637.

pour enchanter les lecteurs occidentaux. C'était la digne suite, plus merveilleuse encore, de l'histoire d'Antoine dont elle formait comme le complément. On s'y retrouvait dans cette région, intermédiaire entre le ciel et la terre, où les apparitions surnaturelles et les visions étranges, où les miracles et les prodiges avaient leur place au même titre que les événements de la vie ordinaire, où les bêtes fauves elles-mêmes se faisaient les dociles servantes de l'homme pleinement réconcilié avec Dieu. Si extraordinaires que nous paraissent aujourd'hui les contes sur l'hippocentaure, — Jérôme a quelque doute cependant sur sa réalité, — ou sur le satyre aux pieds fourchus, Jérôme y croyait, comme presque tous ses contemporains [1]. Son imagination vive a su animer brillamment les scènes pittoresques ou gracieuses qu'il raconte, mais il était certainement le premier à s'en enchanter. L'esprit critique chez lui s'exerçait en d'autres domaines.

Dans sa lettre d'envoi à Paul de Concordia, Jérôme écrivait modestement: « Si ce petit présent est de votre goût, j'en ai d'autres mis en réserve : avec diverses marchandises orientales, cela parviendra jusqu'à vous, si l'Esprit-Saint enfle les voiles [2]. » Nous ignorons à quelles œuvres il fait ici allusion. Peut-être le *Commentaire d'Abdias* était-il du nombre.

Ces travaux assidus ne répondaient pas seulement au besoin de remplir fidèlement une des obligations essentielles de la vie monastique, ils assuraient à Jérôme l'indépendance de la vie matérielle. Sur la fin de son séjour au désert, il écrivait avec la fierté de l'honnête travailleur qui ne doit rien à autrui : « Je n'ai rien pris à personne, je ne reçois pas la charité comme un oisif; c'est à la sueur de mes bras que je me procure le pain de chaque jour [3]. »

---

[1] Voir les textes dans J. BERGER DE XIVREY, *Traditions tératologiques*, Paris, 1836, part. I, chap. IX, p. 28-37 : *hippocentaure*; chap. XLIX, p. 156-159 et part. IV, p. 470-483 : *La propriété des satires*.

[2] *Epist.* X, 3 : « Si hoc munusculum placuerit, habemus etiam alia condita quae, cum plurimis orientalibus mercibus, ad te, si spiritus sanctus adflaverit, navigabunt. » Il est probable que la lettre date seulement du second séjour à Antioche ou à Constantinople. Voir la chronologie, t. II, p. 16-17.

[3] *Epist.* XVII, 2 : « Nihil alicui praeripui, nihil otiosus accipio, manu cottidie et proprio sudore quaerimus cibum, scientes ab apostolo scriptum esse : « Qui autem non operatur nec manducet » (II *Thess.* III, 10).

II

Mais l'homme ne vit point seulement de pain. Jérôme n'était pas qu'un érudit toujours en quête de connaissances ou un lettré se complaisant à écrire. La solitude, plus encore morale que matérielle, de ce désert où personne ne parlait sa langue, avait avivé en lui la soif d'affection. De là une correspondance active où il épanchait avec ses amis, proches ou lointains, et les plus proches lui paraissaient bien lointains, dans cette région perdue aux confins du monde civilisé, son besoin d'avoir de leurs nouvelles et sa joie de vivre au désert. C'est qu'en effet, en dépit des luttes intérieures auxquelles ses passions mal éteintes le livrent si tragiquement, Jérôme est vraiment heureux. Il ne demande qu'à voir ses amis partager son bonheur. Les lettres de cette époque ne trahissent guère les heures d'angoisse dont il nous fait ailleurs confidence. C'est bien du cœur que jaillit son hymne en l'honneur de la solitude, pareil au chant nautique « des marins rentrant joyeux au port » :

« O désert tout diapré des fleurs du Christ ! O solitude qui produit les pierres précieuses dont est bâtie dans l'Apocalypse la cité du grand Roi ! O *hérème* dont Dieu est l'hôte familier ! Que fais-tu, frère, dans le siècle, toi qui es trop grand pour le monde ? Combien de temps encore l'ombre des toits t'accablera-t-elle ? Combien de temps te retiendra la prison fumeuse des villes ? Crois-moi, j'aperçois une lumière plus large. Tu peux, délaissant le fardeau de la chair, t'envoler vers les pures splendeurs de l'éther [1]. »

Evagrius le visitait fidèlement, mais sa charité et ses témoignages d'affection lui laissaient autant de regret au départ qu'ils lui apportaient de joie à l'arrivée. Il n'était d'ailleurs pas toujours là et Antioche, malgré tout, paraissait bien éloignée. Cependant c'est par Evagrius qu'il communiquait avec le monde civilisé, c'est à Evagrius qu'il faisait envoyer sa correspondance et tout ce qui lui était destiné [2]. A Chalcis même il était entré en relations

---

[1] *Epist.* XIV, 10, à Héliodore, en 376.

[2] *Epist.* VII, 1 : « Nam postquam, sancto Evagrio transmittente, in ea ad me heremi parte delatae sunt litterae, quae inter Syros ac Sarracenos vastum limitem

avec le prêtre Marc et un moine du nom de Zenobius [1]. Florentinus, en lui écrivant de Jérusalem, avait réveillé en lui le désir du pèlerinage à la ville sainte et mis presque en danger sa résolution de ne vivre qu'au désert. Du moins Jérôme souhaitait-il, par un commerce épistolaire actif, consolider cette amitié nouvelle [2]. La même lettre témoigne en revanche d'une résignation un peu surprenante à l'égard de Rufin, après les effusions qui avaient salué son arrivée en Orient. Il répond d'un ton qui nous paraît bien détaché : « Le frère Rufin, m'écrivez-vous, n'est pas encore venu. S'il vient, il n'y aura pas grand profit pour mon désir, puisque je ne le verrai point. La distance est si grande entre nous qu'il ne peut accourir ici et moi je suis enfermé dans les limites de la solitude conquise, si bien que je n'ai plus le droit de faire ce que j'avais désiré [3]. »

Ses amis d'Aquilée ne l'oubliaient point et plusieurs lettres vinrent lui apporter de leurs nouvelles. Le diacre Julien lui écrivit pour lui reprocher de ne pas donner signe de vie, et l'informer des heureuses dispositions où persévérait sa sœur. Chromatius, son frère Eusebius et Jovinus lui envoient une lettre commune où ils lui parlent de Bonose, l'insulaire, tout entier à la contemplation divine. Ils lui redisent leur affection. Aux uns et aux autres le solitaire répond en exprimant sa joie de recevoir leurs

---

ducit... et licet supradictus frater saepe me visitet atque ita ut sua in Christo viscera foveat, tamen longo a me spatio seiunctus, non minus mihi dereliquit abeundo desiderium quam adtulerat veniendo laetitiam. » *Epist.* XV, 5 : « Et ne forte obscuritas loci in quo dego fallat baiulos litterarum, ad Evagrium presbyterum, quem optime nosti, dignare scripta transmittere. »

[1] *Epist.* XVII, titre et 4.

[2] *Epist.* V, 1: « Quibus lectis ita reaccensus est animus Hierosolymam proficiscendi ut paene nocuerit proposito, quod profuerit caritati. » Dans la lettre précédente (IV, 2), écrite encore d'Antioche, il avait dit : « Sanctus presbyter Evagrius plurimum te salutat et Martinianum fratrem iuncto salutamus obsequio, quem ego videre desiderans catena languoris innector. » Son enthousiasme pour la vie au désert lui fit sacrifier Jérusalem.

[3] *Epist.* V, 2 : « Rufinus autem frater, ut scribis, necdum venit et, si venerit, non multum proderit desiderio meo, cum iam eum non sim visurus (il s'agit de l'arrivée à Jérusalem). Ita enim et ille longo a me intervallo separatus est ut huc non possit currere et ego arreptae solitudinis terminis arceor ut coeperit mihi iam non licere quod volui. » Hilberg préfère la variante *nolui* de certains manuscrits. Il faudrait alors traduire: «de faire ce à quoi j'ai renoncé. »

lettres, son désir de continuer ce commerce épistolaire si heureusement repris. Il leur recommande instamment et aussi à l'évêque d'Aquilée, Valérien, de ne point abandonner cette jeune sœur que l'adolescence, où elle entre, expose à bien des dangers, et qui, chez elle, ne trouve aucun secours spirituel. Elle sera flattée et encouragée si par leurs lettres ces graves personnages viennent la stimuler. Leurs bonnes dispositions le trouvent très reconnaissant. A l'occasion de Bonose, dont il reprend les louanges, ou de la mère et des sœurs de Chromatius, vivant en recluses dans leur maison familiale, il redit son enthousiasme pour la vie parfaite. On a vu déjà qu'il était aussi en relations d'échanges littéraires avec Paul de Concordia [1].

Toutefois quelques amis paraissaient l'oublier. Il se plaint que Nicéas, à son retour d'Orient, ne songe plus à lui et, contrairement au conseil de Lélius, « déchire » les amitiés, au lieu de les « découdre ». Il reproche de même son silence au moine Chrysocomas d'Aquilée. Un autre moine, d'Haemona, a déjà reçu de lui plus de dix lettres sans envoyer de réponse. Que cet Antonius « n'ait pas tant de superbe et ne dédaigne pas, quand le Seigneur parle à ses esclaves, de s'entretenir, lui, avec un frère ! [2] » Mêmes reproches et objurgations aux vierges d'Haemona ; d'elles aussi, pas un mot de réponse à ses nombreuses lettres ! On les avait prévenues contre lui : dans la sécurité de sa conscience, il leur rappelle avec insistance que seul le Seigneur est juge : « Autre, mes chères sœurs, est l'appréciation de l'envie humaine, autre celle du Christ. La même sentence n'est pas portée à son tribunal et dans les coins où l'on chuchote [3]. » On se rappelle qu'une vieille inimitié existait entre Jérôme et sa tante Castorina. Bien qu'il lui en coûtât, désireux de décliner toute responsabilité dans la persistance de cet état de choses peu évangélique, Jérôme écrivit une première lettre. Un an après, n'ayant point obtenu de réponse, il revenait à la charge et demandait, assez rudement d'ail-

[1] *Epist.* VI, VII, X.

[2] *Epist.* VIII, à Nicéas, sous-diacre d'Aquilée, IX, à Chrysocomas, XII, à Antonius.

[3] *Epist.* XI.

leurs, une réconciliation qui réparerait le scandale passé [1]. De Stridon il était sans nouvelles directes et se demandait si sa patrie existait encore [2].

Le solitaire de Chalcis n'oubliait pas le transfuge dont la pensée lui faisait encore saigner le cœur. Héliodore est mentionné en passant dans quelques lettres, mais Jérôme lui réservait, en exécution de la promesse faite à sa prière expresse, une épître [3] qui serait un suprême et puissant effort pour le ramener près de lui. Il y mit tout son cœur en même temps que tout son art. Peu de pages témoignent d'autant de maîtrise de soi-même et du sujet. Tour à tour les adjurations pathétiques, les objurgations véhémentes, les raisonnements pressants, viennent plaider la cause de la solitude désertée. Pas de fausse note; aucun de ces écarts de langage comme Jérôme en offre ailleurs et qui diminuent l'effet cherché [4]. C'est bien l'ami qui parle, attentif à ne point blesser les susceptibilités légitimes de son ami, à lui épargner les récriminations injustes ou les exagérations inefficaces. C'est l'Écriture même qui condamne Héliodore; Jésus-Christ dont la voix lui reproche sa défaillance dans la voie de la perfection. Quand Jérôme a retourné le problème sous toutes ses faces, dilué toutes les objections, rappelé les devoirs de la milice monastique et les dangers auxquels expose la vie sacerdotale ainsi que ses responsabilités, il chante l'hymne de la solitude et, dans un tableau final grandiose, laisse son correspondant en présence du Juge suprême, venant à la fin des temps apprécier toutes choses à leur valeur vraie. Pour être dans une tranquillité joyeuse,

---

[1] *Epist.* XIII, ad Castorinam materteram.

[2] *Epist.* VI, 2, à Julien d'Aquilée : « Hic enim ubi nunc sum, non solum quid agatur in patria sed an ipsa patria perstet ignoro. »

[3] *Epist.* XIV.

[4] Cependant lui-même plus tard jugeait la lettre assez sévèrement. Il est vrai qu'Héliodore était alors évêque et que l'aveu était adressé à son neveu Népotien (*Epist.* LII, 1) : « Scripsi ad avunculum tuum, sanctum Heliodorum, exhortatoriam epistulam plenam lacrimis querimoniisque, et quae deserti sodalis monstraret effectum. Sed in illo opere pro aetate tunc lusimus et, calentibus adhuc rhetorum studiis atque doctrinis, quaedam scolastico flore depinximus. » Il est question d'Héliodore dans les *Epist.* III, 2; IV, 1; V, 2; VI, 2; IX. La lettre eut beaucoup de succès; la pénitente Fabiola l'avait apprise par cœur (*Epist.* LXXVII, 9).

à ce moment d'universelle frayeur, quel labeur n'accepterait-on pas ?

III

Cependant le temps allait venir où Jérôme lui-même se verrait forcé de quitter cette solitude si aimée : « L'antique fureur a de nouveau mis aux prises les peuples orientaux entre eux ; la tunique sans couture du Christ est par eux déchirée en mille pièces. » Telle est la plainte qu'il formulait bientôt, tiraillé en sens divers par les partis qui divisaient alors Antioche et la Syrie [1]. A côté des ariens de diverses nuances mais franchement reconnus comme hérétiques, il y avait chez les orthodoxes trois groupes qui se réclamaient également, et avec pièces à l'appui, de la communion avec Rome. La masse était gouvernée par Mélèce, mais il avait eu comme prédécesseurs des évêques arianisants, et comme parrain, pour sa translation de Sébaste à Antioche, le trop fameux homéen Acace de Césarée. Vainement professait-il ouvertement la foi de Nicée et subissait-il un troisième exil pour elle ; vainement était-il soutenu énergiquement par saint Basile et la grande majorité de l'épiscopat oriental. Un petit groupe d'irréductibles persistait à rejeter sa communion et à faire église à part sous la direction de Paulin, irrégulièrement ordonné évêque par Lucifer de Cagliari. Depuis peu de temps une troisième faction s'était constituée. Un prêtre de Mélèce, assez influent, Vital, avait adhéré au parti d'Apollinaire et, sacré par ce dernier, se prétendait à son tour le seul évêque légitime d'Antioche. De la métropole l'agitation avait gagné les campagnes. Elle s'étendait jusqu'au désert et y suscitait parmi les moines de pénibles et interminables discussions.

Sur cette question de personnes se greffait une dissension doctrinale. Pris entre l'arianisme qu'ils combattaient vigoureusement et l'accusation de sabellianisme [2], portée contre les orthodoxes par les ariens, surtout à cause des erreurs de Marcel d'Ancyre, saint Mélèce, saint Basile et leurs amis avaient adopté, pour ex-

---

[1] *Epist.* XV, 1. Sur ce qui suit, voir CAVALLERA, *Le schisme d'Antioche*, 1905.

[2] L'arianisme niait la divinité réelle du Fils et de l'Esprit-Saint ; le sabellianisme, leur personnalité distincte de celle du Père.

primer la foi catholique, en matière trinitaire, la formule : une ousie (substance) et trois hypostases (personnes). Malheureusement le mot hypostase pouvait prêter à confusion. Longtemps il avait été employé, conformément à son étymologie, au sens de substance. Certains catholiques, comme les partisans de Paulin, accusés d'ailleurs facilement eux-mêmes, par leurs adversaires, de sabellianisme, affectaient de ne voir dans la nouvelle formule qu'une dissimulation honteuse de l'erreur arienne. Le concile d'Alexandrie (362) s'était entremis pour pacifier les esprits. Des explications échangées il était résulté que les deux partis étaient également orthodoxes et l'on avait accordé toute liberté de professer, selon le sens ancien ou nouveau du mot, une ou trois hypostases. Mais les choses iraient trop bien, s'il suffisait d'une décision conciliaire pour supprimer les difficultés. Les dissensions ne s'apaisèrent point et l'on continuait à se lancer mutuellement à la face, entre orthodoxes, les accusations d'hérésie. Quant à l'erreur d'Apollinaire, qui niait la présence dans le Christ d'une intelligence créée sinon de l'âme même, elle était présentée en termes subtils. Aussi mit-on quelque temps à s'apercevoir, dans certains cercles bien disposés pour cet écrivain, défenseur intrépide du dogme trinitaire, qu'il altérait la foi catholique sur l'Incarnation.

Telles étaient les controverses sur lesquelles, au désert de Chalcis, Jérôme, malgré son ignorance du syriaque et sa connaissance du grec trop insuffisante pour rendre de sa part une propagande dangereuse, était journellement sommé de prendre parti. C'étaient des disputes violentes et interminables. On donnait des explications et, aux moments de calme, on convenait que, sur le fond de la doctrine, l'accord régnait, mais le calme se faisait rarement et des deux côtés l'orage éclatait vite à nouveau. Jérôme n'était pas d'un tempérament à prendre longtemps patience et à refuser d'ergoter en présence d'adversaires batailleurs. La contradiction le mettait en verve. La lettre même où il décrit au pape Damase [1] cet état de choses et raconte avec passion les péripéties

[1] *Epist.* XV, en 376. C'est une question de savoir si saint Jérôme connaissait alors personnellement Damase. L'affirmative est d'autant plus vraisemblable que,

de ces stériles querelles, en apporte une preuve éclatante. C'est en effet au pape en personne que, fatigué de ces discussions et incertain sur la ligne à tenir vis-à-vis des trois évêques se disputant le siège d'Antioche, Jérôme avait résolu de s'adresser. Cette lettre mérite d'être ici largement citée. Outre qu'elle rend un magnifique témoignage à la primauté romaine, et met ainsi en haut relief les sentiments de Jérôme pour la patrie de son âme, elle constitue un document psychologique de premier ordre. Rien ne la vaut pour éclairer sur l'état des esprits et le parti-pris fougueux que l'on apportait des deux côtés, en une matière où il eût été si facile, entre gens rassis, de s'entendre :

« Puisque l'Orient est broyé par l'antique fureur des peuples aux prises entre eux et met en pièces la tunique sans couture du Christ, dont la vigne est ravagée par les renards, de sorte qu'entre ces citernes ruinées, dépourvues d'eau, il est difficile de savoir où se trouve la fontaine scellée et le jardin fermé, j'ai résolu de consulter la chaire de Pierre et cette foi louée par l'Apôtre, réclamant maintenant pour mon âme la nourriture là où j'ai reçu jadis les vêtements du Christ... La mauvaise engeance ayant dissipé le patrimoine, vous seul conservez, sans corruption, l'héritage des pères. Donc, bien qu'effrayé par ta grandeur, je suis attiré par ton humanité. Au prêtre je demande, victime, le salut; au pasteur, brebis, la protection. Arrière la susceptibilité, que le faste romain s'écarte ! Je m'entretiens avec le successeur du pêcheur et le disciple de la croix. Avant tout fidèle au Christ, je m'unis de communion à ta Béatitude, c'est-à-dire à la chaire de Pierre. Sur cette pierre, je sais qu'est bâtie l'Église. Quiconque aura mangé l'agneau hors de cette maison est un profane. Si quelqu'un ne se trouve pas dans cette arche, il périra lors du déluge.

« Comme à cause de mes péchés, j'ai émigré dans cette solitude qui limite la Syrie aux confins de la barbarie et que je ne puis toujours demander à ta Sainteté le Saint du Seigneur, je suis ici les confesseurs égyptiens, tes collègues, et à l'abri de ces gros transports, petite barque, je me blottis. Je ne connais point Vital, je repousse Mélèce, j'ignore Paulin. Quiconque ne recueille pas avec toi disperse, c'est-à-dire, qui n'est pas du Christ est de l'Antechrist.

---

dans ses lettres, Jérôme ne se présente pour ainsi dire pas, suppose qu'il est connu de celui à qui il écrit, et se contente de lui préciser sa position actuelle. La manière dont il parle d'Evagrius et le ton qu'il emploie suggèrent la même conclusion.

« Maintenant donc, ô douleur ! après la foi de Nicée, après le décret d'Alexandrie, auquel s'unit l'Occident, la progéniture des ariens, les *campagnards*, exigent de moi, Romain, le nom nouveau de trois hypostases ! Quels apôtres, je vous prie, ont écrit cela ? de quel nouveau maître des nations, de quel nouveau Paul est cet enseignement ? Nous demandons ce qu'ils peuvent bien penser qu'on entende par trois hypostases. Trois personnes subsistantes, affirment-ils. Nous répondons que nous croyons ainsi. Il ne suffit point du sens, ils réclament le mot même, car je ne sais quel venin se cache dans les syllabes. Nous crions : Si quelqu'un n'admet pas les trois hypostases, au sens de trois *enhypostata*, c'est-à-dire, de trois personnes subsistantes, qu'il soit anathème, et, parce que nous ne disons pas les termes, on nous déclare hérétiques. Mais si quelqu'un, entendant par hypostase l'ousie, n'affirme pas une seule hypostase en trois personnes, il est étranger au Christ, et sous cette confession nous sommes brûlés du cautère de l'union avec vous.

« Décidez, je vous supplie, et, si cela vous plaît, je ne craindrai pas de parler de trois hypostases. Si vous l'ordonnez, qu'on fabrique une nouvelle foi après celle de Nicée ! Orthodoxes, professons notre croyance dans les mêmes termes que les ariens ! »

Suit une dissertation pour le sens ancien du mot hypostase :

« Quiconque dit qu'il y a trois choses, c'est-à-dire trois hypostases, sous le couvert de la piété s'efforce d'affirmer trois natures. S'il en est ainsi, pourquoi des murs nous séparent-ils d'Arius, puisqu'une même perfidie nous unit ? Qu'Ursin s'unisse à ta Béatitude, qu'Auxence s'associe à Ambroise [1]. La foi romaine en soit préservée ! Que les cœurs religieux des peuples n'acceptent point un tel sacrilège. Qu'il nous suffise de dire une seule substance, trois personnes subsistantes, parfaites, égales, coéternelles. Qu'on taise trois hypostases, s'il te plaît, et qu'une seule soit gardée... Ou si vous estimez bon que nous disions trois hypostases, avec leurs interprétations à eux, nous ne refusons pas, mais, croyez-moi, le poison est caché sous le miel. L'ange de Satan s'est changé en ange de lumière. Ils expliquent bien le mot hypostase, mais quand je dis que ce qu'ils exposent, je le professe aussi, on me juge hérétique. Pourquoi tiennent-ils si anxieusement à un mot ? Que se cache-t-il sous un discours ambigu ? S'ils croient comme ils expliquent, je ne condamne point ce qu'ils conservent. Si je crois comme ils feignent de penser, qu'ils me permettent à moi aussi, sous mes paroles, de dire leur sens.

« C'est pourquoi je supplie ta Béatitude, par le Christ crucifié, salut

---

[1] Ursin avait été le compétiteur de Damase pour le pontificat et Auxence le prédécesseur arien d'Ambroise sur le siège de Milan.

du monde, par la Trinité consubstantielle, de me donner par tes lettres la permission de taire ou de dire les trois hypostases. Et de peur que l'obscurité du lieu où je vis n'égare les porteurs de la lettre, daigne envoyer tes écrits au prêtre Evagrius que tu connais bien. En même temps, fais-moi savoir avec qui je dois communiquer à Antioche, parce que les campagnards unis aux hérétiques de Tarse ne désirent s'appuyer sur l'autorité de votre communion que pour prêcher les trois hypostases dans le sens ancien. »

La lettre est magnifique de foi, mais aussi de partialité. On juge si, avec cette manière de se réclamer du concile d'Alexandrie pour en méconnaître aussitôt les décisions, cette façon de protester contre l'intolérance des adversaires pour les accuser à leur tour de mauvaise foi, cette aversion patente pour les *campagnards*, c'est-à-dire l'immense majorité des orthodoxes d'Antioche et d'Orient, sur lesquels retombait alors le poids de la persécution arienne tandis que Paulin et ses amis étaient épargnés, la trêve pouvait s'établir facilement au désert ou être de longue durée. Quoi qu'il en soit, cette lettre n'ayant point eu de réponse, quelque temps après, Jérôme se mit en devoir d'écrire encore à Rome [1]. En termes émouvants il justifie d'abord son insistance tout évangélique. Puis il expose à nouveau l'état de l'Orient :

« Donc, comme je l'ai déjà écrit, après avoir revêtu la robe du Christ dans la ville de Rome, je suis maintenant prisonnier aux confins barbares de la Syrie. Ce n'est pas qu'un autre ait porté sur moi cette sentence. C'est moi-même qui ai décidé de mon sort..... mais l'infatigable ennemi m'a suivi, et la lutte est plus vive encore dans la solitude. D'un côté, forte de la protection du monde, la rage arienne frémit; de l'autre, divisée en trois partis, l'Église a hâte de m'entraîner vers elle. Les moines qui habitent aux alentours dressent contre moi leur antique autorité. Moi, en attendant, je crie : « Si quelqu'un est uni à la chaire de Pierre, il est mien. » Mélèce, Vital et Paulin déclarent qu'ils sont unis à toi : je pourrais le croire si un seul l'affirmait, mais deux mentent ou tous. Aussi je supplie ta Béatitude par la croix du Seigneur, par l'ornement nécessaire de notre foi, la passion du Christ, toi qui suis les apôtres pour l'honneur, suis-les aussi pour les bienfaits. Puisses-tu siéger sur le trône pour juger avec les douze, être ceint vieillard, par un autre, avec saint Pierre, obtenir le droit de cité céleste avec Paul, et me signifier par tes lettres avec qui je

---

[1] *Epist.* XVI, en 376-377.

dois communiquer en Syrie. Daigne ne pas mépriser mon âme pour qui le Christ est mort. »

Nous ignorons également quelle suite eut cette humble prière. Au désert la situation ne faisait qu'empirer. Elle finit par devenir intolérable. Un prêtre du voisinage, Marc, avec qui Jérôme entretenait les meilleurs rapports, crut pouvoir intervenir et, peut-être pour calmer les adversaires, lui demander une profession de foi par écrit. Jérôme répondit [1] par une invective virulente à l'adresse de ces moines qui, des trous de leur cellule, condamnaient le monde et, sous le sac et la cendre, se permettaient de juger les évêques. C'était en même temps un cri de douleur contre cette barbarie qui l'obligeait à répudier son rêve le plus cher et, après avoir éloigné de lui peu à peu tous ses compagnons à qui la vie au milieu des fauves paraissait plus enviable que le séjour parmi de tels chrétiens, le forçait lui-même à penser au départ, dès que sa faible santé et la fin de l'âpre hiver lui permettraient de se mettre en route. Il demandait seulement qu'on prît patience quelques jours encore. D'ailleurs saint Cyrille, un prêtre ou un évêque du voisinage sans doute, avait en mains par écrit sa profession de foi.

IV

Le solitaire désabusé rentra donc à Antioche, le cœur ulcéré par les mauvais procédés dont il était la victime. Entretemps, au sujet du schisme, reçut-il une réponse de Damase ou suivit-il seulement l'exemple et les conseils d'Evagrius ? Nous ne savons. Celui-ci, dès son retour en Orient, en dépit des promesses faites à saint Basile [2], s'était détourné des méléciens et n'avait pas tardé à devenir le plus ferme appui de Paulin. La chose était d'importance, à cause de l'autorité dont il jouissait en Occident, en particulier auprès de Damase, par suite des services rendus. A son tour Jérôme se laissa donc gagner. Non seulement Paulin le compta au nombre de ses fidèles, mais il parvint même, à force d'instan-

[1] *Epist.* XVII, ad Marcum presbyterum Chalcide.
[2] S. Basile, *Epist.* CXXXVIII, 2 (PG, XXXII, 580, C).

ces, à le déterminer à se laisser ordonner prêtre. Ce fut cependant à la condition expresse que cette ordination n'attenterait en rien à sa liberté de moine, c'est-à-dire ne l'attacherait point à l'église d'Antioche et ne l'astreindrait point à l'exercice des fonctions sacerdotales [1].

Cela ne changea rien à ses habitudes et à ses occupations. L'étude de l'Écriture l'avait pris tout entier. Il résolut donc de profiter de l'excellente occasion qui s'offrait à lui d'entendre l'un des maîtres de l'exégèse. C'était Apollinaire lui-même, l'évêque hétérodoxe de Laodicée, qui venait souvent à Antioche et y commentait la Sainte Écriture. Jérôme laissait dire lorsque le vieillard exposait son erreur, contre laquelle il était suffisamment prémuni, mais il notait avec soin les explications qui éclairaient, par une érudition étendue, les passages difficiles de l'Écriture et les réfutations des attaques de Porphyre ou des autres adversaires de la foi chrétienne. Plus tard il aimait à rappeler ce qu'il devait à ce maître dont, sans doute, il commença dès lors aussi à se faire transcrire les ouvrages [2]. Il est probable que c'est également alors qu'il entra en relation avec les Nazaréens de Bérée et reçut d'eux communication de cet évangile en hébreu, où l'on voulait voir l'original de saint Matthieu. Sans aller jusque là, Jérôme y attachait une certaine importance et, plus tard, le traduisit [3].

Il faut encore dater vraisemblablement de ce nouveau séjour à

---

[1] *Contra Iohann. Hierosol.* XLI (PL, XXIII, B C) : « Idem ab eo audies quod a me misello homine sanctae memoriae episcopus Paulinus audivit : Num rogavi te ut ordinarer ! Si sic presbyterium tribuis ut monachum nobis non auferas, tu videris de iudicio tuo. Sin autem sub nomine presbyterii tollis mihi propter quod saeculum dereliqui, ego habeo quod semper habui, nullum dispendium in ordinatione passus es. »

[2] Sur les relations avec Apollinaire, voir la table générale au mot *Apollinaris* (PL, XXX, 923). — *Epist.* LXXXIV, 3 : « Dum essem iuvenis miro discendi ferebar ardore nec iuxta quorundam praesumptionem ipse me docui. Apollinarem Laodicenum audivi Antiochiae frequenter et colui et cum me in sanctis Scripturis erudiret nunquam illius contentiosum super sensu dogma suscepi. » Sur l'époque de cette fréquentation, voir la chronologie.

[3] *De Viris*, chapitre III. Les autres textes de saint Jérôme, dans HANDMANN, *Das Hebräerevangelium* (TU, t. V, 3), 1888, p. 45-65. Voir aussi A. SCHMIDTKE, *Neue Fragmente und Untersuchungen zu den Iudenchristlichen Evangelien* (TU, t. XXXVII, 1), 1911, 246-286 ; LAGRANGE, *L'Évangile selon les Hébreux, S. Jérôme*, dans *Revue Biblique*, t. XXI, 1922, p. 321-349.

Antioche, la composition du premier ouvrage de polémique publié par saint Jérôme, l'*Altercatio Luciferiani et Orthodoxi* [1]. Il se présente comme le procès-verbal d'une conférence publique entre le luciférien Helladius [2] et un catholique anonyme. Celui-ci réfute les objections que ces schismatiques opposaient à la réception des évêques faillis à Rimini, et montre l'inconsistance de leur distinction entre les laïques et les prêtres pour la pénitence. Puis, dans une seconde partie, à l'aide surtout des actes du concile de Rimini, il expose les origines du schisme et réfute les attaques du diacre romain Hilaire, principal représentant de la secte. Ce dialogue fictif trahit une certaine inexpérience et, dans la première partie, ne laisse pas d'avoir une marche quelque peu embarrassée. Malgré le schisme, la mémoire de Lucifer de Cagliari était en particulière vénération dans le milieu antiochien où se trouvait alors Jérôme. C'était Lucifer qui, par une malheureuse initiative, avait ordonné Paulin, sans prendre l'avis de ses collègues, alors réunis en concile à Alexandrie, pour porter remède à la division de l'église d'Antioche (362). C'était là même que le schisme avait pris naissance, quand Lucifer comprit que sa conduite déplaisait à Eusèbe de Verceil, député par le concile pour communiquer aux catholiques d'Antioche ses décisions. Sans partager ses idées, les pauliniens vénéraient en Lucifer le défenseur indomptable des droits de l'Église et celui qui, avec Paulin, s'était toujours refusé à pactiser avec les ariens ou ceux qu'ils considéraient comme arianisants. Cela explique la réserve ou plutôt la sympathie, avec laquelle, tout en le blâmant, Jérôme parle du bienheureux Lucifer et de sa conduite. L'ouvrage est intéressant, moins pour l'ensemble du développement ou la valeur littéraire assez médiocre, que pour certaines idées concernant les sacrements, pour ses déclarations sur le rôle de l'Église et de l'épiscopat, pour sa méthode de démonstration, où la tradition intervient à côté de

---

[1] PL, XXIII, 155-182. Cfr BATIFFOL, *Les sources de l'Altercatio...*, dans *Miscellanea Geronimiana*, p. 97-113.

[2] On sait que les lucifériens se séparèrent de l'Église, parce qu'ils refusaient de reconnaître la légitimité du pardon accordé par le concile d'Alexandrie (362) aux évêques, qui avaient failli lors de la persécution de Constance.

l'Écriture, pour le rôle primordial que joue celle-ci, mais avec la prépondérance réclamée, contre la lettre, au profit de l'interprétation typique, pour les allusions liturgiques assez nombreuses, enfin pour l'utilisation des documents conciliaires et les emprunts faits à saint Hilaire et à Tertullien. Il est difficile de voir à quelles circonstances concrètes répond la publication de cet ouvrage. C'est seulement longtemps après, à l'occasion de l'erreur pélagienne, que Jérôme reprendra la forme dialoguée et, pas plus que la première fois, d'une manière qui fasse regretter qu'il n'y ait pas eu recours plus souvent.

De son côté, Evagrius aussi se livrait à la composition. C'est alors qu'il donna lecture à son ami Jérôme de plusieurs écrits, encore inédits au moment où ce dernier publiait son catalogue des écrivains chrétiens (392-393) [1].

Ainsi s'amassaient les richesses intellectuelles et se continuait la vie laborieuse de Jérôme, dès lors tout acquise à l'idéal de la perfection monastique et à l'étude des sciences sacrées. Il ne voulait négliger aucune source du savoir. C'est pourquoi, quelques mois après son retour, il quitta Antioche, pour demander à Constantinople un complément d'érudition.

---

[1] *De Viris*, CXXV (PL, XXIII, 711-713) : « Antiochiae episcopus, acris et praestantis ingenii, cum adhuc esset presbyter, diversarum *hypotheseon* tractatus mihi legit, quos necdum edidit. »

CHAPITRE IV

SAINT JÉRÔME A CONSTANTINOPLE
(379-382)

I. A l'école de S. Grégoire de Nazianze. — II. Les premières traductions ; la Chronique d'Eusèbe. — III. Les homélies d'Origène. — IV. Essais d'exégèse personnelle.

I

Le départ de saint Jérôme pour Constantinople eut lieu sans doute quelque temps après l'arrivée en cette ville (378) de saint Grégoire de Nazianze, qui venait y défendre contre l'arianisme la foi catholique et ressusciter cette Église, presque anéantie par la persécution de Valens. Épris de son éloquence, non moins que de sa doctrine, Jérôme voulut continuer sous sa direction les études bibliques commencées à Antioche. Il devint son disciple assidu et curieux. Le Théologien le satisfit complètement et suscita de sa part une vive reconnaissance : Grégoire resta pour Jérôme le maître par excellence, *praeceptor meus*, celui qui lui avait enseigné les Écritures. Il n'en parlait qu'avec orgueil, preuve qu'il avait bien profité de ses leçons [1].

Ces deux hommes avaient d'ailleurs plus d'une affinité et devaient bien s'entendre. Leurs tempéraments étaient semblables ;

---

[1] Saint Jérôme a souvent rappelé ses relations avec saint Grégoire de Nazianze qu'il aime à nommer *praeceptor meus*. Cfr *De Viris*, CXVII (PL, XXIII, 707, C) ; *Epist.* L, 4 ; LII, 8 ; *Adversus Iovin.* I, 13 (PL, XXIII, 230, C) ; *Apol.* I, 13 et 30 (PL, XXIII, 407, C et 423, A) ; *Comm. in... Ephes.* III, cap. V, 32 (PL, XXVI, 535, D) ; *Comm. in Isaiam*, III, cap. VI, 1 (PL, XXIV, 91, D) : « Ante annos circiter triginta, cum essem Constantinopoli et apud virum eloquentissimum Gregorium Nazianzenum, tunc eiusdem urbis episcopum, sanctarum Scripturarum studiis erudirer. »

très sensibles l'un et l'autre, facilement impressionnables et alors soupçonneux, irascibles, s'exagérant l'injure reçue et ne ménageant pas les coups rendus, prompts à l'ironie et au sarcasme, mais aussi accessibles à la tendresse, passionnés pour l'amitié, l'un et l'autre gardaient une faiblesse pour la rhétorique et la littérature. Ils s'enchantaient d'une belle phrase sans toutefois s'en dissimuler la vanité. Grégoire, dont l'éloquence suscitait les applaudissements de l'auditoire, qu'il s'était créé au prix de fatigues sans nombre, voulut un jour montrer à son disciple combien ils étaient illusoires et la facilité avec laquelle on pouvait, en cette matière, donner le change. Il s'agissait de l'explication du *sabbatum secundoprimum* dont parle saint Luc (VI, 1). A Jérôme qui l'interrogeait là-dessus, Grégoire se contenta en riant de lui promettre la réponse, quand il se ferait applaudir sur ce sujet à l'église par tous les auditeurs. Ainsi arriva-t-il [1]. Mais c'est oublier le fin sourire dont il avait enveloppé sa promesse, que de lui reprocher à cette occasion sa vanité et son amour de la gloire [2]. Ainsi ne l'avait point compris Jérôme, qui y vit très justement au contraire une leçon de sérieux et l'avertissement de chercher en tout le solide sans se laisser séduire aux approbations incompétentes. Pour un homme engoué des habitudes littéraires du temps, cela n'était pas tout à fait inutile. Le maître et le disciple étaient d'ailleurs tous deux enthousiastes de la vie ascétique et s'entendaient à merveille sur l'austérité de la morale chrétienne. Nous ne savons pas combien dura ce séjour auprès de Grégoire, ni sur quoi portait en particulier l'enseignement reçu. Jérôme

---

[1] *Epist.* LII, 8 : « Praeceptor quondam meus Gregorius Nazianzenus, rogatus a me ut exponeret quid sibi vellet in Luca *sabbatum deuteroproteron* id est secundoprimum (LUC VI, 1), eleganter lusit : docebo te, inquiens, super hac re in ecclesia, in qua omni mihi populo adclamante, cogeris invitus scire quod nescis aut certe si solus tacueris solus ab omnibus stultitiae condemnaberis. Nihil tam facile quam vilem plebiculam et indoctam contionem linguae volubilitate decipere, quae quidquid non intelligit plus miratur. »

[2] M. Grützmacher (*Hieronymus*, t. I, p. 178-179) parle lourdement à ce propos de savante charlatanerie, d'orgueil de savant, etc. : « Die gelehrte Charlatanerie, von der Gregor auch nicht frei war, hatte Hieronymus selbst erfahren... Gregor wusste also keine Erklärung, aber sein Gelehrtenstolz und seine Eitelkeit verboten ihm sein Nichtwissen einzugestehen. » Il n'a évidemment rien compris à l'*eleganter lusit* par quoi saint Jérôme caractérise la portée de l'incident.

ne mentionne qu'un détail à propos de l'Épître aux Éphésiens et des paroles de saint Paul sur le mariage [1]. On y constate la familiarité et la minutie de l'enseignement comme dans l'anecdote déjà rapportée.

Les amis de Grégoire entrèrent aussi en relation avec Jérôme, à l'occasion sans doute du concile de 381. Grégoire de Nysse, un autre fervent de la rhétorique, non moins célèbre que son homonyme et, comme lui, une lumière de l'Église d'Orient, l'honora de son amitié. Il leur fit à tous deux, à Constantinople même, la lecture de son traité contre Eunomius [2]. De son côté, saint Amphiloque, évêque d'Iconium, lui communiqua un livre, malheureusement perdu, sur l'Esprit-Saint, démontrant qu'il est Dieu, qu'il faut l'adorer, qu'il est tout puissant [3]. Ces quelques souvenirs échappés en passant à saint Jérôme soulèvent un coin du voile et nous aident à nous représenter sa vie studieuse dans la nouvelle capitale de l'empire. Il ne se tient pas toujours enfermé dans sa cellule; en même temps qu'il visite les monuments pour lesquels Constantin a comme dépouillé tout le monde antique [4], il est plus curieux encore des personnages qui y viennent. Il se met en re-

---

[1] *Comm. in... Ephes.* III, cap. V, 32 (PL, XXVI, 535, D), du vivant de Grégoire : « Gregorius Nazianzenus, vir valde eloquens et in scripturis apprime eruditus, cum de hoc mecum tractaret loco, solebat dicere : Vide quantum istius capituli sacramentum sit ut Apostolus in Christo illud et in Ecclesia interpretans, non se ita asserat, ut testimonii postulabat dignitas expressisse etc. »

[2] *De Viris*, CXXVIII (PL, XXIII, 713, B) : « Ante paucos annos mihi et Gregorio Nazianzeno contra Eunomium legit libros. »

[3] *De Viris*, CXXXIII (*Ibid.* 715, B) : « Nuper mihi librum legit de Spiritu Sancto quod Deus et quod adorandus quodque omnipotens sit. »

[4] *Chronique*, 24e année de Constantin : « Dedicatur Constantinopolis omnium paene urbium nuditate » (édit. Helm, p. 232; PL, XXVII, 677). La *Chronique* d'Eusèbe, traduite par saint Jérôme, présente çà et là des remarques sur Constantinople où l'on peut voir, avec vraisemblance, des additions du traducteur, — elles ne se retrouvent pas dans les autres textes, — par exemple à propos de Zeuxippe de Sicyone (édit. Helm, p. 62, verso). Dans la partie postérieure à 325, œuvre exclusive de saint Jérôme, des faits intéressant Constantinople sont mentionnés à dix-sept reprises : transfert de reliques, successions épiscopales, événements politiques ou atmosphériques. Ainsi le plus récent, en 373 : « Clearchus praefectus urbi Constantinopoli agnoscitur, a quo necessaria et diu exspectata votis aqua civitati inducitur. » Déjà en 367 : « Tanta Constantinopoli est orta tempestas ut mirae magnitudinis decidens grando nonnullos hominum interfecerit » (édit. Helm, p. 247 et 245; PL, XXVII, 695 et 697).

lation avec les grands docteurs, enrichit à la fois son esprit et sa bibliothèque, acquiert ainsi de jour en jour, avec la connaissance et l'amour plus intime du christianisme, une érudition variée dont l'Occident ne tardera pas à bénéficier.

Jérôme se trouvait à Constantinople lors des grands événements de 381, en particulier du concile orageux où plus de cent cinquante évêques discutèrent, sous la présidence de Mélèce, qui succomba à la tâche, les questions, dont depuis soixante ans le monde était agité et qui avaient suscité entre l'Orient et l'Occident de regrettables malentendus. L'ardent eustathien[1], le prêtre ordonné par Paulin, l'ami d'Evagrius, n'avait guère de sympathie pour ces évêques dont plusieurs venaient de partis arianisants. Mélèce lui-même ne trouvait point grâce devant lui. Jérôme assista ainsi, d'assez près sans doute, aux discussions que provoqua le choix de son successeur. Elles amenèrent la démission de saint Grégoire de Nazianze. Ce dernier exhala son mécontentement dans ses discours, ses lettres et ses poésies. Jérôme dut être un des premiers à recueillir l'écho de ces violentes récriminations. Elles lui rendirent plus antipathique encore la cause du nouvel évêque d'Antioche, Flavien qui, par son acceptation, disputait à Paulin un épiscopat que Grégoire, dans son amour de la paix et de la concorde avec l'Occident, aurait voulu voir assurer exclusivement à ce dernier [2].

II

Tout en fréquentant Grégoire de Nazianze et en complétant sa formation exégétique, Jérôme ne perdait point de vue la composition proprement dite. Sa connaissance approfondie de la langue grecque le mettait en possession des trésors d'une littérature jusque là parcimonieusement utilisée par quelques écrivains latins comme saint Victorin de Pettau, saint Hilaire, saint Eusèbe

---

[1] On appelait ainsi cette partie des catholiques d'Antioche qui avait fait église à part, depuis la déposition de l'évêque légitime Eustathe, vers 330, c'est-à-dire le parti de Paulin.

[2] Sur ces faits et ces tendances, cfr CAVALLERA, *Le Schisme d'Antioche*, chapitres VII et VIII, p. 211-265.

de Verceil et surtout saint Ambroise. Jérôme résolut d'en faire profiter abondamment et directement ses compatriotes. Ses prédécesseurs avaient généralement adapté et comme repensé les œuvres dont ils s'inspiraient. Jérôme, dès ce moment, estimait beaucoup plus utile au monde latin de lui faire connaître intégralement les originaux, de faciliter l'accès direct aux sources elles-mêmes. Mais ce n'était pas sans appréhension qu'il se mettait à cette nouvelle tâche. Il y reviendra souvent dans la suite et écrira même sur ce sujet un opuscule[1]. Ses idées semblent d'ailleurs n'avoir jamais varié sur la conception *de la meilleure manière de traduire*. L'exemple des grands traducteurs latins, de Cicéron en particulier, aussi bien que celui des traducteurs bibliques, lui donnait fort à penser. Quoi qu'on fasse, il est difficile de lutter avec l'original : ou l'on sera très littéral et on se rendra illisible, ou l'on se préoccupera surtout du style et l'on risquera d'être infidèle. L'idéal serait de rendre exactement la pensée sans soumettre la langue à la torture, en respectant ses exigences et ses propriétés. Mais Cicéron même n'y parvient pas complètement; à lire ses traductions au style embarrassé et heurté, on a besoin de savoir que ce sont des traductions pour croire qu'elles sont de lui. Il ne faudra donc pas s'étonner si Jérôme lui-même n'est pas complètement satisfaisant.

Le premier ouvrage auquel il donna ses soins était d'ailleurs des plus difficiles à traduire et le fut dans des conditions assez peu favorables. Eusèbe avait publié en deux livres des tables chronologiques et un résumé de l'histoire universelle. Laissant la première partie, recueil de pièces justificatives et de matériaux qui avaient servi à élaborer la seconde, Jérôme traduisit cette dernière[2]. Mais peut-être bien, par coquetterie littéraire, a-t-il exagéré un peu la vitesse avec laquelle il a dicté au scribe la version de cet ouvrage et son caractère « tumultueux ». Les détails qu'il ajoute

---

[1] *Epist.* LVII, ad Pammachium, *de optimo genere interpretandi*, en 395.

[2] En 380-381, Jérôme l'appelle tantôt *Temporum liber* (*Epist.* XVIII, 1, datant de la première moitié de 381), tantôt *Chronicon omnimodae historiae* (notice du *De Viris*, CXXXV).

là même, dans sa préface [1], sur la disposition fort compliquée des tables et des renvois dont le livre est émaillé, la distinction des notes et leur rapport avec les chiffres de la colonne correspondante, d'après la couleur des initiales et des chiffres eux-mêmes, supposent un travail minutieux et patient. Le mérite en revient, sans doute, au calligraphe, mais celui-ci a dû être dirigé et surveillé de très près par l'auteur. Il serait vain de recommander de transcrire fidèlement l'original si cet original lui-même avait été composé négligemment.

Quant au fond, Jérôme nous apprend lui-même [2] qu'il faut distinguer dans la *Chronique* trois parties : la première, d'Abraham à la prise de Troie, est la reproduction fidèle du texte eusébien. Autant que l'on peut en juger dans l'état actuel des éditions, d'après une version arménienne çà et là abrégée et les fragments du texte grec, cette assertion de Jérôme répond vraiment à la réalité. Sa phrase d'une latinité élégante rend cependant exactement l'original. Il y a des erreurs d'interprétation, mais en petit nombre, et qui ne semblent pas de nature à entacher gravement la fidélité du traducteur. La deuxième partie, depuis la prise de Troie jusqu'à la vingtième année du règne de Constantin, offre, en dehors du texte d'Eusèbe, des additions concernant spécialement l'histoire romaine, à laquelle un écrivain grec devait naturellement moins s'intéresser. Ces additions sont empruntées à Suétone, et à d'autres historiens, en particulier à Eutrope et Aurelius Victor. Jérôme affirme qu'il les a *très soigneusement* extraites de ces auteurs. En dépit de critiques récentes, j'estime que l'on peut souscrire à ce jugement. Ces additions se rapportent, comme il est dit, avant tout à l'histoire romaine. Çà et là seulement quelques

---

[1] PL, XXVII; édition récente (1913), en une sorte de fac-similé, dans les *Griechische... Schriftsteller* de Berlin, par HELM, au volume VII des œuvres d'Eusèbe; la préface de Jérôme, p. 1-7.

[2] « Itaque a Nino et Abraham usque ad Troiae captivitatem pura graeca translatio est. A Troia usque ad vicesimum Constantini annum, nunc addita, nunc admixta sunt plurima, quae de Tranquillo et ceteris illustribus historicis curiosissime excerpsi. A Constantini autem supra dicto anno usque ad consulatum Augustorum, Valentis sexies et Valentini iterum, totum meum est » (édit. HELM, p. 6-7).

remarques d'ordre géographique ou personnel se joignent aux premières. Celles-ci ont pour objet habituellement de compléter les indications sommaires d'Eusèbe sur les rois de Rome, ou les événements de son histoire. Jérôme ajoute volontiers le détail anecdotique. Il signale les endroits célèbres par la mort d'un personnage illustre ou les circonstances de cette mort; il mentionne la date de réunion des provinces à Rome; il énumère les peuples avec lesquels elle s'est trouvée en guerre. Surtout il y a inséré toute une série de petites notices littéraires sur les écrivains latins malheureusement incomplètes, comme celles d'Eusèbe, puisqu'elles se bornent le plus souvent à indiquer à quelle date est né, est mort ou florissait tel écrivain. Elles apportent un véritable complément d'intérêt et de valeur à son livre pour les lecteurs auxquels il était destiné. Des noms obscurs y voisinent avec les illustrations de la littérature latine. La persévérance même avec laquelle il note tout au long de sa *Chronique* les faits de ce genre est à elle seule une preuve du sérieux apporté à ce travail de complément [1].

La troisième partie, des *Vicennalia* de Constantin (325) à la mort de Valens, est exclusivement l'œuvre de Jérôme. Elle est conçue dans le même esprit que les précédentes : indication des principaux faits politiques, successions épiscopales et événements religieux plus importants, mention des écrivains ecclésiastiques

---

[1] Jérôme parle avec raison de *nunc addita, nunc admixta*. Il y a, en effet, des remarques absolument nouvelles et de simples compléments insérés dans la phrase même d'Eusèbe, par exemple à propos des premiers rois de Rome. Ces additions sont en nombre relativement assez considérable. Elles portent sur des détails biographiques relatifs aux rois, empereurs et autres personnages politiques latins, sur les guerres faites, les pays conquis, les provinces rattachées à Rome. L'apport capital est celui qui concerne le mouvement littéraire. Dans l'ordre chronologique, Jérôme signale les poètes, historiens, orateurs, philosophes, grammairiens qui se sont distingués sous la république et l'empire : Ennius, Plaute, Livius, Caecilius Statius, Térence, Pacuvius, Accius, etc., etc. : la liste est très longue. Pour les écrivains chrétiens, il n'ajoute qu'un ou deux détails à ceux signalés par Eusèbe (Victor : *mediocria volumina*; Cyprien : écrit le *de mortalitate* et des lettres). C'est d'ailleurs tout à fait dans l'esprit de la chronique originale qui signale, mais moins abondamment, les faits intéressant le mouvement littéraire en pays grec. Il est évident que saint Jérôme avait sous les yeux un catalogue de la littérature profane et n'a eu qu'à insérer à leur date dans la chronique les noms déjà réunis.

ou profanes plus en vue, autres événements divers, dignes d'être notés. On ne voit vraiment guère comment on a pu trouver une grande différence entre cette partie et celle due à Eusèbe [1]. Exiger de Jérôme une critique analogue à celle de notre siècle et inspirée de principes auxquels son temps était étranger, lui demander de dominer assez son époque pour devancer le jugement de l'histoire et démêler, dans la masse des faits, ceux qui étaient vraiment le centre des événements est assez oiseux. Le plus grave reproche que l'on puisse lui faire, c'est d'avoir, sincèrement d'ailleurs, fort mal jugé certains de ses contemporains. Jérôme n'était pas un homme à qui il fallait demander de l'impartialité [2]. Si sincères que soient ses protestations qu'il ne craint que Dieu et ne redoute pas de dire la vérité, il n'est pas à l'abri du parti pris, au contraire. Amis ou ennemis sont traités avec la même vigueur de sentiment: il est tout à l'éloge ou au blâme. Ainsi rien ne montre mieux à quel point il est attaché au parti paulinien que le jugement injuste sur saint Mélèce et la manière dont son rival Paulin est loué [3]. Saint Basile n'est pas plus respecté, mais sans doute le reproche de superbe que lui fait Jérôme n'est-il qu'un écho des conversations avec saint Grégoire de Nazianze dont le mécontentement contre son ami, à propos de son ordination épiscopale, ne s'est jamais affaibli [4]. Saint Cyrille de Jérusalem et Pierre d'Alexandrie

---

[1] Voir Grützmacher, *Hieronymus*, t. I, p. 191-195, qui résume les vues de Schoene.

[2] Il y prétend cependant, car il écrit à la fin de sa préface : « Non quo de viventibus timuerim libere et vere scribere, timor enim Dei hominum timorem expellit » (édit. Helm, p. 7).

[3] A propos de Mélèce et de ses prédécesseurs, il écrit (23e année de Constantin): « Quorum idcirco tempora non digessi quod eos hostes potius Christi quam episcopos iudicem » (édit. Helm, p. 232; PL, XXVII, 677); et plus loin (p. 242): « Exsilii iustissimam causam subita fidei mutatione delusit. » Au contraire, il écrit de Paulin (1e année de Julien; *ibid.* p. 242): « Lucifer, adscitis duobus aliis confessoribus, Paulinum, Eustathii episcopi presbyterum, qui se numquam haereticorum communione polluerat, in parte catholica Antiochiae episcopum facit. » C'est sans doute, à l'influence de ces sympathies pauliniennes que l'on doit attribuer la manière élogieuse dont il est parlé de Lucifer de Cagliari et de Grégoire d'Elvire (6e année de Valens; *ibid.* p. 246) : « Numquam se arrianae miscuit pravitati. »

[4] « Basilius Caesariensis episcopus Cappadociae clarus habetur qui multa continentiae et ingenii bona uno superbiae malo perdidit » (12e année de Valens;

ne sont pas mieux servis [1]. Dans quelle mesure saint Jérôme a modifié, en une édition ultérieure, d'autres jugements, il est difficile de le préciser. Si ces altérations dues à son ressentiment étaient prouvées, elles attesteraient évidemment une petitesse d'âme fâcheuse : en dehors du cas de sainte Mélanie, attesté par Rufin, je ne vois pas qu'on puisse en prouver d'autres [2]. Qu'il ait fait attention spécialement à certains détails de l'histoire monastique, c'est tout naturel de sa part et on ne saurait l'en blâmer : dans l'histoire de ce temps et de plus en plus, cette institution occupe une place capitale. Qu'il ait aussi, témoignant d'une crédulité excessive, relaté certains événements merveilleux, il suivait en cela l'exemple des plus grands historiens et assurément nul ne songe à prétendre qu'il faille lire sans discernement sa *Chronique*.

Il n'en reste pas moins que, par cette traduction et les compléments qu'il y avait ajoutés, saint Jérôme rendait à l'Occident un précieux service. Jusqu'alors on n'y possédait rien qui permît de s'orienter à travers l'histoire universelle, qui facilitât l'étude comparée de la Bible et des historiens profanes. La *Chronique* mettait à la portée de tous une foule de notions dispersées à travers de nombreux livres. Elle piquait la curiosité en la satisfaisant dans une large mesure. En reliant le présent au passé, elle continuait à

ibid. p. 248). Comparer avec saint Grégoire de Nazianze (*In laudem Basilii Magni*, 59; PG, XXXVI, 573, A B; mais aussi *Ibid.*, 64; 580, D).

[1] *Chronique*, 11e année de Constance (édit. HELM, p. 237; PL, XXVII, 684): « Post quem (Maxime) Ecclesiam Ariani invadunt id est Cyrillus, Eutychius, rursum Cyrillus, Hirenaeus, tertio Cyrillus, Hilarius, quarto Cyrillus, quorum Cyrillus cum a Maximo fuisset presbyter ordinatus et post mortem eius ita ei ab Acacio episcopo Caesariensi et ceteris arianis episcopatus promitteretur si ordinationem Maximi repudiasset, diaconus in Ecclesia ministravit. Ob quam impietatem, sacerdotii mercede pensatus, Heraclium quem moriens Maximus in suum locum substituerat varia fraude sollicitans, de episcopo in presbyterum regradavit. » Il n'est pas inutile de rappeler que le concile de Constantinople, de 382, a pris sans réserve la défense de Cyrille auprès du pape Damase (THÉODORET, HE, V, 9, édit. PARMENTIER, p. 294; PG, LXXXII, 1217, C). Sur Pierre d'Alexandrie (*Chronique*, 9e année de Valentinien et de Valens; édit. HELM. p. 247; PL, XXVII, 597) : « Petrus qui post Valentis interitum tam facilis in recipiendis haereticis fuit ut nonnullis suspicionem acceptae pecuniae intulerit. »

[2] J'ai montré plus haut, p. 34, n. 1, qu'il n'y a pas à retenir l'accusation en ce qui concerne l'échange des noms de Rufin et de Florentinus.

maintenir ce contact étroit par lequel les générations se sentent solidaires les unes des autres. Il n'était pas jusqu'à cette union du sacré et du profane qui ne présentât un double avantage : elle confirmait le fidèle dans la persuasion que sa religion était la plus noble, la plus ancienne comme la plus pure de toutes celles qui se disputaient le monde, mais aussi elle éveillait ou maintenait sa sympathie pour l'histoire profane, elle lui rappelait que, citoyen du ciel, il était encore citoyen de l'empire romain, héritier de cette civilisation antique dont les principaux faits connus lui étaient rappelés. Cela l'empêchait de s'isoler et de se désintéresser de ce qui s'y passait. Le succès de la *Chronique* de Jérôme, attesté par ses remaniements et ses continuations [1], n'a rien qui doive étonner. Il était très légitime et c'est en partie à ce livre que le moyen âge doit ce qu'il savait de l'histoire antique.

Jérôme, en arrêtant sa *Chronique* à la mort de Valens (378), n'agissait point par une sorte de réserve à l'égard de ses contemporains. Il voulait, au contraire, écrire avec plus de détails l'histoire postérieure, mais il ne se sentait pas encore assez maître de son sujet. Les incursions des barbares jetaient partout le trouble et rendaient bien précaire la situation. Il fallait attendre des jours meilleurs. D'autres préoccupations survinrent plus tard et le projet d'*Histoire de son temps* ne fut jamais réalisé [2].

III

Saint Jérôme n'abandonnait point d'ailleurs ses études scripturaires. La lecture d'Origène lui révélait de plus en plus les trésors de la Bible. Aussi, plein d'admiration pour celui que, selon l'expression de Didyme, il considérait, après les Apôtres, comme le maître de l'Église, encouragé d'ailleurs à Constantinople même par le prêtre Vincent, il se mit à l'œuvre pour le faire

---

[1] *Chronica minora*, édit. MOMMSEN (MGH, *Auctores antiquissimi*, t. IX, XI et XIII).

[2] Voir la fin de la préface à la *Chronique* (édit. HELM, p. 7 ; PL, XXVII, 40, A): « Quo fine contentus, reliquum temporis Gratiani et Theodosii latioris historiae stilo reservavi, non quo de viventibus timuerim libere et vere scribere, — timor enim Dei hominum timorem expellit, — sed quoniam dibacchantibus adhuc in terra nostra barbaris, incerta sunt omnia. »

connaître aux Latins. La fréquentation de ce grand esprit lui ouvrait des horizons nouveaux, avivait son désir de s'instruire et comme insensiblement le préparait à sa tâche future de commentateur. Elle ne lui apprenait pas seulement par la variété des aperçus, la richesse des applications, l'ingéniosité de l'exégèse, à tirer magnifiquement parti du texte sacré, elle l'habituait aussi à en scruter de près les syllabes, à comparer les versions et à trouver dans cette comparaison un principe de solution pour les passages difficiles. Rien ne pouvait le confirmer davantage dans son ardeur à apprendre l'hébreu et à recourir au texte original que la lecture de ces travaux d'Origène sur le texte sacré, des *scolies*, courtes gloses expliquant les passages obscurs, des *homélies* destinées aux fidèles et visant davantage à l'édification, des *tomes* surtout, où, sans contrainte, le docteur alexandrin donnait libre essor à son génie et déployait ses merveilleuses dispositions pour l'exégèse [1].

Jérôme aurait voulu pleinement répondre aux vœux de Vincent, mais ce n'était pas possible : l'ardeur au travail, les lectures prolongées lui avaient fatigué la vue; ses ressources amoindries ne suffisaient plus à entretenir les tachygraphes nécessaires. En envoyant à son ami les premiers fruits de ce genre d'occupations, il renouvelait cependant sa promesse de travailler de tout cœur à faire entendre Origène aux oreilles latines, mais la fécondité du labeur dépendait d'une double condition : recouvrer la santé que les prières de Vincent à Jésus pouvaient lui obtenir et avoir, aux frais du même Vincent, un tachygraphe qui recueillerait la dictée de Jérôme.

Il finissait alors de traduire vingt-huit homélies d'Origène. Les quatorze premières, tirées du commentaire de Jérémie, étaient depuis quelque temps déjà achevées [2]. Les autres, sur Ézéchiel, avaient été dictées par morceaux, à diverses reprises, selon l'occurrence. A cette occasion, Jérôme ne revient pas sur la manière

[1] Sur l'attitude de Jérôme a l'égard d'Origène, voir note complémentaire Q. Il importe de remarquer qu'il ne lui a pas seulement emprunté la méthode allégorique, mais aussi ce qu'il y a de critique élémentaire dans la comparaison entre les différentes versions grecques selon l'hébreu et le texte des Septante.

[2] Voir note complémentaire E.

dont il entend la traduction; il signale pourtant la loi qu'il s'est imposée avant tout: respecter la simplicité de style de l'original, seule profitable à l'Église, en négligeant tout le brillant de la rhétorique.

Autant que nous pouvons en juger, par le texte de Jérémie, il a tenu parole. C'est par exception seulement que sa plume donne un ton plus oratoire ou une couleur plus brillante au style d'Origène. Elle n'en garde pas moins une simple élégance qui, s'ajoutant au riche fond des homélies, rend attrayante leur lecture. Ce qui importe davantage encore, on trouve observée raisonnablement la fidélité que l'on attend d'un traducteur. Nous ne pouvons guère en juger que pour Jérémie: une confrontation suivie du texte tel qu'il a été conservé et de la version hiéronymienne montre que l'interprète s'est en somme acquitté très convenablement de son office et, à part certains détails ordinairement négligeables, fait vraiment entendre Origène aux oreilles romaines. C'était rendre à l'Occident un grand service. En vulgarisant ces homélies, Jérôme enrichissait à la fois la théologie et la piété; il rendait accessibles des sources vives, qui pourraient alimenter abondamment les ruisseaux jusque là assez pauvres. S'il y avait excès dans l'interprétation allégorique, il était largement compensé par la variété même du contenu et sa valeur religieuse. Nous ne savons dans quelle mesure l'écrivain put tenir dès lors sa promesse de traduire en grand nombre les œuvres d'Origène. Ce n'est pas sans raison cependant qu'on rapporte à cette période de son activité la version de neuf homélies sur Isaïe dont, par une particularité encore inexpliquée, Jérôme n'a jamais voulu ensuite rappeler l'existence. C'est seulement par une allusion de Rufin, au cours de la controverse origéniste, qu'on a pu lui en reconnaître et confirmer la paternité [1].

IV

Ces travaux l'avaient mis en goût. Poussé par ses amis, et d'abord sans doute par saint Grégoire de Nazianze, qui avait déjà

---

[1] Voir note complémentaire E.

dû lui recommander l'étude approfondie d'Origène, dont il était un fervent, Jérôme résolut d'essayer ses propres forces et de donner au public un spécimen de commentaire. La vision où les Séraphins vinrent purifier les lèvres d'Isaïe était déjà l'objet de cinq des homélies qu'il venait de traduire; elle l'attira de nouveau. Ce travail de traduction lui servit ainsi comme de préparation immédiate à la nouvelle tâche [1].

Jérôme suit, en effet, de très près Origène dans l'interprétation des détails de la vision, tout en faisant cependant œuvre personnelle. A la malencontreuse allégorie, qui découvre dans les deux Séraphins le Fils et le Saint-Esprit, il substitue le symbolisme des deux Testaments. D'autres détails attestent son originalité. D'ailleurs, il a recours à diverses sources qu'il sait excellemment approprier à son développement. L'ensemble est bien venu; aucun détail n'est négligé; le style est élégant comme à l'ordinaire. L'exégèse hiéronymienne est déjà constituée dans ses grandes lignes : établissement du sens littéral, interprétation symbolique, mais avec rareté, ici, de l'application morale; richesse de l'érudition biblique et mise à contribution continue des devanciers. On voit, par la multiplicité même des questions qu'il pose, que le commentateur a étudié le récit sous toutes ses faces [2]; les comparaisons de texte entre les différents livres de l'Écriture témoignent d'une certaine dextérité [3]. Saint Jérôme ne craint pas de donner son opinion personnelle; il fait preuve d'une certaine maîtrise de pensée et de jugement indépendant.

---

[1] *Epist.* XVIII, 1-16 (édit. Hilberg, XVIII A, p. 73-96) — M. Hilberg a détaché sous le nom de *Epist.* XVIII A et *Epist.* XVIII B, les deux parties mises par Vallarsi sous le même numéro XVIII, chacune donnée par les manuscrits comme adressée à Damase, auquel le texte lui-même ne fait aucune allusion, probablement parce que, l'ayant composée à Constantinople, il ne la publia qu'à Rome en la dédiant directement à ce pape. Dans les manuscrits chacune est diversement intitulée : *Epist.* XVIII A : « de seraphim », « de seraphim et de calculo », « de morte Oziae regis et seraphim et calculo »; *Epist.* XVIII B : « de seraphim et de calculo et de quis ibit nobis ». Sur l'anecdoton publié par Amelli comme représentant le traité sur Isaïe VI, composé à Constantinople, voir note complémentaire F.

[2] *Epist.* XVIII, 1 et 6.

[3] *Ibid.*, 4, réfutation d'Origène et accord de saint Jean et de saint Paul; *Ibid.*, 7, « Dominus Sabaoth ».

Un deuxième travail sur le même sujet est d'une allure un peu différente et de caractère plus technique[1]. Reprenant les derniers versets commentés dans l'exposé précédent, Jérôme groupe les diverses traductions grecques, Septante, Aquila, Théodotion, Symmaque et y ajoute quelques explications exégétiques.

Ces essais intéressent surtout comme prémices. Ils marquent une étape dans l'acquisition de la méthode définitive. L'*hebraica veritas* est encore à peu près absente du commentaire; elle ne se fera pas attendre longtemps.

---

[1] *Epist.* XVIII, 17-21 (édit. HILBERG, XVIII B, p. 97-103).

LIVRE II

LE SÉJOUR A ROME

(382-385)

CHAPITRE I

L'ACTIVITÉ SCRIPTURAIRE

I. S. Jérôme et le pape Damase. — II. Marcella. — III. Paula.

I

Après s'être démis de l'épiscopat de Constantinople, saint Grégoire de Nazianze s'était retiré en Cappadoce. Jérôme continua pendant plusieurs mois encore à séjourner dans la capitale. Naturellement, le départ de son maître la lui rendait moins agréable. Aussi accepta-t-il volontiers l'occasion de revenir à Rome que lui offrait la convocation du concile de 382 [1]. Saint Épiphane et Paulin s'y rendaient : ils durent l'inviter à les y accompagner pour leur servir d'interprète et leur faciliter les relations avec le monde religieux romain [2].

Nous ignorons quel rôle joua saint Jérôme à ce concile romain de 382, où la question du schisme d'Antioche occupa tant de place. Le pape Damase ne tarda pas à l'apprécier. Il voulut qu'il collaborât intimement avec lui à la direction de l'Église. L'austérité de vie du moine rehaussait l'estime qu'inspiraient sa valeur intellectuelle et sa connaissance approfondie de la littérature ecclésiastique. Jérôme fut donc choisi pour rédiger les réponses

---

[1] Sur ce concile, voir CAVALLERA, *Le Schisme d'Antioche*, chapitre VIII, p. 245-262.

[2] *Epist.* CXXVII, 7 : « Cum et me Romam cum sanctis pontificibus Paulino et Epiphanio ecclesiastica traxisset necessitas. » *Epist.* CVIII, 6 : « Cumque Orientis et Occidentis episcopos ob quasdam ecclesiarum dissensiones Romam imperiales litterae contraxissent, vidit Paula admirabiles viros Christique pontifices Paulinum Antiochenae urbis episcopum, Epiphanium Salaminae Cypri quae nunc Constantia dicitur, quorum Epiphanium etiam hospitem habuit, Paulinum in aliena manentem domo quasi proprium humanitate possedit. » Peut-être saint Jérôme avait-il connu saint Épiphane à Antioche où celui-ci s'était rendu, vers 377, pour réconcilier Vital et Paulin.

aux innombrables consultations qui d'Orient et d'Occident parvenaient au Pape [1]. Il ne reste malheureusement rien de ce travail. Le seul épisode connu qui s'y rapporte est raconté par Rufin, dans un but de polémique. Jérôme, dans sa réplique, affecte de n'y attacher aucune importance et d'y voir un de ces récits de table qui, tout en étant vrais, ne méritent vraiment pas les honneurs du livre [2]. Il s'agit d'une ruse dont la probité de Jérôme faillit être victime. Chargé de rédiger un formulaire sur l'Incarnation que les Apollinaristes devaient signer, il y avait inséré l'expression *dominicus homo*. Les hérétiques protestèrent aussitôt, la traitant de nouveauté. Jérôme justifiait sa phrase par des citations d'auteurs catholiques antérieurs, en particulier par l'exemple de saint Athanase. L'un des adversaires parut acquiescer à la démonstration et demanda communication du traité de ce dernier pour persuader plus aisément ses coreligionnaires. Jérôme sans défiance prêta l'ouvrage, mais quand on le lui eut rendu et que la discussion fut de nouveau agitée, il se vit, à son grand étonnement, accusé d'avoir falsifié le texte de l'évêque d'Alexandrie. On lui en fournissait la preuve palpable en lui montrant le mot *dominicus homo* écrit sur une rature. On avait poussé

---

[1] *Epist.* CXXIII, 9 (10, VALLARSI) : « Ante annos plurimos, cum in chartis ecclesiasticis iuvarem Damasum, Romanae urbis episcopum et Orientis atque Occidentis synodicis consultationibus responderem. » Ce détail étant donné à propos d'un fait divers sans importance, à titre de synchronisme, montre qu'il s'agit d'une véritable fonction et semble résumer pour saint Jérôme son activité à Rome du temps du pape Damase. De ce dernier il ne reste aucune lettre que l'on puisse rapporter à cette période, sauf peut-être la *Confessio fidei* adressée à Paulin d'Antioche dont la date est controversée.

Le renseignement de Jérôme est confirmé par Rufin, à l'occasion de l'incident apollinariste dont il est question dans le texte. Damase confia la rédaction de la profession de foi « amico suo cuidam presbytero, viro disertissimo, *qui hoc illi ex more negotium procurabat* » (*De adult. lib. Origenis*, I; PG, XVII, 629, B). Jérôme rappelant ce passage écrit : « Cui ille ecclesiasticas epistolas dictandas tradidit » (*Apol.* II, 20; PL, XXIII, 444, B).

[2] RUFIN, *De adult. libr. Origenis*, I (PG, XVII, 629-630); JÉRÔME, *Apol.* II, 20, (PL, XXIII, 444). Celui-ci qualifie l'incident d'*apertas ineptias, deliramenta, prandiorum cenarumque fabulas*, mais il en confirme l'authenticité en nous apprenant qu'il l'avait lui-même raconté à Rufin : « Fieri enim potest ut, etiam si a me verum audisti, alius, qui huius rei ignarus est, dicat a te esse compositum. »

l'impudence jusqu'à effacer l'expression originale et à la récrire afin de persuader que Jérôme était l'auteur d'une fraude. Heureusement il n'était pas homme à se laisser intimider par une pareille effronterie; la calomnie tourna à la honte de ceux qui l'avaient inventée et le prestige de saint Jérôme ne put qu'y gagner [1].

Des rapports entre saint Damase et son secrétaire, il nous reste cependant, à défaut de leurs travaux communs, de précieux témoignages. Ils montrent la familiarité et l'affectueuse confiance du vieux Pontife pour le jeune savant. Bien que Jérôme eût gardé son indépendance et continuât à vivre en moine isolé sans revendiquer, comme prêtre, le droit de se rattacher au clergé romain, il mettait toute sa bonne volonté à servir le Pape et à le faire profiter de son érudition et de ses richesses littéraires. Une correspondance assidue complétait les conversations. Jérôme ne trouva d'abord nulle part de plus bienveillants encouragements à continuer ses travaux sur la Bible. C'est à l'initiative de Damase que nous devons plusieurs des œuvres originales [2] ou des traductions composées alors par l'infatigable écrivain.

Ce sont d'abord de courts travaux exégétiques. Damase demande à son ami la solution d'une difficulté rencontrée au cours de ses lectures. Désireux de ne point se payer de mots, il fait appel à sa connaissance de la langue hébraïque pour savoir, par exemple, le vrai sens du mot *Hosanna* [3] :

« Lisant les commentaires grecs ou latins des évangiles écrits par nos auteurs, je veux dire les orthodoxes de jadis ou de naguère, sur l'*Hosanna filio David*, je les ai trouvés non pas seulement divergents mais même opposés entre eux. Avec l'ardeur vaillante qui caractérise ta Dilection, supprimant les opinions, chassant les équivoques, écris

---

[1] L'anecdote ne laisse pas d'avoir ses difficultés, l'expression *dominicus homo* étant fort en usage parmi les Apollinaristes, au témoignage de saint Grégoire de Nazianze, qui la leur reproche. Voir la dissertation bien documentée de PETAU, *De incarnatione*, l. VII, ch. XII, 5-10 (édit. VIVÈS, t. VI, p. 187-191).

[2] Les manuscrits dédient même, comme on l'a vu plus haut, p. 71, n. 1, à Damase le travail de Jérôme sur la vision d'Isaïe.

[3] Lettre de Damase (JÉRÔME, *Epist.* XIX) ; réponse de Jérôme (*Epist.* XX) en 383.

nettement ce qu'il y a en hébreu. En cela comme en beaucoup d'autres choses, mes occupations te devront de la reconnaissance dans le Christ Jésus. »

Le billet atteste les services multiples rendus au Pontife par Jérôme. Celui-ci se hâte d'y ajouter en envoyant à Damase une petite dissertation très bien conduite sur les origines et le sens de l'expression *Hosanna*. Elle nous intéresse surtout par la déclaration finale où le savant fait connaître sa méthode et son programme. En ces matières il ne faut point viser à chatouiller les oreilles et à plaire par la beauté du langage. Jérôme pourrait, comme d'autres, jeter de la poudre aux yeux et à peu de frais usurper la réputation d'homme bien au courant; il pourrait répondre par des mots, à l'exemple de ses prédécesseurs, dont les solutions sont erronées. La recherche de la vérité demande plus d'effort; mais, du moins, le labeur dépensé n'est-il point perdu et n'expose-t-il pas à accepter aveuglément des faussetés.

Une autre fois [1] c'est encore Damase qui, lui-même, trace le plan du commentaire demandé à Jérôme, sur la parabole de l'enfant prodigue. Que signifient les personnages mis en scène, le père, chacun des fils, les actions qui leur sont attribuées, la vie de dissipation du plus jeune et l'accueil si généreux qu'il reçoit après son repentir, la jalousie de l'aîné ? On donne diverses explications, on applique notamment la parabole aux Juifs et aux gentils. Mais certains textes se laissent alors difficilement expliquer. Il en est de même si on parle du juste et du pécheur. — Jérôme ne trompe point la confiance de son interlocuteur. Il compose un long commentaire de la parabole, où aucun détail n'est laissé dans l'ombre et qui donne la plus heureuse idée de son talent d'écrivain et d'exégète. Il se meut à l'aise dans le monde des commentateurs et garde vis-à-vis d'eux son indépendance, signalant au passage les erreurs ou les interprétations violentes, exposant d'excellents principes, comme la nécessité de placer d'abord la parabole dans son contexte pour qu'elle en soit éclairée, de n'établir

[1] JÉRÔME, *Epist.* XXI. Jérôme y résume au début la lettre de son correspondant; même année.

de conclusions que sur une étude approfondie et comparative des textes similaires. Tertullien se serait ainsi évité de faire des publicains exclusivement des païens, oubliant Matthieu-Lévi et les autres commensaux du Sauveur. Lui-même fait d'heureux rapprochements qui éclairent bien la pensée du Maître. Son exégèse n'a rien de forcé, tout en se développant d'après une idée principale qui met en relief le sens fondamental. Les pages les plus curieuses et tout à fait révélatrices de son état d'esprit sont celles où il interprète la misérable nourriture à laquelle se voit réduit le prodigue de la lecture des auteurs païens [1]. Déjà, dans son exposé de la vision d'Isaïe, telle phrase était significative [2]. Ici, il insiste et appuie avec toute la fougue du néophyte brisant ce qu'il a adoré. Le fameux songe, qu'il racontera bientôt à Eustochium [3], où il avait été cruellement puni d'être plus cicéronien que chrétien, lui est, on le sent, toujours présent et domine sa vie intellectuelle.

Sur ce point d'ailleurs il est en parfait accord avec son interlocuteur. Une charmante lettre de Damase écrite quelque temps après [4] nous donne ce détail avec quelques autres fort intéressants sur les relations littéraires des deux amis. On ne se douterait guère que celui qui écrit de ce style enjoué et noblement familier est un vieillard qui approche des quatre-vingts ans [5]. Le Pape fait connaître ses goûts : les longueurs lui déplaisent, mais cependant il veut du solide. La littérature ne lui agrée point ; seuls les Livres Saints l'intéressent :

« Tu dors et depuis longtemps tu t'adonnes à la lecture plutôt qu'à la

---

[1] *Epist.* XXI, 13.

[2] *Epist.* XVIII, 15 : « Moysen vero quia saecularibus eruditus fuerit disciplinis et interfecto Aegyptio conscientia eius aliqua ex parte sorduerit... se excusasse. »

[3] *Epist.* XXII, 30 : « Ciceronianus es, non Christianus... Domine, si unquam habuero codices saeculares, si legero te negavi. » Ici, il invective contre les évêques qui délaissent les Evangiles et les prophètes, se mettent à *comoedias legere, amatoria Bucolicorum versuum verba canere, tenere Virgilium*. Le *Per Bacco* d'aujourd'hui n'aurait sans doute pas plus trouvé grâce auprès de ce rigide censeur que le *Me Hercule* ou le *Me Castor* de ses contemporains chrétiens.

[4] JÉRÔME, *Epist.* XXXV, en 384.

[5] Damase mourut cette même année, « *prope octogenarius* », dit Jérôme dans la notice du *De Viris*, CIII (PL, XXIII, 701, B).

composition; aussi en t'envoyant ces petites questions ai-je le dessein de te réveiller. Non pas que tu ne doives lire : c'est la nourriture quotidienne qui entretient et engraisse le style, mais il faut que la lecture fructifie par la composition. Puisque, hier, en me renvoyant le courrier, tu m'as fait dire que tu n'avais plus d'autres épîtres, hormis celles que tu avais dictées au désert et que, très avidement, j'ai déjà lues et copiées, puisque de toi-même tu t'es engagé à dérober à la nuit des heures de travail pour dicter quelque chose si je le désire, j'accepte volontiers ce que tu m'offres et que je me préparais à te réclamer, en cas de refus de ta part. Je ne pense pas que notre entretien puisse avoir de matière plus digne que quelque sujet scripturaire, mes questions provoquant tes réponses, car je ne connais pas de vie, en ce monde, plus agréable. Cette nourriture spirituelle l'emporte sur tout miel : *Combien douces*, écrit le prophète, *sont à mon palais tes paroles, elles l'emportent sur le miel pour ma bouche* (Ps. CXVIII, 103). Puisque, selon le mot du grand orateur [1], les hommes diffèrent des bêtes par la facilité de la parole, comment louer assez qui surpasse les autres, en cela même où gît la supériorité des hommes sur les animaux ? A l'œuvre donc. Explique-moi les questions suivantes, en évitant un double excès, de manière à ne rien laisser à désirer pour la solution, tout en observant la brièveté d'une lettre. Je te l'avoue, les livres de Lactance, que tu m'as donnés il y a longtemps, je ne les lis pas volontiers parce que la plupart de ses lettres ont plus de mille lignes et traitent rarement de notre doctrine. Ainsi à la lecture, la longueur produit le dégoût et, s'il en est de courtes, elles conviennent plutôt aux écoles qu'à nous, car il y traite de métrique, de géographie et de philosophie. »

Damase indique alors cinq difficultés, toutes empruntées au livre de la Genèse, sur lesquelles il désire l'avis du savant exégète: les sept vengeances de la mort de Caïn, les animaux purs et impurs, une différence de numération à propos de la génération qui sortit d'Égypte, la raison de la circoncision d'Abraham, la tromperie dont Isaac fut l'objet.

La réponse de Jérôme n'est pas moins instructive [2]. Laissant de côté deux questions pour lesquelles il renvoie à Tertullien, à Novatien et à Origène, il répond brièvement aux trois autres en énonçant de nouveau çà et là quelques principes utiles d'exégèse. C'est ainsi qu'après avoir discuté à fond le texte hébreu de l'un

[1] CICÉRON, *De oratore*, I, 32.
[2] *Epist.* XXXVI, écrite le lendemain de la précédente.

des versets à expliquer, il insiste sur le sérieux du travail. Quand on parle de littérature hébraïque, il ne faut rechercher ni les arguments d'Aristote, ni l'éloquence abondante de Cicéron, ni les fleurs de Quintilien; le style doit être simple et pareil au langage journalier, clair avant tout, en un mot imitant la simplicité même de l'Écriture.

Mais surtout ce qui doit retenir c'est la préface de cette lettre. Jérôme y donne les renseignements les plus curieux sur ses occupations. On le voit pour ainsi dire à l'œuvre, travailleur infatigable malgré le mal d'yeux dont il se plaignait dans une lettre précédente et qui l'oblige à dicter sans pouvoir polir son style, comme il le ferait s'il composait directement [1]. Il lit, il approfondit l'hébreu et pour cela entre en relations avec les Juifs de Rome; il se fait apporter en cachette des livres de la synagogue et varie ses occupations en traduisant quelque écrit des Pères grecs :

« Dès la réception de la lettre de ta Sainteté, j'ai fait venir un tachygraphe et lui ai dit d'écrire. Il était prêt et ce que j'allais dire je me le représentais d'abord par la pensée; nous mettions en mouvement, moi la langue, lui le bras, quand subitement arrive un Juif qui m'apportait un assez grand nombre de volumes. Il les avait pris à la synagogue, soi-disant pour les lire immédiatement. « Voici, me dit-il, ce que tu as demandé. » J'hésitais, ne savais que faire, mais, par sa hâte, il m'a tellement terrifié que, laissant tout le reste, je me suis empressé de transcrire et c'est ce que je continue de faire maintenant encore. Mais hier, m'envoyant ton diacre, tu m'as fait dire que tu désirais une lettre. Je pense que ce sont plutôt des notes, comme courte réponse à des questions, qui chacune exigerait de grands volumes. J'ai esquissé ce qui suit, omettant seulement deux questions. J'aurais pu dire aussi là-dessus quelque chose, mais les gens les plus éloquents, notre Tertullien et Novatien, ont écrit en latin sur ce sujet, et, s'il faut du nouveau, la réponse devrait être assez longue. En conséquence, j'attends que tu commandes : faut-il réduire à la brièveté d'une lettre l'exposé que tu demandes ou écrire un volume sur chacune ? Origène, au tome IV de

[1] *Epist.* XVIII, 16 (à Constantinople) : « Oculorum dolore cruciati, auribus tantum studemus et lingua. » — Préface de la traduction des homélies d'Origène sur Ézéchiel (PL, XXV, 584) : « Oculorum, ut ipse nosti, dolore cruciatus, quem nimia impatiens lectione contraxi. » — *Epist.* XXI, 42 : « Saepe causatus sum excoli non posse sermonem nisi quem propria manus limaverit. Itaque ignosce dolentibus oculis id est ignosce dictanti. »

ses Commentaires sur l'épître de Paul aux Romains, a magnifiquement traité de la circoncision et, assez longuement, à propos du Lévitique, des animaux purs et impurs. Si je ne trouvais rien de moi-même, j'aurais là une source où puiser. A dire vrai, j'ai en mains le livre de Didyme sur le Saint-Esprit dont je désire te dédier la traduction. Ainsi tu n'estimeras plus que je ne fais que dormir, puisque, à ton avis, lire sans composer c'est dormir. Pour cette réponse, excuse donc ma hâte et mes retards, ma hâte puisque en une veille je dicte ce qui demanderait des journées, mes retards parce qu'une occupation m'a empêché de répondre immédiatement à tes questions. »

Le travail sur Didyme fut encouragé par saint Damase, mais saint Jérôme interrompit cette traduction à la mort du Pape et ne l'acheva qu'un peu plus tard à Bethléem [1]. C'est encore pour Damase que, voulant lui faire apprécier Origène, Jérôme traduit ses deux homélies [2] sur le Cantique des Cantiques :

« Origène, lui écrit-il en sa courte préface, vainqueur des autres dans le reste de ses ouvrages, s'est, dans le Cantique des Cantiques, surpassé lui-même. En dix volumes, qui comprennent presque vingt mille lignes, s'occupant des Septante, d'Aquila, de Symmaque, de Théodotion et enfin de la cinquième édition qu'il a trouvée, dit-il, sur le rivage d'Actium, il les interprète avec tant de magnificence et de clarté que, vraiment, il me semble avoir vu s'accomplir pour lui l'*introduxit me in cubiculum suum*. Mais laissant cette œuvre, car il faudrait beaucoup de temps, de travail et de talent pour faire passer en latin ces richesses et un ouvrage si splendide, voici deux traités en style ordinaire, comme pour des petits enfants encore à la mamelle. Je les ai traduits avec plus de fidélité que d'élégance : c'est une dégustation de ses pensées, non un repas que je t'offre. Tu te rendras compte du prix qu'il faut attacher aux ouvrages importants, puisque il y a tant de satisfaction à lire les moindres. »

Mais le zèle de Damase pour l'Écriture avait déjà demandé à Jérôme un travail plus considérable et d'une portée autrement

[1] PL, XXIII, 101-103 : « Cum in Babylone versarer... volui garrire aliquid de Spiritu sancto et coeptum opusculum eiusdem urbis Pontifici dedicari. Itaque, mi Pauliniane frater, quia supradictus Pontifex Damasus, qui me ad hoc opus primus impulerat, iam dormit in Christo, etc. » (avec des variantes sans importance pour le sens).

[2] PL, XXIII, 117-118, dédicace : « Beatissimo papae Damaso. »

durable [1]. Les recensions latines du Nouveau Testament étaient aussi nombreuses que peu satisfaisantes. Pourquoi Jérôme ne donnerait-il pas ses soins à une traduction qui reproduirait fidèlement le grec sans écorcher les oreilles romaines et satisferait à la fois la piété et les lois d'une bonne interprétation ? Jérôme ne pouvait rien refuser à celui qui, selon sa propre expression, n'avait que lui sur les lèvres [2] et appréciait si fort son talent et sa vertu. Le projet répondait d'ailleurs trop bien à ses propres désirs pour qu'il hésitât à entreprendre une œuvre qui, cependant, il s'en rendait compte aussi, lui susciterait plus d'un ennui. La préface de la traduction des Évangiles dédiée à Damase nous renseigne au mieux sur ces sentiments :

« Tu m'obliges à tirer une œuvre nouvelle de l'ancienne. Quand les exemplaires des Écritures sont dispersés par tout le monde, voici qu'il faut que je joue le rôle d'arbitre et, comme ils sont différents, que je décide quels sont ceux qui sont d'accord avec la vérité du texte grec. Pieux travail, mais périlleuse présomption! Juger autrui quand on sera soi-même jugé par tous, obliger le vieillard à changer sa langue et ramener le monde blanchi à l'alphabet des enfants ! Quel homme docte ou ignorant, prenant en mains ce volume et voyant que la leçon qu'il a coutume de réciter n'est plus la même, ne se mettra pas aussitôt à vociférer, à crier que je suis un faussaire et un sacrilège d'oser ainsi dans ces vieux exemplaires ajouter, changer, corriger! Au sujet de cette animosité j'ai un double motif de consolation : d'abord c'est toi, le Souverain Pontife, qui me prescris de faire ce travail; ensuite la vérité ne peut exister où il y a diversité; c'est reconnu par les langues méchantes elles-mêmes. Si les exemplaires latins doivent faire foi, qu'on dise lesquels, car il y en a presque autant que de manuscrits. Si la vérité doit être demandée au grand nombre, pourquoi ne pas revenir à la source grecque ? Mauvaises éditions d'interprètes fautifs, corrections pires de présomptueux ignorants, additions ou changements de copistes somnolents sont ainsi amendés. »

---

[1] Voir sur ce sujet les renseignements fournis par saint Jérôme lui-même dans la lettre-préface : « *Novum opus* », en tête de sa version des Évangiles (PL, XXIX, 525-530) et l'édition Wordsworth-White. Il ne faut pas cependant perdre de vue, comme on le fait parfois, qu'il ne s'agissait nullement d'une entreprise officielle, comparable à celle de Sixte V par exemple. Le travail se faisait sous l'entière responsabilité de Jérôme. Il n'y eut ni promulgation ni approbation authentique.

[2] *Epist.* XLV, 3 : « Beatae memoriae Damasus meus sermo erat.

Jérôme continue à justifier son entreprise et le retour à l'unique source. Grâce à elle, on possèdera les quatre Évangiles corrigés d'après la collation des manuscrits grecs anciens [1]. D'ailleurs, il a fait quelques concessions aux susceptibilités contemporaines : pour qu'il n'y eût pas trop de différence avec le texte latin accoutumé, il a modéré sa plume de manière à ne corriger que les passages où le sens était altéré, laissant le reste tel qu'il était. Une revision du même genre lui permit, — et cela était, semble-t-il, encore plus nécessaire, — de ramener également à plus de fidélité à l'égard du texte des Septante, la Vulgate d'alors, le Psautier latin usuel [2].

II

La faveur du pape Damase, cela n'est pas douteux, dut singulièrement contribuer à grandir l'autorité morale de Jérôme. Il ne tarda pas, malgré sa réserve, l'austérité de sa vie et de ses occupations, à grouper autour de lui, en leur inspirant son double amour passionné de l'Écriture et de la vie ascétique, un certain nombre de personnages appartenant à la haute société romaine, en particulier tout un groupe de dames et de jeunes filles [3]. Spectacle unique dans l'histoire du christianisme et moment trop vite écoulé ! Pendant quelques mois, Rome devait connaître l'union étroite du zèle pour la science et pour la vertu, dans des milieux livrés le plus souvent à la futilité et au plaisir. Des femmes, de frêles jeunes filles, habituées à toutes les délicatesses et aux raffinements du luxe de la décadence, ne connaissant que le parler

---

[1] « Igitur haec praesens praefatiuncula pollicetur quattuor tantum evangelia quorum ordo iste est Matthaeus Marcus Lucas Iohannes, codicum graecorum emendata conlatione sed veterum. »

[2] Sur la question de savoir si saint Jérôme a revisé le texte entier du Nouveau Testament, voir dans BLE, 1920, p. 270-292, mon article : *S. Jérôme et la Vulgate des Actes, des Épîtres et de l'Apocalypse* ; le problème sera repris dans le second volume de ce travail, ainsi que l'étude détaillée de ce travail de revision.

[3] Aucun Romain n'est mentionné dans la correspondance de 382-385, sauf les adversaires, mais les relations ultérieures avec Oceanus, Domnion et Rogatien supposent qu'elles étaient déjà établies alors. Quant à Pammachius, la reprise des relations en 393 vise seulement les souvenirs de jeunesse, au temps des études communes.

distingué de Rome et d'Athènes, s'appliqueraient à l'étude du rude idiome hébraïque pour mieux comprendre le livre divin et feraient de Jérôme leur maître en exégèse aussi bien que leur directeur spirituel, répondant, par un enthousiasme jamais attiédi, à la ferveur avec laquelle il avivait dans leur âme son double idéal !

Au premier rang de ces nobles femmes, se place une veuve, à la fois de grand bon sens et de haute intelligence, sachant en même temps bien diriger les affaires compliquées d'une maison patricienne et appliquer son esprit, avec la méthode la plus rigoureuse, à l'étude de la Bible[1]. C'est elle qui décida Jérôme à commencer son apostolat scripturaire[2]. Il a conservé lui-même[3] tout un livre d'épîtres à Marcella, comprenant seize lettres datant de cette époque et qui nous montrent en elle son élève de prédilection. Dix de ces lettres ont directement pour objet la Sainte Écriture. Elles permettent d'assister, pour ainsi dire, aux leçons quotidiennes de Jérôme. Elles initient à sa méthode et aux détails de son enseignement.

Marcella restée veuve de bonne heure habitait, avec sa mère Albina et la vierge Asella, le mont Aventin[4]. Autour d'elles s'étaient groupées un certain nombre de jeunes filles et de veuves faisant profession de vie monastique. Jérôme leur apprit à étudier

---

[1] Jérôme lui a consacré toute une lettre qui est son *epitaphium* (*Epist.* CXXVII, à Principia). Elle complète les nombreux renseignements épars dans les autres lettres et les préfaces.

[2] *Epist.* CXXVII, 7 : « Cum... verecunde nobilium feminarum oculos declinarem, ita egit, secundum Apostolum, *opportune*, *importune*, ut pudorem meum sua superaret industria. » — Paula et Eustochium, dans la lettre XLVI, 1, se reconnaissent ses disciples : « Non... magistram cupimus docere discipulae... tu quae prima scintillam nostro fomiti subiecisti, quae ad hoc studium nos et sermone hortata es et exemplis. »

[3] Les éditeurs ont dispersé ces lettres, à leur date, dans l'ensemble de la correspondance, mais saint Jérôme signale l'existence de ce recueil spécial au chapitre CXXXV du *De Viris*, dans sa propre notice (PL, XXIII, 717, A): « *Ad Marcellam epistularum liber unus.* » Il y est placé entre la lettre à Eustochium sur la virginité et l'épître consolatrice à Paula sur la mort de sa fille, et se rapporte par conséquent à ces années 383-384.

[4] *Epist.* XLVII, 3 : « A sancta Marcella, quae manet in Aventino »; et *Epist.* XLV, 2 : « Paene certe triennium cum eis vixi. Multa me virginum crebro turba circumdedit. Divinos libros, ut potui, nonnullis saepe disserui, lectio assiduitatem assiduitas familiaritatem familiaritas fiduciam fecerat. »

la Sainte Écriture [1]. Son enseignement semble avoir porté d'abord sur l'explication des psaumes, comme ayant l'utilité pratique la plus immédiate. Ne devaient-elles pas bien comprendre ce qu'elles chantaient tous les jours ? C'est tantôt au cours de ces leçons, tantôt après, en y réfléchissant, que Marcella, de vive voix ou le plus souvent par écrit, soumettait à Jérôme ses difficultés et ses demandes d'explication. Jérôme répondait par de courts billets, stimulant à son tour dans la recherche du vrai celle qu'il considérait comme la principale instigatrice de son ardeur au travail. Elle n'y apportait ni pédanterie, ni dilettantisme, mais, de l'aveu même de Jérôme, à qui ces demandes nécessitaient parfois des recherches ardues, un zèle passionné pour la connaissance de l'Écriture. Zèle récompensé, nous affirme-t-il, par la possession d'une réelle maîtrise. Quand Jérôme ne fut plus là, c'est à Marcella qu'il renvoyait certaines de ses correspondantes romaines pour la solution des difficultés [2]. Son amitié lui était d'ailleurs précieuse à plus d'un titre. Elle exerçait sur lui une influence bienfaisante, toute de modération, l'invitant, avec une discrétion persuasive, à dominer les impétuosités de son caractère et à émousser les saillies satiriques de sa plume [3].

Une première série de questions posées par Marcella porte sur

---

[1] La lettre XLV, fin, mentionne, outre celles dont il va être question, les Marcellae, Marcellina, Felicitas ; de Feliciana il est déjà parlé dans la lettre XXX, 4 : « Saluta Felicianam vere carnis et spiritus virginitate felicem. Saluta reliquum castitatis chorum et domesticam tuam ecclesiam. »

[2] *Epist.* LXV, 2, à Principia : « Habes ibi in studio Scripturarum et in sanctimonia mentis et corporis (magistras : *add.* Hilberg) Marcellam et Asellam, quarum altera te per prata virentia et varios divinorum voluminum flores ducat ad eum qui dicit in Cantico... »

[3] Cela résulte notamment de ce curieux passage de la lettre XXVII, 2 : « Scio te cum ista legeris, rugare frontem et libertatem rursum seminarium timere rixarum ac meum, si fieri potest, os digito velle comprimere, ne audeam dicere quae alii facere non erubescunt. » Sur son intimité avec Marcella et sa famille, voir, outre la lettre XLV, 7, à Asella, la lettre XXXII, 2: « Albinam communem matrem valere cupio.. eamque per te salutari obsecro et duplici pietatis officio focilari, quo in una atque eadem christiana simul diligatur et mater. » *Epist.* CXXVII, 8, à Principia : « In nostrum locum statim audivimus te illius adhaesisse consortio. » — Un texte sur Albina (*Epist.* XXIX, 7) donné par les éditions ordinaires est rejeté par M. Hilberg, comme n'existant pas dans les plus anciens manuscrits: « Mater communis si valeat gaudeo et ut valeat Dominum deprecor ». En effet, à la place qu'il occupe, il paraît bien en désaccord avec le contexte.

la vraie signification des termes hébreux laissés tels quels par les évangélistes, comme *Amen*, *Alleluia*, sur le sens des divers noms scripturaires de Dieu, sur le mot *diapsalma*. Une autre fois elle demande ce qu'il faut entendre par l'*éphod bad* et les *teraphim*, ou encore ce que veulent dire certaines expressions obscures comme *panis doloris*, *filii excussorum*. Jérôme répond brièvement, mais solidement. Il relève les erreurs de ses devanciers, commente le texte hébreu, rapproche les diverses versions en manifestant une préférence pour Aquila, dont il avait déjà vanté, à plusieurs reprises, le mérite au pape Damase [1]. Un détail prouve la haute estime que lui inspirent l'application et l'intelligence de Marcella. Il avait prêté à quelques-uns de ses élèves, — gens d'âge et haut placés, — le commentaire de Rheticius d'Autun sur le Cantique. A Marcella, qui le lui demande à son tour, il oppose un refus très net. Ce traité contient trop de rhétorique et pas assez de science: c'est trop inférieur pour elle qui doit laisser à d'autres, quels que soient leur âge et leur autorité, les ouvrages de second ordre. Elle peut aspirer plus haut [2]. Un autre jour, Marcella lui soumet les arguments scripturaires d'un montaniste en faveur de sa secte. Jérôme instruit Marcella, tout en l'assurant qu'elle connaît suffisamment elle-même l'Écriture pour réfuter ces erreurs. Il revient là-dessus dans une autre lettre que l'arrivée inopinée de quelques amis, auxquels il doit faire les honneurs de sa maisonnette [3], l'oblige à rendre courte, en réfutant l'opinion de

---

[1] *Epist.* XXV, XXVI, XXVIII, XXIX, XXXIV.

[2] *Epist.* XXXVII, 4 : « Frustra igitur a me eiusdem viri commentarios postulas, cum mihi in illis multo displiceant plura quam placeant. Quod si opposueris cur ceteris dederim, audies non omnes eodem vesci cibo. Iesus in deserto plures hordeaceis panibus pascit, triticeis pauciores... Neque vero eorum qui a me exemplaria acceperunt vel auctoritate vel aetate ducaris cum et Daniel senes iudicet et Amos pastor caprarum in sacerdotum principes invehatur. » Quelques années plus tôt, avant d'être initié sérieusement à l'étude de l'Écriture, Jérôme appréciait beaucoup plus favorablement l'œuvre de Rheticius : « (Commentarios) in quibus Canticum Canticorum sublimi ore disseruit » (*Epist.* V, 2).

[3] *Epist.* XLII, 3 : « Sed quoniam et amicis qui ad nostrum hospitiolum convenerant praesentiam nostram negare non possemus. » Nous ignorons où se trouvait cet *hospitiolum*. Certains en font une dépendance du palais de Marcella, sur l'Aventin; une opinion locale, signalée par M. Armellini, *Chiese di Roma*, p. 282-283, le met près de *S. Girolamo della Carità*, où se serait trouvée l'habitation de sainte Paule.

Novatien sur le péché contre le Saint-Esprit [1]. C'est à Marcella encore qu'il fait confidence de ses déboires au sujet de la traduction du Nouveau Testament et de sa propagande ascétique, tout en redoutant un peu qu'elle ne veuille lui imposer une attitude trop conciliante [2].

La lettre XXXII apporte les détails les plus curieux sur un côté peu connu de cette activité scientifique de Jérôme, dont les résultats seuls se manifestent çà et là dans ses écrits. Peut-être même éclaire-t-elle, en la complétant, l'information, déjà recueillie dans une lettre antérieure au pape Damase, sur ses relations avec la Synagogue. Jérôme est obligé d'écrire à Marcella plus brièvement que de coutume, non pas seulement parce que le courrier est là qui le presse, — ces courriers sont toujours impatients de partir, — mais parce qu'occupé à un travail important il ne peut dérober qu'une parcelle de son temps pour cette occupation accessoire. Quel peut donc être ce travail si considérable et si nécessaire qui interrompt même le commerce épistolaire ? « Il y a déjà assez longtemps, dit-il, que je compare avec les manuscrits hébreux l'édition d'Aquila pour voir si, par haine du Christ, la Synagogue n'a point fait de changement. Puisque je parle à un esprit ami, j'avouerai que j'y ai fait plus d'une trouvaille utile pour la confirmation de notre foi. Déjà les Prophètes, Salomon, le Psautier, les livres des Rois ont été soigneusement passés au crible. Actuellement, je m'occupe de l'Exode qu'ils appellent Elemoth. Je vais aborder le Lévitique... » Impossible donc d'interrompre le travail, mais, pour dédommager sa correspondante, Jérôme confiera au bien nommé Currentius, deux lettres récemment écrites à Paula et à Eustochium, qu'elle pourra recevoir comme adressées à elle-même.

III

Des dames romaines qui fréquentaient Marcella et venaient entendre sur l'Aventin les leçons de Jérôme, ces deux dernières seules, avec Blésilla, sœur d'Eustochium, nous fournissent l'oc-

---

[1] *Epist.* XLI, XLII.

[2] *Epist.* XXVII. Voir *supra*, p. 86, n. 3 et *infra*, p. 115.

casion d'ajouter quelque chose à ce que nous savons des travaux scripturaires de leur commun maître. Elles devaient plus que personne stimuler dans la suite son activité exégétique et vivre dans son intimité. Plus encore que Marcella, elles subirent, dès ce moment, son influence. Veuve depuis quelques années déjà, avec quatre filles et un fils, Paula [1] avait, à trente-trois ans, renoncé au luxe et au faste de la vie patricienne. Sans quitter sa maison, elle la transforma partiellement en une sorte de monastère où les esclaves mêmes s'associaient au genre de vie de leur maîtresse et formaient avec elle une église domestique fervente. Revêtue d'habits sombres et communs, elle partageait son temps entre les œuvres de charité, la prière et l'étude assidue de l'Écriture. Pauline, l'une de ses filles, épousa vers ce même temps l'ancien condisciple de Jérôme, le sénateur Pammachius; l'aînée, Blésilla, devenait veuve à vingt ans, après sept mois de mariage; la troisième, Eustochium ou Julia, quoique très jeune, ne songeait qu'à imiter le genre de vie de sa mère et à vouer à Dieu sa virginité; Ruffina n'était guère encore qu'une enfant, ainsi que le dernier-né Toxotius [2]. Eustochium ne quittait jamais sa mère et suivait assidûment avec elle les leçons de Jérôme. Elle possédait parfaitement le latin et le grec et se mit à l'étude de l'hébreu. Paula l'y devançait. Elle parvint assez vite à s'en rendre suffisamment maîtresse pour chanter les psaumes dans leur langue originale. Toutefois, elle était, semble-t-il, moins attirée que Marcella par l'étude scientifique du texte et plus portée à goûter les explications mystiques : c'est sur cet ordre d'idées qu'il insiste dans une des lettres qu'il lui adresse. Elle a pour objet le Psaume alphabétique CXVIII [3]. Paula lui avait demandé la signification des lettres hébraïques qui s'y trouvaient répétées au début des versets. Après quelques détails sur la poésie alphabétique chez les Hébreux et sur les textes où on la retrouve, Jérôme commente les leçons morales que suggèrent les phrases formées du groupement

[1] Lire son *Epitaphium*, adressé à sa fille Eustochium (*Epist.* CVIII).
[2] *Epist.* CVIII, 26.
[3] *Epist.* XXX.

par juxtaposition des noms caractérisant chaque lettre de l'alphabet. Ces mystérieuses et raffinées combinaisons le font exulter. On croirait, à le lire, entendre un écho attardé des exclamations satisfaites du pseudo-Barnabé, quand il vient de dévoiler à ses correspondants le mystère de sa gnose [1] :

« De grâce, quoi de plus sacré que ce mystère, quelle volupté plus agréable ? Quels mots, quel miel plus suave que de savourer la sagesse de Dieu, d'entrer dans ses sanctuaires, d'examiner la pensée du créateur et les paroles de ton maître que la sagesse de ce monde tourne en dérision, de les montrer pleines de sagesse spitituelle ? Ah! que les autres gardent leurs richesses, boivent dans des pierres précieuses, resplendissent dans la soie, se délectent aux applaudissements populaires et, variant leurs plaisirs, n'arrivent pas à épuiser leurs richesses : nos délices à nous sont de méditer sur la loi du Seigneur jour et nuit, de frapper à la porte qui n'est pas ouverte, de recevoir les pains de la Trinité et à la suite du Maître de marcher sur les flots du siècle. »

Ainsi, ardemment, par l'intermédiaire de ces nobles disciples, Jérôme appelait à l'étude de l'Écriture toutes les âmes de bonne volonté et poursuivait son apostolat intellectuel. C'est encore à Paula qu'il s'adresse pour faire parvenir aux oreilles du clergé romain, où il trouvait trop de mollesse et de torpeur pour le travail de l'esprit, son apologie et ses avertissements. On le critique, on le raille de tant travailler, mais il ne fait que suivre d'illustres exemples. Si la science profane peut vanter ses Chalcentère et ses Varron, aux travaux innombrables, le Christianisme a aussi des savants; il a cet infatigable Origène qui a trouvé le moyen d'écrire plus d'ouvrages que d'autres ne trouvent le temps d'en lire pendant toute leur vie. Jérôme dresse dans le détail le catalogue, si précieux pour nous, des livres du grand travailleur alexandrin [1].

« Mais, se demande-t-il tristement, en terminant et comme en faisant un retour sur lui-même, pour tant de sueurs, quelle récompense a-t-il reçue ? Une condamnation par Démétrius son évêque. A l'exception de

[1] *Epist.* XXX; sur Blésilla et l'Écriture, voir plus loin, p. 103-104.

[2] *Epist.* XXXIII, très importante à cause du double catalogue qu'elle contient, des écrits de Varron et d'Origène. L'édition HILBERG est seule complète, p. 253-259.

l'épiscopat de Palestine, d'Arabie, de Phénicie et d'Achaïe, tout l'univers confirme cette condamnation. Rome même réunit contre lui son Sénat, non point à cause de nouveautés dogmatiques, non point pour motif d'hérésie comme actuellement des chiens enragés font semblant de le penser, mais parce que la gloire de son éloquence et de sa science leur était insupportable, et que, dès qu'il parlait, tous paraissaient balbutier. Pourquoi je dicte ainsi, ajoute-t-il en terminant, à la lueur d'un pauvre lumignon, ces paroles plus rapides que prudentes, tu peux le comprendre si tu penses aux Épicure et aux Aristippe ! »

Qui eût dit alors qu'un jour viendrait où ce fervent panégyriste d'Origène s'estimerait obligé de jeter lui aussi sa pierre et contribuerait plus efficacement que personne à ruiner en Occident la réputation et l'influence de celui qu'il proclamait [1], en ce temps-là, le docteur par excellence des Églises, après les Apôtres ?

---

[1] « Origenem, quem, post Apostolos, Ecclesiarum magistrum nemo nisi imperitus negabit » (Préface du *Liber de Nominibus hebraicis*, datant de 389-392 ; PL, XXIII, 772). L'expression est de Didyme, comme l'indiquait saint Jérôme dès 381 (Préface de la traduction des homélies sur Jérémie et Ézéchiel ; PL, XXV, 583) : « Hominem, iuxta Didymi videntis sententiam, alterum post Apostolos (*var.* : Apostolum) ecclesiarum magistrum. »

CHAPITRE II

LA PROPAGANDE ASCÉTIQUE

I. L'*Adversus Helvidium.* — II. Léa, Asella, Presidius, Blésilla. — III. La lettre à Eustochium et l'éloge funèbre de Blésilla. — IV. L'opposition dans les milieux chrétiens. Départ définitif pour l'Orient.

I

Si vif que fût le zèle scripturaire de saint Jérôme, il allait seulement de pair avec la ferveur monastique et cette dernière forme d'apostolat n'était chez lui ni moins active, ni moins fructueuse que l'autre. Le solitaire de Chalcis n'avait point eu à introduire à Rome l'ascétisme. Des moines y vivaient déjà et des vierges chrétiennes en grand nombre. Cependant la capitale de l'empire restait encore très païenne, par les mœurs plus encore que par la religion officielle du Sénat, où saint Ambroise aurait tant de peine à obtenir, contre l'éloquence et les efforts de Symmaque, la disparition de l'autel de la Victoire (383). Le Christianisme semblait parfois s'y amollir. L'entrée en masse dans l'Église avait provoqué un certain fléchissement de l'austérité religieuse. L'exil de Libère, les luttes intestines qui avaient marqué les débuts de son successeur et l'instabilité de sa situation pendant quelques années, l'affluence des hérétiques et des sectes les plus diverses, contribuaient à entretenir une atmosphère peu favorable à l'épanouissement de la ferveur religieuse.

Monachisme ne signifiait d'ailleurs pas encore alors exclusivement soumission à une règle définie ou à un supérieur. La forme cénobitique si répandue en Orient n'apparaît pas comme déjà introduite à Rome. Aucune allusion n'y est faite dans les écrits de saint Jérôme à cette époque [1]. Ceux qui s'adonnaient à la

---

[1] Cependant la lettre XXIII signale la communauté groupée par Léa et la lettre XXIV sur Asella laisse supposer que d'autres groupes sont en formation.

vie parfaite faisaient profession de vie plus austère que celle du commun des chrétiens et particulièrement de renoncement au mariage. Aussi un singulier prestige rehaussait-il ceux qui s'affichaient ainsi séparés du monde, tout en continuant à y vivre et à le fréquenter; mais cette liberté et cette absence de règle uniforme de conduite n'allaient pas sans inconvénient. Elles créaient des défiances mutuelles entre le clergé, plus ou moins enclin aux compromissions mondaines, et les moines que leur profession d'austérité faisait aussi rechercher des grandes familles et des personnes pieuses. De plus, tous ceux qui portaient des vêtements sombres n'étaient pas des émules d'Antoine ou de Pacôme. Plus d'une chute retentissante, à Rome même, provoquait de temps en temps du scandale. Il y avait donc une certaine opposition sourde à ce genre de vie et l'on allait jusqu'à parler, à ce propos, de manichéisme [1]. C'est l'époque cependant où Augustin, présent à Rome pour quelques mois, — il n'eut point alors de relations avec Jérôme, — et encore attaché à la secte de Manès, commençait à voir clair dans ses ténèbres et à se rendre compte qu'il s'était fourvoyé. Jérôme n'était pas d'un tempérament à cacher ses convictions, au contraire. La faveur de Damase d'ailleurs lui était assurée. Il prit donc bien vite la tête du mouvement en faveur de l'ascétisme et n'eut pas de plus vif souci que celui d'encourager et de développer autour de lui la pratique du renoncement au monde et de la virginité.

L'occasion lui en fut bientôt offerte par une polémique, où de vives instances l'obligèrent enfin à prendre sa part. Jérôme avait d'abord été d'avis de ne pas intervenir, tellement l'adversaire lui paraissait peu redoutable [2]. Il craignait, en s'en occupant, de

---

[1] Sur cet état de choses, voir les renseignements fournis par saint Jérôme lui-même dans la lettre XXII, à Eustochium, l'*Adversus Helvidium* (PL, XXIII, 183), antérieur de quelques mois (383) et l'*Adversus Iovinianum* (PL, XXIII, 211) de 393. Quelque part qu'il faille faire à l'exagération dans ces peintures satiriques, on ne peut mettre en doute qu'elles ne contiennent une certaine vérité.

[2] *Advers. Helvid.*, I (PL, XXIII, 183-184). De l'étude des citations du Nouveau Testament il ressort que, pour les Évangiles, il y a des divergences notables, à

lui donner de l'importance. Nous sommes d'ailleurs mal renseignés sur les origines de cette polémique. Il semble qu'un moine bien intentionné, nommé Carterius, avait composé non sans maladresse une apologie de la vie monastique, où était citée en exemple la perpétuelle virginité de Marie [1]. Un laïque, disciple d'Auxence, l'évêque arien de Milan, qui s'appelait Helvidius et habitait Rome, prit à partie Carterius et riposta par un écrit où il entendait démontrer que Marie, vierge jusqu'à la naissance de Jésus, avait ensuite vécu selon la loi commune du mariage et eut de saint Joseph plusieurs enfants, garçons et filles. Helvidius protestait, en terminant, contre les éloges décernés à la virginité. Il prétendait que devant Dieu tous les états de vie se valent. Les saints mariés de l'Ancien Testament n'étaient pas inférieurs aux continents du Nouveau.

Il ne reste que de rares fragments de cet ouvrage, encore ne semblent-ils pas textuels et ressemblent-ils plutôt à une analyse qu'à des citations proprement dites [2]. Saint Jérôme, auquel nous les devons, affirme seulement qu'il suit l'ordre même d'Helvidius [3]. On peut d'autant plus hésiter à y voir un texte authentique que, selon lui, le style d'Helvidius était détestable. Jérôme ne flatte pas son adversaire : il le traite de rustique, d'homme qui n'a guère qu'un commencement dans les lettres, malgré ses prétentions ; il affirme que tout le traité est plein de fautes, il tourne en ridicule son exorde emprunté à la première Catilinaire : *O tempora, o mores* ! Bref, il ne tient pas à lui que nous n'ayons la plus médiocre idée du talent d'Helvidius. Gennadius, d'ailleurs si mo-

---

côté de textes identiques, avec la revision hiéronymienne, composée à cette époque. La variante la plus notable est LUC. I, 35 : « Quomodo erit hoc quia virum non *cognovi* » (*Ibid.*, IV ; 188, A), que l'on trouve une fois encore ailleurs dans saint Jérôme.

[1] Le nom est donné (*Advers. Helvid.*, XVI ; *Ibid.* 200, B), avec les variantes Cantherius, Carterius : « Non quaero eloquentiam quam, ipse non habens, in fratre Carterio requisisti. » Il paraît directement interpellé par Helvidius (III ; 185, B) : « Ecce, inquit, habes *desponsatam*, non *commendatam*, ut dicis. »

[2] On les trouve disséminés au cours de la réfutation de saint Jérôme. L'édition Migne les présente fort mal, par suite de l'insertion dans le texte des notes marginales, hors de leur place.

[3] Voir *Advers. Helvid.*, IV (PL, XXIII, 185, C et *passim*).

déré dans son jugement sur ce dernier, et qui parle même de son zèle pour la religion, est d'accord sur ce point avec Jérôme[1]. Toutefois, celui-ci, en bon polémiste, peut avoir exagéré. En tout cas, pour le fond lui-même, on aurait tort de considérer l'attaque comme négligeable. Il est possible qu'Helvidius n'ait pas tiré de son sujet tout le parti utile. Il n'en reste pas moins qu'il a dit l'essentiel. On n'a pas grand'chose à trouver après lui. Raisonnements et objections se succèdent, formant un tout, en somme bien composé, et qui, à première vue, ne laisse pas de faire impression.

C'est si vrai que les cercles où Jérôme fréquentait en furent particulièrement émus. Dans ces milieux où la vie ascétique et monastique était très haut prisée, le livre d'Helvidius fit scandale. Il en résulta un malaise que les haussements d'épaule de Jérôme ne suffisaient pas à dissiper. Aussi, à la fin, vaincu par l'importunité de ses amis, se décida-t-il à intervenir, et, comme il le dit, à porter la cognée à la racine de l'arbre mauvais[2]. On ne peut que s'en féliciter. Quelle que fût la valeur de l'attaque, la réplique était écrasante et Helvidius n'insista pas. La réponse, en effet, plus encore que l'attaque, avait le mérite d'épuiser presque le sujet. Jérôme commençait à recueillir les premiers fruits de ses longues veilles scripturaires. Dans un domaine où l'utilisation des textes était décisive, elles lui assuraient une supériorité qui devait être encore plus sensible aux contemporains qu'à nous-mêmes.

Il suit pas à pas l'adversaire à qui cependant l'Écriture paraissait faire la partie belle. Une étude serrée du texte en lui-même, dans son contexte et par comparaison avec les manières habituelles de s'exprimer en langage scripturaire, rétablit le véritable état de la question. L'honneur de la Vierge sans tache est vengé. Jérôme montre d'abord que les expressions *avant de se réunir* et

---

[1] *De Viris*, XXXII (PL, LVIII, 1077) : « Helvidius, Auxentii discipulus, Symmachi imitator (probablement de Symmaque l'ébionite, fait remarquer avec raison Schanz) scripsit, religionis quidem studio, sed non secundum scientiam, librum neque sermone neque ratione nitidum. »

[2] *Advers. Helvid.*, I (PL, XXIII, 183-184).

jusqu'à l'enfantement n'ont point une signification en soi défavorable et, par suite, qu'Helvidius doit renoncer à y chercher un argument. De même pour le mot *premier-né* qui, directement, visant l'offrande légale à faire au temple, signifie seulement l'enfant venant le premier au monde, dans une famille, sans rien préjuger des enfantements postérieurs possibles. Il est vrai que de nombreux textes parlent des *frères* de Jésus, mais ils n'ont pas plus de signification que ceux où il est parlé de ses *parents*, de son *père* Joseph. Si de l'aveu d'Helvidius, contraint même à imaginer une altération gratuite du texte grec, ces derniers ne signifient en aucune manière une paternité réelle à l'égard de Jésus, il doit convenir que les premiers n'ont de même aucune valeur décisive pour prouver une fraternité du même genre. Il s'agit de cousins du Sauveur, fils d'une Marie, sœur de la Vierge, non de la Vierge elle-même. L'usage de l'Écriture montre que le mot *frères* s'y entend soit de la fraternité naturelle, soit de la fraternité de nation, soit de la simple parenté, soit de l'affection spirituelle. Une seule hypothèse répond, dans le cas des frères de Jésus, à toutes les données : celle de la simple parenté. Que le nouvel Érostrate, dans sa fureur contre le temple divin qu'a été la Vierge Marie, cesse donc ses insultes ; l'Écriture ne témoigne pas en sa faveur. Il allègue aussi Tertullien et Victorin : mais le premier n'appartient pas à l'Église, le second se contente de parler, comme l'Écriture, des frères de Jésus, non des fils de Marie. La liste serait longue des Pères à invoquer en faveur de la Vierge [1].

Ayant ainsi mis en sûreté l'essentiel, c'est-à-dire démontré la perpétuelle virginité de la Mère de Jésus, Jérôme se donne libre carrière pour réfuter, d'une manière plus oratoire, la thèse subsidiaire sur l'égalité du mariage et de la virginité [2]. Qu'Helvidius n'essaie pas de prouver que la naissance de Jésus était en elle-même assez humiliante pour que sa thèse ne scandalise point. Il aurait pu y ajouter des détails plus humiliants encore. Il n'y a pas à en rougir, puisqu'ils attestent seulement un plus grand sacrifice,

---

[1] *Advers. Helvid.*, I-XVII (PL, XXIII, 183-202).
[2] *Advers. Helvid.*, XVIII-XX (PL, XXIII, 202-204).

un plus grand dévouement du Fils de Dieu. Mais il n'a pas le droit d'ajouter à l'Écriture. Il ne s'agit pas ici de possibilité. A ce compte on peut prêter à Joseph plusieurs femmes, et en faire les mères des frères de Jésus. Au contraire, la virginité de Marie a entraîné la virginité de Joseph: c'est la seule solution autorisée par le texte sacré qui ne connaît à Joseph qu'une seule épouse, la Vierge Marie. Jérôme respecte l'état de mariage et les Saints qui lui appartiennent dans l'Ancien Testament. Ils ont suivi la loi de leur temps. Mais depuis il y a eu l'Évangile et la promulgation d'une nouvelle doctrine [1]. Qui veut agréer pleinement à Dieu et le servir sans embarras doit renoncer aux tracas, aux distractions, aux occasions périlleuses qu'offre l'état conjugal. On ne s'y sanctifie que dans la mesure où l'on y prend l'esprit de l'état de virginité. Celui-ci assurément a ses transfuges et ses hypocrites. Mais qu'est-ce que cela prouve ? Jérôme termine [2] en s'excusant sur la «rhétorique» à laquelle il vient de se laisser un peu aller, mais il a pleine conscience d'avoir assuré le succès de la bonne cause. Tout ce qu'il lui reste à attendre ce sont des injures, non des raisons. Il s'en consolera aisément. La langue qui a insulté Marie cherchera à le déchirer; la faconde canine peut bien s'attaquer au serviteur, puisqu'elle s'est d'abord essayée sur la mère du Seigneur.

Cette appréciation de Jérôme sur son œuvre est parfaitement justifiée. Sa réplique est un traité fort remarquable. L'écrivain a le mérite de ne négliger aucun aspect de son sujet, d'aller au fond des choses, de mettre en relief les textes et les raisons décisives. Il aurait pu se contenter d'une fin de non-recevoir, il a compris que ce n'était point suffisant pour les âmes troublées. Aussi donne-t-il les explications les plus détaillées. L'abondance de son érudition scripturaire lui permet de mettre la preuve dans tout son jour,

---

[1] Il a raconté (*Epist.* CXXIII, 10), comme se rapportant à l'époque de son séjour à Rome, l'histoire de ce couple dont le mari avait enterré vingt femmes, et la femme eu vingt-deux maris. La foule amusée avait engagé des paris et fit un triomphe, lors des funérailles de la femme, au mari qui conduisait le deuil, fier de sa victoire en ce concours d'un genre inédit.

[2] *Advers. Helvid.*, XXI (PL, XXIII, 206, A): «Rhetoricati sumus et in morem declamatorum paululum lusimus. Tu nos, Helvidi, coegisti.»

de montrer que réellement il n'y a pas sophistication des textes, mais un raisonnement fondé et inattaquable. Il ne suffisait pas de réfuter l'objection. Il fallait y ajouter l'enseignement positif. De là, par exemple, les raisons développées pour justifier le mariage virginal de Joseph et de Marie [1]. Sa petite dissertation sur l'usage du mot *frères* dans l'Écriture, si bien ordonnée dans sa quadruple division et si bien documentée, ne laisse rien à désirer [2]. Chaque fois que le texte sacré offre une base d'argumentation, Jérôme s'y tient fermement et en tire merveilleusement profit. On ne saurait, sans injustice, lui dénier la vigueur et l'à-propos du raisonnement. Sans doute toutes ses préférences vont au commentaire, à l'accumulation appropriée des textes, mais s'il sait les mettre en valeur, il ne néglige pas, à l'occasion, l'argument de raison théologique. La manière dont il établit la virginité de saint Joseph, par exemple, montre qu'il n'est dépourvu ni de vigueur dialectique, ni de pénétration [3]. Avec cela circule partout un souffle de véritable piété, élevée et éclairée, qui a compris qu'attaquer la virginité perpétuelle de Marie, c'est déflorer le christianisme, dissiper quelque chose du parfum de sainteté qu'il répand à travers le monde, énerver l'un de ses principes les plus féconds de sanctification. Le sens chrétien qui en avait l'intuition, sans se l'être encore explicitement formulé, se trouvait pleinement satisfait par une telle défense. En dépit de toutes les subtilités et en respectant la dignité de l'état conjugal, il se rendait compte que c'était ravaler Marie et Jésus lui-même que de réduire sa mère à la loi commune et de lui donner comme unique ambition le souci d'être une honnête et féconde matrone.

Jérôme, dans sa brillante défense, n'était que son interprète bien inspiré. Il y a mis tout son talent avec tout son cœur, ses qualités de style et aussi ses défauts. S'il y a çà et là excès de rhétorique, si, à notre gré, l'auteur manque parfois de discrétion et de

---

[1] *Advers. Helvid.*, IV (PL, XXIII, 187).

[2] *Ibid.*, XI et suiv., surtout XIV (*Ibid.* 197).

[3] *Ibid.*, XIX (*Ibid.* 203, A B) : « Tu dicis Mariam virginem non permansisse, ego mihi plus vindico, etiam ipsum Joseph virginem fuisse per Mariam ut ex virginali coniugio virgo filius nasceretur. »

retenue dans la riposte et écrit des lignes que notre délicatesse effacerait volontiers, c'est que, Dieu merci, la Rome encore trop païenne du IVe siècle a emporté, en disparaissant, bien des souillures et fait place à une civilisation chrétienne où la pudeur a des susceptibilités alors inconnues. Il ne faut méconnaître ni la puissance du polémiste, ni la supériorité de l'écrivain. Il est toujours clair, vivant, entraînant, particulièrement à l'aise quand il s'agit de décrire un ridicule ou de tourner en dérision l'adversaire. Aucun artifice littéraire ne lui est inconnu et il sait à propos en user pour le triomphe de sa cause. Quelques lignes sur les vierges des tavernes, les clercs cabaretiers, les moines impudiques claquent comme autant de coups de fouet [1], prélude de polémiques qui ne tarderont guère et où Jérôme, sans craindre d'accumuler contre lui les haines tenaces, apparaîtra de plus en plus comme le champion redoutable de la sainteté chrétienne, particulièrement de l'ascétisme sacerdotal et monastique, contre toutes les lâchetés et les compromissions.

II

La correspondance avec Marcella lui fournit plus d'une fois l'occasion de revenir sur ces idées et de mettre en lumière cet idéal. Il le fait volontiers sous la forme d'éloges. Son remarquable talent descriptif s'y meut plus à l'aise et ils ont l'avantage de présenter vivante et concrète, dans un modèle connu et sympathique, la doctrine austère qu'il veut faire accepter. Un jour, c'est Léa, une sainte veuve, qui disparaît de ce monde presque en même temps qu'un consul désigné [2]. Quel contraste ! La femme du consul peut placer dans l'Olympe le païen que l'enfer a déjà réclamé; la vraie bienheureuse c'est Léa, magnifiquement récompensée des

---

[1] *Advers. Helvid.*, XXI (PL, XXIII, 205-206).

[2] *Epist.* XXIII. Il s'agit de Vettius Agorius Praetextatus, consul désigné pour 385 et mort en 384, après le 9 septembre. C'est lui qui disait en plaisantant au pape Damase : « Faites-moi évêque de Rome et j'embrasserai aussitôt le christianisme. » Le mot est rapporté par saint Jérôme (*Contra Iohann. Hierosol.* IX; PL, XXIII, 361, C). Voir sa notice dans SCHANZ, § 824 (t. IV, 1, p. 139-141). Il est encore question de lui dans la lettre XXXIX.

mortifications volontaires du veuvage qu'elle a passé dans ce monastère où elle lègue aux vierges, devenues ses filles, une belle leçon de détachement et de persévérance. Le surlendemain, c'est d'une vierge que Jérôme entretient Marcella[1], d'une vivante qui, près d'elle, depuis de longues années, donne l'exemple des vertus les plus hautes. Asella, bénie et consacrée à Dieu dès l'enfance, rejeta d'elle-même les hochets mondains et se revêtait à douze ans d'une sombre tunique pour attester à tous sa résolution de vivre exclusivement pour Dieu. Modèle merveilleux d'équilibre moral, elle est parvenue, saine de corps et d'esprit, au delà de la cinquantième année, aimable pour tous, à charge à personne, grâce à la modération parfaite qui règle toutes ses actions.

Jérôme ne cache pas son intention: une si séduisante peinture est faite pour la propagande. Sa lettre est destinée aux jeunes filles qui fréquentent Marcella[2]. Qu'elles voient dans la conduite d'Asella le modèle selon lequel elles doivent se représenter la vie parfaite. Mais il ne plaide pas seulement auprès des femmes la cause de l'ascétisme. Les hommes, les clercs ne sont pas oubliés. Les occasions les plus inattendues lui servent de prétexte pour entretenir ou allumer la flamme sacrée.

Qui s'attendrait, par exemple, à l'occasion d'une demande que lui adresse un diacre de Plaisance, Presidius, désireux d'avoir une composition sur le cierge pascal, à lire en réponse un chaud plaidoyer en faveur de la vie monastique[3]? Jérôme s'excuse d'abord

---

[1] *Epist.* XXIV. Il en résulte qu'il ne faut point prendre à la lettre ce qu'il dit ailleurs quand il présente Eustochium (*Epist.* XXII, 15) comme la première de la noblesse à avoir embrassé la vie monastique, surtout, si, comme on l'a dit, Asella est la propre sœur de Marcella. A plus forte raison faut-il écarter les exagérations tendant à présenter Eustochium comme à peu près seule à suivre fidèlement son idéal et ses obligations. Voir plus loin, p. 108, n. 2.

[2] *Epist.* XXIV, 1.

[3] Cette lettre est écrite, en 384, avant août, pendant une absence de Rome. Dom Morin a soutenu avec vigueur l'authenticité de cette lettre *ad Praesidium de cereo paschali*, rejetée au nombre des apocryphes (PL, XXX, 182-188). Voir son édition critique dans le *Bulletin d'ancienne littérature et d'archéologie chrétienne*, t. III, 1913, p. 54-58. Cependant l'authenticité ne me paraît plus tout à fait hors de conteste. Je ne vois pas qu'il faille absolument exclure l'hypothèse d'une sorte de centon. En dépit d'emprunts textuels, la phrase de la lettre ne me semble pas rendre parfaitement le son hiéronymien et il y a une certaine incohérence dans

de ne pouvoir envoyer à son correspondant le développement souhaité. Les niaiseries débitées sur le sujet aussi bien que le caractère anti-scripturaire de l'usage des cierges, lui font paraître la tâche au-dessus de ses forces. Puis il amorce brusquement et par une transition assez énigmatique, une exhortation très pressante à la fuite du monde et à la recherche de la vie solitaire. Aucun prétexte ne doit empêcher Presidius d'y donner suite. L'Évangile les a, par avance, tous anéantis. Ses fonctions diaconales elles-mêmes ne sont pas un obstacle ; il ne les exercerait à Rome, sous l'habit de moine, qu'avec les plus grands dangers pour son âme et au milieu de contradictions et de moqueries bien propres à troubler sa paix intérieure. Le satirique déploie ici toute sa verve pour décrire ces milieux ecclésiastiques et laïques relâchés où l'intrigue et la sensualité, la cupidité et la vanité créent des mœurs si opposées aux préceptes évangéliques. Que Presidius imite donc les spectacles qu'il a naguère contemplés dans ses pérégrinations en Égypte. C'est le paradis sur terre, l'affranchissement, au sein de privations volontaires, que la nécessité impose à bien d'autres. La vie est courte et se termine parfois tragiquement pour les plus grands de ce monde ; après Valentinien et Valens, Gratien a été, à son tour, il n'y a pas un an, emporté par une mort violente (août 383). Presidius hésiterait-il à accomplir ce dont de faibles femmes donnent l'exemple, abandonnant tout, les plus nobles et les plus riches leur fortune et même leurs enfants, pour faire ce qu'il juge si difficile et s'assurer le royaume des cieux ?

Nous ignorons le succès qu'eurent ces exhortations chaleureuses. A Rome, cet apostolat venait de faire une conquête retentissante. Blésilla, fille aînée de Paula, restée veuve à vingt ans, après sept mois à peine de mariage, s'était laissé pénétrer de l'atmosphère de ferveur ascétique où vivaient sa mère et ses sœurs. Jérôme cependant la trouvait encore trop tiède. Elle paraissait, à

---

le développement dont saint Jérôme n'est point coutumier. — Un diacre Presidius, devenu ensuite évêque, intervient plus tard dans la correspondance entre saint Jérôme et saint Augustin comme particulièrement cher au premier (*Epist.* CIII et CXI).

certains moments, hésiter, vouloir partager son cœur entre Dieu et le monde, n'avoir pas renoncé à demander au siècle de nouvelles consolations et se plaire au luxe et aux commodités de l'existence. Elle s'intéressait pourtant elle aussi aux études scripturaires. Jérôme en profitait, bravant l'hostilité de la parenté, même chrétienne [1], pour souligner les leçons et les avertissements capables de la fixer dans le bien absolu. Une auxiliaire inattendue vint hâter le dénouement. Une forte fièvre s'abattit sur Blésilla, la tint pendant trente jours entre la vie et la mort. On devine les angoisses de Paula et d'Eustochium, leurs instances et celles de Jérôme auprès de Dieu pour sa guérison, mais aussi auprès de Blésilla pour la déterminer à se donner toute à Lui. Le père spirituel avait alors beau jeu pour montrer l'impuissance de l'affection humaine en présence de la mort et mettre en garde contre les séductions terrestres [2]. Ses efforts furent couronnés de succès. Blésilla se releva guérie, mais décidée à ne vivre désormais que pour Jésus. En quelques semaines une transformation définitive s'était opérée. La jeune femme égalait maintenant en ferveur et en austérité les plus ardentes. Son zèle pour l'étude de la parole de Dieu devint incroyable. En peu de jours, elle triompha des difficultés de la langue hébraïque et, comme elle possédait parfaitement le latin et le grec, elle devint pour Jérôme une élève de choix, aussi docile à ses enseignements ascétiques qu'empressée à profiter de son exégèse [3]. Avec cet à-propos dans l'adaptation qui dénote un guide expérimenté, il choisit, pour fortifier les bonnes

---

[1] *Epist.* XXXIX, 7 (6, VALLARSI) : « Quod monui, quod hortatus sum, quod invidiam propinquorum ut salva esset excepi. » La lettre XXXVIII, 5, se fait l'écho de ces reproches de milieux chrétiens : « Nos quia serica veste non utimur, monachi iudicamur; quia ebrii non sumus nec cachinno ora dissolvimus, continentes vocamur et tristes; si tunica non canduerit, statim illud e trivio : impostor et graecus est. Cavillentur vafriora licet et pingui aqualiculo farsos circumferant homines : Blaesilla nostra ridebit nec dignabitur loquacium ranarum audire convicia. »

[2] *Epist.* XXXVIII, 2 : « Corpus paene iacebat exanime et anhelos artus mors vicina quatiebat. Ubi tunc erant auxilia propinquorum, ubi verba omni inaniora fumo ? Nihil tibi debet, o ingrata cognatio, quae mundo periit et Christo revixit. Qui christianus est gaudeat, qui irascitur non se esse indicat christianum. »

[3] Ces détails et d'autres non moins intéressants sont donnés par la lettre XXXVIII à Marcella et la lettre XXXIX, qui est l'éloge funèbre de Blésilla.

dispositions de Blésilla, le livre où l'Ecclésiaste redit son désenchantement et proclame que tout est vanité. Blésilla, docilement, suivait l'explication savante ouvrant la voie aux exhortations du maître intérieur. Elle manifesta bientôt le désir d'avoir, comme suite à ces leçons orales, un commentaire écrit qu'elle pût relire à son aise. Elle souhaitait même que Jérôme eût le temps de traduire pour elle tous les tomes d'Origène sur saint Matthieu, saint Luc et saint Jean [1].

III

Sa jeune sœur Eustochium, depuis longtemps consacrée à Dieu et en qui Jérôme aimait à voir les prémices de la noblesse romaine vouées à la virginité, lui donnait encore plus de consolation, puisqu'elle offrait à Jésus un cœur qui n'avait jamais été partagé. Mais cette situation privilégiée n'allait pas sans dangers. La vanité pouvait troubler cette tête jeune encore et ce cœur qui avait résisté aux séductions vainement essayées pour l'intéresser aux choses du monde et l'y enchaîner [2]. Aussi, désireux de faire au grand jour l'apologie de la vie religieuse mais plus encore de combattre les déviations qui se produisaient à Rome même et les scandales qui en étaient la triste conséquence, est-ce à Eustochium que Jérôme voulut adresser le long traité qu'il entendait consacrer à ce sujet [3].

Il ne cherche pas à exalter une fois de plus la virginité : assez d'autres l'ont fait déjà et il est inutile de nourrir une vanité qui

---

[1] *Prologus in Origenis homilias in Lucam* (PL, XXVI, 219, A) : « Illud quod olim Romae sancta Blaesilla flagitaverat ut XXV tomos illius in Matthaeum et V alios in Lucam et XXXII in Ioannem nostrae linguae traderem, nec virium mearum nec otii nec laboris est. » Pour l'Ecclésiaste, voir la préface du commentaire (PL, XXIII, 1009-1010) : « Memini me, ante hoc ferme quinquennium, cum adhuc essem Romae et Ecclesiasten sanctae Blaesillae legerem, ut eam ad contemptum istius saeculi provocarem et omne quod in mundo cerneret putaret esse pro nihilo, rogatum ab ea ut, in morem commentarioli, obscura quaeque dissererem, ut absque me posset intellegere quae legebat. » Il allait s'y mettre quand survint la mort de Blésilla.

[2] Lire l'anecdote concernant la tante d'Eustochium, Praetextata, dans la lettre CVII, 5, à Laeta.

[3] *Epist.* XXII, appelée *Libellus de virginitate servanda*, en 384.

n'a que trop d'aliments [1]. Il veut plutôt mettre en garde contre les périls et les chutes toujours possibles et d'autant plus fâcheuses qu'elles se produiront de plus haut. Il faut, dès le début, s'opposer aux passions si l'on veut parvenir à les maîtriser. Lui-même a passé par là et ne se rappelle pas sans effroi les terribles luttes qu'il eut à soutenir au désert, quand son imagination enflammée lui remettait sous les yeux les danses des jeunes romaines. En conséquence, s'abstenir du vin, fauteur de luxure et fuir toute gormandise. Éviter aussi la présomption de tant de vierges imprudentes qui finissent par devenir coupables, comme ces incorrigibles agapètes [2]. Qu'Eustochium s'abstienne des visites, des fréquentations douteuses et frivoles, qu'elle fuie les veuves mondaines et les clercs, clients assidus des matrones ; qu'elle s'entoure de compagnes adonnées comme elle à une existence de sainteté ; qu'elle vive à l'écart, dans la tempérance, assidue à la lecture des Livres Saints, cultivant la foi et l'amour céleste ! Qu'elle vive pour le Christ ! On ne déprécie pas le mariage, mais on cherche un bien meilleur, celui qui rapporte cent pour un. La gloire du mariage c'est d'avoir pour fruit la virginité. Les bénédictions de la loi nouvelle sont célestes et non plus terrestres ; les vierges sont la famille de Jésus sur la terre [3].

Pour mieux inculquer à Eustochium l'amour de son état, Jérôme lui rappelle les tracas et les peines de la vie conjugale. Il n'y insistera pas, se contentant de renvoyer à son livre récent contre Helvidius. Elle pourra le compléter par les écrits de Tertullien, de saint Cyprien, de Damase, d'Ambroise qui, dans l'opuscule dédié à sa sœur, a tout dit [4]. Qu'elle soit vigilante, réservée

---

[1] *Epist.* XXII, 2-3.

[2] On appelait de ce nom les vierges qui faisaient maison commune avec un clerc ou un moine.

[3] Vigilance, *Epist.* XXII, 4-5 ; tentations au désert, 7 ; vin et bonne chère, 8-11 ; présomption, 12-14 ; fréquentations, 15-17 ; occupations saintes, 18 ; attitude à l'égard du mariage, 19-22.

[4] *Epist.* XXII, 22 : « Ambrosius *noster* », qualificatif difficile à nuancer sauf pour ceux qui voient dans Marcellina, de la lettre XLV, 7, la sœur même de saint Ambroise. Ambroise avait assisté au concile romain de 382. L'attitude ultérieure de Jérôme lui est singulièrement moins sympathique. Voir la table (PL, XXX), au mot Ambroise.

dans ses paroles, se défiant des flatteurs; qu'elle se souvienne que Marie fut préférée à Marthe, se soucie de vivre dans le recueillement, les yeux fixés au ciel[1]. Elle doit aussi combattre la vaine gloire et ne pas ressembler à tant de vierges qui, pour se faire valoir, emploient mille artifices. Jérôme les décrit, comme il l'a fait plus haut pour les vierges mondaines, avec une verve n'épargnant aucun de leurs ridicules. Il met de nouveau Eustochium en garde contre les clercs de clientèle, les moines hypocrites, un Anthime, un Sophronius dont la fin lamentable a récemment causé du scandale, contre les prêtres mondains dont, au passage, il croque un type achevé. Qu'elle se défie ! le danger est partout. Qu'elle fuie les vierges vagabondes; qu'elle vive avec ses servantes[2]. Il lui recommande ensuite la simplicité chrétienne du langage. Elle n'a pas besoin de la littérature païenne. Jérôme qui l'a trop cultivée et au début de sa conversion, en Orient, y était encore trop attaché, en a été terriblement châtié dans un songe dont le souvenir le fait encore trembler de tous ses membres. Oh ! non, il n'a plus été depuis lors cicéronien, mais chrétien [3].

Les conseils pratiques s'accumulent, sur la fuite de l'avarice, le détachement évangélique, la manière discrète de faire l'aumône, à l'inverse de cette grande dame qu'il a vue un jour, à Saint-Pierre, au cours d'une distribution, ensanglanter la figure d'une pauvresse qui se présentait à elle pour la seconde fois[4]. Qu'elle mette en Dieu sa confiance, au lieu de thésauriser pour le lendemain, comme ce moine de Nitrie, près de qui l'on enterra la petite fortune qu'il avait laissée à sa mort, pour exciter chez les autres moines l'horreur d'une pareille pratique. Jérôme disserte à ce propos sur les diverses espèces de moines que l'on rencontre en Égypte, blâmant ceux qui vivent sans autre règle que leurs caprices et rappelant, avec les cénobites, les anachorètes dont Paul fut l'initiateur et Antoine le grand modèle[5]. Avec le détachement,

---

[1] *Epist.* XXII, 23-24.
[2] *Epist.* XXII, 25-28; ici, la description du *veredarius urbis*, 29.
[3] *Epist.* XXII, 29-30.
[4] *Epist.* XXII, 31-32.
[5] *Epist.* XXII, 33-36.

qu'Eustochium cultive la prière, qu'elle évite la médisance, la colère. « Propose-toi l'imitation de la Vierge Marie dont la pureté fut telle qu'elle a mérité d'être la mère de Dieu. » Quelle réserve dans la scène de l'Annonciation[1]! Eustochium aussi peut devenir mère de Dieu par sa fidélité. Grand labeur, mais grande récompense, devenir ce que sont les Martyrs, les Apôtres, le Christ lui-même ! Arrivé là, Jérôme laisse libre cours à son enthousiasme. On n'écrira rien de plus beau que ce chant final du triomphe de la virginité :

« Tout ce que j'ai exposé paraîtra dur à celle qui n'aime pas le Christ. Mais qui méprise avec saint Paul la pompe du monde répète avec lui : *Qui me séparera de la charité de Jésus-Christ ?* Lui s'est tant dévoué et a tant multiplié les preuves de son amour par ses sacrifices continus jusqu'à la croix où il prie encore pour ses bourreaux. « La seule réponse digne est de donner sang pour sang, et rachetés par le sang du Christ, de mourir volontiers pour lui ! » Tous les Saints ont ainsi souffert. « Rien n'est dur à qui aime, aucun labeur n'est pénible à qui est passionné. » Ainsi Jacob pour Rachel. « Aimons nous aussi le Christ. Ce qui est difficile nous paraîtra facile et bien court tout ce qui est long. » Paul a donné l'exemple. Quelle longue liste de souffrances endurées pour l'amour de Jésus ! C'est cette violence qui ouvre les Cieux ! Ah ! la douce pensée que celle de cette récompense ! Quel jour que celui où tu verras Marie la Mère de Dieu venir à ta rencontre en compagnie des chœurs des Vierges... alors Thècle se précipitera pour t'embrasser....; alors l'époux lui-même viendra te recevoir et te dira : *Lève-toi, viens*; alors les anges seront en admiration et diront : *Qui est celle-ci ?* »[2]

La description s'achève dans l'apothéose finale, au chant du cantique que seules les vierges peuvent chanter :

« Chaque fois que la vaine ambition essaiera de te charmer, chaque fois que quelque spectacle glorieux sur terre frappera tes regards, transporte-toi en esprit au paradis, commence à être ce que tu deviendras, entends l'époux te dire : Place-moi comme un rafraîchissement sur ton cœur, comme un cachet sur ton bras, le corps et l'âme ensemble mis

---

[1] *Epist.* XXII, 37-38.
[2] *Epist.* XXII, 39-41. Je résume le plus souvent avec quelques citations textuelles mises entre guillemets.

en défense redis : l'abondance des eaux ne pourra éteindre la charité, les fleuves ne la couvriront point [1]. »

C'est sur cette exhortation que s'achève cette lettre bien vite devenue célèbre et où Jérôme a déployé plus encore que son talent, sa puissance de persuasion et sa passion pour le bien. Certains contemporains en retinrent surtout les nombreux passages où l'auteur promène le fer rouge de sa verve mordante sur les désordres trop nombreux qui altéraient à Rome la pureté de la vie ascétique. Clercs cupides ou mondains, moines sensuels et vagabonds, vierges hypocrites ou vaniteuses se sentirent blessés au vif par des reproches que Jérôme n'avait en rien cherché à adoucir. Plus ils se rendaient compte de la vérité de ses critiques, plus ils se sentaient touchés, plus aussi ils protestaient au nom du respect dû à l'Église contre le satirique qui les exposait sans ménagement à la risée et à l'indignation publiques [2].

---

[1] *Epist.* XXII, fin.

[2] *Epist.* XXII, 13-14, 27-29, 32, 38; les matrones et les veuves mondaines n'étaient pas mieux traitées, par exemple *Epist.* XXII, 29. Il est incontestable qu'il y a des exagérations intolérables, comme XXII, 13: « Videas *plerasque*, viduas ante quam nuptas »; encore, n. 32: « plerasque videas armaria stipare vestibus. » L'impression laissée par ces descriptions est qu'en somme à peu près personne n'était fidèle à sa vocation; cfr n. 38: « Quod aliae simulant tu vere esse coepisti. » Il n'est donc pas étonnant que l'ouvrage ait soulevé des colères et des haines inexpiables. Saint Jérôme emporté par son esprit satirique et le désir de réagir, a été excessif : tous les chrétiens sont blâmés, les clercs comme les moines, les chrétiennes vivant dans le monde comme les religieuses. Aussi a-t-il pu écrire (*Epist.* LII, 17; en 394) : « Lapidato iam virginitatis libello. » La lettre XLIX, 18, semble affirmer le contraire, mais le contexte montre que le texte actuel est fautif et qu'il s'agit de l'opinion du seul pape Damase. Il n'a rien trouvé à redire à l'*Adversus Helvidium :* « In libro quoque ad Eustochium, multo duriora de nuptiis diximus et *nemo* super hac re laesus est; amator quippe castitatis praeconium pudicitiae intenta aure captabat. » *Nemo* doit évidemment être remplacé par *nullo modo*, sinon l'explication qui suit et qui se rapporte au seul Damase serait inintelligible. En fait, les colères soulevées par cet ouvrage rendirent à Jérôme la vie intenable à Rome dès que Damase ne fut plus là pour le protéger. Il ne fit rien d'ailleurs pour les apaiser, au contraire. Rufin (*Apol.* II, 5; PL, XXI, 587), écrit à ce sujet. « Libellum quemdam de conservanda virginitate, Romae positus, scripsit, quem libellum omnes pagani et inimici Dei, apostatae et persecutores et quicumque sunt qui christianum nomen odio habent certatim sibi describebant pro eo quod omnem ibi christianorum ordinem, omnem gradum, omnem professionem universamque pariter foedissimis exprobrationibus infamavit Ecclesiam et ea quae gentiles falso in hos conferre crimina putabantur iste vera esse, immo multo peiora a nostris geri quam illi criminabantur asseruit. »

Toutefois on aurait tort de donner à cet élément de critique la première place dans l'appréciation de ce remarquable traité. Il ne faut point perdre de vue que ce sont seulement des ombres destinées à mieux mettre en lumière les réalités décrites. Jérôme y apparaît comme un maître expérimenté de la vie spirituelle, un directeur prudent et ferme, sachant tour à tour faire appel au pathétique le plus intime et à la froide raison. Il tire merveilleusement parti des ressources que lui offre l'Écriture pour corroborer les leçons de l'expérience. Psychologue consommé, il ne se laisse illusionner par aucun prétexte et nul artifice ne le fera dévier de la droite voie. Il n'est point pour la mollesse. A la jeune patricienne de seize ans, il ne cache aucune des difficultés qui l'attendent, il ne dissimule aucun des sacrifices à consentir. Mais s'il s'étend longuement sur le chapitre des devoirs et des renoncements, il rappelle en temps opportun le grand mobile qui doit activer et enchanter sa vie. Rien ici du stoïcisme superbe et sec; pas de place pour cette virtuosité qui transparaît çà et là dans l'histoire du monachisme oriental et où le désir du nouveau, de l'inédit, du singulier, dans les prouesses ascétiques, paraît parfois primer les motifs surnaturels. La vierge sera à la hauteur de sa vocation, parce qu'elle aime celui qui l'a aimée jusqu'à mourir sur la croix, parce qu'elle aura pour devise le cri même de celui qui a tant aimé Jésus, de Paul, que rien ne peut séparer de la charité du Christ.

Aussi de cette lettre rien n'a vieilli : si le lettré y trouve un charme tout particulier, grâce à la vivacité des descriptions, à l'esprit incisif du satirique, à la fraîcheur et à la vie d'un style jamais alangui, toujours varié, le chrétien et l'ascète y relisent avec profit les plus sages conseils et les plus entraînantes exhortations. Même quand le développement porte davantage au rapprochement, on sent qu'il n'y a rien de commun entre les éloges profanes des vertus composés par les rhéteurs et cette exhortation inspirée par une vie spirituelle aussi profonde que raisonnée. Comme le précédent écrit à Héliodore, la lettre à Eustochium devait avoir une salutaire et durable influence sur la vie religieuse, non seulement alors, mais depuis, au plus grand profit de la sérieuse conduite chrétienne de la vie.

On retrouve ce même caractère d'austérité et de fermeté dans l'autre lettre qui nous est restée de la correspondance de Jérôme avec Eustochium à cette époque[1]. Même à propos de menus cadeaux qu'à l'occasion de la fête de saint Pierre la charmante jeune vierge a gracieusement envoyés à son père spirituel, —une corbeille de cerises entre autres,— Jérôme donne sa part à l'austérité. Il y trouve l'occasion de rappeler, avec la lettre précédente, les leçons graves qu'elle renferme. Trop de sévérité, dira Eustochium, et plus qu'il ne convient à une fête. La protestation ne le convainc point; la fête doit être surtout spirituelle, il faut que le repas laisse toujours assez dispos pour se livrer aussitôt après à la prière et à la lecture. Ainsi chacun est dans son rôle. Comme sa sœur Blésilla, Eustochium nous apparaît très sympathique, telle que nous la souhaitons, nullement guindée dans la dévotion, heureuse en un jour de fête de compléter la joie spirituelle par quelque délassement corporel, qui met en parfaite harmonie l'âme et le corps. Au service de Jésus dès son enfance, y ayant trouvé le vrai bonheur, comment ne serait-elle pas enjouée, aimable, prenant plaisir à d'innocentes distractions? Jérôme lui aussi est fidèle à lui-même. Dans cette maison où le luxe est, malgré tout, de rigueur, où une nombreuse domesticité s'empresse pour offrir ses services, où la présence de Ruffina qui se destine au mariage et celle de Toxotius, qui grandit pour hériter des charges paternelles, imposent des ménagements et, malgré la ferveur de Paula, ne sauraient transformer en monastère la demeure patricienne, il était bon que la voix qui avertit se fît entendre même importunément. Nous le savons par Jérôme; il y avait eu, à côté, et il y avait sans doute encore trop d'autres voix caressantes qui s'essayaient à faire naître dans le cœur d'Eustochium, avec des regrets, des désirs dont l'éveil possible alarmait le guide expérimenté. Mais la jeune vierge, forte de son amour pour l'Époux, n'avait point de peine à les mépriser [2].

Plus dure, excessive sans doute, mais constante avec elle-même,

---

[1] *Epist.* XXXI, fin juin 384. Elle fait allusion à la lettre XXII (*pristini libelli*).
[2] *Epist* CVII, 5; XXXVIII, 5; XXXIX, 2, 7.

nous apparaît la sévérité de Jérôme comme directeur spirituel, dans une autre circonstance, où cependant lui-même verse des larmes et a le cœur réellement brisé [1]. Blésilla ne survécut guère que trois mois à la conversion définitive [2]. Au moment où elle donnait les meilleures espérances et préparait aux siens les satisfactions les plus douces, elle était subitement ravie à leur amour. Au milieu de leurs sanglots et de leurs vains efforts pour la retenir, elle allait au ciel voir ce Jésus qu'elle n'avait pu servir ici-bas comme elle l'aurait voulu. Paula, sa mère, avait, malgré sa douleur, tenu à lui rendre les derniers devoirs; mais, au cours des funérailles, ses forces l'avaient trahie, elle était tombée inanimée et, pendant qu'on la rapportait privée de ses sens, la foule amassée sur le parcours exprimait à la fois sa pitié et son indignation : « N'est-ce pas, disait-on, ce que nous répétions si souvent ? Elle pleure sa fille tuée par les jeûnes et qui ne lui a point, par un second mariage, donné de petits enfants. Combien va-t-on attendre pour chasser de Rome la race détestable des moines, pour les lapider, pour les jeter à l'eau ? Ils ont séduit cette malheureuse matrone qui n'a certainement point voulu librement être moniale, car aucune femme païenne n'a jamais pleuré ainsi ses enfants [3]. »

Certes, cette douleur de Paula nous émeut jusqu'au fond des entrailles. Il nous plaît de voir que ces grandes dames romaines qui sacrifiaient tout au Christ n'étaient point des âmes sèches et orgueilleuses, mais de pauvres créatures humaines de chair et de sang. A les voir tendres à la douleur et essayant vainement de se raidir contre la nature, accablée par l'épreuve, à lire qu'une

---

[1] Préface au commentaire sur l'Ecclésiaste (PL, XXIII, 1000, C) : « Itaque quoniam in procinctu nostri operis subita morte subtracta est, et non meruimus, o Paula et Eustochium, talem vitae nostrae habere consortem, tantoque vulnere tunc percussus obmutui... »

[2] *Epist.* XXXIX, 3 : « Nunc vero cum propitio Christo, ante quattuor ferme menses, secundo quodam modo se propositi baptismo laverit et ita deinceps vixerit ut calcato mundo semper monasterium cogitarit » (on peut voir ici poindre la thèse identifiant l'effet des vœux religieux avec ceux du baptême). — *Epist.* XXIX, 7 : « Tantorum annorum (d'Anne la prophétesse) laborem ego in tribus mensibus consecuta sum. »

[3] *Epist.* XXXIX, 5.

Marcella s'est pâmée à l'annonce de la mort de son amie[1], que Paula s'est évanouie au moment de dire l'adieu suprême devant la tombe de sa fille, nous comprenons et apprécions mieux l'étendue de leur sacrifice. Loin d'en être diminuées, elles nous apparaissent grandies; mais nous les sentons aussi plus près de nous; humaines et divines, à l'image de leur Maître qui pleurait sur son ami Lazare mort, ou devant la veuve conduisant au tombeau son fils unique, et voulait chercher dans la prière, au milieu des affres de l'agonie, la force d'accepter le rude sacrifice qu'il allait affronter !

Mais Jérôme, lui, devait voir les choses autrement. Il laissa passer quelques jours, puis il prit prétexte de l'éloge funèbre de sa chère Blésilla, de cette enfant qui voyait en lui son vrai père selon l'esprit, pour reprocher avec une autorité accrue à la mère, toujours en pleurs, cette défaillance devant le sacrifice et le scandale que, disait-il, son attitude avait causé. Assurément il l'exagérait. Il importait, pour que la leçon portât ses fruits et pour le public qui la lirait aussi, qu'elle fût bien mise en relief. Mais peut-être trouvera-t-on, si éloquente qu'elle soit et si habile à utiliser les textes scripturaires, beaucoup trop longue et trop austère la lettre que Jérôme adresse à Paula sur ce sujet. Oui, dit-il, les larmes sont permises. Il y a pourtant une limite et elle est certainement dépassée. Tel est le résumé de cette mercuriale. Elle contient des phrases dures à l'excès et que seules les habitudes de rhétorique, qui ne devaient sans doute faire alors illusion à personne, peuvent excuser. Jérôme montre le diable exultant de voir une mère aussi affligée et méditant sa perte[2]. Il assure Paula qu'il ne parle pas pour l'effrayer mais comme s'il était au tribunal de Dieu. Ce sont des larmes détestables, pleines de sacrilège, d'une incrédulité débordante, ces larmes qui n'ont pas de mesure et conduisent aux portes du tombeau. A la fin ce-

---

[1] *Epist* XXIII, 1. Léa était morte peu de temps avant Blésilla : « Repente nobis nuntiatum est sanctissimam Leam exisse de corpore, ibique ita te palluisse conspexi ut vere aut pauca aut nulla sit anima quae fracto vase testaceo non tristis erumpat. Et tu quidem non quod futuri incerta esses dolebas sed quod tristi funeri obsequium non dedisses. »

[2] *Epist.* XXXIX, surtout 5-6.

pendant il s'adoucit et, par une heureuse inspiration, cède la parole à Blésilla elle-même, pour ramener la pauvre mère à de meilleurs sentiments [1]. Mais ce n'est pas sans lui prêter, au milieu de choses charmantes, quelques expressions que l'exquise sainte n'aurait certainement pas employées. La conclusion nous émeut à la fois et nous fait quelque peu sourire. Jérôme y prend l'engagement solennel d'assurer ici-bas, dans ses écrits, la survivance de Blésilla :

« C'est elle que ma langue redira, à elle que seront dédiés mes travaux, pour elle que se fatiguera mon esprit. Aucune de mes pages où ne retentira le nom de Blésilla; partout où les monuments de mon style parviendront, elle y arrivera elle aussi de compagnie avec mes petits livres. Sa courte vie sera compensée par l'éternité de sa mémoire. Elle qui vit au ciel avec le Christ vivra aussi sur les lèvres des hommes. Cette époque-ci passera, des siècles viendront ensuite qui jugeront sans amour et sans haine. Entre Paula et Eustochium Blésilla aura sa place. Jamais elle ne mourra grâce à mes livres. Elle m'entendra toujours causant avec sa sœur et avec sa mère [2]. »

Émouvantes paroles, malgré la pointe de rhétorique, parce que vraiment sincères. Elles promettaient ce qui s'est réalisé. On pardonne volontiers à Jérôme ce qu'il y avait de trop dur dans les pages qui les précèdent. S'il n'a pas tenu sa promesse autant qu'on pouvait s'y attendre après de pareilles déclarations, si le nom de Blésilla ne revient que rarement dans la suite sous sa plume [3], — et qui songerait à s'en étonner ? — il est bien vrai cependant, c'est grâce à lui que survit la jeune Romaine morte à la fleur de son âge, si touchante dans son veuvage prématuré et ses hésitations sur la voie de la sainteté, comme dans sa définitive et totale tradition au Christ.

IV

La lettre à Paula nous éclaire aussi sur l'âme même de Jérôme

---

[1] *Epist.* XXXIX, 7.

[2] *Ibid.*, 8.

[3] *In Ecclesiasten*, début (PL, XXIII, 1009); *Prologus in Origenis homilias in Lucam* (PL, XXVI, 220 A); *Epist.* LIV, 2, à Furia, sa belle-sœur; *Epist.* LXVI, éloge de Paulina, sa sœur, en une sorte de *post-scriptum*; *Epist.* CVIII, 4, éloge de Paula, sa mère.

et le lent travail qui s'y accomplissait. L'apostolat en faveur du monachisme et de la vie chrétienne sérieuse, tel que Jérôme le pratiquait, avec son idéal intransigeant et la vivacité outrancière de ses satires, n'allait pas sans provoquer des oppositions très âpres. Ici, il n'est fait allusion qu'à celle des païens et de la foule ignorante. Dans les cercles chrétiens aussi elle grandissait. Elle se combinait avec les attaques motivées par la nouvelle traduction des Évangiles. L'on était bien aise de décorer du beau nom de défense de la tradition et de la liberté chrétienne les revanches de l'amour-propre blessé ou des passions démasquées. A certaines heures, Jérôme en sentait lourdement le poids. La nostalgie du désert l'avait repris. Rome avec sa corruption et son désœuvrement, avec les tracas et les assujettissements inséparables de la vie citadine, les visites à recevoir ou à rendre, qui faisaient perdre un temps précieux, ces commérages et ces médisances, ces intrigues et ces jalousies, dont il était si difficile de se tenir à l'abri [1], lui apparaissait de plus en plus comme la grande Babylone qu'il fallait fuir.

Au début, il avait réagi avec vigueur contre les adversaires. Témoin cette lettre à Marcella [2] :

« Après ma lettre précédente où j'avais touché quelque chose des mots hébreux, on m'a rapporté que certains petits hommes m'attaquent vivement pour avoir essayé, contre l'autorité des anciens et l'opinion de tout l'univers, de faire des corrections aux évangiles. Je pourrais parfaitement les négliger, car « jouer de la lyre pour un âne est chose tout à fait superflue ». Toutefois pour éviter qu'ils ne m'accusent, selon leur habitude, de superbe, qu'ils apprennent que je n'ai pas été tout de même d'intelligence assez obtuse et d'assez épaisse rusticité, — en quoi ils mettent exclusivement la sainteté, quand ils se disent disciples des apôtres, comme s'ils étaient justes parce qu'ils ne savent rien — pour croire que dans les paroles du Seigneur il y eût rien à corriger ou qui ne fût divinement inspiré. Mais les manuscrits latins étant fautifs, ce que démontre la diversité des exemplaires, c'est aux originaux grecs sur lesquels, eux-mêmes ne le nient pas, ils ont été traduits, que j'ai voulu les ramener. Si l'eau de la source très pure leur déplaît, qu'ils boivent aux ruisseaux bourbeux. Ce souci qu'ils apportent à connaître

---

[1] *Epist.* XLIII, 2.
[2] *Epist.* XXVII.

les salives des oiseaux et les cavités des coquilles, qu'ils le rejettent pour la lecture des Écritures. Qu'en cela seulement ils pratiquent la simplicité; qu'ils estiment rustiques les paroles du Christ sur lesquelles depuis tant de siècles peinent les talents de si grands hommes, au point de conjecturer chacun plutôt le sens de chaque mot que de l'exprimer. Qu'ils accusent l'apôtre de maladresse, lui que sa grande culture fait traiter d'insensé.

«Je sais qu'en me lisant ton front se ride; tu redoutes que ma franchise ne soit encore une occasion de querelles. Tu voudrais, si c'était possible, de ton doigt me fermer la bouche pour que je n'ose point dire ce que les autres ne rougissent point de faire. Qu'ai-je dit de si libre ? Ai-je décrit les idoles ciselées sur les plats ou, dans un repas chrétien, sous des yeux virginaux, les embrassements des bacchantes et des satyres ? Quelqu'une a-t-elle été l'objet de paroles trop amères ? Ai-je regretté de voir des mendiants devenus riches ou les enterrements à héritage ? Malheureux ! je n'ai dit qu'une chose, c'est que les vierges doivent être plus souvent avec les femmes qu'avec les hommes ! J'ai offensé les regards de toute la ville : tous me montrent du doigt... et tu penses qu'après cela je vais encore parler ! Mais... revenons à nos ânons bipèdes. »

Et il en profitait, sous couleur de variantes à préférer, en certains passages de saint Paul, pour blâmer une fois de plus le relâchement [1].

On a vu également plus haut comment, à l'occasion de sa lettre sur Origène, Jérôme s'élevait en termes amers contre les Épicure et les Aristippe de son temps, ignorants et sensuels, qui trouvaient si importun cet austère travailleur. Son attitude était leur critique vivante. Un prêtre, qu'il appelle Onase, ayant eu la malencontreuse idée de se croire visé par les descriptions de saint Jérôme et de colporter çà et là ses doléances, apprit, à ses dépens, ce qu'il en coûtait de blâmer l'impitoyable censeur. Dans une lettre à Marcella [2], Jérôme a fixé pour la postérité ce type d'homme au nez ridiculement tronqué et aux paroles creuses, enflées comme des vessies, qui prend tragiquement pour lui tout ce que Jérôme trouve à blâmer. Après l'avoir agréablement se-

---

[1] *Epist.* XXVII, 3; cfr BLE, 1918, p. 318-320.

[2] *Epist.* XL. Il semble que le nom Onase soit un pseudonyme, car il ne justifie guère la phrase suivante d'où, le contexte le montre, l'ironie est absente (*Epist.* XL, 2) : « An ideo tibi bellus videris quia fausto vocaris nomine ? » La qualité de prêtre ressort de : « Volo in nummarios invehi sacerdotes, tu qui dives es, quid irasceris. »

coué, il lui donne un dernier conseil sur ce qu'il doit cacher s'il veut paraître beau et disert : qu'il dissimule son nez et sa langue. Assurément, la mansuétude et la patience n'étaient point les vertus préférées du verveux écrivain.

Toutefois, à certaines heures la tâche se faisait de plus en plus ingrate et la lassitude prédominait. Une fois Jérôme, sous l'empire de ces soucis auxquels cependant il tenait tête vaillamment, écrit à Marcella un éloge de la vie aux champs [1]. Comme il y ferait bon, loin de tout tracas et quel charme y auraient la prière et l'étude sacrée ! C'était le souvenir des heureux jours du désert qui le reprenait tout entier. Plus il allait, plus il trouvait d'écho à ses propres désirs dans le cœur de cette Paula, qu'il avait si virilement rudoyée. Elle aussi parlait d'aller au désert [2], de voir les lieux sanctifiés par la présence de Jésus et de s'y fixer, dégagée de tout souci des choses de ce monde. L'exemple de Mélanie l'entraînait irrésistiblement [3]. Ce fut bientôt chose décidée. L'annonce de ce prochain départ fit éclater l'orage. Le grand protecteur Damase n'était plus [4]. Jérôme que l'on portait autrefois aux nues et qui avait un moment paru tout désigné pour recueillir, avec le pontificat suprême, son héritage spirituel, ne trouvait pas auprès du nouveau pape, Sirice, la même faveur [5]. Ses ennemis s'enhardissaient d'autant. On le critiquait de toutes manières ; par allusions directes ou par insinuations cauteleuses, on essayait de le compromettre et de ruiner son œuvre. Ses relations étaient incriminées. Les plus modérés l'accusaient d'indiscrétion, lui reprochaient

---

[1] *Epist.* XLII, de date incertaine, en 385, d'après VALLARSI.

[2] *Epist.* XLV, 4-5. Il en est déjà question dans la lettre XXXIX, 5 (4, VALLARSI) : « Cum ad exemplum Abrahae cupias exire de terra tua et de cognatione tua ut, Chaldaeis et Mesopotamia derelictis, terram repromissionis introeas. » C'est sans doute en vue de ce départ qu'elle avait déjà disposé de sa fortune : « Cum omnem substantiolam aut pauperibus dilargita sis aut filiis ante mortem mundo mortua dederis. » Saint Jérôme fait remonter la première idée de ce départ au séjour de saint Épiphane et de saint Paulin à Rome (*Epist.* CVIII, 6).

[3] Elle avait quitté Rome, pour l'Orient, quelques années auparavant, laissant aux mains du préteur urbain son unique fils survivant, encore en bas âge.

[4] Il mourut le 11 décembre 384.

[5] Sur les relations entre saint Sirice et saint Jérôme, voir l'intéressante dissertation de Benoît XIV, dans sa lettre-préface au martyrologe romain : *Postquam intelleximus*, du 1er juillet 1748, n. 60-75.

une austérité inopportune. D'autres allaient beaucoup plus loin. Mis à la question, un accusateur dut rétracter d'infâmes calomnies [1].

Mais les adversaires ne désarmèrent point. L'on continuait à murmurer et à invectiver. Il semble même qu'il y eut alors une réunion ecclésiastique, soit officielle soit officieuse, où sa cause fut examinée et ne trouva aucun défenseur [2]. Cette attitude le décida au départ. Brusquement, en août 385, il mit à exécution son projet de quitter Rome pour toujours et de s'établir en Terre-Sainte. Au moment de s'embarquer, il traçait à la hâte pour la vierge Asella, celle que sa modération sympathique désignait comme l'arbitre naturelle de toutes les controverses, une longue lettre où il exhalait ses plaintes et ses reproches, tout en réfutant les injustes accusations qui le révoltaient [3]. Le document est trop révélateur pour ne point le transcrire ici presque en entier. Il semble que c'était une réponse à une lettre pleine d'affection qui avait consolé son cœur ulcéré :

«Si je croyais pouvoir vous être assez reconnaissant, je déraisonnerais. Dieu, à mon défaut, peut rendre à votre sainte âme ce qu'elle mérite. Je ne vaux pas et n'ai jamais pu ni penser ni souhaiter que vous m'accordiez tant d'affection dans le Christ. Certains peuvent me tenir pour un scélérat, couvert de tous les crimes, ce qui, en raison de mes péchés est bien peu, vous, vous avez raison, dans vos bonnes dispositions, de regarder comme bon même ce qui est mauvais. Il est périlleux de juger l'esclave étranger et le pardon ne sera pas facilement accordé à qui a mal parlé des justes. Il viendra, il viendra ce jour et vous regretterez avec moi qu'il y en ait tant à brûler.

« Moi criminel, moi hypocrite et fuyant, moi menteur et satanique trompeur ! Qu'y a-t-il de plus malicieux ? L'avoir cru, ou l'avoir inventé à l'égard d'innocents, ou s'être refusé à le croire pour les coupables ? Il y en avait qui me baisaient les mains et leur bouche de vipère m'atta-

---

[1] *Epist.* XLV, 2. Le texte est traduit plus loin : «Nihil mihi obicitur nisi sexus meus et hoc numquam obicitur nisi cum Hierosolyma Paula proficiscitur. Esto : crediderunt mentienti, cur non credunt neganti ? Idem est homo ipse qui fuerat. Fatetur insontem qui dudum noxium loquebatur et certe magis veritatem exprimunt tormenta quam risus, nisi quod facilius auditur quod aut fictum libenter auditur aut non fictum ut fingatur impellitur. »

[2] Voir note complémentaire G.

[3] *Epist.* XLV.

quait; leurs lèvres exprimaient la douleur, leur cœur était en joie; ils étaient vus du Seigneur qui les raillait et les réservait avec son pauvre serviteur à son futur jugement. Un autre calomniait ma démarche et mon rire; celui-ci se plaignait de ma physionomie; celle-là soupçonnait je ne sais quoi dans ma simplicité. J'ai vécu presque trois ans avec elles [1]. Souvent une foule de vierges m'a entouré; j'ai, comme j'ai pu, souvent expliqué les saints livres à quelques-unes; la lecture amenait l'assiduité, l'assiduité la familiarité, la familiarité la confiance. Qu'elles parlent. Ont-elles trouvé en moi d'autres sentiments que ceux qui conviennent à un chrétien ? Laquelle m'a fait accepter son argent ? Cadeaux grands et petits, ne les ai-je pas méprisés ? Ma main a-t-elle fait tinter la monnaie d'autrui ? Ai-je eu un langage équivoque, un regard provocant ? On ne me reproche que mon sexe et encore seulement quand Paula cherche à partir pour Jérusalem. Soit. On a cru au mensonge, pourquoi ne pas croire à la rétractation ? C'est le même homme : il reconnaît innocent celui que naguère il disait coupable. Assurément la vérité s'exprime plutôt dans la douleur que dans les rires, sauf que l'on croit plus facilement l'invention qui fait plaisir ou celle que l'on pousse soi-même à se produire.

« Avant que je connusse la maison de sainte Paula, toute la ville était d'accord pour me chérir; au jugement presque unanime, j'étais estimé digne du souverain pontificat. Damase, de bienheureuse mémoire, m'avait toujours sur les lèvres; j'étais appelé humble et disert. Suis-je entré dans une maison relâchée ? Est-ce que les vêtements de soie, les gemmes brillantes, les visages fardés ou la recherche de l'or m'ont attiré ? Il n'y a eu de matrone à Rome qui ait pu dompter mon âme, que celle qui était dans l'affliction et le jeûne, d'une tenue négligée, presque aveugle à force de pleurer, qui passait des nuits entières à implorer la miséricorde de Dieu et s'y trouvait souvent encore quand se levait le soleil, qui ne chantait que les Psaumes, ne parlait que de l'Évangile, n'avait plaisir qu'à la continence, ne vivait que pour jeûner. Aucune autre n'a pu me plaire que celle que je n'ai jamais vue manger. Quand, à cause de sa sainteté, j'ai commencé à la vénérer, à la cultiver, à l'honorer, aussitôt toutes mes vertus m'ont abandonné.

« O envie qui se déchire d'abord elle-même ! O artifice de Satan qui s'attaque toujours à la sainteté ! Aucune autre n'a fait parler à Rome si ce n'est Paula et Mélanie qui, méprisant les richesses, abandonnant leurs enfants, ont dressé la croix du Seigneur comme un étendard de la piété. Si elles avaient fréquenté Baïes, recherché les parfums, regardé les

[1] Le texte porte *eis*, qui est ambigu. Le contexte semble indiquer qu'il faut traduire *elles* et non pas *eux*, c'est-à-dire celles qui avaient donné occasion à la calomnie.

richesses et la viduité comme une occasion favorable pour le luxe et la liberté, on les appellerait dames et saintes. Maintenant c'est au sac et à la poussière qu'elles demandent la beauté; elles veulent affronter les feux de la géhenne dans le jeûne et la vie grossière... Si des païens blâmaient ce genre de vie ou des Juifs, on aurait la consolation de ne point plaire à ceux qui déplaisent au Christ; mais, quel sacrilège ! ce sont des chrétiennes qui les attaquent ! »

Et après de violentes invectives, à l'adresse de ses adversaires, il conclut :

« Voilà ce qu'au moment de m'embarquer, en hâte, dans les larmes et la douleur, j'écris, en remerciant Dieu d'être digne que le monde me haïsse. Priez pour que je retourne de Babylone à Jérusalem, que je ne sois point sous la puissance de Nabuchodonosor mais de Jésus, fils de Josedec, qu'Esdras dont le nom signifie aide vienne et me ramène dans ma patrie. J'étais sot de vouloir chanter le cantique du Seigneur sur une terre étrangère et, délaissant le mont Sion, d'aller chercher du secours en Égypte. J'oubliais l'Évangile où celui qui sort de Jérusalem tombe aussitôt sur des larrons, est dépouillé, blessé, tué. Le prêtre peut tromper, le lévite aussi, mais il y a le Samaritain miséricordieux, celui à qui l'on disait : « *Tu es un Samaritain et possédé du démon.* » Il repoussait le démon, mais ne refusait pas d'être Samaritain... Plusieurs colportent que je suis malfaisant; le serviteur reconnaît là un titre de foi; les Juifs traitaient de magicien mon maître; l'apôtre a aussi été appelé séducteur. Je n'ai été l'objet que d'une tentation humaine; quelle part d'angoisses ai-je eu à souffrir, moi qui combats sous la Croix ? On a mis en avant l'infamie d'une fausse accusation, mais je sais que par la bonne et la mauvaise renommée on parvient au royaume des cieux.

« Saluez Paula et Eustochium; que le monde le veuille ou non, elles sont miennes dans le Christ. Saluez Albine la mère et les sœurs Marcelle [1], Marcelline aussi et sainte Félicité et dites-leur : nous serons

---

[1] *Epist.* XLV, 7 : « Saluta matrem Albinam sororesque Marcellas, Marcellinamque quoque et sanctam Felicitatem. » Le latin est ambigu; on peut traduire : 1) « saluez votre mère et vos sœurs », ou 2) « saluez ma mère et mes sœurs » (au sens spirituel, d'après l'expression analogue de la lettre XXXII, 2 : « Albinam communem matrem valere cupio... eamque per te salutari obsecro »), ou 3) « saluez Albine la mère et les sœurs Marcelle ». La question de la parenté d'Asella et de Marcella est controversée. Il serait étrange, si elles étaient sœurs, qu'Asella ne soit pas toujours associée à Albina dans les salutations de Jérôme, comme par exemple *Epist.* XXXII, 2, et aussi qu'il ne mentionne qu'une sœur d'Asella (*Epist.* XXIV, 4) : « Sororem virginem », ce qui semble devoir se traduire : « une sœur ayant elle aussi choisi l'état de virginité », et par suite exclurait Marcella, qui était veuve. Celle-ci d'ailleurs avait aussi une sœur du même nom, d'après la lettre XLV, 7 : « sororesque Marcellas ».

présents au tribunal du Christ; là apparaîtra dans quel esprit chacun aura vécu. Souvenez-vous de moi, modèle insigne de chasteté et de virginité, et apaisez les flots de la mer par vos prières. »

Ainsi sans doute dans l'âme de Jérôme les flots d'indignation et de colère soulevés par la sottise ou la malignité s'apaisaient-ils dans la prière, tandis que, laissant Ostie, il voguait vers la haute mer, entouré de son jeune frère Paulinien, de son ami le prêtre Vincent et de quelques autres moines décidés à s'établir avec lui en Terre-Sainte. Sur le rivage, un nombreux cortège, venu avec lui de Rome, s'attardait à l'accompagner de ses vœux [2], avant de regagner « Babylone », endeuillé par la tristesse de ce départ qui ne laissait aucun espoir de retour.

---

[1] *Apol.* III, 22 (PL, XXIII, 473, B): «Mense Augusto, flantibus etesiis, cum sancto Vincentio presbytero et adolescente fratre et aliis monachis, qui nunc Hierosolymae commorantur, navim in Romano portu securus ascendi, maxima me sanctorum frequentia prosequente. »

LIVRE III

LES PREMIÈRES ANNÉES A BETHLÉEM

(385-402)

CHAPITRE I

L'ÉTABLISSEMENT A BETHLÉEM

(385-392)

I. Le voyage à travers la Palestine et l'Égypte. — II. Les monastères de Bethléem. — III. Nouveaux travaux : la *Vita Malchi* et la *Vita Hilarionis*. — IV. Le traité sur le Saint-Esprit de Didyme et le Commentaire sur l'Ecclésiaste. — V. Les Commentaires sur saint Paul. — VI. Travaux divers sur l'Écriture. Revision des Septante et traduction sur l'hébreu. Commentaires sur les petits Prophètes. Le *De Viris illustribus*.

I

Le bateau qui portait Jérôme fit quelque temps escale dans le détroit de Messine, puis au lieu de se diriger sur Alexandrie, cingla vers les Cyclades et les îles Ioniennes pour aborder à Chypre où le voyageur reçut l'hospitalité de saint Épiphane. De là Jérôme se rendit à Antioche [1]. Il y passa quelques jours auprès de l'évêque Paulin et d'Evagrius. Pendant ce temps Paula avait, elle aussi, avec sa fille Eustochium et quelques autres moniales, quitté Rome pour l'Orient. Elle rejoignit Jérôme à Salamine chez saint Épiphane ou à Antioche [2]. En plein hiver, malgré la rigueur

[1] *Apol.* III, 22 (PL, XXIII, 473, BC) : « Veni Rhegium, in Scyllae littore paululum steti; cumque mihi accolae illius loci multa narrarent, darentque consilium ut non ad Protei columnas sed ad Ionae portum navigarem, illum enim fugientium et turbatorum hunc securi hominis esse cursum, malui per Maleas et Cycladas Cyprum pergere. »

[2] *Epist.* CVIII, 6-14, où sont donnés ces détails sur le voyage de Paula. Je ne fais que résumer le récit. Il n'est pas affirmé que saint Jérôme et Paula aient voyagé ensemble à partir d'Antioche, mais cela résulte avec certitude du rapprochement des deux textes suivants, *Apol.* III, 22 (PL, XXIII, 473 C) : « Ubi (à Chypre) susceptus a venerabili episcopo Epiphanio,... veni Antiochiam, ubi fruitus sum communione pontificis confessorisque Paulini, et deductus ab eo *media hieme* et frigore gravissimo, intravi Hierosolymam. » — *Epist.* CVIII, 7 :

de la saison, on organisa une caravane que Paulin lui-même voulut mettre en route, et l'on commença le pèlerinage vers la Ville Sainte. L'itinéraire suivi longeait la côte de la Syrie et de la Palestine. On peut se représenter facilement à l'aide de la *Peregrinatio* de la Pseudo-Silvie ce pieux voyage. A chaque étape on s'arrêtait pour s'informer des monuments sacrés ou profanes à visiter; on relisait les passages correspondants de la Bible, on vénérait les églises, et on laissait des aumônes aux sanctuaires ou au clergé, empressé à recevoir avec honneur les pèlerins. Jérôme apportait à cette exploration la piété ardente de l'ascète, mais aussi la curiosité toujours en éveil du bibliste. Sa mémoire prodigieuse le servait admirablement. Il pouvait à la fois intéresser la caravane par les souvenirs de ses lectures et lui-même profiter excellemment de tout ce qu'il voyait. Il est probable que dès ce premier voyage, il s'assura le concours des hommes les mieux au courant de ce qui concernait leur pays. En tout cas, en cette occasion ou plus tard, ce fut en compagnie des plus savants rabbins, qu'il explora la Terre-Sainte et se rendit compte par lui-même des sites, des mœurs et des traditions encore vivantes dans les diverses localités [1].

On descendit ainsi par Béryte, Sidon, Tyr, Acco-Ptolémaïs vers la plaine de Mageddo où Jonathas fut tué. On visita le pays des Philistins, les ruines de Dor et l'ancienne tour de Straton,

---

« Transfretavit Seleuciam, de qua ascendens Antiochiam, sancti confessorisque Paulini modicum caritate detenta, *media hieme*, calente ardore fidei, femina nobilis, quae prius eunuchorum manibus portabatur, asello sedens profecta est. » Jérôme déclare ensuite qu'il n'a pas l'intention de décrire tout le voyage et qu'il s'en tiendra aux localités mentionnées dans l'Écriture : « Omitto Syriae Coeles et Phoenicis iter, — neque enim odoeporicum eius disposui scribere, — ea tantum loca nominabo quae sacris voluminibus continentur. » Au n. 14, il termine par : « Huc usque iter eius descriptum sit quod multis virginibus et filia comite peragravit. »

[1] *Praefatio in librum Paralipomenon iuxta LXX interpretes* (PL, XXIX, 401, A): « Quomodo Graecorum historias magis intellegunt qui Athenas viderint et tertium Virgilii librum qui a Troade per Leucaten et Acroceraunia ad Siciliam et inde ad ostia Tiberis navigaverint, ita sanctam Scripturam lucidius intuebitur qui Iudaeam oculis contemplatus est et antiquarum urbium memorias locorumque vel eadem vocabula vel mutata cognoverit. Unde et nobis curae fuit cum eruditissimis hebraeorum hunc laborem subire ut circumiremus provinciam quam universae Ecclesiae Christi sonant » (avant 393).

appelée Césarée en l'honneur d'Auguste. Les pèlerins y vénérèrent la maison de Cornelius le Centurion et celle de Philippe le Diacre avec les chambres de ses quatre filles les prophétesses. De là ils passèrent à Antipatris à demi ruinée, puis à Lydda-Diospolis et, circulant dans le pays environnant, parcoururent Arimathie, Nob la ville sacerdotale, Joppé, Emmaüs, Nicopolis, Bethoron, Gabaa pour arriver à Jérusalem [1]. Les souvenirs de l'Ancien et du Nouveau Testament revivaient en foule et s'éclairaient par le spectacle même des lieux où s'étaient accomplis les événements racontés. Que dire de Jérusalem! Avec quelle dévotion Jérôme et ses compagnons allaient de sanctuaire en sanctuaire ! Après avoir adoré la croix du Seigneur, ils prièrent au Saint-Sépulcre et à l'église de la Résurrection. Ils vénérèrent la grotte de Gethsémani et le mont des Oliviers, le portique où l'on montrait encore une colonne rougie du sang du Sauveur, le Cénacle, toutes les places où s'attachait un vestige de la vie et de l'enseignement du Christ. Jérôme y vit de ses yeux les merveilles dont il avait seulement jusqu'alors entendu parler [2]. Puis l'on se remit en marche pour Bethléem et la grotte où Marie avait enfanté. Paula songeait dès lors à s'y établir définitivement. Une excursion prolongée les amena ensuite jusqu'à Gaza, puis à Hébron et à Segor. Ils revinrent alors vers Béthanie et, par Jéricho, arrivèrent jusqu'au Jourdain. Ils remontèrent vers la Samarie et la Galilée, passant par Sichem et Sébaste, s'arrêtèrent à Nazareth, à Cana, à Capharnaüm et, traversant le lac de Tibériade, visitèrent le désert où Jésus s'était retiré. Ils gravirent enfin le Thabor d'où la vue s'étendait jusqu'à l'Hermon et sur toute la vaste plaine de la Galilée. Ces spectacles se gravaient en traits ineffaçables dans l'imagination de Jérôme, en même temps qu'ils le pénétraient d'une intense émotion [3].

---

[1] *Epist.* CVIII, 8.

[2] *Apol.* III, 22 (PL, XXIII, 473, C) : « Intravi Hierosolymam, vidi multa miracula et quae prius ad me fama pertulerat, oculorum iudicio comprobavi. » — La lettre CVIII, 9, donne les détails sur le séjour de Paula dans la Ville sainte. Il est évident d'après ce texte, que, contrairement à ce que certains affirment, saint Jérôme n'avait point encore visité Jérusalem.

[3] *Epist.* CVIII, 10-13. Là Jérôme s'attarde à décrire assez longuement les sentiments de Paula, en présence de la grotte de Bethléem. Puis il contin ue, au n. 11

Un autre voyage conduisit toute la caravane en Égypte. Paula y apportait d'abondantes aumônes pour les moines, dispersés sur cette terre bénie de l'ascétisme. Jérôme visita avec elle les divers monastères de Nitrie. Tout en admirant le spectacle des hautes vertus qui s'y manifestaient, il remarqua aussi, affirma-t-il plus tard, les discordes qui déjà brouillaient ces communautés, où des caractères et des éducations si différentes venant se confondre ne pouvaient manquer de se heurter parfois violemment [1]. Le fruit le plus sérieux qu'il retira de ce voyage fut celui de son bref séjour à Alexandrie, auprès du célèbre aveugle Didyme, l'exégète le plus en vue du moment. Jérôme pénétra dans son intimité et l'interrogea abondamment sur l'Écriture. Il le considéra dès lors, au moins jusqu'à la controverse origéniste, comme son maître, au même titre que Grégoire de Nazianze. Didyme d'ailleurs lui témoigna son amitié en lui dédiant plusieurs ouvrages : trois livres de commentaires sur Osée et cinq autres sur Zacharie [2]. L'on était ainsi arrivé (été 386) aux fortes chaleurs qui rendaient insupportable le séjour en Égypte [3]. Jérôme et Paula s'embarquèrent à Péluse pour Maiuma et de là gagnèrent Bethléem où ils avaient décidé de se fixer définitivement [4]. C'est sans doute

---

le récit du voyage par Gaza. Dans l'*Apol.* III, 22 (PL, XXIII, 473, C), il omet tout cela pour passer à l'Égypte, mais ajoute ensuite : « Vidi famosissimum lacum nec me inerti tradidi otio sed multa didici quae ante nesciebam. » Ici il fait évidemment allusion non plus seulement à ses voyages, mais à ses travaux sédentaires.

[1] Il vise rétrospectivement l'origénisme, mais qu'il y ait fait alors réflexion c'est bien improbable (*Apol.* III, 22 ; PL, XXIII, 473, C) : « Inde contendi Aegyptum, lustravi monasteria Nitriae et inter sanctorum choros aspides latere perspexi. » Dans la lettre CVIII, 14, il mentionne avec le vénérable évêque Isidore, des foules innombrables de moines, accourus au-devant de Paula, dont de nombreux prêtres, les Macaire, les Arsène, les Sérapion.

[2] Sur les rapports avec Didyme, voir note complémentaire R.

[3] A ce voyage en Égypte se rapporte l'anecdote racontée dans la lettre CXXV, 13 : « Dicam et aliud quod in Aegypto viderim », sur un jeune moine tenté et son abbé.

[4] *Epist.* CVIII, 14 : « Propter ferventissimos aestus de Pelusio Maiumam navigatione perveniens tanta volocitate reversa est ut avem putares. » L'*Apol.* III, 22 (PL, 473, C) dit seulement : « Protinus concito gradu Bethleem meam reversus sum. » La lettre XLVI, écrite par saint Jérôme à Marcella, au nom de Paula et d'Eustochium, donne au n. 10-12 comme un résumé de ce voyage (sauf l'Égypte).

un peu plus tard que Jérôme fit une excursion jusqu'à la mer Morte.

A plusieurs reprises, surtout aux premiers temps de son séjour, il revisita à loisir les Saints-Lieux [1]. Parmi ces voyages à but scientifique les plus importants furent assurément ceux qui le conduisirent plus d'une fois à la Bibliothèque de Césarée où la pieuse sollicitude de Pamphile, d'Eusèbe, puis d'Acace et d'Euzoios, ses successeurs dans l'épiscopat, avait recueilli avec soin et entretenu l'héritage littéraire du grand Origène. Jérôme ne se contenta pas de regarder ou d'examiner les précieux manuscrits. Dans la mesure de ses ressources, il fit transcrire, pour son usage personnel, le plus possible des écrits du savant docteur. En particulier il collationna l'exemplaire unique des Hexaples auquel d'ailleurs, en cas de difficulté, il ne manquait pas de recourir directement. De ces fréquentations devait lui venir le plus clair de son érudition biblique et ecclésiastique [2].

II

Rentré à Bethléem, dans l'été de 386, Jérôme se contenta d'abord d'une installation provisoire. Le temps nécessaire pour achever les constructions définitives dura trois ans. Ce fut donc seulement en 389 qu'il prit possession du monastère des hommes que Paula avait fait bâtir, en même temps que son propre monastère et une hôtellerie pour les pèlerins « afin que Marie et Joseph ne fussent plus sans abri [3]. » Ces bâtiments n'étaient pas contigus.

---

[1] Cfr p. 124, note 1 ; *In Nahum*, préface (PL, XXV, 1232, A): « Cum Elcesi usque hodie in Galilaea viculus sit, parvus quidem et vix ruinis veterum aedificiorum indicans vestigia, sed tamen notus Iudaeis et mihi quoque a circumducente monstratus. » — Saint Jérôme a particulièrement noté le spectacle que leur offrit à Sébaste de Samarie le tombeau de saint Jean-Baptiste (*Epist.* CVIII, 13) : « Ubi multis intremuit (Paula) mirabilibus, namque cernebat daemones variis mugire cruciatibus et ante sepulcra sanctorum ululare homines luporum vocibus, latrare canum, fremere leonum, sibilare serpentum, mugire taurorum, alios rotare caput et post tergum terram vertice tangere suspensisque pede feminis vestes non defluere in faciem. »

[2] Voir note complémentaire H.

[3] Saint Jérôme en a fixé l'emplacement dans l'*Onomasticon* (s.v. Bethleem ; édit. KLOSTERMAN, p. 45) : « Sed et propter eandem Bethleem regis quondam Iudaeae Archelai tumulus ostenditur qui semitae ad cellulas nostras e via publica divertentis principium est. » — *Contra Iohan. Hierosol.* XLII (PL, XXIII, 394, A):

Le monastère des femmes, subdivisé en trois habitations analogues, correspondant aux trois classes de religieuses, groupées d'après leur rang social, bien que soumises à la même discipline, était situé près de l'église, sur l'un des côtés. L'hôtellerie se trouvait sur la route, s'offrant d'elle-même à l'étranger. Le monastère des hommes était à une certaine distance de l'église. Le chemin qui y conduisait quittait la voie principale à un endroit où un tombeau rappelait le souvenir d'Archélaüs, fils d'Hérode et roi de Judée [1].

C'est là que désormais, en dehors des voyages que l'on vient de rappeler, et des visites à Jérusalem, se passeront les longues années, toutes de labeur et de piété, que Jérôme avait encore à vivre. Chaque monastère était indépendant. Paula dirigeait celui des religieuses, Jérôme celui des hommes. Chacun avait son oratoire particulier, mais le dimanche [2], c'était à l'église même de la Na-

« Ex quo tempore usque in praesentem diem, videmus tantum specum domini et haereticis intrantibus procul positi suspiramus. » — *Epist.* CVIII, 14 : « Nec multo post in sancta Bethleem mansura perpetuo, angusto per triennium mansit hospitiolo, donec exstrueret cellulas ac monasteria et diversorium peregrinorum iuxta viam conderet, quia Maria et Ioseph hospitium non invenerant. » — Pour le monastère des femmes, la lettre CVIII, 20, indique qu'il était près de l'église de la Nativité : « Die tantum dominico ad Ecclesiam procedebant, ex cuius habitabant latere. » Aussi pendant la maladie de Paula, Eustochium allait-elle sans cesse de la chambre de sa mère à la grotte (*Epist.* CVIII, 27) : « Inter iacentem matrem et specum domini discurrit. » Cfr SCHIWIETZ, *Das morgenländische Mönchtum*, t. II, 2e partie, § 16-18, p. 178-186.

[1] Il semble que saint Jérôme soit le seul à mentionner ce monument. Archélaüs étant mort en exil à Vienne, faut-il penser que sa dépouille mortelle fut rapportée en Palestine ou était-ce seulement un cénotaphe ? On a placé en différents endroits le monastère de saint Jérôme, récemment là où des fouilles ont amené la découverte d'une nécropole, aux citernes de David. Mais il ne faut pas oublier qu'à Bethléem il y a eu d'autres monastères que celui de Jérôme. Tel par exemple, celui de Cassien et celui où vécurent Palladius et Posidonius. Il est vrai que souvent l'on n'avait affaire qu'à des cellules isolées. Quant à la grotte dite de saint Jérôme, rien dans ses œuvres n'appuie l'identification assez tardive à laquelle elle doit son nom. Voir les renvois de la table au mot Jérôme dans H. VINCENT et F. M. ABEL, *Bethléem*, Paris, 1914.

[2] *Epist.* CVIII, 20 : « Post virorum monasterium, quod viris tradiderat (Paula) gubernandum, plures virgines quas e diversis provinciis congregarat, tam nobiles quam medii et infimi generis, in tres turmas monasteriaque divisit, ita dumtaxat ut, in opere et cibo separatae, psalmodiis et orationibus iungerentur... Die tantum dominico ad ecclesiam procedebant ex cuius habitabant latere et unumquodque agmen matrem propriam sequebatur atque inde pariter revertentes

tivité qu'avaient lieu les réunions, en commun avec le peuple de Bethléem, sous la présidence du clergé local. L'évêque de Jérusalem et ses clercs venaient plus d'une fois pendant l'année célébrer les fêtes et rehausser de leur présence les cérémonies. Il s'ensuivait des rapports fréquents avec les Latins installés à Bethléem, en particulier avec saint Jérôme. Au temps dont il s'agit, l'évêque était un moine encore jeune qui avait succédé à saint Cyrille, après avoir vécu dans son entourage. Il s'appelait Jean. A Jérusalem même il entretenait d'excellentes relations avec Rufin, dont le monastère était bâti sur les pentes du mont des Oliviers. Mélanie habitait non loin de là. Jérôme et Paula n'avaient eu qu'à les imiter, lorsqu'ils construisirent à Bethléem l'hospice pour les pèlerins. La charité de leurs amis hiérosolymitains était célèbre dans tout le monde romain. Aussi étaient-ils l'objet d'une grande vénération. Nous n'avons d'ailleurs que des allusions fugitives aux rapports qui ne manquèrent pas de s'établir entre le groupe de Bethléem et celui du mont des Oliviers. Si Jérôme et Paula tinrent à leur indépendance et le marquèrent, en s'établissant près de la crèche du Sauveur et non dans la cité de David, auprès de leurs amis, il est certain cependant qu'il y eut d'abord entre eux une vraie cordialité et un échange habituel de services [1].

---

instabant operi destricto. » Voir aussi la lettre CXLVII, ad Sabinianum lapsum. Pour le monastère des hommes, les renseignements sont surtout donnés à l'occasion du conflit avec Jean de Jérusalem et de l'ordination de Paulinien. Il en sera question plus loin. Au temps où Eustochium était supérieure (après 404), il y avait cinquante religieuses (PALLADIUS, *Histor. Laus.* XLI; édit. BUTLER, p. 128; PG, XXXIV, 1233, D).

[1] L'opinion contraire est courante. On fait remarquer que Jérôme ne parle jamais de Rufin dans ses lettres de Bethléem, jusqu'à la controverse origéniste. Mais ce silence remonte jusqu'à l'année 375, où la lettre V est la dernière à mentionner Rufin. Or la *Chronique*, de 381, fait de lui le plus magnifique éloge (Cfr *supra*, p. 34, n. 1). De 385 à 393, c'est-à-dire jusqu'au moment où apparaissent les premiers désaccords, nous n'avons aucune lettre, sauf probablement celle de Paula et d'Eustochium à Marcella (*Epist.* XLVI), puis celle à Desiderius (*Epist.* XLVII), en 393. D'autre part les relations littéraires et, peut-on dire, commerciales, attestées par Rufin, entre les deux monastères (*Apol.* II, 8; PL, XXI, 591-592) supposent une certaine intimité. Après avoir parlé de ses moines qui copient pour Jérôme des manuscrits de Cicéron, Rufin ajoute : « Mihi quoque ipsi aliquando, cum de Bethleem Hierosolymam venisset et codicem secum detulisset in quo erat unus dialogus Ciceronis et idem ipse graecus Platonis, quod dederit

III

Pour ces premières années (386-392), il ne nous reste presque rien de la correspondance de saint Jérôme [1]. Ce n'en fut pas moins une période d'intense activité littéraire. En même temps il achevait de se préparer à ce qui devait être l'œuvre principale de sa vie, par l'étude approfondie de la langue hébraïque et la lecture assidue des écrivains chrétiens, surtout d'Origène. L'opuscule par lequel Jérôme fit comme sa rentrée dans la carrière d'écrivain, semble bien, à en juger par la préface, la *Vie du moine Malchus le captif* [2]. On y sent gronder encore l'indignation à l'égard des adversaires d'hier qui l'ont forcé à se réfugier si loin, dans la retraite absolue, mais on y devine aussi ce qui donnait dès lors sa vraie tonalité à son existence, la satisfaction intime de la conscience, la joie paisible dans la possession du bonheur rêvé, à la poursuite d'un idéal qui l'enchantait toujours davantage. En dépit des allusions qui vont revenir presque continuellement, dans ses préfaces, aux chiens qui aboient après lui, aux ennemis qui le harcèlent, Jérôme est dans la période la plus sereine et la plus ensoleillée de son existence.

Cette *Vita Malchi*, par le sujet et par la manière de le traiter, se rattache étroitement à la *Vita Pauli*. Elle est, comme celle-ci, une œuvre de brillante rhétorique, un de ces récits destinés à enchanter les imaginations pieuses, à enthousiasmer les cœurs pour la vie ascétique. C'est un tract de propagande en même temps qu'un essai par lequel saint Jérôme se dérouille la plume,

---

ipsum codicem et aliquando fuerit apud me, nullo genere negare potest.» Au surplus, un texte de saint Jérôme trop peu remarqué dirime définitivement la question; il écrit à propos de l'épisode d'Atarbius (en 393 probablement) : « Nonne ille (Atarbius) est qui et me haereticum ex tuis amicitiis iudicabat? » *Apol.* III, 33 (PL, XXIII, 481, C D). — Palladius, *Hist. Laus.* XLVI (édit. Butler, p. 134, 136; PG, XXXIV, 1225, A, 1226, A B).

[1] On ne peut guère y rapporter que la lettre XLVI, écrite par Jérôme à Marcella au nom de Paula et d'Eustochium, pour l'inviter à venir à Bethléem. Voir plus loin, p. 165-167.

[2] *Vita Malchi, monachi captivi* (PL, XXIII, 53-60, A). A la prière de Messieurs de Port-Royal, La Fontaine en a donné une adaptation en vers, intéressante, quoi qu'en disent certains critiques : *La captivité de saint Malc* (*Œuvres*, Collection des Grands Écrivains de la France, t. VI, p. 275 et suiv.).

en vue d'un ouvrage plus considérable dont le dessein le préoccupe. Il ne pense plus seulement à l'*Histoire de son temps*, qu'il annonçait dans la préface de la *Chronique*; il projette maintenant de décrire l'établissement et la propagation du christianisme jusqu'à son époque :

« Ceux qui vont entreprendre un combat naval, écrit-il[1], tout d'abord, au port et sur la mer calme, manient les gouvernails, tirent les rames, préparent les grappins et les harpons, habituent les soldats rangés sur les ponts, malgré l'instabilité de la marche et le glissement des pieds, à rester fermes, de sorte qu'instruits dans ce simulacre de combat, ils n'aient point peur dans la vraie bataille. Ainsi moi qui me suis tu longtemps, — car celui-là m'a forcé au silence à qui mon discours était un supplice, — je veux d'abord m'exercer en un petit travail et comme faire disparaître la rouille de ma langue, pour en venir ensuite à la grande histoire. Car j'ai le dessein, si pourtant Dieu me donne vie, et si mes détracteurs cessent, du moins maintenant que je suis fugitif et reclus, de me poursuivre, d'écrire, depuis la venue du Sauveur jusqu'à notre époque, c'est-à-dire depuis les apôtres jusqu'à la lie de notre temps, comment et par qui l'Église a pris naissance, a grandi, a crû dans les persécutions, s'est auréolée du martyre, puis quand l'ère des princes chrétiens est venue, comment elle s'est développée en puissance et en richesses, mais a diminué en vertus. »

Jérôme entre aussitôt dans le sujet, narrant avec force détails pittoresques et effets dramatiques la merveilleuse histoire que lui a racontée à lui-même le héros, ce moine Malchus, échappé comme par miracle, avec une compagne d'esclavage qu'il a été forcé de prendre nominalement pour femme, aux Bédouins qui les avaient enlevés lors d'une razzia. Jérôme les avait jadis connus tous deux, du temps de son séjour chez Evagrius, Zacharie et Elisabeth sans Jean-Baptiste, filant ensemble les derniers jours de leur sainte vieillesse, au hameau de Maronia, propriété de son ami. Les dernières lignes de ce conte édifiant [2] en résumaient la leçon :

« Voilà ce que le vieillard Malchus m'a rapporté dans ma jeunesse. Voilà ce qu'à mon tour, vieillard, je vous raconte. A vous chastes, j'ai fait un récit de chasteté. Vierges, je vous exhorte à rester pures. Vous,

---

[1] *Vita Malchi*, 1 (PL, XXIII, 53, B C).

[2] *Ibid.*, 10 (*Ibid.* 60, A B).

racontez-le à ceux qui viendront ensuite. Ils sauront que, parmi les glaives, dans le désert et au milieu des fauves, la pudicité n'est jamais captive et qu'un homme voué au Christ peut bien mourir mais jamais être vaincu.»

Le projet d'Histoire Ecclésiastique resta à l'état de rêve, sans doute parce que dès lors la tâche scripturaire absorbait de plus en plus l'activité et les pensées du grand travailleur. Dans le genre historique, il ne composera plus qu'une fresque, par où encore il veut servir la cause de l'ascétisme. Saint Épiphane l'avait mis en relations suivies avec le monastère de Besanduc (Bekos Habacuc), situé dans le diocèse voisin d'Éleuthéropolis, où il avait débuté comme moine et, à cette occasion, fréquenté saint Hilarion. La figure de ce fondateur, dont la légende avait déjà idéalisé la vie et multiplié les prodiges, mais qui, cependant, avait laissé des souvenirs précis à ses disciples dont beaucoup existaient encore, parut à Jérôme une excellente matière pour sa plume [1]. S'inspirant de la courte biographie déjà composée par saint Épiphane, et des souvenirs oraux qu'il put recueillir, prenant aussi pour modèles ces récits de pérégrinations d'hommes célèbres ou de personnages imaginaires, que connaissait déjà la littérature profane et dont les Actes apocryphes des apôtres offraient une réplique chrétienne, il retraça d'une main aisée et allègre, les principaux épisodes de la vie d'Hilarion, quelques-uns de ses miracles les plus connus et la série de ses voyages. Ils l'avaient conduit tour à tour de la Palestine en Égypte, puis en Sicile et de là en Dalmatie, toujours poursuivi et finalement reconnu, par quelque disciple, désespéré de sa disparition. Hilarion achevait enfin sa vie, féconde en prodiges d'ordre spirituel ou temporel, dans une solitude de Chypre, d'où un cortège triomphal avait ramené sa dépouille à son premier monastère de Gaza.

Jérôme profitait de l'occasion pour revenir, dans sa préface [2], sur l'historicité de la vie de Paul de Thèbes et la défendre :

« Il est si grand le héros dont j'ai à raconter la carrière et la vie qu'un

---

[1] *Vita S. Hilarionis* (PL, XXIII, 29-54); traduction française par M. DE LABRIOLLE, dans *Science et Religion*, n. 436.

[2] *Ibid.*, prologue (*Ibid.* 29, A-C).

Homère même serait jaloux de la matière ou ploierait sous son ouvrage. Il est vrai, saint Épiphane, évêque de Salamine en Chypre, qui a beaucoup vécu avec saint Hilarion, a fait son éloge dans une courte épître, bien connue, mais autre chose sont des lieux communs sur un mort, autre chose le récit de ses vertus propres. Aussi est-ce plutôt avec ses encouragements qu'à son détriment que, prenant en mains l'œuvre qu'il a commencée, nous méprisons les voix injurieuses. Ils ont autrefois dénigré mon Paul, peut-être dénigreront-ils maintenant Hilarion, reprochant à l'un sa solitude, à l'autre ses déplacements. L'un toujours caché s'est vu dénier l'existence, l'autre connu de beaucoup sera tenu pour vulgaire. Ainsi ont agi leurs ancêtres les Pharisiens, à qui le désert et le jeûne de Jean-Baptiste, comme les foules, le manger et le boire du Sauveur étaient également déplaisants. Mais je m'appliquerai à mon entreprise et passerai, l'oreille close, parmi les chiens de Scylla [1]. »

Il faut en prendre son parti : désormais rares seront les préfaces où Jérôme se dispensera de faire allusion à ses ennemis littéraires. Qui étaient-ils au juste ? Habitaient-ils Rome ou aussi l'Orient ? Pour cette époque nous sommes dans l'incertitude. Même lorsqu'il lui arrivera de les désigner plus clairement par des sobriquets, le plus souvent, il nous faudra renoncer à identifier ces contemporains, masqués d'un nom historique, emprunté aux Histoires de Salluste ou aux prologues de Térence [2]. On voit d'ailleurs, et sur ce point l'âge ne fera que confirmer ou même renforcer la vigueur de l'expression, que Jérôme n'entendait pas leur laisser le monopole de l'invective. Divers noms d'oiseaux, ceux des reptiles et des quadrupèdes domestiques ou sauvages lui fournissent un répertoire abondant pour stigmatiser leur hostilité et caractériser leurs manœuvres [3]. Ces métaphores zoologiques accusent d'elles-mêmes l'amplification dont il faut toujours tenir compte dans la polémique hiéronymienne. L'on aurait tort de prendre pour renseignements strictement historiques ces développements acrimonieux.

---

[1] Les chiens de Scylla sont une allusion à la fable mythologique sur la fille de Phorcus, métamorphosée par Circé en un monstre marin entouré d'une meute de chiens hurlants.

[2] Calpurnius Lanarius, Luscius Lanuvinus, etc.

[3] Voir note complémentaire P.

IV

Jérôme en donne une nouvelle preuve dans la préface écrite pour une œuvre [1] commencée à Rome et que son brusque départ avait interrompue. Mécontent du traité de saint Ambroise sur le Saint-Esprit, il avait projeté de remonter de ces minces filets d'eau à la source plantureuse, en traduisant l'ouvrage de Didyme l'Aveugle sur le même sujet. Damase l'avait fort encouragé à faire ce travail et devait en recevoir la dédicace [2]. Mais il était mort et Jérôme avait depuis lors quitté Rome. L'émotion de ce départ précipité lui remonte au cœur lorsque, plusieurs années après, reprenant la plume, il achève cette traduction et la dédie à son jeune frère Paulinien. Sa préface ne déguise rien de l'amertume que lui ont laissée les souvenirs romains. On verra aussi que sa critique littéraire ne connaissait guère les ménagements et ce que signifiait au fond la phrase énigmatique qu'il consacrera bientôt à saint Ambroise, dans son catalogue des écrivains chrétiens : « Ambroise, évêque de Milan, continue d'écrire; comme il est encore en vie, je m'abstiendrai de formuler un jugement, pour éviter de me voir reprocher soit flatterie soit vérité [3]. »

« Quand j'étais à Babylone [4], écrit-il à Paulinien, serf de la courtisane vêtue de pourpre, et vivant selon la loi des Quirites, j'ai voulu babiller sur l'Esprit-Saint et dédier l'opuscule commencé au Pontife de cette ville. Et voici que la marmite de Jérémie... se mit à bouillonner, le sénat des Pharisiens à pousser des clameurs... et comme si le signal de la lutte pour les doctrines était donné contre moi, toute la faction de l'ignorance s'est conjurée. Aussitôt comme revenant d'exil, je suis rentré à Jéru-

---

[1] *Liber Didymi de Spiritu Sancto* (PL, XXIII, 101-154; préface, 101-104).

[2] Dans la préface, il est dit (*Ibid.* 103, A) : « Damasus qui me ad hoc opus impulerat »; mais la lettre XXXVI, 1, contemporaine des premiers essais de traduction, montre bien que l'initiative vint de Jérôme et que Damase se contenta d'encourager : « Didymi de Spiritu sancto librum in manibus habeo quem translatum tibi cupio dedicare »; cfr la préface PL, XXIII, 101-102 : « Volui garrire aliquid de Spiritu sancto et coeptum opusculum eiusdem urbis Pontifici dedicare. » Les deux assertions s'accordent si l'on suppose que Damase lui demanda de lui traduire ou de composer quelque œuvre théologique; cfr *supra*, p. 80-82.

[3] *De Viris*, CXXIV (PL, XXIII, 711, C). L'allusion à saint Ambroise est confirmée par le témoignage de Rufin (*Apol.* II, 24-25 ; PL, XXI, 603-604) qu'on a sans raison suspecté.

[4] Babylone c'est Rome par allusion à l'Apocalypse.

salem, et après la chaumière de Romulus et les Lupercales, j'ai contemplé l'hôtellerie de la Vierge et la grotte du Sauveur. Aussi, mon cher frère Paulinien, puisque le pape Damase, qui m'avait poussé le premier à faire ce travail, repose dans le Seigneur, aidé par tes prières et celles des vénérables servantes du Christ Paula et Eustochium, ce cantique que je n'ai pu chanter sur la terre étrangère, maintenant, à votre appel en Judée, je vais le murmurer, estimant singulièrement plus auguste la patrie du Sauveur que celle du fratricide. J'affiche l'auteur dès le titre. J'ai préféré traduire l'ouvrage d'autrui, qu'à l'exemple de certains, corneille informe, m'orner de couleurs étrangères. J'ai lu récemment un opuscule sur l'Esprit-Saint et, selon la pensée du comique, du grec excellent a donné un latin qui ne l'est guère. Ici point de dialectique, rien de viril et de serré, qui entraîne, même malgré lui, le lecteur à l'assentiment. Tout est spongieux, mou, lustré et joli, tacheté çà et là de couleurs recherchées. Mais mon Didyme, qui possède l'œil de l'épouse du Cantique et ces regards que Jésus recommande de porter sur les moissons blanchissantes, voit les choses de bien plus haut, et nous ramène au temps de jadis où le prophète s'appelait voyant. Qui le lira reconnaîtra les larcins latins et méprisera les ruisseaux, ayant une fois puisé à la source. Il est gauche pour le style mais non pour la science, c'est un vrai disciple des apôtres qu'exprime son langage, par la splendeur des pensées comme par la simplicité de l'expression. »

La traduction de saint Jérôme devait être plus utile encore qu'il ne le pensait. L'original ayant péri, c'est par elle seule que le travail de l'aveugle d'Alexandrie nous est connu. Si Jérôme ne s'est pas astreint à une littéralité scrupuleuse dans l'emploi du vocabulaire théologique dont la précision était un des mérites de l'original, cependant il s'est acquitté avec fidélité de l'œuvre de traduction et peut revendiquer sa part de l'influence exercée par ce traité sur la théologie latine, déjà dans les œuvres de saint Augustin [1].

Il est assez naturel de penser que ce fut peu de temps après que saint Jérôme acheva une autre œuvre, commencée elle aussi à Rome, et dont le contenu semble bien indiquer qu'il s'agit de son plus ancien travail d'exégèse approfondie, le commentaire sur l'Ecclésiaste [2] :

---

[1] BARDY, *Didyme l'aveugle*, p. 19-22.
[2] PL, XXIII, 1009-1116; préface, 1008-1012

« Je me souviens, écrit-il, dans une courte préface, qu'il y a environ cinq ans, quand j'étais encore à Rome, et lisais à Blésilla l'Ecclésiaste, pour la pousser au mépris de ce siècle et à regarder comme néant tout ce qu'elle voyait en ce monde, elle me pria d'en expliquer, sous forme de petit commentaire, toutes les obscurités. Ainsi, en mon absence même, elle pourrait comprendre ce qu'elle lisait. Au moment où je m'apprêtais au travail, une mort subite nous l'a ravie : nous n'avons point mérité, Paula et Eustochium, d'avoir une telle compagne de vie. Atteint d'une pareille blessure, je me suis tu, mais établi maintenant à Bethléem, cité plus auguste, je paie ma dette à son souvenir et à vous-mêmes. En peu de mots, je vous avertis que je n'ai suivi l'autorité de personne. Traduisant sur l'hébreu, je me suis conformé de préférence à l'usage des Septante, là où ils ne différaient pas notablement de l'original. Parfois j'ai mentionné aussi Aquila, Symmaque et Théodotion. Je n'ai point voulu par la nouveauté absolue décourager le goût du lecteur ni non plus, contre mes propres sentiments, abandonner la source de vérité pour les ruisseaux des opinions. »

Ce travail est à la fois une traduction et un commentaire. Il représente une œuvre de transition [1]. Le texte original n'est pas toujours serré de près comme il le sera plus tard, quand Jérôme traduira *ex professo* l'Ancien Testament sur l'hébreu. Il y a un certain arbitraire, comme dans les cas analogues. La version latine tantôt suit de près le texte, tantôt modifie seulement quelques mots de la traduction préexistante, tantôt se contente de la reproduire. Toutefois le commentaire signale les divergences et assez souvent non seulement fait connaître l'opposition entre l'hébreu et les Septante, mais relève, parfois en le discutant ou en l'appréciant, le témoignage des autres traducteurs grecs [2], énumérés dans la préface. Le commentaire interprétatif lui-même est assez soigné et personnel. Il y a, çà et là, quelques allusions aux auteurs consultés avant de se mettre à l'œuvre : Origène, parfois réfuté et souvent suivi, Victorin de Pettau, Apollinaire, Grégoire le Thaumaturge. Occasionnellement Jérôme cite aussi Lactance [3]. Une grande place est accordée aux dires du juif qui

---

[1] Cfr GIETMANN, *Commentarius in Ecclesiasten*, spécialement p. 50-52; PODECHARD, *Commentaire sur l'Ecclésiaste*, p. 28 et la table, au mot Jérôme.

[2] Cela resssort en particulier des nombreux passages où, tout en citant les opinions émises, Jérôme donne son avis, approuve, blâme ou compare (melius...).

[3] Origène : 1019, B (in quodam libro; réfuté); 1044 C (alii); 1045, A; 1050, B,

lui avait servi de maître et avec qui il avait d'abord lu l'Ecclésiaste. C'est sous le couvert de son autorité que Jérôme fait connaître l'exégèse rabbinique de nombreux passages, notamment en mentionnant expressément Akiba [1]. Lui-même s'attarde peu au sens littéral et se complaît aux applications typiques, touchant çà et là quelques problèmes plus importants, comme la question du mal et la Providence, ou signalant les répercussions d'ordre moral que comporte l'enseignement du livre inspiré [2]. A plus d'une reprise il insiste sur le sérieux avec lequel doit se traiter la doctrine et proteste contre les beaux parleurs prêts à discourir sur n'importe quel sujet, vides d'idées, mais riches de mots sonores [3]. Quelques-uns de ces développements sont particulièrement soignés, et agrémentés de citations profanes, de Salluste, de Cicéron, d'Horace, de Térence, de Virgile surtout [4]. Parfois cependant on a quelque peine à dégager la vraie pensée de l'auteur ou plutôt, dès ce premier travail de longue haleine, il adopte la méthode de compilation qu'il sera conduit plus tard à justifier comme un principe absolu de son exégèse : l'office de commentateur, à son avis, consiste moins à prendre parti, qu'à faire connaître aux lecteurs les diverses opinions émises sur un sujet [5].

---

etc. — Saint Grégoire le Thaumaturge (Gregorius Ponti episcopus) : 1049, C. — Apollinaire (Laodicenus, L. interpres): 1050, A; 1111, B.— Victorinus : 1050, B. — Lactance (Firmianus noster): 1091, A.— Un prédicateur entendu par Jérôme lui-même : « Scio me audisse ab eo qui putabatur habere scientiam scripturarum », 1065, C. — *Vir disertus* : 1035, C. — *In quodam libro* : 1019, B; 1036, A. — *Plerique* : 1052, A, 1061, B. — *Alii*, 1043, C, 1052, A. — *Quidam* : 1038, D.

[1] *In Ecclesiasten* (PL, XXIII, 1038, B): « Mihi vero ab hebraeo qui me in Scripturis erudivit, ita expositum est »; 1048, C, « Hebraeus meus, cuius saepe facio mentionem, cum Ecclesiasten mecum legeret »; 1053, A; 1062, C; 1082, A; 1092, A; 1093, A; Bar Akiba : 1048, C. — Exégèse hébraïque (hebraei) : 1021, A; 1034, B; 1053, C; 1067, B; 1105, A; 1106, B; 1116, A.

[2] Le Christ, vrai ecclésiaste : 1013-14, B. — Problème du mal : 1021, B; 1054-55. — Prescience : 1034, B; 1060, A. — Église : 1098-1100.

[3] 1037, B; 1061, C; 1087, A B; 1089, B C; 1092, C; 1093, A.

[4] Salluste (nobilis historici) : 1055, C; — Cicéron (Tullius) : 1055, B — Horace : 1032, C; 1035, C; 1036, A; 1055, B. — Térence : 1019, A, avec une anecdote sur son maître, Donat le grammairien ; — Virgile : 1017 A; trois citations, 1072, A; 1075, B; 1082, D; 1091, A; — *Qui de physicis disputant* : 1068, A.

[5] Souvent l'adverbe *aliter* introduit les diverses opinions ou le sens typique, voir chap. XII, 1105, A. Cependant ici, comme je l'ai déjà fait remarquer, habituellement, quand il cite, saint Jérôme discute et signale une préférence, ou

V

Lorsque l'on passe de ce commentaire sur l'Ecclésiaste, à ceux que Jérôme a écrits, pendant la même période, sur saint Paul [1], on a l'impression très nette d'un progrès sensible, et d'une possession plus entière de la méthode. Sans doute aussi la matière s'y prêtait davantage : une épître à thème continu offre plus de facilité aux larges développements que des sentences souvent énigmatiques et sans cohésion ferme entre elles. De plus, la doctrine chrétienne lui était plus familière et présentait par elle-même des ressources plus considérables. Cependant ce travail lui avait d'abord paru hérissé de tant de difficultés, qu'il refusa longtemps de s'y appliquer. Vainement Paula et Eustochium insistaient-elles. Les commentaires latins étaient comme inexistants : le rhéteur Victorinus avait apporté à la tâche plus de bonne volonté que de science scripturaire, et son œuvre s'en était ressentie. Restaient les Grecs : l'étonnant Origène d'abord qui pouvait fournir le fond solide [2]; puis Didyme « le voyant », que Jérôme avait interrogé en disciple zélé à Alexandrie, sur toutes ses difficultés scripturaires; Apollinaire, l'auteur de la nouvelle hérésie, mais dont l'érudition et le talent d'exégète ne se pouvaient contester; quelques autres comme Eusèbe d'Émèse ou Théodore d'Héraclée. Leurs réflexions, vivifiées par la méditation et le travail personnel, pouvaient singulièrement faciliter la tâche et rassurer le commentateur novice, au début de cette redoutable entreprise. Jérôme cependant hésitait. Enfin ses deux auditrices obtinrent qu'il essayât du moins de commenter la plus courte et la plus accessible des Épîtres, celle qui n'offrait rien de dogmati-

---

note qu'il ne prend pas l'explication à son compte (1036, A) : « Hoc utrum vere necne dictum sit suo imputetur auctori »; 1053, A; 1065, A, C; à propos du prédicateur : 1082, A.

[1] PL, XXVI, 307-618.

[2] C'est son exégèse en effet qui constitue pour ainsi dire la trame du commentaire de saint Jérôme, en particulier pour l'épître aux Éphésiens où, en dépit de quelques atténuations et corrections, faites par saint Jérôme, elle se manifeste avec une évidence sur laquelle, au cours de la controverse avec Rufin, qui la signalait avec raison, saint Jérôme s'est fait avec persistance une singulière illusion.

que, et qui, par sa brièveté même, n'exigeait pas un labeur bien considérable [1].

Le résultat fut des plus satisfaisants. En quelques pages Jérôme sut mettre en relief le contenu du charmant billet sur Onésime et, à cette occasion, traiter avec ampleur quelques-unes des questions générales se rapportant à la personne ou à l'œuvre de saint Paul [2]. Il se rendit compte des ressources dont il disposait pour cette nouvelle tâche, de l'intérêt exceptionnel d'une matière aussi riche que la pensée de l'Apôtre, de la variété si favorable à la composition qu'offrait le mélange de la spéculation et des recommandations morales. Bref, cette étude lui plut fort et, le travail sur l'épître à Philémon terminé, il entreprit le commentaire de la lettre aux Galates [3]. A ce moment-là même, de Rome, lui parvenaient des nouvelles qui ne purent que le confirmer dans son entreprise. En dépit de ses occupations absorbantes, Marcella n'avait jamais cessé de s'intéresser vivement à l'étude de l'Écriture. Sa mère Albina, pour laquelle elle n'hésitait jamais à sacrifier ses préférences, mourut vers ce temps. Restée seule, Marcella n'en désira que plus vivement satisfaire ses goûts. La meilleure conso-

---

[1] *Comm. in... Philemonem* (*Ibid.* 603, A) : « Praepostero ordine atque perverso, in epistulas Pauli dictari a me vobis placuit. Nam cum id crebro, Paula atque Eustochium, peteretis ut facerem, et ego obnixe ne facerem recusarem, saltem parvam et quae vobis ut numero versuum ita sensu quoque et ordine videbatur extrema, ut dissererem coegistis. » — *Comm. in... Galatas*, I, prologue (*Ibid.* 308, A): « Aggrediar opus intentatum ante me linguae nostrae scriptoribus et a graecis quoque ipsis vix paucis, ut rei poscebat dignitas usurpatum. Non quod ignorem Caium Marium Victorinum... edidisse commentarios in Apostolum, sed quod occupatus ille eruditione saecularium litterarum, scripturas omnino sanctas ignoraverit, et nemo possit quamvis eloquens de eo bene disputare quod nesciat.... Imbecillitatem virium mearum sentiens, Origenis commentarios sum secutus... » — (309, A) : « ... Praetermitto Didymum videntem meum et Laodicenum de Ecclesia nuper egressum et Alexandrum veterem haereticum, Eusebium quoque Emesenum et Theodorum Heracleoten qui et ipsi nonnullos super hac re commentariolos reliquerunt. E quibus si vel pauca decerperem, fieret aliquid quod non penitus contemneretur. » Il faut conclure de ces passages que saint Jérôme ignorait l'Ambrosiaster ou que celui-ci n'avait pas encore été publié, bien que composé au temps du pape Damase.

[2] PL, XXVI, 599-618; sur le nom de Paul, 603-605; sur l'authenticité, la canonicité et la date de l'épître, 599-602 et 605-606; mention du sénatusconsulte sous Néron, 616-617.

[3] En trois livres (PL, XXVI, 307-438)

lation à sa peine, pensa Jérôme, lui viendrait des commentaires qu'il composerait à son intention. Dès lors, comme aux cours de l'Aventin, Marcella, Paula et Eustochium deviennent inséparables dans l'esprit du commentateur. Si ses œuvres cherchent le grand public chrétien, c'est avant tout pour ces nobles femmes qu'il écrit et c'est à elles qu'il dédie les préfaces où il complète, par des renseignements généraux et des confidences, l'explication détaillée et suivie du texte [1]. Après l'épître aux Galates, commentée en trois livres, vinrent trois autres livres sur l'épître aux Éphésiens, puis un seul sur la lettre à Tite [2]. C'est dans l'espace de quelques mois que cet ensemble fut achevé. Parfois la besogne était si rapide que Jérôme dictait jusqu'à mille lignes en une seule journée. Il se plaint, il est vrai, — mais n'est-ce pas une fiction littéraire ? — du tachygraphe qui, par son attitude, le forçait, pour ainsi dire, à cette rapidité défavorable à l'élégance. Le moyen de soigner ses phrases, de choisir de belles expressions, d'arrondir une période, de rythmer une finale, quand levant les yeux, il voyait près de lui son scribe, le front rembruni, le bras déjà levé pour écrire, impatient d'accomplir sa tâche ! D'ailleurs à quoi bon ? Le commentateur n'a point à faire œuvre de style. On n'est que trop enclin à transporter dans l'Église ces habitudes

---

[1] *Comm. in... Galatas*, prologue (PL, XXVI, 307, A) : « Pauci admodum dies sunt ex quo, epistulam Pauli ad Philemonem interpretatus, ad Galatas transcenderam, multis retrorsum in medio praetermissis et ecce subito litterae mihi de Urbe allatae sunt nuntiantes et Albinam venerabilem anum praesentiae Domini redditam et sanctam Marcellam matris contubernio destitutam magis nunc vestrum, o Paula et Eustochium, flagitare solatium. Et quia hoc interim fieri non potest, propter grandia maris in medio spatia atque terrarum, repente vulnus impressum saltem Scripturarum vellem curare medicamine... Itaque quod et illi absenti pergratum fore et vobis quae inpraesentiarum estis utile existimo, aggrediar opus intentatum ante me linguae nostrae scriptoribus. »

[2] *Comm in... Ephesios* (PL, XXVI, 439-554) ; *Comm. in... Titum* (*Ibid.* 555-600). Cfr *Comm. in... Ephesios* (441, A) : « Et quia iam ad Galatas orantibus vobis ante paucos dies quid nobis videretur expressimus, nunc ad Ephesios transeundum est. » — *Ibid.*, II, début (475, D) : « Secundum orationibus vestris, o Paula et Eustochium, ad Ephesios aggredimur librum nova quoque Romam munuscula transmissuri,... quod sancta Marcella idipsum per epistulas flagitet. » — *Ibid.*, III, début (513, D): « Nunc ergo quoniam orationum vestrarum et sanctae Marcellae fultus auxilio tertium id est extremum in eamdem epistulam dicto librum. » L'étude de ces commentaires est réservée au second volume; voir, en attendant, BLE, 1921, p. 266-276.

des auditions profanes, à demander aux prédicateurs d'enchanter les oreilles plutôt que d'édifier les âmes, à réclamer d'eux l'élégance cicéronienne au lieu de la bonne doctrine évangélique [1].

Jérôme se gardera de favoriser ce travers et s'appliquera avant tout à sa tâche essentielle : exposer dans tout son jour la pensée de l'auteur qu'il explique, pénétrer de clarté les textes les plus obscurs, dans la mesure où ce sera possible, et, sur les points douteux, en rapportant les diverses opinions, mettre le lecteur à même de faire un choix raisonné [2]. Cependant la littérature avec Jérôme ne perd jamais ses droits. Il connaissait trop l'art d'écrire pour que sa phrase prît une allure rustique. On ne sera pas étonné de rencontrer çà et là de beaux développements, de jolis

---

[1] Il ressort de PL, XXVI, 307, A, et 441, A, qu'il y eut à peu près continuité pour la composition des trois premiers commentaires. Il est probable qu'il en fut de même pour le dernier, qui ne comprend qu'un livre. — *Ibid.* 477, A : « Quapropter et illam (Marcella) et vos (Paula et Eustochium) et si qui forte lecturi sunt, in commune precor ut sciatis me non cogitatum diu limatumque proferre sermonem sed ad revelanda mysteria Scripturarum uti verbis paene de trivio et interdum per singulos dies usque ad numerum mille versuum pervenire » (soit cinquante pages de vingt lignes). Il consacre à cette question du style la préface du livre III sur l'épître aux Galates (*Ibid.* 399-400): influence défavorable de sa longue familiarité avec l'hébreu (399, C), « omnem sermonis elegantiam et latini eloquii venustatem stridor lectionis hebraicae sordidavit... quid in mea (lingua) amiserim scio » ; — de la dictée, qui lui est imposée par son état de santé, au lieu de la composition directe : « accedit ad hoc quia propter oculorum et totius corpusculi infirmitatem, manu mea ipse non scribo nec labore et diligentia compensare queo eloquii tarditatem. » — Sur le tachygraphe (*Ibid.*, 400, A). — Exigences déraisonnables des auditeurs ou des lecteurs (399, B-C ; 400, C ; 401). — Méthode vraie (401, C) : « Sermone simplici simplicia eorum verba pandenda sunt, verba, inquam, non sensus. Ceterum si, orantibus vobis, illum possim in exponendis epistulis eorum habere spiritum, quem illi in dictando habuerunt, tunc videbitis tantam maiestatem et latitudinem in his verae fuisse sapientiae quanta in saeculi litteratis arrogantia et vanitas fuit. Breviter vobis meae mentis fateor arcanum : qui per me intellecturus est Apostolum nolo ut mea scripta difficulter intellegat et ad interpretem cognoscendum alium quaerat interpretem. »

[2] La théorie de saint Jérôme sur le rôle du commentateur vis-à-vis des diverses opinions a été développée à l'occasion de la controverse avec Rufin (*Apol.* I, 16 ; PL, XXIII, 409-410) : « Commentarii quid operis habent ? Alterius dicta edisserunt, quae obscure scripta sunt plano sermone manifestant, multorum sententias replicant et dicunt : Hunc locum quidam sic edisserunt, alii sic interpretantur, illi sensum suum et intellegentiam his testimoniis et hac nituntur ratione firmare, ut prudens lector cum diversas explanationes legerit, et multorum vel probanda vel improbanda didicerit, iudicet quid verius sit et quasi bonus trapezita adulterinae monetae pecuniam reprobet. »

tableaux, des traits bien frappés. D'elle-même, les citations d'Horace ou de Virgile [1] viennent, de temps en temps, relever le style et nous rappeler que si le disciple du Christ a délibérément renoncé depuis longtemps à lire les auteurs profanes, il a tout de même fait autrefois de très solides et sérieuses études et jouit d'une mémoire merveilleuse. On peut dire presque qu'il a tout lu et tout retenu [2].

Le commentaire sur saint Paul se borna à ces quatre épîtres. Nous ignorons pour quelle raison. Peut-être saint Jérôme, tout entier à son zèle pour la *veritas hebraica*, estima-t-il plus urgent de se consacrer exclusivement aux divers travaux qu'il avait entrepris sur l'Ancien Testament. Peut-être céda-t-il aux prières d'amis plus spécialement intéressés par telle ou telle autre partie de la Bible. Quoi qu'il en soit, il ne revint plus à saint Paul qu'à l'occasion de sa controverse avec saint Augustin sur la discussion d'Antioche entre Paul et Céphas et occasionnellement aussi, en réponse à des questions précises posées par divers correspondants. Sur le Nouveau Testament lui-même, il n'y aura plus à signaler qu'une seule œuvre originale de quelque étendue, le commentaire sur saint Matthieu, de 398. Assez longtemps avant cette date, pendant qu'il travaillait à l'ouvrage important des *Questions hébraïques*, il interrompit cette occupation pour traduire en hâte les homélies d'Origène sur saint Luc [3]. La préface est caractéristique de l'état d'âme de saint Jérôme et de son intransigeance critique. Elle fait connaître très nettement quelles circonstances motivèrent ce nouveau labeur. C'est encore saint Ambroise, avec son commentaire sur saint Luc, qui est en cause [4].

---

[1] Voir le relevé dans LUEBECK, s. v. Horatius, Virgilius, Tullius Cicero, etc.

[2] Jérôme y fait allusion lui-même (*Comm. in... Galatas*, III, préface ; PL, XXVI, 399, C) : « Nostis enim et ipsae quod plus quam XV anni sunt ex quo in manus meas nunquam Tullius nunquam Maro nunquam gentilium litterarum quilibet auctor ascendit et si quid forte inde dum loquimur obrepit, quasi antiqui per nebulam somnii recordamur. »

[3] PL, XXVI, 219-306 ; préface, 219-220.

[4] Saint Jérôme a gardé un silence prudent sur les accusations précises portées par Rufin au sujet de son attitude à l'égard de saint Ambroise (*Apol.* II, 22-25 ; PL, XXI, 600-605 ; surtout, n. 23, 602, A) : « Quod si negare voluerit, hoc quod omnes sciunt quia de sancto Ambrosio dixerit, primo ex eo convincetur quod apud latinos ipsius tantum et non alterius in Lucam commentarius fertur, de-

La traduction est dédiée à Paula et à sa fille :

« Il y a quelques jours, vous m'avez dit que vous aviez lu certains commentaires sur saint Matthieu et saint Luc: le premier est aussi émoussé pour les paroles que pour le style[1]; l'autre jongle avec les mots, mais somnole pour les idées. Vous m'avez donc prié, laissant de côté ces niaiseries, de traduire du grec au moins les trente-neuf homélies de notre Adamantius (Origène) sur saint Luc. Entreprise désagréable et pareille à la torture que d'écrire selon un goût étranger... plutôt que selon le sien. Je le ferai pourtant puisque vous ne demandez rien de plus élevé... Vous voyez quelle influence a sur moi votre autorité et votre volonté. J'ai délaissé un peu mes livres des *Questions hébraïques* pour répondre à votre désir et, aux heures libres, dicter cette œuvre d'un autre au lieu des miennes, — d'autant plus que j'entends croasser à gauche un corbeau fatidique, qui se pare étrangement des couleurs de tous les oiseaux, quand de lui-même il est tout ténébreux. Je l'avoue d'ailleurs, avant qu'il ne l'objecte, Origène, dans ces homélies, est comme un enfant qui joue aux dés. Autrement sérieuses sont les œuvres de sa maturité et celles de sa vieillesse. Si j'ai le temps, si je le puis, si Dieu me donne la liberté de le traduire en latin, après avoir achevé l'ouvrage interrompu, vous pourrez voir ou mieux, par vous, la langue romaine connaîtra que de bonnes choses elle a jusqu'ici ignorées et commence d'apprendre ! »

Comme pour le traité de Didyme, Jérôme possède un titre particulier à notre reconnaissance pour cette version, car l'original

inde scit me habere epistulam suam in qua hoc ipsum de aliis excusans in illum convertit suspicionem. » Ce commentaire aurait été publié par saint Ambroise en 389, au dire de M. Schenkl, dès 387-388 d'après M. Wilbrand (*Zur Chronologie einiger Schriften des hl. Ambrosius*, dans *Historisches Jahrbuch*, t. XLI, 1921, p. 9-11). La traduction est donc au plus tôt de 389 ou de 390-391.

[1] Il semble que ce soit l'ouvrage de Fortunatien d'Aquilée, mentionné par Jérôme dès 377 (*Epist.* X, 3) et dont il dit au chapitre XCVII du *De Viris* (PL, XXIII, 698, B): « In evangelia titulis ordinatis brevi et rustico sermone scripsit commentarios. » Il en reparle au début du commentaire sur saint Matthieu, en 398 (PL, XXVI, 20 B): « Legisse me fateor ante annos plurimos, in Matthaeum Origenis... et latinorum Hilarii, Victorini, Fortunatiani opuscula. » Or dans la préface sur saint Luc, il ne mentionne honorablement que les deux premiers : « Praeterea commentarios viri eloquentissimi Hilarii et beati martyris Victorini, quos in Matthaeum, diverso sermone sed una gratia Spiritus ediderunt post paucos dies ad vos mittere disposui. » Puisqu'il possédait aussi depuis longtemps Fortunatien, c'est donc que c'était celui que Paula venait de lire. Près de dix ans après, Jérôme ne connaissait encore aucun autre commentateur de saint Matthieu parmi les latins. Dom Wilmart a publié dans la *Revue Bénédictine* quelques fragments de ces *tractatus* (*Deux expositions d'un évêque Fortunat sur l'Évangile*, t. XXXII, 1920, p. 160-174).

grec est perdu. La traduction a été assez fidèle pour ne rien changer même aux passages qui laissaient à désirer du point de vue de l'orthodoxie. L'origénisme, avec ses thèses si singulières, s'étale dans ces homélies plus qu'on ne s'y serait attendu de la part de saint Jérôme. On saurait plus tard le lui reprocher.

VI

Il avait, dès ce moment, commencé à rédiger les *Questions hébraïques*. Cet ouvrage faisait partie d'une trilogie, destinée soit à fournir aux Occidentaux quelques-uns de ces instruments d'étude qu'ils pouvaient envier aux grecs, soit à les initier plus en détail à l'exégèse juive et au vrai sens du texte. Elle comprenait avec les *Questions*, la traduction d'un ouvrage d'Eusèbe de Césarée sur la toponymie palestinienne et une édition latine des *Onomastica* attribués à Philon et à Origène.

Ce livre-ci était un recueil alphabétique des noms propres de la Bible avec, pour chacun, l'indication d'une ou de plusieurs significations étymologiques, rattachées à la langue hébraïque. Saint Jérôme se proposait d'abord d'exécuter une simple traduction, mais les exemplaires qu'il recueillit et compara en vue de ce travail lui parurent à la fois si dissemblables et si en désordre qu'il préféra d'abord renoncer simplement à son projet. Deux moines, Lupulus et Valerianus, lui représentèrent alors qu'il pouvait faire œuvre meilleure en profitant de sa connaissance directe de l'hébreu. Jérôme se laissa persuader et reprit l'édition sur un plan nouveau. Il relut un par un les livres de la Bible et nota au passage les noms propres en les accompagnant des étymologies usuelles, sauf çà et là soit à les corriger, soit à les compléter, soit à les critiquer. Il fit de même pour le Nouveau Testament, sur les traces d'Origène [1]. L'ensemble forme un opuscule qui eut beaucoup de vogue chez les Occidentaux, et alimenta, jusqu'au renouveau des études hébraïques, l'exégèse latine [2].

---

[1] PL, XXIII, 771-858; édit. PAUL DE LAGARDE, *Onomastica sacra*, Göttingue, 1870, 2e édit. en 1887 : « *Hieronymi liber interpretationis hebraicorum nominum.* »

[2] Certaines éditions de la Bible donnent à la fin un petit lexique alphabétique de ce genre.

Cependant on ne lui saura pas un gré extrême de cette œuvre où les errements de l'ancienne science étymologique se manifestent avec tant de complaisance. Pas de principe sérieux mais la seule fantaisie, en somme, guide pour les interprétations multiples des mots d'origine hébraïque : on déchiquète les vocables, on les partage arbitrairement, on disjoint les syllabes et on multiplie les sens les plus disparates, sans aucun souci de la logique et du bon sens [1]. Au surplus, les anciens n'y attachaient sans doute guère d'importance. Si certains noms avaient une signification vénérée, pour la plupart de ces interprétations on y voyait surtout des jeux de pensée ou des thèmes commodes pour varier les applications de l'exégèse typique et fournir d'ingénieuses combinaisons dont l'imprévu faisait le principal intérêt. Le pire c'est que le système est appliqué aux mots d'origine latine ou grecque évidente. A tout prix on veut leur trouver, par les mêmes procédés de torture étymologique, une signification dans la langue hébraïque. Jérôme n'a protesté contre ces excentricités qu'à propos des Actes des Apôtres et assez arbitrairement. Lui-même, dans ses commentaires, a reproduit sans scrupule des étymologies de ce genre.

Tout autrement utile aujourd'hui encore est l'autre ouvrage qu'il a traduit du grec d'Eusèbe et enrichi d'un certain nombre d'annotations, le traité sur les noms de lieux palestiniens [2]. On y

---

[1] Pour l'étude détaillée de ces procédés, cfr WUTZ, *Onomastica sacra*, I, dans TU, t. XLI, 1914, 2e partie : System der Onomastica, p. 317-672. Je discuterai ses conclusions dans le second volume.

[3] PL, XXIII, 859-928; édit. LAGARDE, *Onomastica*, p. 82-89: *De situ et nominibus locorum hebraicorum;* Jérôme dit: *De locis hebraicis librum unum* (*De Viris*, CXXXV; PL, XXIII, 717, B) ou simplement : *Liber locorum* (PL, XXIII, 772, A): « Librum quoque locorum quem editurus sum. » Cfr *Ibid.* 794, 821. — *Apol.* I, 11 (*Ibid.* 405, B): « Laudavi Eusebium... in descriptione sanctae Terrae. » Édition, avec le grec d'Eusèbe, par KLOSTERMANN, *Eusebius Werke*, t. III. Les additions de saint Jérôme sont imprimées en italiques. Elles portent sur plus de quatre-vingt-dix noms. Le petit nombre seulement a de l'importance. Souvent (24 fois) ce sont de simples renvois au *Liber quaestionum hebraicarum*. L'étude comparative de l'original et de la traduction montre que saint Jérôme a fortement exagéré quand il écrit: « Relinquentes ea quae digna memoria non videntur et pleraque mutantes. » Les changements sont insignifiants et la fidélité au texte est remarquable. Voir, outre la préface de M. Klostermann, son étude dans les TU, t. XXIII. Il existait déjà une traduction latine que saint Jérôme qualifie

trouve des renseignements géographiques dont l'intérêt est évident. Ils venaient particulièrement à leur heure au moment où les Latins prenaient en foule la route des Lieux-Saints et se mettaient à parcourir la Palestine, pour y suivre les traces du Sauveur ou des personnages mentionnés dans l'Ancien et le Nouveau Testament.

Le troisième traité, commencé parallèlement avec les deux précédents, peut être considéré comme le trait d'union entre les trois catégories de travaux scripturaires composés par saint Jérôme, commentaires, œuvres d'introduction, versions. C'est l'opuscule unique intitulé : *Questions hébraïques sur la Genèse* [1]. On se demande si primitivement il n'était pas plus considérable. Dans l'intention de Jérôme, il devait s'étendre à tout l'Ancien Testament ou, du moins, à tous les livres de la Bible hébraïque. En fait, à plusieurs reprises, il en parle comme si les *Quaestiones* comprenaient plusieurs livres publiés. Le problème est difficile à trancher, car on n'a jamais découvert jusqu'ici de questions hébraïques authentiques en dehors de l'opuscule sur la Genèse. Celui-ci participe du caractère pratique des deux opuscules déjà mentionnés en ce qu'il est une collection fort savoureuse des légendes rabbiniques se rapportant au premier livre de la Bible et qu'il contient également un certain nombre de détails sur la géographie palestinienne. C'est aussi un vrai commentaire de la Genèse, conçu en fonction de l'exégèse juive et destiné à la populariser chez les Latins. Enfin, il est à sa manière un premier essai de traduction selon la *veritas hebraica*, car Jérôme y rapporte les diverses versions à côté de celle des Septante et ne manque pas, là où il en est besoin, de citer le texte original et d'en interpréter le sens exact. J'imaginerais volontiers que c'est même pour cela que le travail des *Quaestiones* en est resté à ce premier livre. Jérôme cherchait à ce moment sa voie. Il a trouvé plus simple de trancher net au lieu de continuer cet ouvrage hybride. D'une

sévèrement : « Maxime cum quidam vix primis imbutus litteris hunc eundem librum ausus est in latinam linguam non latine vertere, cuius imperitiam ex comparatione eorum quae transtulimus, prudens statim lector inveniet. »

[1] Édition critique de PAUL DE LAGARDE, Leipzig, 1868, et PL, XXIII, 935-1010.

part, il s'est alors décidé pour la composition d'une véritable traduction indépendante de tout commentaire et, d'autre part, encouragé par ses premiers essais, il s'est appliqué à la grande exégèse, laissant aux Juifs leurs fables ridicules et se préoccupant de reprendre et de vulgariser l'œuvre des commentateurs de langue grecque, trop peu connus encore en Occident.

Tout d'abord il continua la revision des Septante partiellement entreprise. Une seconde fois il aborda le Psautier pour retoucher sa traduction faite à Rome et surtout y noter les signes diacritiques ajoutés par Origène à son édition [1]. Puis ce fut le tour du livre de Job, des Paralipomènes, des livres salomoniens (Proverbes, Ecclésiaste, Cantique) [2]. Il avait fait de même pour d'autres livres, mais ce travail lui fut en grande partie dérobé et Jérôme, qui songeait à mieux, ne se sentit point le courage de le refaire.

Il se mit donc audacieusement à traduire les Livres Saints d'après l'hébreu. Ce furent d'abord les grands et les petits Prophètes, les deux livres de Samuel et les deux livres des Rois, puis enfin les Psaumes. Le travail était intermédiaire entre la simple revision sur le grec et une traduction entièrement nouvelle. Ici, comme pour les Évangiles, mais, par la force des choses, dans une mesure beaucoup plus restreinte, saint Jérôme utilisait le texte latin préexistant, le rapprochait directement du texte hébreu, le rendait plus clair et plus élégant. Il dotait le monde occidental d'une édition de la Bible que les Grecs eux-mêmes pourraient bientôt lui envier, agréable à lire et cependant fidèle, qui ne rebuterait plus les délicats par la rudesse et l'imperfection de l'expression, bien que restant accessible à tous par la simplicité. Si le labeur était pénible, le succès, lent à venir d'abord, devait dépasser toutes les prévisions [3]. Par manière de délassement, sans

---

[1] Autant qu'on en peut juger par les éditions, le texte a été relativement peu retouché, beaucoup moins qu'on ne le laisse habituellement entendre. La revision a surtout consisté dans l'emploi des signes diacritiques. Cfr la préface (PL, XXIX, 117-120).

[2] PL, XXIX, 61 et suiv. La préface (*Ibid.* 62) fait allusion à celle du *Psalterium gallicanum* à propos des signes diacritiques.

[3] Les détails sur cette traduction sont renvoyés au second volume.

doute, il voulut également traduire en grec d'abord, puis en latin, le prétendu texte original de saint Matthieu, l'apocryphe appelé depuis Évangile selon les Hébreux. Malheureusement, de cette dernière traduction il ne reste que des fragments insignifiants.

C'est vers la fin de cette période, qui précède immédiatement la composition du catalogue des écrivains chrétiens appelé le *De Viris illustribus*, qu'il faut placer les premiers commentaires sur les livres de l'Ancien Testament d'après l'hébreu. Jérôme s'attaqua d'abord aux petits Prophètes : Nahum, Michée, Sophonie, Aggée, Habacuc [1]. Avec quelques différences de détail le procédé y est partout le même : Jérôme commence par citer la traduction qu'il a faite sur l'hébreu et l'accompagne d'une version directe des Septante [2]. Puis, quelques explications données sur le sens littéral, l'*histoire* comme il l'appelle, qui l'intéresse médiocrement, ainsi que presque tous ses contemporains, il aborde le sens typique. Le plus souvent il n'y a qu'à appliquer à Jésus-Christ, à l'Église, aux fidèles d'une part, aux hérétiques, au démon, aux pécheurs d'autre part, les textes du prophète et les événements qu'il vient à mentionner. Les chiffres et les noms propres sont naturellement expliqués selon la méthode en honneur et apportent leur contribution à l'exégèse allégorique. Çà et là quelques allusions à sa propre histoire ou aux faits plus récents, quelques explications pratiques viennent seules rompre la monotonie d'une exégèse souvent trop artificielle pour nous captiver beaucoup aujourd'hui. Il ne faut point méconnaître cependant que, telle quelle, elle fournissait une riche matière aux méditations des lecteurs à qui elle était destinée. Pour le texte, Jérôme, qui critique âprement parfois celui des Septante et relève minutieusement toutes les divergences qu'il présente avec l'hébreu, ne discute guère ce dernier, l'accepte tel que le lui fournissaient les Hexaples d'Origène, substantiellement identique au

---

[1] Voir la chronologie, t. II, p. 29-30. Ces commentaires sont dans PL, XXV : Nahum, 1231-1271; Michée, 1151-1230; Sophonie, 1337-1388; Aggée, 1387-1416; Habacuc, 1273-1338.

[2] Il y suit régulièrement l'ordre même des mots grecs. Ce sont donc autant de textes à ajouter à ceux qui nous ont été transmis, comme faisant partie de sa traduction des Septante.

texte massorétique actuel, et se borne à signaler, avec une prédilection marquée pour Symmaque, les différentes versions faites directement sur l'hébreu et recueillies par Origène.

Sur le modèle des tomes de ce dernier, il composa aussi le commentaire scientifique[1] de quelques Psaumes (X-XVI). Déjà, avant de traduire le Psautier sur l'hébreu, Jérôme, à l'exemple encore d'Origène, et en guise de complément à ses scholies, avait composé, à la demande d'un ami, avec qui il lisait ce livre, de courtes gloses, publiées sous le titre de *Commentarioli in Psalmos* ou d'*Enchiridion*[2].

Ainsi s'écoulait sa laborieuse existence, dans la variété des occupations dont l'étude de l'Écriture formait toujours le centre. On aurait tort de croire que ce fût toujours dans un calme absolu. Si de précieuses sympathies le soutenaient, les oppositions violentes, auxquelles il avait cédé, en quittant Rome, n'avaient point désarmé. La traduction d'après l'hébreu vint à point leur fournir un nouvel aliment. Nous sommes mal renseignés sur la manière dont elles se manifestèrent : seules les plaintes de saint Jérôme dans ses préfaces font écho à ces attaques. Le prétexte en était toujours le même : Par cette œuvre le nouveau traducteur ruinait l'autorité des Septante, cette version vénérable, que beaucoup regardaient comme inspirée, et qui avait été léguée à l'Église par le Christ et les Apôtres. C'était donc une intolérable initiative et le fait d'un orgueil démesuré que de prétendre lui substituer une œuvre purement humaine, dont le moins que l'on pût dire, est qu'elle se présentait sans aucune garantie. Jérôme ressentait cruellement la blessure de ces attaques, ses vives ripostes en témoignent. Mais heureusement elles ne parvenaient point à le décourager. Il avait trop conscience du service qu'il rendait à l'Église pour céder à ces impertinentes mises en demeure. Tout en expliquant, sans se lasser, dans ses préfaces,

---

[1] *De Viris*, CXXXV (PL, XXIII, 717, B) : « In Psalmos a X usque ad XVI tractatus VII. » Ils sont perdus, sauf sans doute le *Tractatus in Psalmum XV*, publié par dom MORIN, dans les *Anecdota Maredsolana*, t. III, III, p. 10-31.

[2] *Commentarioli in Psalmos*, édités par dom MORIN, dans les *Anecdota Maredsolana*, t. III, I, 1895; attestés par saint Jérôme, *Apol.* I, 19 (PL, XXIII, 413, B).

son attitude à l'égard des Septante, et en y multipliant les protestations de respect à leur sujet, il continuait son œuvre. Des encouragements efficaces et autorisés ne cessaient d'ailleurs de le soutenir et de compenser la peine que lui causait l'inintelligente obstination de ses adversaires [1].

Il en était là lorsque la demande d'un ami distingué, Flavius Dexter, lui fournit l'occasion de jeter un coup d'œil rétrospectif sur son œuvre passée, en même temps que sur les écrivains qui l'avaient précédé. Il composa, pour l'information des chrétiens et de leurs adversaires, une histoire littéraire analogue aux résumés publiés sur les écrivains profanes par Suétone. Ce *De Viris illustribus* [2] comprenait plus de cent trente notices sur les écrivains chrétiens, dans l'ordre chronologique [3]. Le fond en est avant tout emprunté à Eusèbe, dont l'histoire ecclésiastique était fort riche en renseignements de ce genre. Jérôme y ajoute peu pour les écrivains dont a parlé Eusèbe : à peine çà et là un détail utile à recueillir; quelques épithètes laudatives, assez vagues, sont le principal apport, avec le labeur, plus important mais en somme assez facile, de résumer et de classer ce qui se rapporte à chaque écrivain. Pour le IVe siècle, au contraire, l'œuvre est pleinement originale et nous conserve de précieux détails que l'on chercherait vainement ailleurs. Ils feront excuser plus facilement ce que le petit livre présente d'incomplet, d'arbitraire et de superficiel. Ce *De Viris* eut beaucoup de succès. Il le méritait moins pour sa valeur intrinsèque que parce qu'il marque une date: c'est la naissance de l'histoire littéraire du Christianisme et comme la consécration de l'existence d'une littérature chrétienne distincte de la littérature profane et s'efforçant de rivaliser avec elle pour la forme, tout en lui étant infiniment supérieure pour le contenu.

---

[1] Voir note complémentaire P.

[2] PL, XXIII, 601-720; éditions BERNOULLI (Fribourg, 1895) et RICHARDSON dans TU, t. XIV, 1, 1896; cfr l'édition annotée de SYCHOWSKI, Munster, 1894; *ibid.*, p. 197-198, la liste des additions faites par saint Jérôme aux renseignements fournis par Eusèbe.

[3] Il y a en plus quelques écrivains juifs ou païens auxquels s'intéressait plus particulièrement la littérature chrétienne : Philon, Josèphe, Sénèque, Juste de Tibériade. En tout cent trente-cinq notices; la dernière est la notice autobibliographique de saint Jérôme, jusqu'à l'année 392.

CHAPITRE II

LA POLÉMIQUE CONTRE JOVINIEN

(393)

I. Les erreurs de Jovinien. — II. Leur réfutation par saint Jérôme.

I

La publication du *De Viris illustribus* termine une période dans la vie de saint Jérôme. Elle ferme l'ère du premier établissement en Palestine, des années occupées d'une part à organiser les monastères où Jérôme et Paula comptaient désormais achever leur vie, de l'autre à l'étude presque exclusive de la langue hébraïque et des Livres Saints. Désormais Jérôme va rentrer en contact étroit avec l'Occident et s'intéresser activement aux luttes religieuses qui s'y dérouleront. Ces dernières années du siècle, depuis surtout que l'avènement de Théodose avait pacifié l'Orient, en amenant le triomphe incontesté du catholicisme, développèrent un courant d'immigration intense d'Occident en Orient. Le désir de visiter les Lieux-Saints, d'aller voir de ses yeux les merveilles, dont les solitudes de Palestine, de Syrie, de Mésopotamie, d'Arabie, d'Égypte étaient le théâtre, entraînait chaque année des groupes nombreux qui venaient d'Italie, de Gaule, d'Espagne satisfaire une pieuse curiosité. Un certain nombre restaient définitivement. Les uns isolément demandaient à être admis dans les monastères déjà existants, les autres se groupaient pour former de véritables colonies latines, comme celles organisées par Rufin au mont des Oliviers et par Jérôme à Bethléem. D'autres décidés à revenir chez eux s'attardaient volontiers dans leur pèlerinage; ils restaient des semaines, des mois, les hôtes de leurs amis palestiniens [1].

---

[1] Tel Postumianus, qui raconte son séjour de six mois (vers 400) auprès de saint Jérôme, dans le *Dialogue* de SULPICE SÉVÈRE, I, 8-9 (édit. HALM, p. 159-161; PL, XX, 189-190). Voir le relevé chronologique de ces pèlerinages dans MOLINIER et KOHLER, *Hierosolymitana Itinera latina*, t. II, 1, Genève, 1885.

Ces devoirs de l'hospitalité, depuis qu'un édifice spécialement consacré à cette œuvre avait été bâti près de son monastère, prenaient une place de plus en plus importante dans la vie de saint Jérôme. Il les trouvait plus tard absorbants au point de se plaindre parfois qu'ils ne lui laissaient plus assez de temps pour s'occuper de ses travaux personnels [1]. Ce n'était pas cependant pure perte, même de ce point de vue. Indépendamment de l'exercice de la vertu évangélique par excellence, celle du bon Samaritain, ces relations avaient l'avantage inappréciable de le mettre au courant de tout ce qui intéressait la vie religieuse en Occident. Dans sa cellule de Bethléem, il était l'homme peut-être le mieux informé de ce qui concernait l'Église dans les différents pays. Ces hôtes d'un jour ou d'un mois n'étaient pas des individualités isolées; souvent ils représentaient d'autres personnalités plus importantes, que leur fonction, leur âge, d'autres causes empêchaient de faire aussi le grand pèlerinage. Diacres d'évêques, moines, laïques, ils arrivaient chargés de missives où ceux qu'ils laissaient au pays saluaient les grands Latins établis en Orient [2]. Tantôt ils se bornaient à cette salutation et à une demande de prières. Le plus souvent, — et c'était le cas habituel pour saint Jérôme, — ces lettres apportaient en plus des renseignements sur l'état des Églises, une demande d'intervention au sujet de tel différend public ou privé [3]. De simples femmes, encouragées par l'exemple de Paula et de Marcella, soumettaient au grand docteur leurs difficultés scripturaires ou le consultaient sur la meilleure manière d'employer leur vie [4]. Entre tous ses amis de Rome,

---

[1] Ce fut surtout lorsque la prise de Rome par Alaric (410) eut amené en Orient, les mois qui précédèrent et qui suivirent, un grand nombre de fugitifs (*Comm. in Ezech.* III, préface, et VII, préface; PL, XXV, 75-76 et 199).

[2] Par exemple pour la correspondance avec Augustin: Profuturus (*Epist.* LVI); Paulus (*Epist.* LXVII); Presidius (*Epist.* CIII); Cyprianus (*Epist.* CIV, CX, CXII, CXVI); Firmus (*Epist.* CXV, CXVI). Pour saint Exupère et d'autres toulousains, Sisinnius (*Epist.* CII, CV, CXIX); Apodemius (*Epist.* CXX, CXXI), etc.

[3] *Epist.* CIX, sur Vigilance, à Riparius, la controverse avec Jovinien, etc.

[4] Lettre à Furia (*Epist.* LIV), Fabiola (LXIV et LXXVIII), Principia (LXV et CXXVII), Théodora (LXXV), Laeta (CVII), Hédybia (CXX), Algasia (CXXI), Agerochia (CXXIII), Démétriade (CXXX). Il en sera question plus loin.

Marcella [1] entretenait avec son maître une correspondance active qui ne lui laissait évidemment rien ignorer des incidents concernant la vie religieuse de la capitale. Aux détails des lettres s'ajoutaient ceux que les messagers bénévoles donnaient de vive voix [2]. Jérôme était mis à même de connaître très particulièrement, sans les avoir jamais vus, des personnages sympathiques ou hostiles. Il pouvait prendre parti, le cas échéant, et intervenir pour assurer à tel ou tel mouvement tout le poids de son influence. C'est ainsi qu'il fut amené à rentrer dans l'arène des controverses religieuses d'une façon éclatante, peu après l'achèvement de ses notices sur les littérateurs chrétiens.

Il s'agissait d'un moine qui faisait beaucoup parler de lui depuis quelques années et dont l'activité se montrait néfaste pour le mouvement ascétique alors si intense. On assistait, en ce temps, à une sorte de flux et de reflux qui ballottait la barque de l'Église entre l'élan vers la perfection, vers l'austérité de l'idéal évangélique tel que le réalisait la vie monastique, et la mondanité, le relâchement, une sorte d'épicuréisme d'aloi douteux, jetant sur les habitudes païennes un vernis léger de christianisme, qui n'aurait exigé aucun effort sérieux d'adaptation de la part des nouveaux convertis. Périodiquement des adversaires se dressaient dénonçant l'activité brouillonne des apôtres de l'ascétisme, se constituant les défenseurs de la prétendue morale commune contre les intempérances des fanatiques et prêchant, à des cœurs déjà trop bien disposés, le doux *farniente* de la vie facile [3]. A la propagande par le fait se joignait la propagande par le livre, aux exemples vivants les exemples et les conseils tirés des pages de l'Ancien et du Nouveau Testament interprétées selon leur fantaisie. Déjà saint Jérôme avait rencontré sur son chemin un de

[1] Il n'en reste presque rien pour cette époque (*Epist.* XLVI, peut-être XLIV, LIX). Mais elle est attestée par la lettre CXXVII, 8 : « Interim absentiam nostri mutuis solabamur adloquiis et quod carne non poteramus spiritu reddebamus, semper se obviare epistulae, superare officiis, salutationibus praevenire; non multum perdebat quae iugibus sibi litteris iungebatur. »

[2] Saint Jérôme y fait allusion souvent, par exemple dans la lettre LXVIII, 1, CXVII, 1, CXXII, 1.

[3] Relire la lettre XXII à Eustochium et la fin de l'*Adversus Helvidium*.

ces dangereux polémistes et l'avait pulvérisé. Mais le sort d'Helvidius n'avait pas découragé ses émules [1]. Dix ans ne s'étaient point écoulés, depuis que Jérôme avait réfuté ses assertions contre l'honneur de la Vierge Marie, et voici qu'un moine, Jovinien, les reprenant à son compte, groupait autour de lui un nombre respectable de disciples. Les condamnations officielles répétées n'avaient point eu complètement raison de sa révolte. A Rome le pape Sirice, à Milan et dans la Haute Italie, saint Ambroise et ses collègues avaient repoussé sa doctrine et anathématisé sa personne [2]. Or plusieurs mois après, dans la capitale même du monde chrétien, l'opuscule où Jovinien exposait son système [3] avait tant de succès que des lettres pressantes partaient pour Bethléem, sollicitant Jérôme d'intervenir au plus tôt, pour écraser la tête de l'hydre toujours renaissante.

Le système mettait en cause toute la morale chrétienne. Les attaques contre la virginité perpétuelle de Marie n'en étaient qu'un développement accessoire [4], une preuve partielle destinée

---

[1] Cfr plus haut, p. 94-100; *Adversus Iovin.* II, 36 (PL, XXIII, 334, B) : « Ne glorieris quod multos discipulos habeas... Quod multi acquiescunt sententiae tuae indicium voluptatis est. »

[2] SIRICE, *Epist.* VII, *Optarem semper* (JAFFÉ, 260); AMBROISE, *Epist.* XLII, *Recognovimus* (PL, XVI, 1121-29), et ses collègues réunis en concile à Milan, ont condamné Jovinien. La date communément assignée à ces documents est l'année 389 ou 390, trois ans avant la réfutation de saint Jérôme. Comme celui-ci ne parle pas de cette condamnation dans sa réfutation, mais seulement dans sa réponse apologétique (*Epist.* XLIX; XLVIII, VALLARSI), 2 : « Idcirco te post Dominum faciente damnatus est quod ausus sit perpetuae castitati matrimonium comparare », M. Brochet (*Les ennemis de S. Jérôme*, p. 127) pense qu'il faut placer la condamnation de Jovinien entre ces deux écrits. Déjà Benoît XIV (*Epist. Postquam intelleximus*, n. 73, citée plus haut), admet que la condamnation a suivi l'apologie de Jérôme, mais Florentini l'a induit en erreur, car la condamnation est déjà mentionnée au n. 2 de cette apologie. M. Haller (*Jovinianus*, p. 127) estime que l'opuscule de Jovinien, auquel répond saint Jérôme, est lui-même une réplique à la condamnation de Sirice et d'Ambroise.

[3] Il contenait au moins deux livres : *Adversus Iovin.* I, 1-2 (PL, XXIII, 212, A B), où saint Jérôme donne le début du second, « secundi libri eius monstrabit exordium. » — *Ibid.*, I, 1 (211, A) : « Pauci admodum dies sunt quod sancti ex urbe Roma fratres (fratris ?) cuiusdam mihi Ioviniani Commentariolos transmiserunt rogantes ut eorum ineptiis responderem et Epicurum Christianorum evangelico atque apostolico vigore contererem. »

[4] La synodale rédigée par saint Ambroise est seule à en faire mention alors.

à renforcer l'argumentation d'ensemble par laquelle le nouvel hérésiarque s'efforçait de justifier ses assertions. Elles constituaient un système bien lié, d'apparence solide et tout à fait propre à gagner les âmes faibles, heureuses de trouver un prétexte pour justifier leur relâchement. Il est facile de voir que, sous le luxe des démonstrations scripturaires, des citations et des exemples tirés de la Bible, c'était la morale catholique et la morale tout court qui étaient mises en danger. Jovinien semblait exalter par-dessus tout l'œuvre du Christ et vouloir la défendre contre toute usurpation étrangère, laisser à la rédemption son efficacité, lui venant exclusivement des mérites du Christ [1]; mais c'était pour aboutir au nihilisme religieux, à des conceptions morales qui, dans l'état ordinaire de l'humanité, ne pouvaient que provoquer le relâchement et le désordre.

En effet, le baptême d'après lui constituait tous les chrétiens dans l'état d'égalité la plus absolue ici-bas et dans le ciel. Quiconque était baptisé et restait fidèle à son baptême, — et tout vrai baptisé le restait, puisqu'il était rendu, par ce baptême même, inexpugnable au démon, — avait droit à la même récompense céleste. Devant cette égalité chrétienne, toute autre inégalité était absolument sans importance et devenait réellement indifférente. Vierges, veuves, femmes mariées avaient le même mérite. Il n'y avait aucune valeur spéciale à attacher à l'état de continence, pas plus qu'il n'importait de jeûner ou de manger à sa faim, de s'abstenir de certains mets ou d'accueillir avec action de grâces toutes sortes d'aliments [2].

C'était donc la guerre déclarée à toutes les pratiques par lesquelles plus que jamais se manifestait l'austérité chrétienne. Ce moine ruinait de fond en comble l'institution monastique, dans son principe et dans quelques-unes de ses manifestations les plus caractéristiques. En proclamant l'égalité de tous les baptisés

---

[1] Cela explique pourquoi il a trouvé et trouve toujours chez les protestants une vive sympathie; cfr HALLER, *Iovinianus* (TU, t. XVII, 2, 1897). C'est un précurseur pour la doctrine de la justification par la foi seule.

[2] Quatre propositions où saint Jérôme résume la doctrine qu'il réfute (*Adversus Iovin.* I, 3; PL, XXIII, A B).

fidèles, devant la récompense éternelle, il énervait la bonne volonté et supprimait radicalement tout élan vers le progrès. Il tendait à remplacer l'effort moral par un fidéisme dont la négligence et la faiblesse s'accommoderaient sans trop de peine. Sans doute il n'autorisait pas le mal directement et demandait la fidélité au baptême, c'est-à-dire l'absence de toute faute grave; mais il constituait ce nivellement par en bas, qui faisait perdre au catholicisme sa valeur de perfectionnement individuel et social. Qu'il le voulût ou non, Jovinien [1] se faisait l'apôtre de la médiocrité et par là même préparait les voies à la corruption et au désordre. Le comble, c'était qu'il prétendait appuyer ces idées sur l'Écriture Sainte. Les textes et les exemples aussi bien du Nouveau Testament que de l'Ancien s'alignaient sous sa plume en longues colonnes et en énumérations gonflées, pour donner à ses lecteurs la conviction que c'était bien là l'esprit authentique du christianisme et que seules des déviations, en contradiction avec les textes sacrés, avaient pu donner le change.

II

La démonstration étant scripturaire, il était naturel que, pour la réfutation, on songeât à l'homme qui surpassait alors tous les autres dans la connaissance des Saints Livres et qui l'avait utilisée d'une manière magistrale dans la polémique avec Helvidius. De Rome on expédia donc à saint Jérôme un exemplaire de l'opuscule, avec prière instante de faire toute diligence pour le réfuter. Le mal gagnait. Des défections de plus en plus nombreuses se prononçaient dans les milieux fervents : moines et moniales renonçaient à leur *propos* pour reprendre la vie du monde. C'était la déroute scandaleuse de la vie parfaite à laquelle il importait de parer au plus vite [2]. Jérôme reçut l'ouvrage, il le

---

[1] Il est difficile dans les renseignements donnés par Jérôme de faire la part précise de la rhétorique, qui y est incontestable (*Adversus Iovin.* I, 40; II, 36 et suiv.; PL, XXIII, 268, 333-337).

[2] Cfr S. AUGUSTIN, *De haeresibus*, LXXXII (PL, XLII, 45-46) : « Ita ut quaedam virgines sacrae provectae iam aetatis in urbe Roma ubi haec docebat eo

lut et dès les premières lignes il sentit s'éveiller sa verve satirique. En même temps grondait dans son âme la sincère indignation du chrétien et de l'ascète atteint dans ses convictions les plus profondes et ses plus intimes prédilections. En un style prétentieux et boursouflé, qui faisait de son prologue un vrai galimatias, Jovinien expliquait laborieusement sa pensée [1]. Mais sans doute tout n'était pas de ce ton, car on comprendrait malaisément qu'une prose aussi peu intelligible eût suscité tant d'émotion. Bref, la lecture finie, Jérôme se sentit pleinement en mesure d'abattre le nouvel adversaire et il s'y appliqua de son mieux.

Le résultat fut un traité, — le plus considérable qu'il eût composé jusqu'alors, — l'*Adversus Iovinianum* [2], en deux livres assez volumineux, où il suivait pas à pas l'adversaire et déployait toutes ses ressources pour le rendre définitivement inoffensif. C'est, à n'en pas douter, l'œuvre la plus brillante et l'une des plus soignées de saint Jérôme. Il profite largement de l'occasion qui s'offre à lui d'utiliser son érudition sacrée et profane. Le rhéteur et l'exégète collaborent avec entrain pour terrasser l'ennemi commun. Sachant que la réfutation sera lue non pas seulement dans les cercles restreints s'intéressant à la vie ascétique, mais par le grand public, par les païens eux-mêmes, ayant conscience qu'il faut assurer la victoire pleine et entière de la morale catholique dans ce qu'elle a de plus délicat et de plus précieux, le polémiste emploie toutes les armes à sa disposition. Tour à tour l'adversaire est directement réfuté ou mis en déroute à l'aide des auxiliaires les plus inattendus. S'il invoque l'Écriture, saint Jérôme lui démontre pertinemment qu'il n'y entend rien, qu'il entasse les bé-

audito nupsisse dicantur. » — *Retractat.* II, 48 (PL, XXXII, 639; CSEL, t. XXXVI, p. 657) : « Tantum valuit in urbe Romana ut nonnullas etiam sanctimoniales de quarum impudicitia suspicio nulla praecesserat, deiecisse in nuptias diceretur, hoc maxime argumento cum eas argueret dicens : Tu ergo melior quam Sarra, melior quam Susanna sive Anna ?... Hoc modo etiam virorum sanctorum sanctum coelibatum commemoratione patrum coniugatorum et comparatione frangebat. »

[1] *Adversus Iovin.* I, 2, avec la critique préalable de saint Jérôme, n. 1 (PL, XXIII, 211-212).

[2] PL, XXIII, 211-338.

vues et fait dire aux textes ce qu'ils ne signifient point [1]. S'il fait appel à l'érudition profane, Jérôme le submerge sous le flot des citations empruntées aux spécialistes. Les colonnes s'allongent de témoignages païens qui viennent corroborer sa thèse et condamner celle de Jovinien. Les satiriques et les comiques fournissent à plaisir les traits qui accablent le méchant écrivain au style amphigourique et le réformateur, héritier tardif d'Épicure [2]. Rien n'est oublié pour ne laisser à Jovinien aucun avantage et lui ôter toute envie de faire désormais parler de lui.

Le livre premier en entier est consacré à réfuter sa première proposition : vierges, veuves, femmes mariées, une fois baptisées, à égalité d'œuvres, ont égalité de mérites [3]. C'est tout d'abord à mettre en pièces le dossier scripturaire de Jovinien que s'attache Jérôme. Il va droit à l'essentiel. La première épître de saint Paul aux Corinthiens lui fournit matière à un abondant exposé qui met dans leur véritable jour la valeur respective de la virginité et du mariage, ainsi que leurs véritables relations [4]. Il reprend alors l'histoire de l'Ancien Testament pour rétablir les faits et exposer leur signification authentique [5]. Puis, passant au Nouveau, il n'a pas de peine à y montrer la part prépondérante que la prédication et l'exemple de la continence y réclament [6]. Même procédé pour la doctrine : Jérôme explique les textes des deux Testaments en rappelant l'économie divine par laquelle le monde a été progressivement préparé à l'idéal évangélique, seul désormais acceptable : idéal dont l'application, dans l'Église

---

[1] Presque tout le premier livre : I, 5-40 (*Ibid.* 215-270); II, 1-4 (281-289); 6 (293-294); 15-34 (305-373). Cfr I, 4 (214-215) où il expose son programme : « Adversus singulas propositiones eius Scripturarum vel maxime nitar testimoniis, ne querulus garriat se eloquentia magis quam veritate superatum. »

[2] *Adversus Iovin.* I, 41-49 (*Ibid.* 270-282); II, 6 (291-293); 7-14 (294-305). Il l'appelle « Epicurum christianorum (I, 1; 211, A), nostrum » (II, 36; 333-334). Cet étalage d'érudition profane, empruntée d'ailleurs en partie à des ouvrages où les énumérations étaient déjà groupées, est bien voulu (I, 4; *Ibid.* 215, A): « Assumam exempla saecularis quoque litteraturae, ad quam et ipse provocat.»

[3] PL, XXIII, 215-282.

[4] I, 6-15 (*Ibid.* 217-234).

[5] I, 16-25 (234-245).

[6] I, 26 (245-249).

même, s'est faite graduellement pour ménager les adaptations nécessaires, mais qui maintenant doit rayonner dans toute sa pureté et ne plus souffrir de tempérament [1].

Déjà, tout au long de cet exposé, les traits sarcastiques à l'adresse des marieurs insatiables et obstinés, n'ont point manqué. Sous le commode couvert des citations profanes, le polémiste va maintenant les multiplier à son aise et se faire l'écho docile et complaisant des critiques que, de tout temps, le théâtre et la satire ont lancées contre les femmes ou contre les tracas de la vie conjugale. Tout d'abord il rappelle, il est vrai, avec ostentation les héroïnes que leur chasteté a rendues célèbres parmi les païens, les vierges et les veuves que leur continence a immortalisées [2], mais c'est pour accabler bientôt ses contemporaines, sous les traits acérés de Théophraste, en son volume sur les noces [3], et conclure que la femme a toujours été la cause du mal en ce monde et que seule la pudicité peut la sauver [4].

Les autres thèses importantes de Jovinien ne demandaient pas une réfutation aussi considérable. Jérôme leur consacre le second et dernier livre de son travail. La deuxième proposition était une absurdité qui se réfutait d'elle-même : quiconque est baptisé, déclarait Jovinien, est par là même soustrait à l'empire du démon et de la tentation. Jérôme n'eut pas de peine à démontrer que l'Écriture ne dit rien de semblable. De nombreux textes au contraire mettent en garde contre la tentation, affirment la nécessité de la lutte et son universalité. Nul n'y est soustrait, ni les saints, ni les anges. Le libre arbitre nous est donné pour l'employer à coopérer volontairement à notre salut par la résistance au péché [5].

La troisième proposition soutenait l'indifférence absolue au sujet de la nourriture et battait en brèche l'abstinence ascétique. Saint Jérôme n'ajoute pas plus d'importance qu'il ne faut à cette thèse. Son érudition ici encore se met à l'aise pour opposer à la

---

[1] I, 27-40 (248-270).
[2] I, 41-46 (270-276).
[3] I, 47 (276-278).
[4] I, 48-49 (278-282).
[5] II, 1-4 (281-290).

gourmandise de Jovinien les actes de sobriété retenus par l'histoire païenne [1]. Il fait appel à Hippocrate et à Galien pour vanter les mérites de la tempérance, puis, s'élevant plus haut, il montre dans l'Écriture la source de la doctrine chrétienne sur l'abstinence et comment cette vertu est le secret de la véritable force [2]. En assurant la maîtrise sur les sens elle prépare l'âme à l'exercice des plus hautes vertus.

La dernière proposition fournit à Jérôme l'occasion d'insister davantage encore sur le vrai sens de l'Écriture. C'était l'une des plus répugnantes pour notre sentiment inné de la justice, mais en même temps l'une des plus agréables à la médiocrité religieuse : tous les baptisés fidèles à leur baptême ont droit à la même récompense. Jérôme réfute avec indignation, par de nombreux textes scripturaires, cette doctrine d'abâtardissement. Il explique les paroles et les textes qui semblent au premier abord la favoriser et revendique d'une manière irréfutable la diversité des récompenses célestes en rapport avec la diversité des mérites [3].

Ayant ainsi terrassé l'adversaire, il lui lance en guise d'adieu une dernière invective. Dépeignant en traits vifs l'abjection du système et de ses sectateurs, il met en garde la ville où le blasphème qu'elle portait écrit sur le front a été effacé par la foi chrétienne :

« O Ville puissante, ville maîtresse du monde, toi que l'Apôtre a louée, interprète et applique ton nom : Rome signifie force en grec, sublimité en hébreu. Garde la propriété de ton appellation : que ta vertu te conserve élevée au lieu de te rabaisser par la volupté ! Cette malédiction dont le Sauveur dans l'Apocalypse t'a menacée, tu peux l'éviter par la pénitence, à l'exemple des Ninivites. Prends garde au nom de Jovinien qui dérive d'une idole. Le Capitole est sans éclat, le temple de Jupiter et ses rites n'existent plus. Pourquoi son nom et ses vices trouveraient-ils à se maintenir chez toi ? Quand existaient encore les rois, sous Numa Pompilius, tes anciens ont plus facilement accepté la continence de Pythagore que, sous les consuls, la débauche d'Épicure [4]. »

---

[1] II, 5-17 (PL, XXIII, 290-312).

[2] Appel aux *philosophi* et aux *physici* : II, 6-14 (292-305); Écriture : 15-17 (305-312).

[3] II, 18-34 (312-333).

[4] II, 35-38 (333-338).

L'ouvrage à peine composé fut immédiatement divulgué en Palestine et dans tout l'Occident. Avant même ceux auxquels Jérôme l'avait adressé, d'autres le reçurent à Rome et l'on s'en arracha bientôt les copies [1]. Mais le succès n'était pas tout à fait celui qu'avait cherché l'auteur. Si Jovinien fut écrasé et sa doctrine définitivement enterrée, d'autres se sentirent atteints qui firent entendre des protestations indignées. On trouvait que Jérôme avait, cette fois, dépassé les bornes. Son livre n'avait défendu l'ascétisme et la virginité qu'en sacrifiant le mariage et la vie commune [2]. On signalait de nombreux passages à l'appui de ces critiques; on relevait les textes où la verve du satirique se donnait libre carrière et bravait l'honnêteté dans les mots, avec une liberté à laquelle les oreilles chrétiennes n'étaient pas accoutumées [3]. Les partisans du relâchement, n'osant plus soutenir directement leurs doctrines, étaient heureux de se rattraper, en daubant sur l'auteur et en vociférant bien haut contre lui [4]. Bref, devant ce résultat inattendu, les meilleurs amis de Jérôme furent dans la consternation. Ils s'empressèrent de lui dépeindre cet état des esprits. Il était nécessaire qu'il fournît au public des explications et des correctifs. Entretemps, le gendre de Paula, Pammachius, qui avait plus que personne poussé à la condamnation de Jovinien [5], faisait tout ce qu'il pouvait pour retirer de la circulation le livre malencontreux. Mais malgré sa diligence, les exemplaires couraient et le mal ne faisait que s'accroître [6].

---

[1] *Epist.* XLVIII (XLIX, VALLARSI), 2: « Cum aliquanti ex Urbe venientes mihi eadem lectitarent quae se Romae excepisse referebant. In hac quoque provincia iam libri fuerant divulgati. Statim ut aliquid scripsero aut amatores mei, aut invidi, diverso quidem studio sed pari certamine, in vulgus nostra disseminant et vel in laude vel in vituperatione nimii sunt. »

[2] *Epist.* XLIX (XLVIII, VALLARSI), 2 : « Reprehendunt in me quidam quod... nimius fuerim vel in laude virginum vel in suggillatione nuptiarum et aiunt condemnationem quodammodo esse matrimonii in tantum pudicitiam praedicari ut nulla posse videatur inter uxorem et virginem comparatio derelinqui. »

[3] I, 36 (PL, XXIII, 260-263); *Epist.* L.

[4] Voir la lettre L et les critiques rapportées par Domnion.

[5] *Epist.* XLVIII (XLIX, VALLARSI), 9.

[6] *Epist.* XLVIII (XLIX, VALLARSI), 2 : « De opusculis meis contra Iovinianum quod et prudenter et amanter feceris exemplaria subtrahendo, optime novi, sed nihil profuit ista diligentia... » — *Epist.* XLIX (XLVIII, VALLARSI), 1: « Nunc

Jérôme en apprenant ces nouvelles fut un peu ému et encore plus étonné. A Domnion qui lui avait parlé d'un jeune moine s'attachant à le décrier dans les cercles pieux de Rome, il se contente d'écrire une lettre satirique à l'adresse de son contradicteur [1]. Il le tourne en ridicule et l'invite à se mesurer avec lui sur le même sujet. C'est avec Pammachius qu'il traite l'affaire sérieusement. Ce haut personnage, le premier des sénateurs chrétiens, a demandé à Jérôme de s'expliquer et de se corriger. Une réponse indirecte ne suffit pas. Jérôme lui adresse donc une apologie en règle [2] : le livre étant publié ne peut plus être modifié mais, en réalité, son texte tel qu'il est se suffit à lui-même. Rien ne justifie les clameurs de réprobation soulevées : il n'y a qu'à le lire attentivement et à savoir s'arrêter aux bons endroits. C'est ce que fait Jérôme et il n'a pas de peine à montrer qu'on le calomnie en faisant de lui un détracteur systématique du mariage, un panégyriste trop absolu de la virginité.

Il a raison et, dans le fond, il est exact qu'il pense juste sur la valeur relative de ces deux états; mais on comprend cependant l'émotion suscitée par son livre et comment saint Augustin jugeait nécessaire, quelques années plus tard, d'écrire son *De bono coniugali* [3] pour mettre la question au point. Si la pensée, dans le

---

autem provocatus dulcissimis litteris tuis et huiuscemodi litteris quae me ad philo ophiam nostri dogmatis provocarent et condiscipulum quondam et sodalem et amicum obviis, ut aiunt, manibus excipio defensoremque meorum opusculorum paro ita tamen si ante te placatum iudicem habuero, immo si oratorem meum super omnibus quae in me arguuntur instruxero. »

[1] *Epist.* L, 3, où il oppose l'intempérance de critique du moine dont lui a parlé Domnion, et l'attitude soit de Pammachius, soit de Domnion lui-même; ce Domnion était, semble-t-il, un laïque distingué, non un prêtre, qu'il tenait en haute estime (voir la lettre XLVII, 3, du même temps): « Utique si errare me arbitratus est... debuit vel arguere vel interrogare per litteras quod vir eruditus et nobilis fecit Pammachius, cui ego... et epistula longiore disserui quo unumquidque sensu dixerim. Imitatus saltim tuam fuisset verecundiam qui ea loca quae scandalum quibusdam facere videbantur excerpta de volumine per ordinem digessisti, poscens ut vel emendarem vel exponerem. »

[2] *Epist.* XLVIII (XLIX, Vallarsi), avec une lettre d'envoi plus courte (*Epist.* XLIX, Hilberg; XLVIII, Vallarsi).

[3] PL, XL, 373-391; CSEL, t. XXXXI, p. 187 et suiv.; cfr *Retractat.* II, 48 (PL, XXXII, 639; CSEL, t. XXXVI, p. 657) : « Remanserant autem istae disputationes eius (Jovinien) in quorundam sermunculis ac susurris, quas palam

fond, est inattaquable [1], l'expression chez saint Jérôme a plus d'une fois trahi la pensée : le rhéteur et le satirique ont fait tort au théologien. Je ne parle pas seulement des passages d'une crudité inutile et presque provocante [2], ni des textes si désobligeants pour les filles d'Ève, qu'il semble multiplier comme à plaisir [3]. C'est dans l'exposé même de la doctrine, dans son commentaire de l'épître aux Corinthiens qu'il est sujet à caution. Il a eu tort de prendre pour guide Tertullien. Ce rhéteur africain, dans ses outrances de logique, l'a amené à dépasser le but lui aussi. A les prendre en rigueur de termes, certaines phrases équivalent à une condamnation de l'état matrimonial. Jérôme le présente parfois, non pas comme un état licite, quoique de perfection inférieure à celle de la continence, mais comme un moindre mal, toléré seulement pour en éviter un pire [4]. Cela choquait à bon droit les chrétiens de Rome engagés dans la vie du monde et cependant fidèles à leurs devoirs.

Quand on a lu sa réfutation de Jovinien, on reste convaincu qu'en effet l'hérétique a tout à fait tort et n'a rien compris à la doctrine chrétienne. On a moins de clarté sur cette doctrine même en ce qui concerne la valeur morale du mariage. Quelque trouble reste : il y a des jets de lumière et des passes de ténèbres. C'est l'image de ce qui longtemps encore devait se produire dans l'his-

---

suadere nullus audebat sed etiam occulte venenis repentibus facultate quam donabat Dominus, occurrendum fuit, maxime quoniam iactabatur Ioviniano responderi non potuisse cum laude sed cum vituperatione nuptiarum. Propter hoc librum edidi cuius inscriptio est : *De bono coniugali.* »

[1] Il faut la chercher en particulier au livre I, 13 (PL, XXIII, 232) : « Tantum est igitur inter nuptias et virginitatem quantum inter non peccare et bene facere, immo, ut levius dicam, quantum inter bonum et melius. »

[2] *Adversus Iovin.* I, 36 (PL, XXIII, 260-261).

[3] Surtout I, 47-49 (*Ibid.* 276-282).

[4] Surtout I, 7 (*Ibid.* 218) : « Si bonum est mulierem non tangere, malum est ergo tangere, nihil enim bono contrarium est nisi malum. Si autem malum est et ignoscitur, ideo conceditur ne malo quid deterius fiat. » — (*Ibid.*, 220) : « Oro te quale illud bonum est quod orare prohibet ? Si semper orandum est numquam ergo coniugio serviendum. » Le premier texte est un emprunt presque littéral à Tertullien, c'est son excuse (*De monogamia*, II ; PL, II, 932, B) : « Bonum, inquit, homini mulierem non contingere. Ergo malum est contingere. Nihil enim bono contrarium nisi malum. » Tout le passage est inspiré de ce chapitre de Tertullien.

toire de la théologie du mariage. Il faudra des siècles pour la débarrasser de scories qui se sont amalgamées avec la doctrine authentique, pour discerner entre ces éléments divers et éliminer tout ce qui provenait, non point de l'enseignement des apôtres, mais de points de vue erronés et d'une insuffisante appréciation des conditions réelles de la perfection chrétienne [1].

---

[1] On sait combien en particulier l'exposé théologique de la doctrine du péché originel a mis de temps à se dégager de ces notions défectueuses et le rôle qu'on y faisait jouer à la concupiscence, comme agent de transmission, ou à l'infection de l'âme par l'intermédiaire de la *caro peccati*. De même en théologie morale, à propos des relations entre époux, par suite d'une fausse interprétation de la *venia* de saint Paul.

CHAPITRE III

LETTRES ET TRAVAUX DIVERS

(393-402)

I. Lettres familières. — II. Traités sous forme d'épîtres.

I

On vient de voir quels efforts saint Jérôme avait accomplis pour faire triompher le double idéal qui désormais absorbait toute son activité : la vie monastique et l'étude de l'Écriture. Dès qu'il fut installé définitivement à Bethléem et qu'une correspondance active s'échangea avec l'Occident, il se remit avec passion à cette propagande en y ajoutant maintenant l'invitation à venir s'établir en Terre-Sainte. C'est à quoi en somme se ramènent la plupart des lettres personnelles conservées de cette époque et beaucoup aussi des traités sous forme d'épîtres, qu'il écrivit pendant ces trente dernières années. La première en date [1] fut adressée à Marcella, au nom de Paula et d'Eustochium. Installées à Bethléem, tout étonnées de se trouver seules, loin de celle qui fut leur mère spirituelle et leur initiatrice aux études scripturaires, les deux « élèves » adressent à leur « maîtresse » un pressant appel à venir les rejoindre. Que de motifs l'Écriture lui fournit pour quitter la Babylone maudite par l'Écriture et habiter Jérusalem ! Les souvenirs de l'Ancien et du Nouveau Testa-

---

[1] *Epist.* XLVI, « Paulae et Eustochiae ad Marcellam, *Exhortatoria de sanctis locis* », après 389. La lettre est de Jérôme, comme le démontre le style et comme l'affirme d'ailleurs le supplément de Bamberg au *De Viris*, n. 20, « ad Marcellam ex nomine Paulae de scs locis ». Le P. Feder qui a publié ce supplément (*Biblica*, t. I, 1920, p. 502) l'attribue à saint Jérôme lui-même et en fixe la date, d'après le contenu, à la première moitié de 406 (*Ibid.*, p. 510 ; p. 13 du tiré à part : *Zusätze zum Schriftstellerkatalog des hl. Hieronymus*, Rome, 1920). Sur cette attribution, voir la note complémentaire T.

ment se présentent en foule, qui exaltent la cité de la paix, théâtre de tant de merveilles divines et surtout de la vie, de la mort et de la résurrection glorieuse du Sauveur. Jérusalem n'a été maudite que pour les Juifs. Pour les chrétiens pas de lieu plus sacré en ce monde et où en fait il y ait plus de sainteté. C'est là que viennent en foule, de toutes les parties de l'univers, ceux qu'anime plus ardent le zèle pour la perfection. C'est là surtout que fleurit l'ordre monastique, le chœur des moines et des vierges :

« Quiconque en Gaule occupe le premier rang y accourt. Le Breton séparé de notre monde, dès qu'il progresse dans la piété, abandonnant le soleil occidental, recherche ce lieu qu'il ne connaît que par l'Écriture et la renommée. A quoi bon énumérer les Arméniens, les Perses, les peuples de l'Inde et de l'Éthiopie, l'Égypte toute proche, fertile en moines, le Pont et la Cappadoce, la Célésyrie et la Mésopotamie, tous les essaims de l'Orient, qui, selon le mot du Sauveur « où se trouvera le corps, se rassembleront les aigles », accourent en ces lieux et nous offrent l'exemple des différentes vertus. Le son de la voix diffère, mais la piété est unique. Il y a presque autant de chœurs de psalmodies qu'il y a de nations diverses. Et avec cela, — vertu peut-être la première des chrétiens, — point d'arrogance, aucune élévation de sourcil; c'est à qui rivalisera d'humilité. Le dernier de tous ici passe le premier. Pas de distinction dans les habits, pas d'étrangeté. Chacun agit à sa guise : on ne blâme, ni ne loue. Les jeûnes n'enflent l'âme de personne, on n'exalte pas les privations; on ne condamne pas une satisfaction modérée. C'est pour son maître que chacun persévère ou défaille. Personne ne juge autrui pour que le Seigneur ne le juge point. L'habitude courante dans la plupart des provinces de se déchirer à belles dents est ici inconnue. Ni la luxure, ni la volupté n'y trouvent place [1]. »

Paula et Eustochium s'attachent ensuite tout spécialement à opposer les charmes de Bethléem, leur demeure près de la crèche du Sauveur, aux splendeurs corruptrices et aux embarras mondains de Rome, si étrangers à la profession et au calme monastiques :

« Dans la petite demeure du Christ, tout est rustique et seuls les Psaumes rompent le silence. Où que vous alliez, le laboureur tenant à la main l'aiguillon chante l'alleluia. Le moissonneur, couvert de sueur,

---

[1] *Epist.* XLVI, 10.

s'éloigne au chant des psaumes. Le vigneron, en émondant sa vigne avec sa faucille recourbée, chante du David. Voilà les cantiques de ce pays et, comme on dit, ses chansons d'amour. Voilà ce que sifflent les bergers et les instruments de la culture [1]. »

Puis brièvement elles lui font parcourir en esprit les différentes places de la Judée et de la Galilée auxquelles s'attache un souvenir scripturaire : autant de lieux où se dressent les étendards victorieux du Seigneur. Elles reviennent alors à leur grotte de Bethléem, pour y chanter toujours, y pleurer souvent, y prier sans cesse et, blessées par le trait du Seigneur, y dire toutes trois ensemble : « J'ai trouvé celui que cherchait mon âme, je le garderai et ne le laisserai plus partir [2]. »

Marcella ne donna point à cette chaleureuse invitation la réponse qu'eussent souhaitée ses correspondantes. Elle ne quitta point Rome, mais les relations épistolaires continuèrent très suivies avec Bethléem. Lui-même [3] l'affirme et quelques allusions dans les préfaces des œuvres ultérieures le confirment, bien qu'une seule lettre nous ait été conservée de cette période, lettre où Jérôme répond brièvement à cinq difficultés scripturaires proposées par Marcella [4]. On y voit qu'elle est restée pour lui sa meilleure élève, celle qui n'a pas besoin qu'on lui explique longuement les choses et à qui, comme autrefois, il suffit de courtes indications pour qu'elle puisse non seulement s'instruire elle-même, mais aussi éclairer ceux qui recourent à ses lumières.

Tels étaient les sentiments intimes de Jérôme aux premières années de son séjour et les consolations qui animaient son courage. Peu après sa joute avec Jovinien, il écrit encore dans le même sens à un autre habitant de Rome, Desiderius. Celui-ci, d'un commun accord avec sa femme Sérénilla, avait voué la conti-

---

[1] *Epist.* XLVI, 12.

[2] *Epist.* XLVI, 13.

[3] *Epist.* CXXVII, 8.

[4] *Epist.* LIX, rapportée à 395-396. Il faut y ajouter une autre lettre, au temps de la controverse origéniste, adressée à son cousin Pammachius, lettre XCVII, en 402. Sur le rôle qu'elle joua pendant cette querelle, voir plus loin, livre IV, chapitre II, p. 234, 235, 255 et suiv.

nence[1]. Tout en écartant les louanges de son correspondant, dont son humilité s'effare, et en le félicitant d'avoir traversé sans accident la mer orageuse du siècle pour arriver à la paix du Christ, il l'invite à être, comme son nom le veut, un homme de désir. Il se joint aux instances de Paula pour l'engager à venir les voir en visitant les Saints-Lieux et, en attendant, sur sa demande, il lui indique où il pourra se procurer à Rome un exemplaire de ses œuvres.

C'est encore dans le même sens qu'il écrit, cinq ans plus tard, à un autre correspondant qui d'Espagne, cette fois, lui avait fait part d'une résolution semblable. La sympathie y apparaît encore plus vive[2]. Que Lucinus et Théodora achèvent de se libérer, qu'ils ne se contentent point de renoncer aux biens terrestres : c'est le premier pas dans la voie de la perfection; qu'ils avancent : Dieu veut plus encore les âmes des fidèles que leurs richesses. Qu'ils viennent eux aussi habiter les Lieux-Saints. Après quelques détails sur ses travaux et une consultation sur le jeûne et la communion quotidienne, Jérôme, en reconnaissance pour l'offrande de deux manteaux et d'une tunique, envoie quatre petits cilices, symboles de pauvreté et de pénitence, et l'un de ses plus récents ouvrages, un commentaire sur le sens littéral des dix visions d'Isaïe, écrit à la prière de l'évêque Amabilis. Ces objets leur rappelleront Jérôme et les exciteront à préparer le voyage en Palestine[3].

Hélas ! cette amitié à laquelle le moine de Bethléem s'était donné de toute son âme devait être courte. Quelques mois après, Lucinus était emporté par la mort et il ne restait à son correspondant que la triste consolation d'adresser à Théodora son éloge funèbre[4]. Il l'encourageait en lui montrant son mari dans la

---

[1] *Epist.* XLVII. Le séjour à Rome ressort du n. 3 : « Quod si exemplaria libuerit mutuare, vel a sancta Marcella quae manet in Aventino, vel a Lot temporis nostri Domnione, viro sanctissimo, poteris accipere »; en 393.

[2] *Epist.* LXXI, en 398. Lucinus est l'orthographe adoptée par M. Hilberg, d'après les manuscrits, au lieu de Lucinius, forme que donnent les éditions antérieures.

[3] *Epist.* LXXI, 7.

[4] *Epist.* LXXV, en 399.

gloire, au ciel, d'où Lucinus l'invitait à le suivre, en se rendant toujours plus digne de lui, par la pratique de la pénitence et de la chasteté. Par la même occasion, il la recommandait aux soins spirituels d'un prêtre voisin, Abigaus [1], atteint de cécité et qui l'avait salué en demandant ses prières. Jérôme, s'excusant de sa lenteur à lui répondre, l'exhorte à ne point regretter ce qu'il a de commun avec les fourmis, les mouches et les serpents, ces yeux de chair, source de tant de dangers, mais à penser aux biens célestes, que lui prépare sa vie édifiante.

C'est ce qu'il avait déjà répondu à un autre aveugle [2] qui, de Pannonie, s'était rendu à Cissa [3] avec l'intention d'aller jusqu'à Bethléem le visiter. Trop fatigué, il dut interrompre son voyage; mais Jérôme, fort sensible à cette marque d'attachement, lui écrit de ne point s'attrister sur son infirmité. Elle n'est pas l'effet du péché, mais une épreuve, qui est peut-être le principe de grands biens. Tel était déjà l'enseignement du grand Antoine, quand il consolait l'aveugle Didyme, le savant exégète. Que Castricianus s'en rende bien compte; il est préférable de voir avec l'esprit qu'avec la chair et de posséder les yeux où la paille du péché ne peut pénétrer. Il espère toutefois que sa venue n'est que différée et que le diacre Héraclius son messager le ramènera à son prochain voyage. Au cours de son séjour à Bethléem, un moine du nom de Quintilien, lui avait parlé avec grands éloges d'un officier du nom d'Exsuperantius. Sous l'habit militaire il pratiquait les plus hautes vertus chrétiennes. Jérôme ne veut point laisser à la merci du monde une âme aussi bien disposée. Pourquoi, lui écrit-il, s'attarder à servir le siècle? Dieu demande la bonne volonté. A quoi bon continuer à faire carrière pour amasser cette fortune qu'il doit abandonner? Qu'il se donne dès maintenant, qu'il

---

[1] *Epist.* LXXVI.

[2] *Epist* LXVIII, en 397 ou 398. On a fait un étrange contresens sur cette incise: « et homo Pannonius, id est terrenum animal » (*Epist.* LXVIII, 1), comme si c'était une plaisanterie entre compatriotes. En fait, cela veut dire: vivant au milieu des terres, éloigné de la mer, et il n'y a aucun sens péjoratif. Cela ne concerne en rien la thèse sur l'origine pannonienne de saint Jérôme.

[3] Probablement sur la côte sud-ouest d'Istrie. On la place à Punta Barbariga, au-dessous de Rovigno. Castricianus est la forme donnée par les manuscrits.

vienne avec Quintilien le rejoindre à Bethléem. En attendant, qu'un fréquent échange de correspondances récompense Jérôme de son initiative à lui écrire : « J'ai frappé à la porte de l'amitié, si tu ouvres, tu nous auras souvent pour hôtes [1]. »

Un personnage plus important que les précédents avait de lui-même recherché l'amitié de Jérôme et lui exprimait son regret de n'avoir pu encore le rejoindre en Palestine. C'était cet aimable Meropius Pontius Paulinus [2], allié aux familles les plus illustres, ancien consul, qui jusqu'alors, en bon disciple d'Ausone, s'était surtout occupé de poésie et de belles-lettres. Subitement, au scandale de son maître et de plusieurs de ses amis, il avait, de concert avec sa femme, abandonné le monde, vendu ses biens, quitté sa patrie pour s'adonner à la vie parfaite. Passé en Espagne où, à Barcelone, on l'avait presque de force ordonné prêtre, puis en Italie, il avait cherché un refuge, pour y vivre dans la solitude et la prière, avec sa chère Thérasia, désormais sa sœur, dans la ville de Nole, où le culte du martyr Félix l'attirait irrésistiblement. Ce modeste ne gardait de son ancienne situation que la possibilité de faire d'abondantes aumônes et d'exercer largement l'hospitalité. Il se sentait heureux dans sa vie nouvelle, tout consolé par la pensée de Dieu, cherchant à vivre en paix avec tous et à leur faire partager cette satisfaction qu'il exprimait volontiers en de courts poèmes. Son talent littéraire y manifestait les heureuses qualités de goût et de sensibilité qui ont jeté quelque éclat sur le nom de Paulin de Nole.

Sa joie était d'entretenir de cordiales relations avec tous ceux qui étaient alors la gloire et l'espoir de l'Église. Ses lettres venaient les chercher en Gaule, en Italie, en Afrique. Saint Vic-

---

[1] *Epist.* CXLV, de date incertaine, antérieure à 400, si, comme il est probable, il faut identifier cet Exsuperantius avec l'italien du même nom, que Palladius mentionne parmi ceux qui durent quitter Bethléem, par suite du mauvais caractère de Jérôme (*Histor. Laus.* XXVI; édit. BUTLER, p. 106-108; PG, XXXIV, 1180, C). Les deux passages où il est question de Quintilien ne permettent pas d'affirmer que Quintilien était frère d'Exsuperantius (sancti fratris Quintiliani; sancto fratre Quintiliano). On attendrait le possessif. Il est donc plus sûr d'y voir seulement le titre habituellement donné aux moines.

[2] Sur Paulin de Nole, voir BARDENHEWER, *Geschichte*, t. III, p. 569-582; SCHANZ, § 876, (t. IV, 1, p. 259-276). Œuvres dans PL, LXI et CSEL, t. XXIX-XXX.

trice à Rouen, saint Sulpice Sévère non loin de Toulouse, saint Didier à Cahors, saint Delphin et saint Amand à Bordeaux, saint Augustin et saint Alypius en Afrique recevaient tour à tour avec ses petits présents les effusions de son amitié. Il ne pouvait oublier Jérôme. Celui-ci tomba, comme les autres, sous le charme d'une pareille bonne grâce et d'une humilité si entière [1]. Il fut particulièrement flatté de cette marque de sympathie lui venant d'un homme qui n'était pas seulement un grand seigneur, mais un lettré distingué. Quelle bonne recrue pour cette tâche à laquelle lui-même s'était consacré et quel honneur rejaillirait sur l'Église, si Paulin appliquait à l'Écriture les ressources intellectuelles que Dieu lui avait abondamment départies ! Mais, chose curieuse, après lui avoir rendu louange pour louange et exalté son sacrifice, loin de l'inviter comme les autres à venir le rejoindre, il l'exhorte à se sanctifier aux lieux mêmes où il se trouve et lui expose les motifs les plus convaincants pour qu'il ne se croie pas trop privé, si le voyage à Jérusalem est impossible.

Ce sont sans doute les difficultés du moment,— il était alors en lutte ouverte avec son évêque, — qui lui dictent ce langage si nouveau et quelque peu déconcertant. Sous le nom de Paula et d'Eustochium, quelques années plus tôt, il avait dépeint la Jérusalem idéale, avec tous les transports et toutes les illusions d'un premier enchantement. Maintenant il ne veut voir que les ombres et trace la contre-partie de son premier tableau :

« Ce n'est pas d'être à Jérusalem, mais d'y bien vivre qui est louable. Il faut désirer et exalter non la cité qui a tué les Prophètes et versé le sang du Christ, mais celle que réjouit le cours impétueux du fleuve, qui placée sur la montagne ne peut rester cachée, celle que l'Apôtre appelle la mère des saints et où il se félicite d'avoir droit de cité avec les justes, en un mot la Jérusalem céleste. On peut se sanctifier partout, les vrais adorateurs ne sont ni à Jérusalem, ni au mont Garizim, mais là où l'on adore le Père en esprit et en vérité. Les grands ascètes, les Antoine, des milliers de moines en Égypte, en Mésopotamie, au Pont, dans la Cappadoce, en Arménie n'ont jamais vu Jérusalem et se sont sanctifiés. Hilarion n'y a

---

[1] *Epist.* LVIII, en 395. Pour les raisons qui me font placer la lettre LVIII avant la lettre LIII, voir *Hieronymiana*, 2e série, dans BLE, 1921, p. 148-150, et la note complémentaire I.

passé qu'un jour pour ne point paraître la mépriser, étant dans son voisinage. Pendant près de trois cents ans, l'idolâtrie a profané à son aise les Lieux-Saints. Quiconque fait le bien où il se trouve, aura une récompense proportionnée à son mérite, sans qu'il soit tenu compte des lieux où il habite. L'essentiel pour le moine, c'est de vivre en moine, c'est-à-dire de fuir les villes et de prier dans la solitude avec Jésus. Si les lieux saints de la Croix et de la Résurrection n'étaient pas dans une ville très peuplée, où il y a une curie, une garnison, des courtisanes, des mimes, des baladins et tout ce que possèdent les autres villes, s'il n'y avait à s'y presser que les foules de moines, ce serait certes une demeure désirable pour tous les ascètes, mais il y aurait sottise à renoncer au monde, à quitter son pays et les cités, à se faire moine pour venir dans une ville plus populeuse encore, y vivre comme on aurait vécu chez soi. Ici l'on accourt de tout l'univers; la cité regorge de toute espèce d'hommes. Il y a un tel empressement des deux sexes que ce que l'on fuyait partiellement ailleurs, doit se supporter ici entièrement [1]. »

Une de ses lettres, écrite à une date inconnue, illustre singulièrement ces vues pessimistes. C'est une véhémente philippique, à l'adresse d'une de ces brebis galeuses, comme il s'en glisse quelquefois dans les milieux les plus saints. Après avoir fui l'Italie pour échapper à la vengeance d'un mari outragé, le diacre Sabinianus, avait recommencé ses tentatives criminelles, à Bethléem même sans reculer devant le sacrilège d'utiliser la grotte de la Nativité pour arriver à ses fins perverses. Seule la vigilance de la supérieure avait arrêté, sur la pente où elle se laissait déjà entraîner par une fuite concertée, la moniale, choisie pour proie par cet hypocrite. Jérôme essaie, par ses objurgations, d'éveiller le remords dans cette conscience cautérisée et de la ramener au devoir par la terreur des inexorables jugements de Dieu [2].

Ainsi le séjour en Terre-Sainte n'offrait pas une garantie infaillible. C'est pourquoi, écrivant à Paulin, Jérôme ne lui conseille pas le changement. Qu'il se contente d'imiter les modèles des moines, les Paul, les Antoine, les Julien, les Hilarion, les Macaire; qu'il vive avec Thérasia dans la solitude, fuyant les visites et les relations mondaines, vivant frugalement, sans recherche ni ostentation d'austérité, se méfiant des hypocrites et

---

[1] *Epist.* LVII, 2-4.
[2] *Epist.* CXLVII, ad Sabinianum diaconum, *cohortatoria de paenitentia.*

des adulateurs, distribuant ses aumônes avec discernement [1].

Paulin lui avait envoyé un panégyrique qu'il venait de composer en l'honneur de l'empereur Théodose. Jérôme l'a lu avec toute la satisfaction du styliste, dégustant un chef-d'œuvre. Ah ! s'il pouvait l'avoir à son école, quel heureux emploi Paulin pourrait faire de ce talent au profit de l'Écriture ! Il faut briser la dure écorce, mais à l'intérieur quel fruit délectable ! Quelle place Paulin prendrait à côté, au-dessus de Tertullien, de Cyprien, de Victorin, de Lactance, d'Hilaire ! Avec leurs grandes qualités, ils ont chacun quelque défaut d'expression ou de pensée, pour ne rien dire des vivants. Si Paulin voulait !

« Tu as un grand talent et une parole d'une richesse infinie. Tu parles facilement et purement ; à cette facilité et pureté s'unit la prudence. En une tête saine tous les sens sont vigoureux. Si à cette prudence et à cette éloquence s'ajoutait soit le goût, soit l'intelligence des Écritures, je te verrais en peu de temps occuper la première place parmi nous... Sois éminent dans l'Église comme tu l'étais auparavant au Sénat. Rien de médiocre en toi ne me satisfait ; je veux que tout soit supérieur, tout parfait. »

Jérôme en terminant, s'en remet au prêtre Vigilance, qui vient de l'éprouver pendant un trop bref séjour à Bethléem, du soin de lui faire connaître ce que peut être son amitié [2].

Un moine du nom d'Ambroise rapportait peu après la réponse affectueuse de Paulin [3]. Il y exprimait, avec sa sympathie pour l'ascète de Bethléem, le désir de déférer au conseil qui lui était donné et de se livrer à l'étude de l'Écriture. Par un nouveau revirement, Jérôme semble effrayé de cette décision. Lui qui avait tout fait pour détourner l'ermite de Nole de venir en Terre-Sainte, lui adresse maintenant une longue épître pour l'inviter à le rejoindre [4]. L'étude de l'Écriture n'est pas une science que l'on peut acquérir sans maître. Quelle science d'ailleurs ou même quel métier s'apprend tout seul ? A combien plus forte raison ne

---

[1] *Epist.* LVIII, 2-7.
[2] *Epist.* LVIII, 8-11.
[3] La lettre est perdue.
[4] *Epist.* LIII, en 395.

peut-on sans guide, pénétrer dans un sanctuaire aussi mystérieux. Pour l'en convaincre davantage, Jérôme passe en revue les livres de la Bible, caractérisant brièvement les propriétés de chacun et blâmant sans réserve ceux qui abusent des Livres Saints en les vulgarisant sans compétence et en substituant à la pensée des prophètes et des apôtres leurs propres imaginations [1].

« Ah ! mon très cher frère, en vivre, les méditer, ne rien connaître, ne rien chercher d'autre, n'est-ce pas déjà, sur cette terre, habiter le paradis ? Je ne veux pas que t'offense dans les Écritures Saintes la simplicité et comme la bassesse des termes qui, par la faute des traducteurs ou volontairement, sont tels qu'ils conviendraient mieux à une réunion rustique et que la même pensée résonne différemment aux oreilles du docte et de l'ignorant. Je ne suis ni assez effronté ni assez stupide pour assurer que je les connais et vouloir cueillir sur terre les fruits de racines fixées au ciel, mais j'avoue ma bonne volonté, je m'offre à qui est prêt à écouter. Refusant de me déclarer un maître, je me promets comme compagnon. Je te recevrai les bras ouverts. Tu trouveras ici un grand ami, Eusèbe, qui m'a doublé le charme de ta lettre en me rapportant l'honorabilité de tes mœurs, ton mépris du siècle, ta fidélité dans l'amitié, ton amour du Christ... Hâte-toi, je t'en prie et tranche, plutôt que de dénouer la corde qui retient le navire [2].»

Il est probable que Paulin, se rendant compte de ses véritables forces et de la nature de son talent, estima qu'il n'était point fait pour devenir un second Jérôme. Il ne donna point suite à cette pressante invitation, mais il resta en bons termes avec son ami, continuant à lui écrire et à étudier de son mieux l'Écriture, quitte à consulter de plus doctes : Augustin, Rufin, Jérôme lui-même, lorsqu'une difficulté sérieuse l'embarrassait [3].

II

Cette dernière missive peut servir comme de transition entre le groupe des lettres purement personnelles et celui des épîtres.

---

[1] *Epist.* LIII, 1-9.

[2] *Epist.* LIII, 10.

[3] PAULIN, *Epist.* XLV et L, à saint Augustin, avec la lettre CXLIX d'Augustin (PL, XXXIII, 630). — *Epist.* XLVI et XLVII, à Rufin, avec les préfaces du *De Benedictionibus Patriarcharum* de celui-ci (PL, XXI, 297 et 311). — *Epist.* LXXXV, de saint Jérôme, en réponse à deux questions de saint Paulin.

Celles-ci, tout en étant adressées à une personne en particulier, visaient en réalité le grand public, par les développements généraux qu'elles contenaient et les réponses à des problèmes scripturaires ou doctrinaux. C'est ainsi, par exemple, que Jérôme, dans une lettre à Oceanus [1], combat vivement une solution, déjà indiquée en 385 par le pape Sirice, dans sa lettre à Himerius et nettement formulée [2] plus tard par le pape Innocent Ier concernant les candidats à l'épiscopat mariés deux fois. C'était un cas d'exclusion, car, entre autres raisons, le symbolisme de l'union unique du Christ avec l'Église n'était plus sauvegardé. Mais si le premier mariage et le veuvage subséquent avaient eu lieu avant le baptême, fallait-il en tenir compte ? L'opinion qui prévalait à Rome était pour l'affirmative. Saint Jérôme soutient énergiquement le contraire, qui, en pratique, à ce qu'il assure [3], était suivi partout. Cette solution s'impose, selon lui, si l'on veut assurer au baptême toutes ses prérogatives et ne pas mettre en état d'infériorité celui qui aura régulièrement vécu, par rapport à celui qui a dû effacer dans l'eau régénératrice de honteux désordres.

Une autre fois, l'exégète doit discuter la question de l'identité de Melchisédech. Le prêtre Evangelus lui avait fait connaître l'opinion d'un anonyme, — appelé par les modernes l'Ambrosiaster [4], — pour qui Melchisédech était l'Esprit-Saint. Jérôme

---

[1] *Epist.* LXIX, avant 400. L'insistance de Jérôme est d'autant plus remarquable que Sirice avait promulgué sa décrétale au temps où Jérôme était encore à Rome. C'est sans doute à cette occasion qu'il avait eu la discussion très serrée à laquelle il fait allusion dans sa lettre (n. 2). Le n. 10 a toutes les allures d'une sommation à l'égard des autorités ecclésiastiques dans le texte reçu : (Haec magistri ecclesiae custodire debebunt. » Les manuscrits les plus anciens ont seulement *magis*.

[2] SIRICE, *Epist.* I, 10-11, ad Himerium (PL, XIII, 1143-44); INNOCENT I, *Epist.* II, 6, ad Victricium (PL, XX, 474-475; JAFFÉ, 255 et 286).

[3] Avec une forte exagération dans l'expression (*Epist.* LXIX, 2) : « Cum omnis mundus his ordinationibus plenus sit... quos (episcopos) si singillatim voluero nominare, tantus numerus congregabitur ut Ariminensis synodi multitudo superetur. »

[4] *Epist.* LXXIII, en 398. Elle vise la question CIX parmi les *Quaestiones veteris et novi Testamenti* (PL, XXXV, 2324-2330; édit. SOUTER, CSEL, t. L, p. 257-268) de l'*Ambrosiaster*, identifié par certains avec le juif Isaac que Jérôme avait connu à Rome et auquel il fait allusion dans son Commentaire sur l'épître à Tite (III, 9; PL, XXVI, 595-596); cfr BARDENHEWER, *Geschichte*, t. III, p. 520-525.

qui a peu d'estime pour cet « ignorant », le réfute en exposant ce que les meilleurs commentateurs, l'épître aux Hébreux et les juifs eux-mêmes ont dit de ce personnage mystérieux. Il conclut avec eux que Melchisédech était un véritable homme, type du Christ offrant le véritable sacrifice, par le sacrement du pain et du vin. Ce même Evangelus lui offrit l'occasion d'affirmer des idées beaucoup plus discutables sur les rapports entre les divers degrés de la hiérarchie ecclésiastique et notamment sur l'origine de l'épiscopat. A l'excès d'un autre anonyme, plaçant les diacres au rang suprême, Jérôme n'est pas loin d'en opposer un autre, qui ne sauvegarde point suffisamment la distinction entre le simple sacerdoce et l'épiscopat [1].

Un autre prêtre, Vital, l'interroge sur les passages scripturaires où l'on affirme de Salomon et d'Achaz une paternité précoce. Jérôme justifie d'abord le texte [2] en montrant qu'il n'énonce rien d'impossible, mais peu rassuré sans doute sur la solidité de cette réponse, il conclut sagement que ce sont là des questions curieuses, à laisser de côté pour des leçons plus utiles. Un nouvel ami, le prêtre Rufin, l'ayant interrogé sur le jugement de Salomon, reçoit en réponse une explication mystique [3], lui montrant dans les deux femmes qui se disputent le même enfant, le type du conflit entre la synagogue et l'Église, résolu en faveur de celle-ci, véritable élue de Dieu, pour le salut du monde. De même aux difficultés du prêtre Amandus, Jérôme répond [4], non sans s'étonner d'être consulté sur le point de savoir si une femme, ayant abandonné un premier mari débauché et con-

---

[1] *Epist.* CXLVI, de date incertaine. La question de fond sera reprise au second volume. Elle a été discutée entre autres par dom Sanders (*Études sur saint Jérôme*, chapitre VI, p. 296) et le P. Prat, *Les prétentions des diacres romains au quatrième siècle*, dans *Recherches de Science religieuse*, t. III, 1912, p. 463-475. Il ne paraît pas possible d'accepter la date contemporaine des événements.

[2] *Epist.* LXXII, en 398. La finale (n. 5) est caractéristique de son état d'esprit, sur les rapports entre le sens littéral et le sens typique.

[3] *Epist.* LXXIV, en 398. Rufin était à Rome. On l'a parfois confondu étrangement avec Rufin d'Aquilée.

[4] *Epist.* LV, date incertaine, avant 398. On a voulu y voir le cas de Fabiola, mais assez arbitrairement et en désaccord avec ce qu'il raconte lui-même de celle-ci.

trainte d'en épouser un second, peut, tant que vit le premier, sans passer par la pénitence publique, être en communion avec l'Église. Comme si la parole du Sauveur contre le divorce n'était pas claire et si l'on pouvait jamais être obligé, dans ces conditions, de contracter un second mariage !

A Rome même, d'autres femmes suivent les traces de Marcella et tiennent dans la vie dévote et l'étude de l'Écriture la place de Paula et d'Eustochium. Habitant dans un faubourg une villa qui leur sert de monastère, la vierge Principia abrite sa jeunesse et sa vertu près des deux grandes moniales : Asella en qui elle peut étudier le modèle de la vie religieuse, Marcella qui la dirigera avec sécurité et compétence dans l'étude de la Sainte Écriture. Pour l'y aider, Jérôme brave une fois de plus le préjugé défavorable à l'instruction féminine [1]. Il lui adresse, en attendant de commenter le Cantique des Cantiques, une longue exposition mystique du Psaume XLIV, l'épithalame où sont célébrées les noces de Jésus avec l'Église, type des vierges qui le choisissent pour époux.

Non loin de là une dame romaine illustre, Fabiola, expiait par la charité et la pénitence, le scandale qu'elle avait donné en se remariant après avoir divorcé avec un premier mari cruel et débauché. Son second époux mourut aussi. Elle reconnut qu'elle avait eu tort de profiter des libertés de la loi civile, au détriment de l'Évangile. Généreusement, sans regarder au qu'en dira-t-on, elle prit place, la tête couverte de cendres, revêtue d'un sac, parmi les pénitents demandant publiquement la réconciliation et, depuis, sa vertu ne s'était point démentie. Dans son ardeur même, elle avait songé à quitter Rome et à venir elle aussi chercher aux

---

[1] *Epist.* LXV, en 397. Sur Principia et Marcella, voir la lettre CXXVII, 8 : « In nostrum locum statim audivimus te illius adhaesisse consortio et numquam ab illa ne transversum quidem unguis, ut diciter, recessisse, eadem domo, eodem cubiculo, uno usam cubili, ut omnibus in urbe clarissima notum fieret et te matrem et illam filiam repperisse. Suburbanus ager vobis pro monasterio fuit et rus electum propter solitudinem. » — Cfr *Epist.* LXV, 2 : « Habes ibi (à Rome-Babylone) in studio Scripturarum et in sanctimonia mentis et corporis (magistras : *add.* HILBERG) Marcellam et Asellam. » — Au n. 1 il répond à l'accusation d'écrire pour les femmes de préférence et déclare tout d'abord assez peu galamment que, si les hommes l'interrogeaient, *mulieribus non loquerer*, puis rappelle le rôle important des femmes dans les Livres Saints.

Lieux-Saints de plus grandes facilités de sanctification. Elle s'y rendit, en compagnie d'Oceanus. A Bethléem elle reçut l'hospitalité de sainte Paule, et devint le disciple assidu de saint Jérôme.

« O bon Jésus, écrivait plus tard celui-ci, avec quelle ferveur et quelle ardeur elle s'appliquait aux divins volumes, et, comme une affamée cherchant à se rassasier, courait à travers les prophètes, les évangiles, les psaumes, posant des questions et renfermant les réponses dans le petit écrin de son cœur! Elle ne pouvait assouvir sa passion d'apprendre, accroissant sa science elle faisait croître aussi son chagrin; comme si on jetait de l'huile sur le feu, son ardeur s'en activait d'autant. Un jour nous nous occupions des Nombres de Moyse. Elle me demandait discrètement que pouvaient bien signifier tant de noms entassés, pourquoi les tribus étaient diversement groupées en différents passages, comment le devin Balaam avait annoncé les futurs mystères du Christ, au point que presqu'aucun des prophètes n'a prophétisé sur lui aussi clairement. Je répondis comme je pus et ma réponse parut la satisfaire. Continuant à parcourir le volume, elle arriva au passage où est transcrit le catalogue de toutes les étapes par où, au sortir de l'Égypte, le peuple passa pour arriver aux eaux du Jourdain. Elle me demanda la signification de chacune. Sur certaines j'hésitai; pour d'autres je les traversai sans encombre; pour la plupart j'avouai simplement mon ignorance. Alors elle se mit à insister et, comme s'il ne m'était point permis d'ignorer ce que en réalité j'ignore, à récriminer et à dire que c'était parce qu'elle était indigne de si grands mystères. Bref, elle m'arracha par l'embarras d'un refus la promesse d'une dissertation spéciale sur ce sujet [1]. »

Ces lignes évoquent tout un tableau. C'est de la même manière que Jérôme enseignait jadis Marcella sur l'Aventin et qu'il continuait à Bethléem maintenant à lire, avec Paula et Eustochium, les Saints Livres :

« Paula connaissait par cœur les Écritures, dit-il, dans son éloge funèbre; elle aimait le sens littéral, disant qu'il était le fondement de la vérité, mais elle s'appliquait de préférence au sens spirituel. C'est sous ce faîte qu'elle abritait la construction élevée dans son âme. Finalement elle m'obligea à lui expliquer à elle et à sa fille, l'Ancien et le Nouveau Testament, dans une lecture continue. Je m'y étais d'abord refusé, par défiance de moi-même, mais son insistance et ses fréquentes de-

---

[1] *Epist.* LXXVII, 7.

mandes emportèrent mon assentiment, pour lui enseigner ce que j'avais appris, non de moi-même, — exécrable maître de présomption, — mais des illustres écrivains de l'Église. Quand j'hésitais et avouais candidement mon ignorance, elle refusait de s'en rapporter à mes affirmations et par des interrogations persistantes me forçait à lui indiquer entre de diverses et sérieuses opinions, celle qui me paraissait préférable [1].»

Ainsi avait-il procédé le premier avec le maître juif qu'il s'était choisi pour apprendre l'hébreu. Ils avaient lu ensemble la Bible, notamment l'Ecclésiaste, et Jérôme avait pu recueillir sur ses livres l'interprétation rabbinique, à laquelle plus d'une fois ses commentaires font allusion [2].

L'enthousiasme de Fabiola pour cette vie nouvelle lui suggéra bientôt la résolution de s'établir elle aussi en Palestine. Jérôme fut chargé de lui trouver, à Bethléem même, une cellule où elle pourrait satisfaire à la fois sa dévotion pour la Crèche et son amour pour la solitude. Mais pendant ces préparatifs voici qu'une nouvelle vient consterner tous les habitants de la Palestine. Les Huns sont en marche, ils approchent d'Antioche; ils dévastent tout sur leur passage. Bientôt la Palestine tombera sous leurs coups. Malheur alors aux vierges qui seront les victimes de leur brutalité et aux moines qu'ils massacreront sans pitié ou réduiront en esclavage. Sous le coup de cette frayeur, les deux monastères de Bethléem se vident; on recueille en hâte tout ce que l'on peut emporter, on frète un navire et l'on attend à l'ancre que la confirmation des nouvelles alarmantes provoque une décision définitive. Ce n'était qu'une alerte. Bientôt les fugitifs purent regagner en toute sécurité les monastères abandonnés [3].

Mais Fabiola n'avait point eu la patience ni l'envie d'attendre. D'ailleurs la discorde qui mettait alors aux prises Jérôme et ses moines avec l'évêque de Jérusalem, lui avait sans doute fait éprouver pour son compte les désillusions dont se fait l'écho

---

[1] *Epist.* CVIII, 26 : « Denique compulit me ut et Vetus et Novum Instrumentum cum filia me disserente perlegeret, etc. » — Pour Marcella, *Epist.* XXIII, 1 ; XXV; XXVI, 1-2; XXVIII, 1; XXIX, 1; XXXIV, 1; XXXVII, 2; XLII, 1.

[2] *In Ecclesiasten* (PL, XXIII, 1048,C) : « Hebraeus meus... cum Ecclesiasten mecum legeret. » On a vu qu'elle constitue le fond des *Quaestiones in Genesim*.

[3] *Epist.* LXXVII, 8. Peut-être même n'y eut-il qu'intention et non départ.

la lettre à Paulin. Elle rentra à Rome. De concert avec Pammachius, gendre de Paula et cousin de Marcella, elle fondait à Ostie un vaste Hôtel-Dieu destiné à accueillir les pèlerins malades et pauvres. A Rome même, elle soulageait toutes les misères et dépensait sans compter pour cette tâche sa fortune et son temps, à la grande édification d'un public peu habitué à voir pratiquer ces hautes vertus [1]. Elle aussi étudiait l'Écriture et, sinon de présence, du moins de cœur, elle vivait à Bethléem et entretenait des relations avec les hôtes qu'elle y avait laissés. Jérôme, ne désespérant pas de la voir définitivement revenir, lui adresse un rappel discret, tout en lui envoyant, sur sa demande, le commentaire mystique et moral des passages où le Pentateuque décrit les vêtements du grand Pontife, des prêtres et des lévites [2].

Un peu plus tard, il aborda le commentaire analogue qu'elle lui avait demandé sur le journal de route des Hébreux au retour de l'Égypte, et leur marche à travers le désert, jalonnée par les quarante-deux stations que signale l'Écriture. Quand l'œuvre fut achevée, c'est sur une tombe qu'il dut la déposer en suprême hommage : Fabiola venait de recevoir la récompense de sa longue pénitence et de ses charités [3].

Ce fut pour Jérôme, répondant à une invitation d'Oceanus, l'ami commun de Pammachius et de Fabiola, l'occasion de composer un éloge funèbre [4] où après avoir de son mieux excusé, comme il dit, la faute commise par l'illustre patricienne, il exal-

---

[1] Ces détails sont tirés de la lettre LXXVII, ad Oceanum, *de morte Fabiolae*, en 400.

[2] *Epist.* LXIV, *de veste sacerdotali*, en 397. Peut-être l'idée fut-elle suggérée à Fabiola par la lettre XXIX à Marcella où Jérôme écrivait : « Quam vellem nunc tibi omnem habitum sacerdotis exponere et per singulas vestium species divina ostendere sacramenta ! » — La lettre LXIV, 8, fait allusion au séjour à Bethléem : « Dum vestes eius et rationale pectoris diligenter inquiris, nostra tibi displicuere consortia. Et tu quidem optato frueris otio et iuxta Babylonem Bethleemitica forsitan rura suspiras ; nos in Ephrata, tandem pace reddita, vagientem de praesepe audivimus infantem et querimonias eius ac voculam ad tuas aures cupimus pervenire. »

[3] *Epist.* LXXVIII, en 400 ; cfr *Epist.* LXXVII, 7 : le récit de saint Jérôme sur le séjour de Fabiola à Bethléem, son zèle pour l'étude de l'Écriture, ses conférences avec saint Jérôme et l'occasion de cette lettre

[4] *Epist.* LXXVII, en 400.

tait avec raison les beaux exemples qui l'avaient fait oublier en provoquant la vénération du peuple chrétien.

Quelque temps auparavant déjà, il avait repris la série de ces éloges funèbres commencés à Rome et qui transmettaient à la postérité le souvenir des vertus et des mérites de ceux qu'il pleurait. C'était encore pour un deuil de Paula. Sa fille Pauline, la femme de Pammachius, après plusieurs maternités malheureuses, avait été emportée, jeune encore. Elle avait passé, discrète et fervente, tout entière à ses devoirs d'épouse chrétienne, sans que rien l'eût signalée spécialement à l'attention de ses contemporains, mais il n'est pas douteux que son action sur Pammachius son mari n'eût été profonde.

Jérôme étudiant avait eu celui-ci pour condisciple et pour ami, mais il ne semble pas que, lors de son second séjour à Rome, de 382 à 385, bien que Pammachius fût devenu le gendre de Paula, les relations aient été aussi assidues [1]. En tout cas le départ pour l'Orient les détendit complètement, si bien qu'il fallut l'affaire de Jovinien pour amener une reprise. Pammachius renoua le premier. Jérôme saisit avec empressement l'occasion de rentrer en relation avec cet ancien compagnon, devenu un fervent catholique, non sans exprimer discrètement le regret d'avoir dû attendre si longtemps :

« La pudeur chrétienne, lui répondait-il, impose parfois de se taire, même avec des amis, et de chercher une humble consolation dans le silence plutôt que de s'exposer, en renouant de vieilles amitiés, à être taxé d'intrigue. Tant que tu n'as point parlé, je me suis tu aussi et n'ai jamais voulu récriminer à ce sujet; j'aurais paru moins chercher un ami que faire le siège d'un puissant. Maintenant que tu m'as fait la politesse de m'écrire le premier, je tâcherai de te devancer désormais et moins de répondre que de te prévenir. Il sera clair que c'est la discrétion qui m'a fait jusqu'ici garder le silence et plus de discrétion encore qui dicte mon langage [2]. »

Au début de son mémoire apologétique, Jérôme manifestait son contentement avec plus de liberté encore : « Je ne t'ai point écrit jusqu'ici, à cause de ton silence. Je craignais en prenant

[1] Il n'y fait aucune allusion dans les écrits de cette époque.

[2] *Epist.* XLVIII (XLIX, Vallarsi), 1, de 393.

l'initiative de la correspondance, de t'ennuyer plutôt que de paraître poli. Mais provoqué maintenant par ta lettre, si aimable, lettre qui d'ailleurs m'invite à philosopher selon notre doctrine, j'accueille, comme on dit, à bras ouverts, celui qui fut jadis mon condisciple, mon compagnon et mon ami [1] ... On me dit, ajoute-t-il, que toute la ville t'est sympathique, que l'affection du pontife et du peuple se porte d'accord vers toi. Il importe moins de posséder le sacerdoce que de le mériter [2]. »

Devenu veuf, le gendre de Paula entra plus avant encore dans la voie de l'ascétisme. Sans quitter le monde, il adopta le costume et les observances de la vie monastique et ses collègues païens le virent avec stupeur prendre place parmi eux, aux séances du Sénat, revêtu de la bure monacale. Il devint bientôt l'un des chrétiens les plus zélés et les plus charitables de la Ville éternelle. Comme Oceanus, Domnion, quelques autres, il s'occupait activement des intérêts du catholicisme. Désormais nous le retrouverons en collaboration étroite avec le moine de Bethléem. C'est alors que, deux ans après son veuvage [3], Jérôme lui adresse l'éloge funèbre de Paulina qui est, en fait, après quelques phrases consacrées à la défunte, un éloge de Pammachius lui-même et une exhortation à persévérer dans ses bonnes dispositions.

Plus intéressants encore pour nous, comme pour les contemporains, sont deux écrits se rapportant à un jeune homme auquel saint Jérôme s'était tendrement attaché. Une vingtaine d'années plus tôt, quand il écrivait à Héliodore son émouvant plaidoyer en faveur de la vie érémitique, il l'avait supplié de ne pas se laisser détourner du désert, par les caresses du jeune fils de sa sœur, suspendu à son cou [4]. Depuis lors Héliodore avait été élu évêque d'Altino, l'enfant avait grandi et arrivé à l'âge d'homme,

---

[1] *Epist.* XLIX (XLVIII, VALLARSI), de 393.

[2] *Epist.* XLVIII (XLIX, VALLARSI), 4, de 393 : « Audio in te Urbis studia concitata, audio pontificis et populi voluntatem pari mente congruere ; minus est tenere sacerdotium quam mereri. » Sur cette dernière phrase où l'on a vu, sans raison, un blâme à l'adresse du pape Sirice, lire la lettre *Postquam intelleximus*, n. 73-74, du pape Benoît XIV, en tête du martyrologe romain (1er juillet 1748).

[3] *Epist.* LXVI, en 398. Les détails qui précèdent sont tirés de cette lettre.

[4] *Epist.* XIV, 2 ; cfr *supra*, p. 36.

après avoir servi quelque temps comme officier, était revenu le joindre et embrasser à ses côtés la vie monastique. Un peu plus tard son oncle l'avait ordonné prêtre. Il se livrait, sous sa direction, aux occupations variées de la vie sacerdotale, alliant les œuvres de zèle et de charité avec les pratiques de la perfection personnelle, la prière et l'étude des sciences sacrées. Son oncle l'avait mis en rapport avec Jérôme. Le jeune Népotien sollicitait volontiers les conseils de ce grand ami [1]. Ce fut pour celui-ci l'occasion de donner à sa fameuse épître à Eustochium sur la virginité un parallèle pour les clercs, d'écrire un véritable traité d'éducation ecclésiastique [2]. Il y précise les dangers à fuir et les vertus à pratiquer, l'attitude à prendre avec les supérieurs et les diverses catégories de fidèles, la manière d'étudier ou de s'acquitter des fonctions cléricales. Il y expose ce que doit être le zèle pour la maison de Dieu et la fuite du monde et de ses vanités, la modération et la discrétion dans la pratique du bien, la décence de la tenue, à l'abri de toute recherche comme de toute négligence, l'humilité et la charité, bref il y décrit d'une manière séduisante, austère et aimable à la fois, l'idéal du prêtre, joignant à toutes les qualités et vertus du pasteur, celles du moine détaché du monde et désireux de la sainteté. On sent que l'auteur a mûri sa pensée depuis son séjour à Rome. Si elle est restée dans le fond la même, il apporte à l'exprimer plus de maîtrise, plus de réserve et d'habileté pour éviter ce qui jadis lui avait suscité tant d'inimitiés. Même quand il dénonce les abus, il a plus de souci d'écarter les généralisations désobligeantes et les procès de tendance.

On devine si Népotien fut enchanté du cadeau et avec quel zèle il se mit à réaliser cet idéal. Mais hélas ! ses forces le trahirent bientôt. Quelques mois après, Héliodore et son ami avaient à pleurer la perte de leur fils commun. Aussi est-ce avec tout son cœur, qu'à la demande de l'oncle, Jérôme écrivit l'éloge funèbre du jeune homme si tôt ravi à leur affection [3]. Insensiblement sous

---

[1] *Epist.* LX, 11.
[2] *Epist.* LII, *De vita clericorum,* en 394.
[3] *Epist.* LX, été 396.

sa plume, à mesure qu'il décrit ses vertus, les traits de Népotien deviennent ceux du jeune prêtre idéal. C'est sous la forme d'un portrait aux lignes sympathiques qu'il présente maintenant sa manière de concevoir l'esprit sacerdotal. Aucun de ses nombreux éloges funèbres n'offre autant de délicatesse, de profondeur de sentiment, de richesse d'édification que celui de Népotien. Jusqu'à la fin des temps, les deux écrits qui le concernent présenteront aux jeunes lévites une peinture particulièrement attrayante des vertus de leur état et de leurs devoirs.

Un dernier éloge funèbre de cette période montre bien ce qu'il y avait d'un peu factice dans le genre, mais aussi à quel point Jérôme était devenu l'écrivain attitré de cette littérature où, avant lui, s'étaient distingués son maître, Grégoire de Nazianze et son ami Grégoire de Nysse. Un cousin des fils de Théodose, Nebridius, était mort prématurément, laissant à sa veuve Salvina, deux enfants. Jérôme ne connaissait point la jeune femme, fille de Gildon le Numide et grandie comme otage à la cour de Théodose, à Constantinople. Néanmoins comme il avait été lié d'amitié avec le père de Nebridius, il n'hésita pas, sur la prière d'Avitus, un ami commun, à composer pour Salvina l'éloge du défunt[1]. Il le suit à la cour, à l'armée, dans la vie de famille, et l'y montre partout chrétien accompli en même temps que parfait honnête homme, cher à tous pour ses bonnes qualités rehaussées d'une modestie et d'une réserve exemplaires. Puis, non sans se précautionner, il s'adresse directement à la jeune veuve, pour lui recommander de vivre désormais toute au Seigneur et la détourner des offres séduisantes qui pourraient lui être faites de contracter une seconde union. Salvina était femme à comprendre ces austères leçons; elle les avait peut-être déjà devancées, en prenant rang parmi ces diaconesses qui aidaient de leur influence, de leur activité personnelle et de leurs ressources l'œuvre de réforme religieuse entreprise à Constantinople par saint Jean Chrysostome [2]. Au jour du danger, lorsque

---

[1] *Epist.* LXXIX, après 398 et probablement en 400.
[2] Voir E. VENABLES, dans le *Dictionary of Christian Biography*, au mot Salvina.

la main brutale des policiers envoyés par Eudoxie s'abattit sur l'épaule du pontife pour l'arracher à son Église et l'emmener en exil, Salvina était là avec Olympiade et quelques autres, pour affronter la persécution et, par sa fidélité à l'évêque exilé, témoigner de la sincérité de sa religion.

Cette prédication de la chasteté, cette aversion pour les secondes noces, étaient déjà l'objet d'une autre lettre [1] adressée aussi à une grande dame. Parente de Paula et de Pammachius, descendante de Camille, Furia, devenue veuve peu de temps après son mariage, avait demandé à Jérôme conseil sur son avenir. Il l'encourage dans ses bonnes résolutions; il l'exhorte, en dépit des invitations de son père à se remarier, à s'inspirer des exemples de continence que lui avait donnés sa mère Tatiana et à déjouer tous les pièges auxquels l'exposent sa jeunesse et sa fortune dans une ville aussi corrompue que la Babylone romaine.

Toutefois ces relations avec l'extérieur ne pouvaient représenter qu'une partie accessoire des occupations de Jérôme. Dans son monastère et dans celui de Paula dont il avait la charge spirituelle, il devait s'occuper de former les âmes aux obligations de leur état et à la pratique des vertus monastiques. C'est un domaine sur lequel, faute de renseignements, nous ne sommes guère en mesure de le suivre. Une seule manifestation de cette activité nous est connue : ses prédications à l'église de Bethléem, spécialement adressées aux moines qui la fréquentaient. C'est surtout à l'occasion des psaumes et des évangiles utilisés par la liturgie que saint Jérôme prononce ces homélies familières dont le texte a été conservé [2]. Là plus que jamais se vérifie ce dont il se plaint souvent, quand il ne peut composer à tête reposée et qu'il est obligé de dicter en hâte une lettre. Il parle comme cela

---

[1] *Epist.* LIV, *De viduitate servanda*, en 395.

[2] Dom MORIN en a rassemblé les monuments dans ses *Anecdota Maredsolana*, t. III, II et III. Ils étaient, jusqu'à lui, noyés, déformés et mutilés dans la compilation appelée *Breviarium in Psalmos* (PL, XXVI, 821-1270), ainsi qu'une part des *Commentarioli*, ou dissimulés sous d'autres noms. Ces homélies ont été prises par des auditeurs bénévoles et publiées telles quelles, avec les incorrections et les erreurs ou distractions inévitables, de la part soit du conférencier, soit du tachygraphe.

lui vient [1], sans apprêt, avec des incorrections et, ce qui est plus grave, même à propos de l'Écriture, avec des inexactitudes et des distractions. Mais en revanche cette simplicité va droit au cœur. De temps en temps le savant paraît et dès qu'il s'en aperçoit il s'en excuse auprès de ses auditeurs. Le plus souvent c'est l'ascète ne songeant qu'à tirer pieusement parti du texte inspiré et à en donner le goût. C'est le maître de saine spiritualité, familiarisé par une longue pratique avec la vie religieuse et dont l'expérience personnelle s'est enrichie des confidences reçues et des observations faites dans les milieux qu'il a traversés. Avec quelle persuasion il recommande le détachement, la fuite du monde, la pauvreté, l'amour de Dieu ! Comme on sent, à l'entendre, à quel point il est convaincu de la vérité qu'il prêche et attaché aux obligations de la perfection chrétienne [2] !

Il donne le premier l'exemple du travail. Au témoignage d'un ami de Sulpice Sévère [3] qui passa plusieurs mois près de lui, on le trouvait toujours à lire ou à dicter. Les jours n'y suffisent pas ; il abrège son sommeil. En dépit d'une santé délicate, il multiplie les veilles pour pouvoir suffire à la tâche. D'abord c'est la grande œuvre de la traduction des Livres Saints sur l'hébreu qui l'occupe. Il complète le travail commencé. Successivement il traduit Job, Esdras et Néhémie, les Paralipomènes, les livres attribués à Salomon, c'est-à-dire les Proverbes, le Cantique des Cantiques, l'Ecclésiaste, puis le Pentateuque.

Les préfaces de ces divers livres nous aident à suivre ce travail et à revivre les sentiments qui l'animent [4]. Il faut faire face toujours aux mêmes ennemis, réfuter cette éternelle objection que les

---

[1] L'expression *quidquid in buccam venerit*, employée parfois par saint Jérôme ne vise pas le fond, l'idée, mais l'expression. Il fallait y regarder de près, même pour de simples billets, avec certains correspondants. Saint Paulin de Nole se plaignait de ne recevoir de Jérôme que « parvas et incomptas litterulas » (*Epist.* LXXXV, 1). Lui se mettait plus en frais.

[2] Voir sur ces homélies, dom MORIN : *Les monuments de la prédication de saint Jérôme* (1896), reproduit dans *Études, textes et découvertes*, t. I, 1913, p. 220-293.

[3] Postumianus, dans le *Dialogue*, I, 9 (édit. HALM, p. 161 ; PL, XX, 189, D).

[4] *Job* (PL, XXVIII, 1079-1122) ; *Esdras et Néhémie* (401-434) ; *Paralipomènes* (1323-1402) ; *Livres salomoniens* (1241-1292) ; *Pentateuque* (147-462).

Septante sont la vraie Bible ecclésiastique et qu'il est sacrilège d'y toucher. Il revendique la même liberté que ses prédécesseurs : Aquila, Symmaque, Théodotion, qui tour à tour se sont essayés à traduire l'original hébreu. Il rappelle les travaux critiques d'Origène, ses obèles et ses astérisques, le triste état auquel étaient réduits les textes latins avant ses propres efforts pour les rendre pleinement conformes au texte des Septante. Aussi de quoi se plaint-on ? Si l'on préfère les Septante, on les possède rendus par lui à leur pureté native, dans des éditions qui ne sont pas frelatées. Mais si l'on veut pouvoir discuter pertinemment avec les Juifs, il offre la version sur l'hébreu, dans toute la limpidité de la source. D'ailleurs il ne l'impose à personne. Que d'autres cherchent à leur gré ou multiplient les beaux manuscrits de parchemin pourpre, richement enluminés, où brille, en onciales d'or et d'argent, un texte altéré. Lui ne demande que la liberté d'user de ses pauvres feuilles, où du moins la parole de Dieu est authentique, de se dispenser de transvaser une seconde fois la liqueur précieuse qu'il peut directement puiser à sa source. N'est-ce pas d'ailleurs l'exemple que donnent le Sauveur lui-même et les Apôtres, par ces citations impossibles à vérifier dans les Septante et qui toutes se retrouvent dans les originaux hébraïques ? Jérôme en profite pour rectifier à l'occasion d'autres idées peu justes ; par exemple pour mettre en lumière le véritable caractère du livre de Job, avec son mélange de prose et de poésie, ou la structure des vers hébreux qu'il rapproche des mètres latins.

D'ailleurs cette œuvre ne rencontrait pas que des détracteurs. On l'appréciait et on lui en fournissait la preuve. Ainsi ses amis d'Aquilée, Chromatius et Héliodore, en lui envoyant de l'argent et des copistes pour subvenir aux frais et faciliter la transcription. On insistait auprès de lui pour qu'il continuât l'œuvre entreprise : ainsi Desiderius à qui il dédie le Pentateuque, Domnion et Rogatien, auxquels il dédie Esdras.

Il continue aussi l'œuvre d'exégèse proprement dite et l'étude des petits Prophètes. Successivement il commente dans le même esprit, en expliquant d'abord la lettre puis en notant l'application mystique au Christ, à l'Église, au démon, à l'hérésie, les livres de Jonas et d'Abdias [1]. Ici encore les préfaces nous font confidence de son état d'âme et précisent son dessein. Il dicte, à la demande expresse de l'évêque Amabilis le commentaire du sens littéral des dix visions d'Isaïe, mais à contre-cœur, car ce sens n'a vraiment de valeur que pour servir de point d'appui à l'explication mystique seule vivifiante [2]. C'est vers la fin de cette période qu'il composa l'œuvre pour nous la plus intéressante et encore la plus utile de ce temps, un commentaire sur saint Matthieu, à l'usage d'Eusèbe de Crémone. Celui-ci quittait, vers Pâques 398, le monastère de Bethléem pour rentrer en Italie. Il demandait à Jérôme, en guise de viatique intellectuel, ce travail sur le premier évangile. Jérôme relève à peine d'une maladie de trois mois. Le temps presse; qu'il se contente d'éclaircir seulement les points douteux; on le dispense des applications tropologiques et de l'anagogie. En cours de route il s'échappera plus d'une fois vers ces terrains familiers; mais le plus souvent il s'en tient au programme fixé et fournit d'excellents éléments pour l'intelligence du texte sacré [3].

Toutes ces œuvres ne désarment pas ses adversaires. Même quand on l'étudie en secret, on l'attaque en public. On ne se contente pas de lui reprocher sa traduction, ou d'incriminer vivement ses habitudes littéraires. Deux pièces nous renseignent curieusement sur ces querelles qu'on lui cherche obstinément : Magnus, rhéteur officiel de la ville de Rome, lui écrit, — et c'est quelque peu surprenant, — pour se plaindre qu'il abuse des citations d'auteurs profanes. Mais, lui répond Jérôme [4], s'il avait lui-même un peu plus fréquenté l'Écriture et les auteurs chrétiens,

---

[1] *Jonas* (PL, XXV, 1117-1152); *Abdias* (1097-1118); cfr p. 186, n. 4.

[2] Ce commentaire a été incorporé comme livre V au commentaire développé, publié longtemps après (PL, XXIV, 153-206; cfr *Epist.* LXXI, 7).

[3] PL, XXVI, 15-218.

[4] *Epist.* LXX, ad Magnum, oratorem urbis Romae, en 397-398. On identifie ce Magnus avec le *Flavius Magnus rhetor urbis aeternae,* dont le sarcophage est conservé à Rome au musée du Capitole et qui, d'après l'inscription, fut le premier à recevoir la dignité de *comes primi ordinis*, conférée aux rhéteurs émérites par la loi de 425 (*Cod. Theod.* l. VI, tit. XXI, 1). Voir dom Leclercq, art. *Écoles*, dans DACL, t. IV (1921), c. 1767-69 et les sources qu'il cite; là-même, reproduction du sarcophage, fig. 3905.

il ne se scandaliserait pas à si bon compte. Dans l'Ancien comme dans le Nouveau Testament, il trouverait louée et utilisée la sagesse profane. Saint Paul cite les poètes grecs à plusieurs reprises. C'est le glaive arraché à Goliath et qui sert à lui trancher la tête, c'est la captive du Deutéronome, épousée après qu'on l'a transformée, en lui rasant les cheveux. D'esclave, une fois purifiée de ses taches, elle passe au rang de reine. Voilà pourquoi Lactance reproche à saint Cyprien d'avoir affaibli la démonstration chrétienne en s'interdisant ces sources séculières, pourquoi au contraire tous les apologistes ont réfuté leurs adversaires, un Celse, un Porphyre, un Julien, en les suivant sur leur propre terrain. La liste est longue des écrivains écclésiastiques grecs et latins, dont la science profane ne le cédait en rien à celle de leurs contemporains : le catalogue du *De Viris* repasse en grande partie sous nos yeux et justifie sans peine Jérôme de suivre leurs traces. D'ailleurs, il s'en doute, Magnus l'orateur n'est qu'un comparse; derrière lui se cache le véritable adversaire qui aime tant les Histoires de Salluste qu'on peut bien l'appeler Calpurnius Lanarius [1].

Du même côté, pense-t-on, lui était venue une autre querelle, un peu plus sérieuse et qui semble l'avoir ému davantage. C'est à l'occasion de sa traduction d'une lettre de saint Épiphane à l'évêque Jean de Jérusalem [2]. Mais cette querelle n'était qu'un épisode de la lutte engagée depuis quelque temps entre Bethléem et Jérusalem, entre le monastère des Oliviers et celui de la Crèche, lutte qui pendant plusieurs années allait devenir le scandale du monde chrétien. Il faut reprendre ces faits d'un peu plus haut.

---

[1] Le sens de cette allusion nous échappe. Saint Jérôme a l'air tantôt d'identifier ce Calpurnius avec Rufin et tantôt de le distinguer, *Apol.* III, 32 (PL, XXIII, 480-481) : «tibi Calpurnioque *respondi*» ; en sens opposé, *Apol.* I, 30 (PL, XXIII, 421, B).

[2] Lettre d'Épiphane dans la correspondance de saint Jérôme (*Epist.* LI); lettre LVII, apologétique à Pammachius, ou *De optimo genere interpretandi*.

LIVRE IV

LA CONTROVERSE ORIGÉNISTE

(393-402)

CHAPITRE I

LA CONTROVERSE ORIGÉNISTE
SAINT JÉROME ET JEAN DE JÉRUSALEM
(393-397)

I. La rupture. — II. Les essais de médiation et la réconciliation finale.

I

On a vu quelle étroite amitié avait au début de leur conversion uni Jérôme et Rufin. Le monde chrétien en était édifié et volontiers on les comparait aux couples d'amis que vantaient la littérature profane, l'histoire ou la légende [1]. Au témoignage même de saint Jérôme [2], cette amitié était encore intacte en 393. C'est donc à tort qu'on a cru Rufin visé dans les nombreux passages où saint Jérôme, avant cette date, se plaint de ses adversaires, et cherché à le retrouver sous les pseudonymes et sobriquets divers dont il les affuble. Cependant ce n'est pas brusquement non plus que cette chaude affection se changea en inimitié patente et durable. Plus encore que divers incidents extérieurs, des facteurs psychologiques intervinrent pour la désagréger. Il n'est peut-être pas impossible de les découvrir, si l'on ne s'obstine pas à simplifier à l'excès cette histoire et si l'on s'efforce d'être également équitable envers deux hommes qui, à ce moment, étaient l'un et l'autre de zélés serviteurs de l'Église et se partageaient la vénération des saints de leur temps.

---

[1] Saint Augustin en témoigne dans sa lettre LXXIII, 6 (PL, XXXIII, 245-250; JÉRÔME, *Epist*. CX) : « Fateor multum dolui inter tam caras familiaresque personas cunctis paene ecclesiis notissimo amicitiae vinculo copulatas tantum malum exstitisse discordiae. Quis denique amicus non formidetur quasi futurus inimicus si potuit inter Hieronymum et Rufinum hoc quod plangimus exoriri ? »

[2] Cfr *supra*, p. 129, n. 1.

Paula et Eustochium disaient la vérité, lorsqu'elles décrivaient à Marcella Jérusalem comme le séjour préféré des moines. Moines et monastères de toute nationalité s'y étaient multipliés, ainsi que dans la campagne environnante, et cela n'allait pas sans quelque inconvénient, en ce temps où la plus grande liberté, dégénérant parfois en licence, présidait au développement de l'institution monastique. Dans leur généreux enthousiasme les deux Bethléémites exaltent cette facilité qu'a chacun de vivre à sa guise et selon sa propre observance, sans que personne y trouve à redire. C'était la mise en pratique d'un conseil de saint Paul : celui qui jeûnait ne blâmait point celui qui mangeait et ne songeait point à s'enorgueillir lui-même de son abstinence.

Mais en réalité les choses se passaient moins simplement : l'humanité avec ses faiblesses trouvait à se glisser, parfois même dans les cœurs les plus haut placés, et tel qui se faisait remarquer par sa continence et ses prodiges de mortification, se trouvait moins armé contre la vaine gloire ou la jalousie. Il était naturel qu'à mesure que les communautés se formaient et se développaient, un certain esprit de corps se produisît avec, comme conséquence, une étroitesse de vue et une certaine malveillance, chez les âmes moins droites ou moins intelligentes, pour les moines qui suivaient une autre manière de vivre [1]. Palladius qui vécut alors en Palestine et passa même un an (399-400) à Bethléem, non loin du monastère de saint Jérôme [2], nous permet, tout en nous édifiant beaucoup habituellement, de jeter un coup d'œil sur ces intérieurs fermés. Nous pouvons relever dans son livre la trace de ces dissentiments et de ces mouvements trop humains qui n'échappaient pas à la clairvoyance des adversaires ou des émules, s'ils faisaient parfois illusion à ceux qui les ressentaient.

Quand Jérôme se fut établi à Bethléem, il dut compter avec cet

---

[1] M. SCHIWIETZ a recueilli les renseignements que l'on possède sur la vie monastique en Palestine à cette époque, au second volume de son ouvrage : *Das morgenländische Mönchtum*, Mayence, 1913, zweiter Theil, p. 85-192. Il en sera plus longuement question dans le second volume, à l'occasion de la doctrine spirituelle de saint Jérôme.

[2] *Histor. Laus.* XXXVI, 1 (édit. BUTLER, p. 106; PG, XXXIV, 1179, C).

état d'esprit. Il arrivait en Palestine avec sa réputation déjà établie de savant exégète et d'ascète rigoureux. Mais ses démêlés avec le clergé et le monachisme romains étaient aussi connus. Les Latins de Palestine avaient lu ses œuvres, le traité contre Helvidius, la lettre à Eustochium. Ils n'ignoraient rien des épisodes de la lutte entreprise à Rome au profit de l'ascétisme contre le relâchement. Les circonstances mystérieuses dans lesquelles Jérôme avait quitté la capitale, l'exode qui avait aussi éloigné Paula et sa fille, leur présence à Bethléem étaient diversement interprétés. Pour les uns Jérôme était le type par excellence de la ferveur monastique; d'autres trouvaient qu'il exagérait [1]. Lui-même d'ailleurs ne faisait rien pour modifier les idées défavorables qui pouvaient courir sur son compte. S'il était tendre avec ses amis et d'une sensibilité jamais indifférente aux moindres marques d'attachement, il y avait néanmoins dans son caractère des traits peu sympathiques. Sa susceptibilité était prompte à s'alarmer et à se manifester par de la mauvaise humeur. Il supportait mal la contradiction. Volontiers alors, en vertu de ses habitudes invétérées de rhéteur, il donnait de grands noms à de petites choses. La forme emportant le fond, il caractérisait amèrement des vétilles et par là même rendait difficiles des relations suivies. Savant, achetant péniblement, par un travail obstiné de jour et de nuit, les vastes connaissances qu'il appliquait à l'étude de l'Écriture, il critiquait avec une franchise que l'on trouvait trop rude l'ignorance prétentieuse des autres. Animé d'un idéal très élevé, il ne cachait pas son dédain ou son peu d'estime pour d'autres formes moins parfaites de la vie religieuse, pour les tempéraments que beaucoup de moines apportaient à leur sacrifice. Du moins ne paraissait-il pas mettre beaucoup d'empressement à se lier avec eux.

On peut croire que celui qui avait trouvé tant à redire à la pratique de la vie chrétienne à Rome et l'avait crié sur les toits ne se montra pas d'une réserve exagérée sur les abus qu'il constatait

---

[1] Le *Dialogue* (vers 404) de Sulpice Sévère, I, 8-9 (édit. HALM, p. 159-161; PL, XX, 189-190) résume les différentes appréciations portées sur Jérôme dans certains cercles monastiques.

à Jérusalem. Sa lettre à saint Paulin de Nole pour le détourner de venir dans une ville aussi mondaine que toute autre, en serait à elle seule une preuve [1]. Ici l'esprit de satire qui lui était naturel s'alliait trop à ses vues élevées de la perfection chrétienne pour que le nouveau venu ne signifiât pas hautement combien l'étonnaient certains usages et le choquaient certaines libertés. Bref, nous le savons par Palladius [2], on le trouvait distant et rébarbatif et l'on traduisait cette impression par des termes plus déplaisants comme s'il avait *jalousé* tous ceux qui se tenaient en dehors de son influence. Paula elle-même subissait le contrecoup de ces jugements défavorables : « Elle eût été parfaite, disait-on, dans sa haute pratique de la perfection chrétienne, si

---

[1] *Epist.* LVIII, 4, en 395.

[2] *Histor. Laus.* XXXVI, 6 (ex professo sur Jérôme) : « *Ἱερώνυμός τις πρεσβύτερος ᾤκει εἰς τοὺς τόπους ἐκείνους ἀρετῇ λόγων ῥωμαϊκῶν κεκοσμημένος καὶ εὐφυίᾳ τοσαύτην δὲ εἶχε βασκανίαν ὡς ὑπὸ ταύτης καλύπτεσθαι τῶν λόγων τὴν ἀρετήν.* » Le mot *βασκανία* revient encore, dans la prédiction, qu'il rapporte ensuite, de Posidonios, son compagnon d'ascétisme : « *ἡ μὲν ἐλευθέρα Παῦλα, ἡ φροντίζουσα αὐτοῦ προτελεύτησει ἀπαλλαγεῖσα αὐτοῦ τῆς βασκανίας, ὡς οἶμαι* », et il ajoute qu'aucun saint homme ne pourra vivre avec lui, « *ἀλλὰ φθάσει αὐτοῦ ὁ φθόνος καὶ μέχρι τοῦ ἰδίου ἀδελφοῦ* ». Il ajoute que Jérôme chassa de Bethléem de saints moines : Exsuperantius (celui sans doute de la lettre CXLV) l'italien, Pierre l'égyptien et Siméon. De même, XLI, 2, à propos de Paula : « *Γυναικὶ εἰς τὴν πνευματικὴν πολιτείαν ἀστειοτατὴ ἧς ἐκπόδιον γέγονεν Ἱερώνυμός τις ἀπὸ Δαλματίας· δυναμένην γὰρ αὐτὴν ὑπερπτῆναι πασῶν, εὐφυεστάτην οὖσαν, προσενεπόδισε τῇ ἑαυτοῦ βασκανίᾳ ἑλκύσας αὐτὴν πρὸς τὸν ἴδιον αὐτοῦ σκοπόν* » (édit. BUTLER, p. 108 et 128; PG, XXXIV, 1180, A et 1233, C). Il fait ensuite l'éloge d'Eustochium, qu'il n'a point connue personnellement comme sa mère. On devine ce que signifie cette *βασκανία* (*invidia*, traduira Jérôme lui-même dans sa préface au *Dialogus contra Pelagianos*, dans un passage où il prend directement à partie Palladius; cfr PL, XXIII, 497, A). C'est l'emprise absolue exercée par saint Jérôme sur ses fidèles et son exclusivisme. C'est aussi cette indépendance et cette sévérité dans la critique, sans regard aux situations et aux personnes, telle qu'elle se manifeste dans ses jugements littéraires sur saint Ambroise et qui dut, à plus forte raison, s'exercer à l'égard de ses émules palestiniens. On le trouve nettement indiqué dans le témoignage enthousiaste que lui rend Postumianus (SULPICE SÉVÈRE, *Dialogus*, I, 9; édit. HALM, p. 101; PL, XX, 900), son hôte pendant six mois, peu après le temps même où Palladius était lui aussi à Bethléem : « Apud Hieronymum sex mensibus fui, cui iugis adversum malos pugna, perpetuumque certamen concivit odia perditorum. Oderunt eum haeretici, quia eos impugnare non desinit, oderunt eum clerici quia vitam eorum insectatur et crimina, sed plane eum boni omnes admirantur et diligunt nam qui eum haereticum esse arbitrantur insani sunt... Vel exiguum temporis punctum a tanto viro discedere noluissem. »

elle se fût montrée moins dépendante à l'égard de Jérôme dont elle suivait aveuglément la direction. » Nous savons par lui-même qu'il n'appréciait pas beaucoup plus aimablement certains de ces moines et en particulier Palladius, dont on vient de lire le jugement sur Paula [1]. Palladius au contraire fait de Rufin et de Mélanie le plus vif éloge [2].

Il est certain qu'en ce temps-là ces deux illustres représentants des Latins à Jérusalem y jouissaient d'une grande renommée de bienfaisance chrétienne et de sainteté [3]. Mélanie avait de ses deniers assisté les moines égyptiens au temps de la rude persécution de Valens. Elle fut dans leur exil de Palestine la providence visible des évêques et des autres confesseurs chassés d'Égypte. Elle avait triomphé de l'hostilité du gouverneur en lui rappelant de quelle race elle descendait et mis ainsi au service de l'orthodoxie non seulement sa fortune mais l'influence que lui assurait, dans le monde des fonctionnaires, plus encore que dans le peuple, sa haute naissance [4]. Rufin de son côté avait souffert persécution pour la justice. Ce n'était pas tout à fait sans raison qu'on le qualifiait de confesseur et de martyr, puisqu'il avait participé aux souffrances des moines pourchassés par les soldats de Valens

---

[1] *Dialogus contra Pelagianos*, prologue (PL, XXIII, 497, B) : « Palladius servilis nequitiae eandem haeresim instaurare (l'hérésie pélagienne avant la lettre) conatus est et novam translationis hebraicae mihi calumniam struere. Num et illius ingenio nobilitatique invidemus ? » (ironique). Saint Épiphane avait mis Jean de Jérusalem en garde contre lui, à plus forte raison Jérôme : « Palladium vero Galatam, qui quondam carus nobis fuit et nunc misericordia Dei indiget, cave quia Origenis haeresim praedicat et docet » (*Epist.* LI, 9, traduite par saint Jérôme en 394). On sait que ce Palladius « de servile malice » fut l'un des défenseurs intrépides de saint Jean Chrysostome et souffrit la prison puis l'exil pour cette cause.

[2] *Histor. Laus.* XLVI (édit. Butler, p. 134, 135, 136; PG, XXXIV, 1225, A et 1226, A), tout entier sur Mélanie l'Ancienne et accessoirement sur Rufin. « Ἡ *τρισμακαρία* Μελ*άνιον*... (5) *ἡ συνέζη καὶ ὁ εὐγενέστατος καὶ ὁμότροπος καὶ στιβαρώτατος* Ρ*ουφῖνος ὁ ἀπὸ* Ἰ*ταλίας ἐξ* Ἀ*κυληΐας τῆς πόλεως, πρεσβυτερίου ἐς ὕστερον καταξιωθείς· οὗ γνωστικώτερος καὶ ἐπιεικέστερος ἐν ἀνδράσιν οὐχ εὑρίσκετο* (5). On remarquera l'*ἐπιεικέστερος* en contraste avec la *βασκανία* reprochée à Jérôme et aussi avec la satire que fait ce dernier de l'extérieur imposant et grave de Rufin (*Epist.* CXXV, 18, en particulier : *foris Cato*).

[3] Cfr *supra*, p. 129.

[4] *Histor. Laus.* XLVI, 2-5 (édit. Butler, p. 134-135; PG, XXXIV, 1225).

et les bandes de Lucius [1]. Sans doute sa première éducation littéraire avait eu des résultats moins brillants que celle de Jérôme [2], mais depuis il avait compensé cette lacune pendant les six ans passés à l'école de Didyme, le savant aveugle du Didascalée égyptien; il s'y était perfectionné dans la langue grecque, en même temps qu'il y avait pris le goût de l'Écriture [3]. Avec son maître il faisait ses délices de l'étude d'Origène. Là encore il s'était lié avec Théophile le futur évêque d'Alexandrie [4]. Lorsqu'il

[1] RUFIN, *Apol. ad Anastasium* (PL, XXI, 624, B) : « Quamvis igitur fides nostra, persecutionis haereticorum tempore, cum in sancta Alexandrina Ecclesia degeremus, in carceribus et exsiliis, quae pro fide inferebantur, probata sit. » Également dans son *Historia ecclesiastica*, XI, 4 (édit. MOMMSEN, dans les *Eusebius Werke*, t. II, 2, p. 1005 ; PL, XXI, 511, C) : « Quae praesens vidi loquor et eorum gesta refero, quorum in passionibus socius esse promerui. » Saint Jérôme s'est moqué de cette prétention de Rufin (*Apol.* II, 3 ; PL, XXIII, 426, B) : « Miror quod non adiecerit *vinctus Jesu Christi* et *liberatus sum de ore leonis* et Alexandriae *ad bestias pugnavi*, et *cursum consummavi, fidem servavi, superest mihi corona iustitiae*. Quae exsilia, quos iste carceres nominat ? Pudet me apertissimi mendacii, quasi carceres atque exsilia absque iudicum sententiis inrogentur... Prodat nobis confessionis suae acta quae hucusque nescivimus. » Il y revient à plusieurs reprises (*Ibid.*, 4, 427 A ; 11, 433 A ; 16, 438 C). Lui-même reconnaît que l'entourage de Rufin lui donnait le titre de martyr : « Cave ne hoc magistri et condiscipuli audiant et offendas quam plurimos qui me latronem te martyrem vocant (*Ibid.*, III, 16 ; 468, D). Post Alexandrinum exsilium et tenebrosos carceres a cunctis Origenis sectatoribus martyr et apostolus nominaris » (*Ibid.*, III, 26 ; 476, C). Il paraît évident que si les *carceres* et les *exsilia* représentent un pluriel emphatique, l'accusation de mensonge sur ce point est de la pure polémique.

[2] Il avait suivi la même formation que lui, mais n'en avait pas aussi bien profité ; cfr *supra*, p. 14, n. 1. Aussi Jérôme insiste-t-il sur son *imperitia*, non sans contradiction d'ailleurs, puisqu'en reprochant à Rufin de ne pas savoir sa langue et d'avoir besoin d'aller encore à l'école, il reconnaît l'élégance de sa traduction des discours de saint Grégoire de Nazianze et lui reproche de lire Cicéron en cachette (*Apol.* I, 30 ; PL, XXIII, 421-423), par exemple (423, A) : « Unde tibi tanta verborum copia, sententiarum lumen, translationum varietas, homini qui oratoriam vix primis labris in adulescentia degustasti ? Aut ego fallor aut tu Ciceronem occulte lectitas. » De même *Apol.* III, 6, 10 (PL, XXIII, 461-462 et 464-465).

[3] Sur Didyme et Rufin, voir RUFIN, *Apol.* II, 12 (PL, XXI, 594-595) ; JÉRÔME, *Apol.* III, 28 (PL, XXIII, 478-479) ; EUSÈBE-RUFIN, *Hist. ecclesiast.* XI, 8 1 (édit. MOMMSEN, t. II, p. 1013 ; PL, XXI, 517, A). D'ailleurs dès le séjour de saint Jérôme à Trèves, Rufin s'intéressait à la littérature chrétienne ; cfr *supra*, p. 19.

[4] Sur Théophile et Rufin, voir JÉRÔME, *Apol.* I, 14, III, 16, surtout 18 (PL, XXIII, 408, 468 et 470), où Jérôme met en doute l'affirmation de Rufin : « Gloriaris te ab adulescentia Theophili fuisse auditorem et discipulum, cum et ille antequam episcopus fieret, pro humilitate sibi insita, numquam docuerit et tu, postquam hic episcopus factus est, Alexandriae non fueris. » Il est certain que

vint s'établir à Jérusalem, il n'eut pas de peine à se faire bien venir de Jean, le chef du diocèse, moine comme lui et, comme lui, admirateur d'Origène. Aussi ne tarda-t-il pas à être ordonné prêtre et à jouir auprès de Jean d'une confiance méritée [1]. La gravité de son attitude, le sérieux de sa vie religieuse, sa charité affable et son ardeur au travail lui valaient une grande considération et avaient attiré près de lui des disciples enthousiastes [2].

Les relations de Jérôme avec l'évêque Jean furent d'abord cordiales. Ce n'est pas que, dans le fond du cœur, Jérôme fût absolument sans défiance. Il revenait à Jérusalem avec tous ses sentiments d'eustathien vis-à-vis des Orientaux [3], les mêmes qui lui avaient dicté jadis, dans sa *Chronique*, les paroles si dures à l'égard de saint Mélèce et de saint Cyrille de Jérusalem. Or Jean se rattachait à Cyrille, à ce parti modéré où ses adversaires, les partisans de Paulin d'Antioche et de son successeur Evagrius, l'ami et l'ancien hôte de Jérôme, affectaient de ne voir que des

---

Rufin correspondait avec Théophile (JÉRÔME, *Apol.* III, 18; PL, XXIII, 470, B). Jérôme paraît jouer ici sur les mots. En ce qui le concernait personnellement, il se montrait moins difficile, puisque un mois de séjour, même pas complet, près de Didyme, lui suffisait pour l'appeler son maître.

[1] Sur Jean de Jérusalem et Rufin, voir ÉPIPHANE (parmi les lettres de saint Jérôme), *Epist.* LI, 2, 6; JÉRÔME, *Epist.* LVII, 12, et LXXXII, 11, qui semble faire allusion à l'influence de Rufin sur Jean de Jérusalem; la lettre d'ANASTASE à Jean (PL, XXI, 627-632).

[2] JÉRÔME, *Apol.* III, 16, 26 (PL, XXIII, 468 et 476); *Epist.* CXXVI, 18, (après la mort de Rufin), l'anecdote où il dépeint avec tant de verve l'attitude prise par Rufin quand il enseignait. Il résume cette description, caractéristique de sa polémique, par ce trait : « Intus Nero, foris Cato. »

[3] Voir p. 55-56. Ces dispositions, auxquelles il ne semble pas qu'on ait souvent prêté attention, ressortent avec évidence, entre autres, du passage du *Contra Iohannem Hierosol.* IV (PL, XXIII, 358, C D) où il écrit : « Eo tempore quo totum Orientem, excepto papa Athanasio atque *Paulino*, Arianorum et Eunomianorum haeresis possidebat, quando tu Occidentalibus et in medio exsilio confessoribus non communicabas (après 373-374, date de l'exil de ces confesseurs; Jean devait avoir alors, au dire même de Jérôme, dix-huit à vingt ans environ) ille (Épiphane) vel presbyter monasterii ab Eutychio audiebatur vel postea episcopus Cypri a Valente non tangebatur. » On voit que la persécution endurée sous Valens par Mélèce, Eusèbe de Samosate et tant d'autres de leurs amis, expulsés de leurs sièges et envoyés en exil, ne compte pas, ni les efforts de saint Basile en faveur de l'orthodoxie. De là viennent aussi, je pense, les accusations portées contre Jean au sujet de la divinité du Saint-Esprit (*Ibid.*, VIII; PL, XXIII, 361, C). Le moyen de croire qu'après le concile de Constantinople de 381, on eût donné comme successeur à saint Cyrille un jeune pneumatomaque de la veille !

Ariens repentis, mal assis dans leurs convictions récentes et par là même toujours quelque peu suspects. Toutefois, pendant des années, soit avec Jean [1], soit avec Rufin [2], Jérôme entretint d'excellents rapports. Mais dans le secret des consciences un dissentiment n'avait pas tardé à se produire qui travaillait, à leur insu, à détendre les liens de l'amitié et à préparer de loin la rupture.

Hommes l'un et l'autre de grande vertu, Jérôme et Rufin n'avaient peut-être pas tout à fait le même idéal monastique. C'est du moins ce que l'on peut inférer de certaines critiques formulées plus tard par saint Jérôme. A propos de Rufin il rappellera avec insistance Darius, Crésus, Crassus et Sardanapale, tout en faisant allusion ailleurs à la rigidité et à l'extérieur austère d'un Caton. C'est dire qu'il ne trouvait pas assez sévère l'observance du mont des Oliviers. Lui qui prêchait la frugalité et le renoncement absolu aux biens personnels, estimait, semble-t-il, que Rufin et Mélanie restaient trop riches et se soignaient trop bien [3]. C'est sans doute à cela qu'il faut réduire le

[1] Saint Jérôme l'affirme lui-même (*Epist.* LXXXII, 11, à Théophile) : « Sit talis qualis ante fuit, quando nos suo arbitrio diligebat. Verba ei de alieno stomacho non fluant. Faciat quod vult et non quod velle compellitur. » Il s'agit de Rufin, sans doute ; cfr la lettre LVII, 12, où les rôles semblent intervertis : « Haec non est illius culpa sub cuius persona alius agit tragoediam. »

[2] *Apol.* III, 33 (PL, XXIII, 481, C) : « Qui me haereticum ex tuis amicitiis iudicabat. »

[3] Il n'est pas toujours facile de savoir à qui Jérôme en veut ; par exemple, la lettre LVII, 12, peut s'appliquer à Jean ou à Rufin. Je pense qu'il s'agit de Rufin, parce que cela concorde avec les reproches constants qu'il lui fait dans son *Apologie*. Il est vrai qu'il reprochera également ses richesses à l'évêque de Jérusalem (*Contra Iohann. Hierosol.* XIV ; PL, XXIII, 366, C) : « Tu qui sumptibus abundas et totius orbis religio tuum lucrum est. » — *Epist.* LVII, 12 : « Qui in sermone imitari se dicit apostolos prius imitetur in vita... ceterum ridiculum si quis e nobis inter Croesi et Sardanapalli delicias de sola rusticitate se iactet. » — *Epist.* CXXV, 18 : « Hic (Grunnius, c'est-à-dire Rufin) bene nummatus plus placebat in prandiis nec mirum qui multos inescare solitus erat (il vise son hospitalité) factoque cuneo circumstrepentium garrulorum procedebat in publicum, intus Nero foris Cato, totus ambiguus. » — *Apol.* III, 4 (PL, XXIII, 459, C D) : « Et quis talis ac tantus est ut audeat cum Crasso et Dario pugnare divitiis ? Ut subitum Demaratum et Crassum non pertimescat ? » — *In Nahum*, III (PL, XXV, 1261, C) : « Ne aliquam excetrae et Sardanapallo reprehendendi occasionem praebuisse videamur. » — *In Habacuc*, II (PL, XXV, 1307, A) : « Sibilet igitur excetra et Sardanapallus insultet, turpior vitiis quam nomine » (Rufinus, de *rufus*, le roux ?). — Si ces deux derniers textes s'appliquaient à Rufin, cela prouverait qu'il y avait déjà brouille

sens de ces noms propres qui sonnent assez mal dans ces conjonctures. En revanche Rufin, d'esprit moins ouvert et moins libre que Jérôme, plus exclusivement formé par la lecture des auteurs sacrés, ne goûtait guère les travaux bibliques par lesquels son ami démonétisait à son avis, qu'il le voulût ou non, l'œuvre des Septante [1]. Il trouvait qu'il abusait de sa culture profane en citant si souvent les auteurs païens [2]. Toutefois cela n'allait pas jusqu'à empêcher ses propres moines de gagner leur vie en copiant pour Jérôme non seulement les auteurs ecclésiastiques, mais même les profanes. Lui-même revisait leur travail : c'est lui qui le raconte. Il ajoute aussi, — et ce serait un joli trait de polémique si la querelle avait été moins sérieuse dans ses conséquences, — que Jérôme payait beaucoup plus quand il s'agissait des dialogues de Cicéron. A cette occasion nous apprenons que Jérôme s'était fait maître d'école. Il avait rouvert les vieux auteurs

---

avant le *De Viris* et par suite avant l'épisode d'Atarbius, ce qui ne s'accorde guère avec le texte de l'*Apol.* III, 33, cité dans la note précédente. On pourrait penser à Asinius « de genere Corneliorum », dont il fait mention à propos de Jonas et que J.-B. de Rossi (*Roma Sotterranea*, t. II, p. 365 sq., cité par Génier, *Sainte Paule*, p. 3-4) identifie, d'une façon bien improbable, avec le propre frère de Paula. En somme, ce n'est pas clair. S'il faut, selon l'opinion de dom Butler, rapporter à Mélanie l'Ancienne le chapitre LV de l'*Historia Lausiaca*, on comprend mal les accusations de mollesse sardanapalesque. Voir d'ailleurs la lettre XXIX (édit. HARTEL, t. I, p. 259; PL, LXI, 313-329) de Paulin de Nole sur l'humble équipage de Mélanie, à son arrivée à Nole.

[1] Cela ressort de l'*Apol.* I, 36 (PL, XXI, 574). Cependant c'est Palladius que Jérôme accuse directement d'opposition sur ce point (*Dialogus contra Pelagianos*, prologue ; PL, XXIII, 497, B). Au surplus, on aurait tort de penser que cette opposition ne pouvait provenir que d'un sentiment d'envie. Que Jérôme le crût, c'est assez naturel ; mais l'exemple de saint Augustin est là pour montrer que cela pouvait émaner de considérations très respectables. Il fit une opposition absolue jusqu'au bout à l'introduction du texte hiéronymien dans la Bible, pour la lecture et l'explication à l'église. C'est une raison du même ordre qui, sous Pie V, a fait reculer devant l'adoption du psautier hébreu pour l'usage liturgique. Saint Jérôme lui-même, il l'a rappelé plus d'une fois, expliquait le texte des Septante dans ses homélies et chantait les psaumes suivant cette édition. Progressistes comme saint Jérôme, ou conservateurs comme Rufin, Palladius et Augustin, peuvent être également de bonne foi et seule l'ardeur de la polémique fait prendre le change sur les intentions ; cfr *supra*, p. 186-187.

[2] *Apol.* II, 5-9 (PL, XXI, 591, C). C'est ce qui donna l'occasion à saint Jérôme de l'accuser d'avoir inspiré au rhéteur Magnus sa question sur ce sujet (*Epist.* LXX).

auxquels il n'avait point touché depuis son séjour au désert. Il expliquait à de jeunes enfants Virgile, les comiques et les historiens [1].

Cette situation se prolongea jusque vers 393. Officiellement Rufin et Jérôme étaient toujours amis, mais en fait les divergences que je viens de rappeler avaient dû déjà produire dans leur intimité plus d'une fissure, quand intervint l'événement qui entraîna la rupture éclatante et durable. Comme ce fut l'origénisme qui y donna prétexte, il faut ici encore remonter un peu en arrière, pour bien se rendre compte des faits et apprécier impartialement les événements qui vont suivre.

Après sa mort, comme de son vivant, Origène n'avait guère cessé d'être un signe de contradiction. Périodiquement il trouvait des admirateurs et des adversaires qui jugeaient opportun d'en appeler au grand public, en lui adressant des apologies ou des invectives à son sujet. C'est ainsi, pour s'en tenir au quatrième siècle, qu'au début, tandis que saint Méthode et saint Eustache dénonçaient avec violence les méfaits d'Origène, saint Pamphile, martyr sous Dioclétien et son intime ami Eusèbe de Césarée composaient une volumineuse apologie, pour mettre à couvert son orthodoxie. Au cours du siècle, les attaques s'étaient calmées. Tandis qu'Alexandrie lui restait fidèle et, par la bouche de Didyme, renouvelait même sa faveur, en Asie Mineure saint Basile et saint Grégoire de Nazianze recueillaient la fleur de ses écrits dans leur *Philocalie*, pour en vulgariser les enseignements.

---

[1] *Apol.* II, 8 (PL, XXI, 591, C) : « Alioquin si inficias eas, etiam testes quamplurimos fratrum habere possum qui, in meis cellulis manentes, in monte Oliveti, quamplurimos ei Ciceronis dialogos descripserunt quorum et ego quaterniones, cum scriberent, frequenter in manibus tenui et relegi, quod mercedes multo largiores, quam pro aliis scripturis solent, ab isto eis darentur agnovi... Etiam illud addatur, ubi cesset omne commentum, quod in monasterio positus, in Bethleem, ante non multo adhuc tempore, partes grammaticas exsecutus sit, et Maronem suum comicosque ac lyricos et historicos auctores, traditis sibi ad discendum Dei timorem puerulis exponebat. » Il est assez difficile de savoir qui étaient ces enfants. On affirme gratuitement qu'il s'agit de futurs moines. Étaient-ce des fils de fonctionnaires d'origine latine, établis aux Lieux-Saints, ou de familles grecques désireuses d'initier leurs enfants à la langue impériale ? Étaient-ce des *Alumni ?* Jérôme n'a point relevé ce passage dans sa réponse.

Mais vers le même temps, avec Apollinaire, qui par ailleurs formulait la « nouvelle hérésie » christologique, commençait à écrire contre lui l'homme dont l'origénisme allait devenir la hantise.

C'était saint Épiphane, d'abord moine au couvent de Besanduc, près d'Éleuthéropolis, en Palestine [1], puis évêque de Salamine, en Chypre. D'une érudition étendue, mais assez indigeste, il alliait parfois une certaine étroitesse d'esprit à une pureté d'intention et à une piété indiscutables. Il avait catalogué les hérésies, en les accompagnant d'une ample réfutation, dans le cadre bizarre d'une zoologie quelque peu enfantine. Origène avait sa place en cette galerie de monstres et il n'y a qu'à lire le chapitre qui lui est consacré [2], pour constater avec quelle passion se traduisait le zèle de saint Épiphane contre lui. Des esprits plus pondérés, un Basile ou un Grégoire, un Athanase aussi, non moins pieux et non moins doctes, avaient su faire la part des choses. Les erreurs philosophiques d'Origène, qui avaient si fâcheusement déteint sur sa doctrine théologique, ne leur avaient point voilé ses mérites ni fait oublier la droiture de ses desseins et les immenses services que ses œuvres avaient rendus et rendaient encore tous les jours à la science catholique. Il était mort dans la paix de l'Église ; l'enseignement s'était précisé sur la plupart des points où Origène avait marqué de l'hésitation ou fait de faux pas. Un peu de bonne volonté suffisait donc pour rendre à leurs yeux inoffensives les pages d'ailleurs obscures où le savant catéchète avait exposé ses conceptions ; à côté, des milliers d'autres apportaient la vraie lumière et pouvaient encore éclairer ou édifier.

C'était incontestablement ce que pensaient les orthodoxes qui faisaient d'Origène leur lecture préférée et, dans le contact avec ce grand esprit, vivifiaient leur propre intelligence en même temps qu'ils nourrissaient leur piété. Saint Jérôme sur ce point

---

[1] *Epist.* LXXXII, 8. Besanduc qui n'est nulle part signalé dans les variantes de l'édition Hilberg, est donné par Sozomène (HE, VI, 32 ; PG, LXVII, 1392, A) ; M. Hilberg lit « Bekos-Habacuc ». Du texte on a tiré par corruption « Vetus-Ad » (Vieil-Ad).

[2] *Haer.* LXIV (PG, XLII, 1067-1199).

ne pensait pas autrement que Rufin. Nul n'avait fait plus que lui pour acclimater Origène en Occident et mettre en garde contre les plagiaires qui, en le copiant clandestinement, l'affaiblissaient et le défiguraient [1]. En Égypte comme en Palestine, nous ne voyons pas que l'on pensât autrement ni qu'il y eût un état d'esprit qui créât un danger sérieux pour l'orthodoxie [2], au point d'obliger tout à coup à supprimer des œuvres en possession d'état depuis cent cinquante ans, et de faire anathématiser si longtemps après sa mort un auteur qui avait été emprisonné pour la foi et manqué de peu la gloire du martyre.

Cependant saint Épiphane n'était pas de cet avis et, avec l'activité quelque peu encombrante qui était le revers de son zèle, il profitait de toute occasion pour le faire savoir et susciter autour de lui un état d'esprit et une attitude conformes à sa conviction. Comme par ailleurs c'était un saint homme, aussi vénérable par ses vertus que par son âge, qu'il en imposait encore par sa connaissance des langues et des livres, il n'avait pas trop de peine à persuader qu'il était dans le vrai et, en agitant l'épouvantail de l'origénisme, à exciter dans le même sens le zèle des moines dont beaucoup étaient peu lettrés et qui vénéraient en lui un de leurs

[1] De là, les rudesses contre saint Ambroise dans sa préface aux homélies d'Origène sur saint Luc (PL, XXVI, 219-220).

[2] C'est un point capital pour apprécier avec justesse la controverse. Impossible de trouver dans la littérature ecclésiastique de cette époque, en dehors de la polémique d'Épiphane, puis de Théophile et de saint Jérôme, trace notable d'erreurs origénistes exposées et défendues systématiquement, soit en Orient, soit à plus forte raison en Occident où Origène était presque inconnu, comme l'atteste la lettre du pape Anastase à Jean de Jérusalem. C'est si vrai qu'à propos de Rufin ou de Jean, leurs adversaires, dans l'impossibilité de citer des phrases nettement répréhensibles, en sont réduits à ergoter sur des mots, à supposer des réticences et à faire dire noir à ce qui ordinairement signifie blanc, voire à les accuser, en conformité avec de prétendus enseignements d'Origène, de dissimuler mensongèrement leurs pensées. Il est évident que ces arguments de polémique ne peuvent suffire à l'historien impartial. Prendre à la lettre ces assertions, même sous la plume de saint Jérôme, c'est méconnaître l'état de la question et s'exposer à se tromper lourdement. Les procès de tendance ne peuvent se substituer à la constatation des faits et à la teneur objective des documents. Comme on le verra, la tourmente passée, il n'est pour ainsi dire plus question de l'origénisme et du péril effrayant qu'il constituait, jusqu'au jour où, un siècle et demi après, du temps de Justinien, le réveil de la querelle apparaît opportun pour se débarrasser d'adversaires gênants dans les controverses christologiques.

plus illustres modèles. Naturellement ils trouvaient à qui parler. Des esprits plus rassis se montraient réfractaires à cet apostolat qu'ils traitaient de fanatisme. Ils réclamaient, sans prétendre le moins du monde partager les erreurs d'Origène et en proclamant bien haut leur propre orthodoxie, le droit de continuer à chercher leur bien dans la lecture de ses œuvres, sans s'exposer pour cela à être déclarés suspects d'hérésie. C'était le cas de Rufin notamment, celui de son ami et protecteur Jean de Jérusalem et celui aussi, du moins à ce moment, du puissant évêque d'Alexandrie, Théophile. Saint Jérôme avait été jusque là d'accord avec eux [1], mais un moment vint où brusquement il prit une autre attitude, sous l'influence grandissante de saint Épiphane.

Un épisode assez obscur marque la première manifestation de ce changement. Vers les débuts de 393, un certain Atarbius, dans un accès de zèle antiorigéniste, se présenta successivement aux monastères de Jérôme et de Rufin pour les sommer de renier Origène. Jérôme crut devoir faire immédiatement une déclaration en bonne et due forme, qui apaisa l'inquisiteur sans mandat et par laquelle il affirmait anathématiser toutes les erreurs reprochées à Origène. Rufin se montra moins condescendant. Il voulut éviter un éclat et fit dire qu'il était absent; mais en même temps on donna à comprendre à l'importun que s'il insistait, ses épaules courraient le risque d'une bastonnade. Atarbius, qui cherchait à soulever l'opinion dans les cercles religieux de Jérusalem, se le tint pour dit et ne se représenta pas [2]. L'incident

---

[1] Voir note complémentaire Q.

[2] Voici le texte unique où il est question de cette affaire (Jérôme, *Apol.* III, 33; PL, XXIII, 481, C D) : «Si Eusebium ego ad latrandum miseram, quis Atarbii contra te et ceterorum rabiem concitavit? Nonne ille est qui me haereticum ex tuis amicitiis iudicabat? Cui cum satisfecissem, damnatione dogmatum Origenis, tu clausus domi numquam eum videre ausus es, ne aut damnares quod nolebas aut aperte resistens haereseos invidiam sustineres. An idcirco testis contra te esse non poterit quia accusator tui est? Antequam sanctus Epiphanius venisset Hierosolymam et « ore quidem et osculo tibi pacem daret, mala autem et dolos in suo corde servaret », antequam nos ei « suggillationem tui epistulas dictaremus ut haereticum scriberet quem osculis orthodoxum comprobavit », Atarbius contra te latrabat Hierosolymis et nisi cito abiisset, sensisset baculum non litterarum sed dexterae tuae qua tu canes abigere consuevisti. » Cette finale est une allusion au début de la lettre de Rufin au pape Anastase (PL, XXI, 624, B):

n'eut pas de suites immédiates, mais il créa un premier malaise entre saint Jérôme et Rufin. Chacun dans la circonstance avait agi selon son caractère. Rufin était l'homme tout d'une pièce qui disait fièrement plus tard à Jérôme : « Mes maîtres, moi, je ne les accuse ni ne les change [1]. » On s'expliquerait difficilement la promptitude avec laquelle saint Jérôme, qui devait tant à Origène, avait cédé à l'injonction, si l'on ne savait combien était profond le sentiment, exprimé par lui plus d'une fois, qu'il était prêt à tout sacrifier pour maintenir intact son renom d'orthodoxie. Rien pour lui ne passait avant cela. On aurait cependant conçu pour lui un autre rôle. Dans ce déchaînement de passions aux prises, il aurait pu essayer de faire entendre une parole de conciliation. Consulté directement, c'était à peu près ce qu'il répondait sur la question, en distinguant l'érudition d'Origène, toujours profitable, de ses théories qu'il fallait condamner [2]. Il ne crut même pas, de bonne foi, avoir, par cet acte, rompu avec tout son passé. Il n'en devait pas moins être entraîné, par la suite, à aller beaucoup plus loin et soit pour son propre compte, soit surtout au service de saint Épiphane et de Théophile d'Alexandrie, à devenir un antiorigéniste très militant.

Nous ne pouvons reconstituer le détail de ce qui suivit, mais l'ensemble des faits reconnus par les deux partis est assez aisé à rétablir [3]. Saint Épiphane, on l'a vu, avant de devenir évêque de

---

« Sed ut aemulis adversum me forte oblatrantibus baculum quemdam tibi confessionis meae quo abigerentur offerrem. » On voit que le texte n'insinue nullement qu'Atarbius fût un envoyé d'Épiphane ; il semble même exclure l'hypothèse d'un rapport quelconque entre eux.

[1] Le mot est rapporté par saint Jérôme (*Apol.* III, 18 ; PL, XXIII, 470, C): « Magistros meos nec accuso nec muto. »

[2] *Epist.* LXI, à Vigilance ; LXII, à Tranquillinus ; LXXXV, à Paulin de Nole. Cfr ce que rapporte à ce sujet saint Augustin dans sa lettre XL, 9 (JÉRÔME, *Epist.* LXVII).

[3] Nous disposons pour l'étude de cette première phase, Épiphane-Jean de Jérusalem, de la controverse origéniste, de quatre documents parallèles : a) la lettre de saint Épiphane à Jean de Jérusalem en 394, traduite quelques mois après par saint Jérôme (Lettre LI), avec l'apologie de cette traduction, le *De optimo genere interpretandi*, ou lettre LVII. — b) le *Contra Iohannem Hierosolymitanum*, en 396 (PL, XXIII, 355-396). — c) la lettre LXXXII, à Théophile, qui lui

Salamine, avait été élevé dans un monastère du diocèse d'Éleuthéropolis en Palestine. Il y revenait de temps en temps et, par la même occasion, visitait l'évêque de Jérusalem et aussi les moines de la Ville Sainte et des environs. La vénération que lui valait sa sainteté le faisait recevoir partout avec empressement et, bien que Jean de Jérusalem ne partageât point ses vues antiorigénistes, il accueillait Épiphane avec bonne grâce et l'invitait à parler à son peuple [1]. Épiphane, loin d'en profiter pour rendre à son hôte les mêmes égards, tout en descendant chez lui et en l'accompagnant à l'église, ne laissait pas de manifester son mécontentement qu'il fût attaché à Origène, lui et son entourage, en particulier Rufin et Palladius [2]. Il n'y mettait aucune discrétion. S'il s'est défendu d'avoir ouvertement prié pour la conversion de Jean, il a reconnu qu'il demandait à haute voix pour lui que Dieu lui accordât de prêcher la vérité [3]. Ce n'était pas assurément une

---

est de peu postérieure (fin 396), et qui suit une marche analogue. — d) l'*Apologie* (401-402), en réponse à Rufin (PL, XXIII, 397-492), en trois livres. C'est en confrontant les données, parfois disparates, de ces documents, tous émanant d'adversaires acharnés de Jean, ce dont il faut tenir compte, que j'essaie de dégager l'exposé présenté dans le texte.

[1] *Contra Iohann. Hierosol.* XI (PL, XXIII, 363-369). Le récit est composé dans un sens tout à fait hostile à Jean. Comparer avec les fragments de la lettre de Jean (*Ibid.* 364, C) : « Loquentem illum (Épiphane) ad populum quae vellet et qualia vellet », la lettre LI, 9 : « Quando simul pergebamus ad sanctum locum qui vocatur Bethel ut ibi collectam tecum (Jean) facerem. » C'était, semble-t-il, avant l'incident de l'ordination de Paulinien, mais après le sermon de Jérusalem.

[2] *Epist.* LI, 6 : « Te autem, frater, liberet Deus et sanctum populum Christi qui tibi creditus est et omnes fratres qui tecum sunt et maxime Rufinum presbyterum ab haeresi Origenis et aliis haeresibus et perditione earum. » — *Ibid.*, 9 : « Palladium vero Galatam qui quondam nobis carus fuit et nunc misericordia Dei indiget cave quia Origenis haeresim praedicat et docet, ne forte aliquos de populo tibi credito ad perversitatem sui inducat erroris. » Palladius avait dû quitter momentanément l'Égypte pour la Palestine, sinon cette insistance à son sujet ne se comprendrait guère, même pour des relations par correspondance.

[3] *Epist.* LI, 3. Le texte donne l'idée du ton d'Épiphane en toute cette affaire : « Dixerunt tibi quod in oratione, quando offerimus sacrificia Deo, soleamus pro te dicere : Domine praesta Iohanni ut recte credat. Noli nos in tantum putare rusticos ut haec tam aperte dicere potuerimus. Quamquam enim hoc in corde meo semper orem, tamen, ut simpliciter fatear, numquam in alienas aures protuli ne te viderer parvi pendere, dilectissime. » Il disait seulement dans la prière publique : « Custodi illum qui praedicat veritatem », ou : « Tu praesta, Domine, et custodi ut ille verbum praedicet veritatis. »

manière de le recommander au respect de son peuple. Partout où il allait, il mettait en garde contre l'origénisme, si bien que, excédés, ceux qu'il signalait ainsi à la défiance des fidèles se mirent à leur tour à évoquer, tout à fait sans raison, en ce qui concernait Épiphane, le danger de l'anthropomorphisme [1]. Il semble qu'au début cependant les choses allèrent assez bien. Jean profita des approches de Pâques (17 avril 393) pour résumer très nettement, en présence d'Épiphane et de tout le peuple, les principaux enseignements de la foi catholique [2]. Épiphane l'en félicita. Cependant toutes ses invitations à condamner expressément Origène, se heurtèrent chez l'évêque de Jérusalem à une résistance passive mais absolue [3].

---

[1] Cassien affirme qu'il y avait en Égypte des moines imbus de cette erreur, qui prenaient à la lettre les textes scripturaires, où il est question des bras, de la bouche, etc., de Dieu (*Collationes*, X, 3; édit. PETSCHENIG, p. 288; PL, XLIX, 823, A). L'origénisme y représentait la réaction spiritualiste.

[2] Le discours de Jean était comme le résumé des catéchèses préparatoires au baptême (*Contra Iohann. Hierosol.* XIII; PL, XXIII, 365, C). L'édition Migne n'a pas pris soin de distinguer nettement les citations de la lettre de Jean et le texte même de saint Jérôme.

[3] Naturellement l'appréciation des faits est différente sous la plume de Jérôme et sous celle de Jean. Selon Jean tout s'est passé sans encombre et jusqu'à la malheureuse ordination de Paulinien, Épiphane a témoigné pleine confiance à l'évêque de Jérusalem (*Contra Iohann. Hierosol.* XLIV; PL, XXIII, 395-396) : « Mensae suae et domus contubernium imputat Epiphanio scribitque eum numquam esse secum de Origenis dogmatibus locutum et sub iurisiurandi testificatione confirmat dicens : Ne suspicionem quidem sicut Deus testis est perversae in nos fidei se habere monstravit. » — (*Ibid.*, X; 363, A) : « Scribis, in epistula tua, quod antequam Paulinianus presbyter fieret, numquam te papa Epiphanius super Origenis errore convenit. » — (*Ibid.*, XIV; 361, B) : « Praedicationem nostram laudavit atque miratus est et catholicam fidem esse omnibus declaravit. » — D'autre part saint Épiphane affirme, dans sa lettre (JÉRÔME, *Epist.* LI, 3), qu'il a parlé à Jean d'Origène : « Recede ab haeresi Origenis et a cunctis haeresibus, dilectissime. Video enim quod propter hanc causam omnis indignatio concitata sit, quod dixerim vobis : Arrii patrem et aliarum haereseon radicem et parentem laudare non debetis. Et cum vos rogarem ne ita erraretis et monerem, contradixistis et ad tristitiam atque lacrimas adduxistis, non solum autem me sed et alios plurimos catholicos qui intererant et, ut intellego, haec est omnis indignatio et iste furor et idcirco comminamini quod mittetis adversum me epistulas et huc illucque sermo vester discurrat et propter defensionem haereseos adversum me odia suscitantes rumpitis caritatem, quam in vos habuimus in tantum ut feceritis nos etiam paenitentiam agere quare vobis communicaveramus, ita Origenis errores et dogmata defendentes. » — C'est à cette contradiction entre les deux témoignages que fait directement allusion saint Jérôme (*Contra Iohann. Hierosol.* X; PL, XXIII, 363, A) : « Ille obiecisse se dicit, tu negas; ille testes profert, tu

Cela provoqua un jour des incidents publics qui firent éclater aux yeux de tous les dissentiments réels entre les pasteurs. Jérôme était dans l'assistance et il a raconté la scène [1] avec toute sa verve de satirique et d'adversaire fort malveillant pour l'évêque Jean. C'est dire que le récit est à utiliser avec précaution:

« Nous y étions, nous avons tout su, lorsque le pape Épiphane parlait contre Origène dans ton église, quand, sous ce nom, c'était contre toi qu'il dirigeait ses traits. Toi et ton chœur avec un rictus de bouledogue, les narines contractées, vous grattant la tête, vous indiquiez par vos hochements que le vieillard délirait. N'as-tu pas envoyé, devant le sépulcre du Seigneur, ton archidiacre pour l'inviter à cesser de discourir sur ce sujet?... Quand vous vous rendiez ensemble de l'Anastasie à Sainte-Croix et que tous les âges et tous les sexes affluaient vers lui, présentant les tout petits, baisant ses pieds, arrachant ses franges, alors qu'il ne pouvait avancer, mais immobilisé résistait avec peine aux vagues populaires, toi, torturé par l'envie, tu déblatérais contre le glorieux vieillard. Tu n'as point eu honte de lui dire en face qu'il se retardait exprès. Rappelle-toi donc ton sermon, le jour où, invité à la septième heure, le peuple, ne restait que dans l'espoir d'entendre ensuite Épiphane. Tu as prêché, oui, contre les anthropomorphites, qui dans leur rustique simplicité, pensent que Dieu a les membres dont il est question dans les divines Écritures. Tu parlais avec fureur et indignation; tes yeux, tes mains, ton buste se tournaient vers le vieillard pour le rendre suspect de cette stupide hérésie. Fatigué, la bouche sèche, la nuque renversée et les lèvres agitées, tu cessas de parler. Enfin le désir de tout le peuple fut satisfait. Comment agit envers toi le vieillard en délire et en

---

non vis audire productos; ille etiam commemorat alium (Rufin ?) esse conventum, tu pro utroque dissimulas; mittit tibi per clericum suum epistulam, responsionem flagitat, taces, mutire non audes et Palaestinae provocatus Alexandriae loqueris. » — Surtout, XLIV; 396, A : « Ne suspicionem quidem, sicut Deus testis est, perversae in nos fidei se habere monstravit. » Nolo respondere et arguere acriter ne periurii episcopum convincere videar. Praesto sunt plures epistulae Epiphanii... in quibus dicit se, eum coram multis de dogmatibus arguentem, non meruisse responsum totumque nostrae parvitatis testis est monasterium. » — En dépit des derniers mots du premier texte qui sembleraient porter l'incident à la fin de cette période (396), je crois qu'il s'agit seulement de la lettre LI et que Jérôme vise le passage sur Rufin (n. 6). Voir encore la lettre LXXXII, 4. Rufin d'ailleurs fut très mécontent de cette lettre ainsi qu'il appert de l'*Apol.* III, 33 (PL, XXIII, 481, C) et accusa Épiphane de duplicité : « Ore quidem et osculo pacem daret, mala autem et dolos in suo corde servaret. » Ils sont tous d'accord cependant sur ce point que la communion ne fut pas alors rompue.

[1] *Contra Iohann. Hierosol.* XI (PL, XXIII, 363-364).

enfance ? Il se leva pour faire comprendre qu'il allait dire quelques mots et, après avoir salué de la voix et de la main l'assemblée : « Tout ce qu'a dit mon frère par la dignité, mon fils par l'âge, contre l'hérésie des anthropomorphites, est parole bonne et fidèle, ma voix aussi le condamne. Mais il est juste, en condamnant cette hérésie, de condamner également les dogmes pervers d'Origène. » Le rire universel et les acclamations qui suivirent, je pense que tu te les rappelles encore... Ainsi délirait celui qui, dans ton propre royaume, parlait contre ta propre doctrine. »

Le vieil évêque de Salamine n'osa point cependant rompre ouvertement, ni renier la communion qu'il avait accordée à Jean et à Rufin, mais comme saisi de remords et mécontent de lui-même, il quitta brusquement Jérusalem pour le monastère de Bethléem. Par leurs instances, saint Jérôme et ses moines obtinrent qu'il reprît le chemin du palais épiscopal, mais la nuit même, Épiphane le quittait encore et allait s'installer au monastère de Besanduc. Jean affirme seulement qu'il ne fût jamais question entre eux, à ce moment, de rupture de communion. Elle se produisit définitive assez longtemps après, un an environ, à l'occasion d'un incident auquel Jérôme fut directement mêlé [1].

Lors de son séjour au monastère de Bethléem, l'année précédente, saint Épiphane avait reçu les plaintes de plusieurs moines,

[1] *Apol.* III, 33 (PL, XXIII, 481, C) : « Antequam sanctus Epiphanius venisset Hierosolymam et ore quidem et osculo pacem daret tibi... quem osculis orthodoxum comprobarat » (Rufin). Pour Jean, Jérôme convient du fait, mais voici comment il l'explique (*Contra Iohann. Hierosol.* XIV ; PL, XXIII, 366-367) : « Et revera qui tantum honoris detulerat, iustum erat ut tua praesertim extemporalia dicta laudaret. Quia vero solent interdum homines laudare quod non probant et alienam stultitiam cassis nutrire praeconiis, non solum tua laudavit sed ita laudavit atque miratus est et, ne miraculum quoque parvum esset, catholicae esse fidei, omni populo declaravit. Haec quam vere dixerit et nos testes sumus qui audivimus, ad quos tuis vocibus perturbatus venit exanimis, temere se communicasse dicens, rogatusque ab omni monasterio ut ad te de Bethleem reverteretur, tantorum preces non ferens, sic reversus est vespere, ut medio noctis aufugeret ; et litterae ad papam Siricium (cette lettre est perdue) probant, quas si legeris, pervidebis quomodo tua dicta miratus sit et catholica declaraverit. » Mgr Duchesne (*Histoire ancienne de l'Église*, t. III, p. 46) : « Épiphane se retira dans son monastère près d'Éleuthéropolis, d'où il stimulait par ses lettres les moines à rompre la communion avec Jean. » En effet la fin de la lettre LI, 9, à propos du voile, indique bien qu'il ne se rendit pas directement en Chypre : « Arbitrabar enim Cypro mihi esse mittendum. » Toutefois je pense que c'est après la lettre LI que la scission s'est réellement opérée (*Contra Iohann. Hierosol*, XL).

regrettant de n'avoir parmi eux aucun prêtre qui voulût exercer les fonctions ecclésiastiques, ni Jérôme, ni Vincent son ami, jadis ordonné à Constantinople, comme Jérôme l'avait été à Antioche. L'un et l'autre, par humilité et par attachement très vif à leur liberté monastique, se refusaient à user de leur droit sacerdotal [1]. Les moines souhaitaient voir se modifier cet état de choses. Sur ces entrefaites les relations soit d'Épiphane, soit du monastère de Bethléem avec l'évêque de Jérusalem empirèrent. Épiphane écrivait fréquemment pour mettre en garde contre Jean et ses sympathies origénistes [2]. De plus en plus dociles à ses exhortations, Jérôme et les siens commencèrent à s'agiter et à exiger du prélat des déclarations conformes aux vœux d'Épiphane. Jean, encouragé par Rufin et ses amis, s'y refusait énergiquement. L'évêque de Salamine était alors dans son ancien monastère. Une délégation des moines de Bethléem, conduite par le frère de saint Jérôme, Paulinien, alors âgé d'environ trente ans [3], vint lui offrir satisfaction au sujet d'un

---

[1] *Epist.* LI, 1 : « Cum ante annum multos eorum queri audissem cur non haberent qui sibi Domini sacramenta conficerent. » Il ajoute expressément : « Cum enim vidissem quia multitudo sanctorum fratrum in monasterio consisteret et sancti presbyteri Hieronymus et Vincentius, *propter verecundiam et humilitatem*, nollent debita nomini suo exercere sacrificia et laborare in hac parte monasterium quae christianorum praecipua salus est. » Il s'agit d'une époque où l'on était encore en communion avec Jean. Il est donc impossible d'accorder avec ces textes la suggestion d'après laquelle l'attitude des prêtres du monastère était purement temporaire, due aux difficultés spéciales du schisme. Il s'agit bien d'une abstention de principe et il ne faut point vouloir apprécier les faits de ce temps d'après les habitudes du nôtre. C'est d'ailleurs ce que suppose nettement la réplique de Jérôme où il expose son attitude et celle de Vincent, quittant les diocèses auxquels ils appartenaient par leur ordination uniquement pour vivre en moines dans la solitude (*Contra Iohann. Hierosol.* XLI ; PL, XXIII, 393, A B). C'est seulement plus tard que le monastère compta cinq prêtres (*Contra Iohann. Hierosol.* XLII ; PL, XXIII, 393, D) : « Et certe quinque presbyteri erant in monasterio qui suo iure poterant baptizare (ante paucos menses circa dies Pentecostes). » Ceci est écrit à la fin de 396.

[2] *Epist.* LI, 1 : « Et propter nostram parvitatem et litteras quas ad eos crebro dereximus communionis quoque tuae coeperunt habere discordiam. »

[3] Probablement un peu moins, car il semble que Jérôme affirme les trente ans révolus seulement pour l'époque où il écrit, automne 396 (*Contra Iohann. Hierosol.* XLIV ; PL, XXIII, 394) : « A te est coargutus aetatis qua Paulinianus erat. » Voir surtout la lettre LXXXII, 8, à Théophile : « Fratrem meum dicit causam esse discordiae... Occidentalium sacerdotum commovit aures dicens eum

certain dissentiment [1]. Épiphane, songeant aux difficultés où les engageaient leurs rapports tendus avec l'évêque de Jérusalem et prévoyant sans doute que ces difficultés iraient croissant, résolut d'y porter remède en consacrant un prêtre pour le monastère même de saint Jérôme [2] :

« Pendant qu'on célébrait la collecte dans l'église de la propriété qui est près de notre monastère, écrit-il lui-même [3], à son insu et sans qu'il en eût le moindre soupçon, nous fîmes saisir Paulinien par plusieurs diacres. On lui ferma la bouche pour éviter que, dans son désir de se délivrer, il ne nous adjurât par le nom du Christ. Nous l'avons d'abord ordonné diacre, en lui rappelant la crainte de Dieu et en l'obligeant à accomplir son ministère. Il résistait fortement, se déclarant indigne. C'est à peine si nous avons pu l'y forcer et le persuader à l'aide des témoignages scripturaires et du rappel des commandements de Dieu. Quand il eut ainsi participé à la célébration des saints sacrifices, de nouveau avec beaucoup de difficulté, en lui tenant la bouche, nous l'avons ordonné prêtre. Les mêmes exhortations que précédemment l'obligèrent à s'asseoir dans le rang sacerdotal. Nous avons alors envoyé une lettre aux saints prêtres du monastère et aux autres frères, leur reprochant de n'avoir pas écrit à son sujet, alors que l'année précédente j'en avais entendu beaucoup se plaindre de n'avoir personne pour leur célébrer les mystères du Seigneur. Tous le réclamaient, en lui rendant témoignage que ce serait pour la grande utilité de l'ensemble du monastère. Ils auraient dû trouver alors une occasion de nous écrire et de nous présenter une requête pour son ordination. »

Épiphane trouvait tout naturel l'acte qu'il avait accompli et ne concevait pas que l'évêque de Jérusalem pût en être offensé,

---

esse adulescentulum et paene puerum in parochia sua Bethleem presbyterum constitutum... Porro aetas eius et Beatitudini tuae nota est et cum ad triginta annorum spatia pervenerit... »

[1] *Epist.* LI, 1 : « Unde et satis miratus sum quomodo dispensatione Dei ad nos venerit, cum diaconibus monasterii et ceteris fratribus, ut mihi satisfaceret quia nescio quid adversum eos habebam tristitiae. »

[2] Il y avait une certaine dissension, mais non la rupture complète, qui, au témoignage de saint Jérôme (*infra*), n'eut lieu qu'ensuite (*Epist.* LI, 1) : « Ne viderentur quadam duritia et conscientia antiquae fidei ab Ecclesia separari. » D'autre part, Épiphane ajoute que Jean devrait s'en réjouir comme d'un service reçu et il ajoute : « Cum enim vidissem quia... invenire autem et comprehendere servum Dei non posses qui te, eo (avec deux mss ; HILBERG : et) quod grave onus sacerdotii nollet suscipere, saepe fugiebat, sed nec alius quis episcoporum facile eum reperiret. »

[3] *Epist.* LI, 1.

comme d'un empiètement sur ses prérogatives. N'en usait-on pas ainsi couramment à Chypre ? Lui-même n'était-il pas fort aise que d'autres évêques lui rendissent ce service de lui ordonner, de temps en temps, des prêtres sans le consulter ? D'ailleurs il s'agissait d'un monastère, distinct de la paroisse de Bethléem, et d'un monastère d'étrangers soustraits à sa juridiction. L'ordination elle-même avait eu lieu en territoire étranger [1]. Jean de Jérusalem prenait les choses avec moins de bonhomie, d'autant moins que, peu auparavant, Épiphane avait déjà empiété sur ses droits épiscopaux [2]. Ils devaient ensemble célébrer une fête à Bethel. En s'y rendant Épiphane, passant par Anablatha, village du diocèse de Jérusalem, vit suspendue, à la porte de l'église, une tapisserie où était brodée la figure du Christ. Aussitôt rappelant avec indignation aux gens du lieu les prohibitions sévères de l'Ancien Testament contre la présence de statues ou d'images peintes dans le temple, il déchira le voile et en dispersa les morceaux. Comme on murmurait autour de lui, il comprit qu'on regrettait qu'il n'eût pas du moins pris la précaution de le remplacer par un autre. De bonne grâce, il promit de donner satisfaction à ce désir. Il demanda qu'on lui expédiât de Chypre une belle étoffe, mais l'envoi ayant tardé il se décida à offrir ce qu'il trouva sur place de plus décent. Jean fut prié de le faire parvenir au prêtre d'Anablatha, mais en même temps averti de prémunir ses fidèles contre de pareilles superstitions. On conçoit que l'ordination de Paulinien survenant après cet épisode, ait accru l'irritation de l'évêque de Jérusalem. Épiphane abusait vraiment de la simplicité chrétienne.

Ces incidents colportés, exagérés, interprétés au gré des passions surexcitées et des préférences de chacun, attisaient la discorde et, comme les moines étaient fort puissants auprès du peuple, créaient à Jean et à ses partisans de sérieux ennuis. Fort de

---

[1] *Epist.* LI, 1-2.

[2] *Epist.* LI, 9. La date est fixée approximativement par la phrase : « Paululum autem morarum fuit in medio dum quaero optimum velum pro eo mittere. Arbitrabar enim de Cypro mihi esse mittendum, nunc autem misi quod potui repperire. » Il paraît difficile d'admettre qu'Épiphane ait mis plus d'un an pour tenir sa promesse. Cette phrase semble bien aussi n'être pas écrite de Chypre.

son orthodoxie personnelle et de sa position hiérarchique, il se refusait à donner satisfaction à ses adversaires, en cédant à leurs injonctions anticanoniques et subversives de toute discipline. Ceux-ci, en conséquence, ne se faisaient point faute de l'accuser ouvertement d'hérésie. Ils y étaient encouragés et excités par l'évêque de Salamine [1]. En même temps qu'il envoyait par un lecteur le nouveau voile destiné à l'église d'Anablatha, il écrivait à Jean une longue lettre [2] pour lui exprimer sa surprise des plaintes que, disait-on, l'évêque de Jérusalem formulait contre lui. L'ordination de Paulinien aurait dû plutôt lui valoir des remerciements. Il réfutait, à sa manière, en les confirmant plutôt, les autres accusations dont il était l'objet, et s'attachait longuement à sommer l'évêque de se garder des erreurs d'Origène et à lui en démontrer la fausseté. Cette épître fut très lue [3]. Elle comblait d'aise tous les ennemis de Jean. Celui-ci n'ayant pas jugé à propos d'y répondre, Épiphane envoya aux moines palestiniens, notamment à ceux de Jérôme, l'ordre de rompre la communion avec l'évêque parce que hérétique. Un grand nombre suivirent docilement cette direction, à commencer par ceux-là mêmes qui avaient été l'occasion de la rupture [4]. Jean, de

---

[1] C'est lui-même qui le dit (*Epist.* LI, 1) : « Propter litteras quas ad eos crebro direximus. »

[2] *Epist.* LI. Épiphane, au début, ne paraît faire allusion qu'à des bruits rapportés. D'après le *Contra Iohann. Hierosol.* XLIV (PL, XXIII, 394, C D) et la lettre LXXXII, 8, Jean se serait plaint en particulier que Paulinien n'eût point l'âge canonique. Épiphane ne fait aucune allusion à ce détail. La lettre LXXXII le rapporte à une épître de Jean aux Occidentaux. Le *Contra Iohannem Hierosol.* suppose des reproches directs faits à saint Épiphane : « A te est coargutus. » *Epist.* LI, 1 : « Audivi quippe quod tumeas contra nos et irascaris et minitaris scribere in extremos fines terrae. »

[3] *Epist.* LVII, 2 : « Ante hoc ferme biennium (en 394), miserat Iohanni episcopo supra dictus papa Epiphanius litteras, arguens eum in quibusdam dogmatibus et postea clementer ad paenitentiam provocans. Harum exemplaria certatim Palaestinae rapiebantur vel ob auctoris meritum vel ob elegantiam scriptionis. » Évidemment d'autres motifs moins désintéressés contribuèrent à exciter la curiosité et à amplifier le succès.

[4] *Contra Iohann. Hierosol.* XL (PL, XXIII, 392, B) : « Cum enim (Isidore, l'envoyé de Théophile) obiceret nobis quare ei communicastis si haereticus erat ? audivit ab omnibus : communicavimus, nihil de haeresi suspicantes. (Il fallait donc que l'origénisme de Jean fût bien discret !) Postquam vero a beato papa Epiphanio conventus, tam sermone quam litteris (la lettre LI), respondere con-

son côté, interdit à quiconque reconnaîtrait l'ordination de Paulinien, l'entrée de l'église de la Nativité à Bethléem. Les moines n'ayant point de chapelle à eux pour la célébration des offices, c'était par le fait même leur interdire la participation aux sacrements et à la vie liturgique officielle [1]. Jérôme ne voulut point braver directement l'évêque. Il fit partir pour Chypre Paulinien, qui y retrouverait celui qui l'avait ordonné. Sauf quelques séjours intermittents, l'exilé volontaire ne revint se fixer à Bethléem qu'après l'apaisement du conflit [2]. C'était sans

---

tempsit, cunctis monachis ab eodem Epiphanio scripta venerunt ut absque satisfactione fidei nullus ei temere communicaret. » On ne peut supposer une lettre antérieure à la lettre LI, étant donné l'exposé détaillé que celle-ci contient de l'origénisme et l'absence de toute allusion à un écrit précédent. Saint Jérôme écrit plus haut (*Contra Iohann. Hierosol.* IV ; 358, A) : « Quae haec est tanta arrogantia non respondere de fide interrogantibus ? Tantam fratrum multitudinem et monachorum choros qui tibi in Palaestina non communicant quasi hostes publicos aestimare ! » On a vu avec assez de vraisemblance une allusion à ce schisme, plutôt qu'au schisme d'Antioche, dans la réconciliation des quatre cents moines dont Palladius (*Histor. Laus.* XLVI, 5 ; édit. BUTLER, p. 136 ; PG, XXXIV, 1226, B) fait honneur à Rufin et à Mélanie : « *Ἥνωσαν δὲ τὸ σχίσμα τὸ κατὰ Παυλῖνον, ὡς ἀνδρῶν τετρακοσίων μοναζόντων.* » Il s'agirait non de Paulin d'Antioche, mais de Paulinien et de la réconciliation qui eut lieu en 396 ou au début de 397.

[1] *Contra Iohann. Hierosol.* XLII (PL, XXIII, 394, A). Il semble que la prohibition n'ait eu lieu qu'après le schisme consommé par l'initiative des moines : « An non tu potius scindis Ecclesiam qui praecepisti, Bethleem, presbyteris tuis ne competentibus nostris in Pascha baptismum traderent, quos nos Diospolim, ad confessorem et episcopum misimus Dionysium, baptizandos ? Ecclesiam scindere dicimur qui extra cellulas nostras locum ecclesiae non habemus ? An non tu scindis Ecclesiam qui mandas clericis tuis ut si quis Paulinianum ab Epiphanio episcopo consecratum presbyterum dixerit, Ecclesiam prohibeatur intrare, ex quo tempore usque in praesentem diem videmus tantum specum Domini et, haereticis intrantibus, procul positi suspiramus. » Les rapports personnels des moines avec les prêtres de Bethléem étaient excellents (*Epist.* LXXXII, 11) : « In viculo Bethleem presbyteris eius quantum in nobis est communione sociamur. »

[2] *Contra Iohann. Hierosol.* XLI (PL, XXIII, 395, B) : « Sin autem de Pauliniano tibi sermo est, vides eum episcopo suo esse subiectum, versari Cypri, ad visitationem nostram interdum venire, non ut tuum sed ut alienum, eius videlicet a quo ordinatus est. Quod si hic etiam esse voluerit et in exsilio nostro quietus in solitudine vivere, quid tibi debet nisi honorem quem omnibus debemus episcopis ? » Nul n'a insisté avec plus de force que Jérôme sur la distinction entre le monachisme, qui soustrayait le moine à toute observance cléricale et lui assurait la liberté de ses mouvements, dans le respect des engagements essentiels, et le sacerdoce, qui attachait pour toujours celui qui le recevait soit à l'évêque consécrateur, soit à l'église pour laquelle il était consacré. Voir là-même la réponse

doute que la légitimité de son ordination n'apparaissait pas très sûre à ceux qui auraient dû en profiter. Persévérant dans leur opposition, les moines de Jérôme furent ainsi considérés par l'évêque de Jérusalem comme en rébellion à son endroit et privés des secours religieux; l'entrée de l'église de la Nativité leur était désormais interdite et ils devaient se contenter de la regarder de loin. Ils ne pouvaient même plus y transporter leurs morts [1]. Leurs catéchumènes en furent réduits à se rendre chez l'évêque de Diospolis, pour se faire baptiser, aux fêtes de Pâques [2]. Pendant des mois, ce fut l'état de guerre avec des incidents déplorables.

Il en est un auquel Jérôme attacha une importance qui paraît bien disproportionnée avec sa signification, mais qui est caractéristique, aussi bien de sa susceptibilité littéraire que de l'acuité prise par la querelle. Parmi les moines de Jérôme se trouvait un laïque de famille distinguée, Eusèbe, originaire de Crémone, qu'affriolait tout ce qu'il entendait dire sur la lettre d'Épiphane à l'évêque Jean. Ignorant le grec, il ne pouvait en prendre connaissance. Il insista tellement que Jérôme finit par en écrire, à la marge d'un exemplaire, une traduction latine. Il lui recommanda fort de

qu'il rapporte comme faite par lui à l'évêque Paulin d'Antioche, au moment de sa propre ordination. Les rapports canoniques entre les monastères et les évêques, sur les diocèses desquels ils étaient établis, n'étaient point encore nettement fixés. C'est pourquoi dans le conflit au sujet de l'ordination de Paulinien, la bonne foi a pu être égale des deux côtés, mais, dans l'ensemble, on ne saurait nier que l'attitude prise par Épiphane à l'égard de Jean de Jérusalem, n'ait manqué de discrétion et, pour le cas d'Anablatha, constitue une ingérence abusive dans les affaires d'un diocèse étranger. De plus, pour l'origénisme, seuls le Pape ou un concile pouvaient porter une sentence décisive; l'évêque de Salamine n'avait aucun pouvoir sur celui de Jérusalem.

[1] *Contra Iohann. Hierosol.* XLIII (PL, XXIII, 394, A B). C'est, je pense, le sens de ce passage : « Nosne sumus qui Ecclesiam scindimus an ille qui vivis habitaculum, mortuis sepulcrum negat ? Quis ossa sanctorum et innoxios cineres hucusque verberari ab imbribus sinit ? » Peut-être le monastère n'avait-il pas encore de cimetière propre et s'agit-il de l'exclusion du lieu de la sépulture commune à tous les chrétiens de Bethléem, par suite, aussi des funérailles célébrées à l'église ?

[2] Le fait de moines non encore baptisés et simples catéchumènes n'avait rien de rare. Rufin reçut ainsi le baptême au monastère d'Aquilée des mains de Chromatius.

la tenir cachée ou de ne la communiquer qu'à bon escient [1]. Elle finit cependant, dix-huit mois après, grâce à un cambriolage, qui, au cours de la querelle, ne devait pas hélas ! rester isolé, par arriver aux mains de Rufin et de l'évêque Jean [2]. La pièce

---

[1] Ces explications données par saint Jérôme à Pammachius (*Epist.* LVII) sont évidemment insuffisantes. Pour satisfaire la curiosité d'Eusèbe, il suffisait de lui traduire oralement la lettre d'Épiphane. La traduction de Jérôme (*Epist.* LI) est très soignée et ne représente nullement un premier jet. Eusèbe, dont la suite de ce récit montrera suffisamment l'esprit d'intrigue, ne dut guère observer la consigne de discrétion relative donnée par saint Jérôme (*Epist.* LVII, 2) : « Erat in monasteriolo nostro vir apud suos haud ignobilis, Eusebius Cremonensis qui, cum haec epistula per multorum ora volitaret et mirarentur eam pro doctrina et puritate sermonis docti pariter et indocti, coepit a me enixe petere ut sibi eam in latinum verterem et propter intellegendi facilitatem, apertius explicarem, graeci enim eloquii penitus ignarus erat. Feci quod voluit; accito notario, raptim celeriterque dictavi, ex latere in pagina breviter adnotans quem intrinsecus sensum singula capita continerent, siquidem et hoc ut sibi soli facerem oppido flagitarat postulavique ab eo mutuo domi haberet exemplar nec facile in vulgus proderet. »

[2] *Epist.* LVII, 2 : « Res ita anno et sex mensibus transiit, donec supradicta interpretatio de scriniis eius, novo praestigio, Hierosolymam commigravit. Nam quidam pseudomonachus, vel accepta pecunia ut perspicue intelligi datur, vel gratuita malitia, ut incassum corruptor nititur persuadere, compilatis chartis eius et sumptibus, Iudas factus est proditor deditque adversariis latrandi contra me occasionem, ut inter imperitos contionentur me falsarium. » La corruption à prix d'or est nettement affirmée dans l'*Apologie*, III, 23 (PL, XXIII, 474, C). Cette hypothèse n'est guère consistante. On ne voit pas à quelle utilité ce geste aurait répondu ni comment il pouvait se produire. Si la traduction de la lettre était tenue secrète, comment Jean et Rufin pouvaient-ils la connaître et songer à se la procurer ? D'autre part, en quoi pouvait bien les intéresser une traduction dont l'original grec, au témoignage même de saint Jérôme, était entre toutes les mains, depuis près de deux ans ? On comprend en revanche que, la traduction leur étant parvenue, ils l'aient examinée et en présence des constatations faites, après un examen assurément dépourvu d'indulgence, aient songé à en tirer parti, pour dénoncer une fois de plus la partialité de Jérôme. Il y aura vraiment trop, et des deux côtés, dans cette querelle origéniste, des accusations et des faits de cambriolage analogues à celui-ci. Encore faut-il, avant d'en rendre responsable directement tel ou tel, qu'il y ait un commencement de preuve. Ici ce n'est pas le cas. Saint Jérôme signale lui-même les protestations de celui qu'il déclare être l'instigateur du vol. Un fait de violation de domicile avec écrits supposés est rapporté par lui d'une manière énigmatique et eut lieu vers le même temps, pendant le séjour de Fabiola et d'Oceanus à Bethléem (*Apol.* III, 4 ; PL, XXIII, 459-460) : « Quis Bethleem de cubiculo fratris Eusebii furatus est epistulam laudatricem tuam (la lettre LI) ? Cuius artificio et a cuius ministris in sanctae Fabiolae hospitio et viri christiani et prudentis Oceani, inventus est codex, quem illi nunquam viderant ? An idcirco te existimas innocentem si quidquid tuum est in alios conferas ? » Il venait d'écrire : « Usque adeone obdurasti frontem ut mendacium ponas spem tuam ? » Mais du mensonge, aucune preuve n'est donnée.

intéressa et le jugement littéraire porté sur la traduction fut d'autant plus malveillant que le fond était plus désagréable. On reprochait à Jérôme ouvertement des infidélités, — c'était déjà le *traduttore traditore*, — tandis que, plus discrètement, on insinuait que le véritable inspirateur de la lettre était celui-là même qui s'était empressé de la traduire, en affaiblissant les expressions honorifiques employées par Épiphane à l'égard de son vénéré collègue [1]. L'accusation fit son chemin jusqu'à Rome, d'où Pammachius écrivit pour avoir des explications. Piqué au vif, Jérôme répondit par une longue lettre. Après s'être plaint du procédé, grâce auquel l'épître était parvenue aux mains de ses accusateurs, il revendiquait le droit, pour toute œuvre littéraire, autre que la divine Écriture, de la traduire librement, en tenant compte du sens plus que des mots et du génie des langues plus que de la fidélité matérielle. C'était ainsi qu'il avait toujours agi et avant lui aussi bien les écrivains profanes : Cicéron, Horace, les comiques, que les ecclésiastiques : le traducteur de la vie d'Antoine et saint Hilaire, et même les auteurs inspirés du Nouveau Testament, avec leurs citations très libres de l'An-

---

[1] *Epist.* LVII, 2 : «Me verbum non expressisse de verbo, pro *honorabili* dixisse *carissimum* et maligna interpretatione, quod nefas dictu sit, *αἰδεσιμώτατον* noluisse transferre.» *Ibid.*, 12, quelques détails de plus sur ces critiques.—La lettre ne dit pas très nettement à qui elle en veut. Une expression du texte courant, *sed Rufini et Melaniae magistrorum eius*, semblait mettre en cause l'évêque Jean, mais les mots *Rufini et Melaniae* sont une glose en contradiction avec le contexte et absente de plusieurs manuscrits. Aussi l'éditeur Hilberg les rejette-t-il. Il en résulte que c'est Rufin lui-même qui doit être visé et à qui Jérôme reproche d'avoir bien peu profité des leçons de maîtres qu'il a payés fort cher. Nous n'avons malheureusement aucun détail sur les relations de Rufin avec Rome pendant cette période. Les allusions sybillines de Jérôme, à propos de cette affaire, et un peu plus tard, au sujet du rhéteur Magnus (*Epist.* LXX), et d'autres fréquentes aux attaques contre sa traduction sur l'hébreu, ne laissent souvent place qu'à des conjectures assez fragiles. Il faut rapprocher de ces critiques purement littéraires celles plus graves, rappelées par l'*Apologie* de Jérôme (III, 33; PL, XXIII, 481, D) : «Antequam nos ei (Épiphane) in suggillationem tui (Rufin) epistulas dictaremus et haereticum scriberet quem orthodoxum comprobavit» (le passage est ironique et prétend rendre la pensée de Rufin). Il faut d'ailleurs convenir que cette traduction d'une lettre où Rufin était accusé d'origénisme aurait constitué à son égard un acte inamical, si elle avait été destinée à la publicité. Il est vrai qu'en ce temps déjà les deux amis étaient sans doute au moins en froid et avaient pris chacun parti, Rufin pour Jean et Jérôme pour Épiphane.

cien. Il terminait, après avoir montré à combien peu de chose se réduisaient ses prétendues infidélités de traducteur, en se plaignant amèrement d'être dénoncé comme faussaire et en demandant qu'on lui laissât, dans la cellule où il se cachait, composer en paix des commentaires scripturaires plutôt que des philippiques pareilles à celles de Cicéron et de Démosthène [1].

Ce n'était là qu'un épisode littéraire de peu d'importance. Une mesure plus grave prise contre Jérôme faillit réussir. Pour venir à bout de l'opposition, Jean ne trouva rien de mieux que de solliciter contre ces moines venus troubler la tranquillité des Lieux-Saints une sentence d'expulsion. Les circonstances n'en permirent point l'exécution. A ce moment-là même d'autres soucis, un commencement d'invasion des Huns détournèrent l'attention de l'autorité impériale [2]. La situation continua de se tendre, en dépit des tentatives de rapprochement. L'évêque demandait le respect de son autorité et promettait la réconciliation, si Paulinien et ses amis voulaient faire acte de soumission. Les moines, et Jérôme à leur tête, persistaient à réclamer d'abord que Jean leur rendît compte de sa foi et leur donnât l'assurance qu'il rejetait l'hérésie origéniste. Celui-ci estimait exorbitantes et contraires à sa dignité épiscopale ces prétentions de moines qui n'avaient aucune place dans la hiérarchie ecclésiastique. Mais résolu à mettre fin au conflit, il demanda l'intervention de Théophile, évêque d'Alexandrie. Théophile était alors d'accord

---

[1] *Epist.* LVII, désignée par saint Jérôme comme un *Libellus de optimo genere interpretandi*, en 395-396.

[2] *Contra Iohann. Hierosol.* XLIII (PL, XXIII, 394, A B) : « ... qui fratrum exsilia postulat. Quis potentissimam illam feram totius orbis cervicibus imminentem contra nostras cervices specialiter incitavit ? » — *Epist.* LXXXII, 10, à Théophile : « Nuper nobis postulavit et impetravit exsilium atque utinam implere potuisset ut, sicut illi putatur voluntas pro opere, ita et nos non solum voluntate sed et effectu coronam haberemus exsilii !... Monachus, proh dolor ! monachis et minatur et impetrat exsilium. » On pense que la *fera* dont il est question, est le ministre Rufin et que la chute et la mort de ce dernier (novembre 395) firent renoncer à la mesure. La menace d'invasion des Huns et les préparatifs de départ qui en furent la conséquence sont rappelés dans l'*epitaphium* de Fabiola (*Epist.* LXXVII, 8), avec cette allusion aux discordes intestines : «Erat in illo tempore quaedam apud nos dissensio et barbarorum pugnam domestica bella superabant.» La lettre, postérieure à la réconciliation avec Jean, est de l'année 400.

avec lui sur la question d'Origène. D'autre part il était bien vu des moines, fort nombreux en Égypte, et qu'il avait gagnés par une attitude pleine de déférence. Il accepta donc volontiers le rôle de pacificateur et délégua dans ce but le prêtre Isidore encore en pleine possession de sa confiance.

II

Avant même son arrivée, le gouverneur de Palestine, le comte Archélaüs avait essayé déjà de réconcilier les adversaires. Par la faute de Jean, affirme Jérôme, et pour des motifs futiles, les entrevues arrêtées n'ayant point eu lieu, cette première tentative de médiation échoua [1].

On était aux environs de Pâques. Deux mois après, en juin 396, Isidore arrivait à Jérusalem. Cette fois, ce fut de Bethléem que vinrent les obstacles. Il paraît que trois mois auparavant, une lettre d'Isidore à Rufin avait été, par erreur, remise à Bethléem au prêtre Vincent qui la retint. Isidore, origéniste déclaré, y encourageait Rufin à rester ferme et lui annonçait pour bientôt la défaite des adversaires. « Comme la fumée se dissipe dans les airs et la cire se liquéfie au voisinage du feu, ainsi, écrivait-il, se dissiperont ceux qui, résistant toujours à la foi de l'Église, tâchent maintenant, par l'intermédiaire d'hommes simples, à troubler cette même foi [2]. » Quand il vint à Bethléem, après avoir, à trois reprises, convoqué à une même réunion les frères ennemis, on lui demanda ses lettres de créance. Il répondit que Jean lui avait interdit de les montrer. On parlementa, on discuta. Jean reconnaîtrait l'ordination de Paulinien et passerait l'éponge sur le passé, si l'on voulait faire acte de soumission. Les moines répliquèrent que s'il voulait d'abord donner satisfaction sur la foi, on obéirait en ce qui concernait l'ordination. Bref, Isidore dut repartir sans avoir rien pu conclure [3].

---

[1] Sur la médiation d'Archélaüs et la légation d'Isidore, voir note complémentaire K.

[2] *Contra Iohann. Hierosol.* XXXVII (PL, XXIII, 390, A B).

[3] *Contra Iohann. Hierosol.* XXXIX (PL, XXIII, 391).

Il rapportait cependant à Théophile une lettre de Jean de Jérusalem où l'évêque se plaignait vivement de la conduite de ses adversaires et après avoir raconté, de son point de vue, toute l'histoire de la querelle, et montré que ce n'était pas sa faute si elle était encore pendante, terminait par une assez longue et fort nette profession de foi [1]. La lettre fut rendue publique sous le nom d'*Exposé* ou d'*Apologie* et envoyée à Rome, où Épiphane de son côté écrivit au pape Sirice, comme il l'avait fait déjà aux évêques de Palestine [2]. Cette Apologie produisit une forte impression. Pammachius s'empressa d'en informer saint Jérôme et de lui demander une réponse [3]. Jérôme était d'autant plus désireux de déférer à ce désir qu'en Italie, on avait parlé de lui, à propos d'Origène, en des termes qui lui avaient fort déplu. Le prêtre Vigilance, que lui avait recommandé Paulin de Nole, était venu pour quelques jours à Bethléem; Jérôme l'avait admirablement reçu et croyait pouvoir écrire à ce sujet :

« Le saint prêtre Vigilance a été accueilli avec un empressement dont

---

[1] Cette lettre est ce qu'on appelle l'*Apologie* de Jean de Jérusalem. Il ne nous en reste que des fragments, conservés dans la réfutation de saint Jérôme, *Contra Iohannem Hierosolymitanum* (PL, XXIII, 355-396). Caspari les en a extraits et a tâché de reconstituer l'ensemble dans son mémoire : *Ein Glaubenbekenntniss des Bischofs Johannes von Jerusalem*, dans *Ungedruckte, unbeachtete und wenig beachtete Quellen zur Geschichte des Taufsymbols und des Glaubensregels*, Christiania, 1866, t.I, p. 166-172. Jérôme écrit (*Ibid.*, XXXVIII ; 390, D) : « Haec ipsa *Apologia*, de qua nunc sermo est, Isidoro praesente et multum collaborante, dictata est, ut idem esset et dictator et baiulus litterarum. » — *Epist.* LXXXII, 4 : « Scribit in suis illis, ut ipse vult, pacificis, ut ego sentio, mordacissimis litteris ». — *Ibid.*, 6 : « Tota eius epistula non tam expositione fidei quam nostris plena est contumeliis, nomen meum absque ullis officiis, quibus nos invicem palpare solemus homines, frequenter adsumitur, carpitur, ventilatur. » — *Ibid.*, 8 : « Hucusque Apologia eius immo categoria et laciniosus contra nos sermo protractus est. »

[2] Lettre de saint Épiphane (*Contra Iohann. Hierosol.* XLIV ; PL, XXIII, 396, A) : « Una ad ipsum (Iohannem), alia ad episcopos Palaestinos, et nuper ad Romanae urbis pontificem. » *Ibid.*, XIV (367, A) : « Litterae ad papam Siricium. »

[3] *Contra Iohann. Hierosol.* I (PL, XXIII, 355, A) : « Nosti, Pammachi, nosti me ad hoc opus non inimicitiis, non gloriae cupiditate descendere sed provocatum litteris tuis ex ardore fidei, nec impatientiae ac temeritatis posse reprehendi, si post triennium loquor (trois ans depuis les débuts de la querelle, 393-396, non depuis la publication de l'*Apologie*, postérieure à juin 396). Denique nisi ad *Apologiam* de qua nunc scribere institui, multorum animos diceres perturbatos et in utramque partem fluctuare sententiam, decreveram in incepto silentio permanere. »

ses paroles pourront mieux vous informer que ma lettre. Le motif de son départ précipité et de notre abandon, je ne puis le dire, pour ne blesser personne. Bien qu'en passant et en hâte, je l'ai cependant un peu gardé et lui ai fait goûter notre amitié : vous saurez ainsi par lui ce que vous n'aurez point à regretter en nous [1]. »

Or à son retour en Italie, où il rapportait à Paulin la réponse de Jérôme, Vigilance se mit à répandre sur lui des bruits fâcheux. Il le représentait comme un origéniste professant toutes les hérésies du maître [2]. Mal lui en prit. Jérôme lui dit nettement son fait, le railla sur ses origines premières, — Vigilance était fils d'un aubergiste, — son manque de culture et sa sottise, après lui avoir expliqué une fois encore, par écrit, ce qu'il lui avait dit de vive voix : Jérôme lisait Origène, comme les autres auteurs ecclésiastiques, pour en tirer le bon et laisser le mauvais, à l'exemple d'Hilaire, d'Eusèbe de Verceil, de Victorin de Pettau. Après avoir rappelé ses commentaires sur l'Ecclésiaste et sur l'épître aux Éphésiens, où il réfutait les erreurs origénistes, il l'invitait à apprendre, afin de savoir se taire. Il terminait en lui reprochant comme un blasphème, d'avoir interprété du démon, la montagne dont parle l'Écriture, celle d'où se détacha la pierre, c'est-à-dire le Christ, destinée à briser le colosse aux pieds d'argile [3].

---

[1] *Epist.* LVIII, 11, à Paulin de Nole, en 395 : « Sanctum Vigilantium presbyterum qua aviditate susceperim melius est ut ipsius verbis quam meis discas litteris »; à compléter par la lettre LXI, 3, à Vigilance lui-même, en 396 : « Credidi sancti Paulini presbyteri epistulis et illius super nomine tuo non putavi errare iudicium et licet statim, accepta epistula, ἀσυνάρτητον sermonem tuum intellegerem, tamen rusticitatem et simplicitatem magis in te arbitrabar quam vecordiam. » Voir *supra*, p. 173.

[2] *Epist.* LXI, 1 : « Satis miror te voluisse Origenis mihi obicere dogmata cuius in plerisque errorem usque ad hanc aetatem penitus ignoras. Egone haereticus ? et cur me quaeso haeretici non amant ? Elegisti me ad insectandum qui omnia contra Ecclesiae dogmata publica voce condemno. » — *Ibid.*, 2 : « Origenes haereticus ? quid ad me qui illum in plerisque haereticum non nego. Si errasse non dicerem et haec non cottidie anathematizarem, essem erroris illius socius. »

[3] *Epist.* LXI, en 396, avant la légation d'Isidore (cfr *ibid.*, 3) : « Non parum est scire quod nescias... scilicet gloriari cupis ut in patria tua iactites me non potuisse respondere eloquentiae tuae... Obsecro te, frater, ne plus velis sapere quam sapias, ne vel innocentiam vel simplicitatem tuam vel certe ea quae taceo et, te non intellegente, ceteri intellegunt, stilo proferas et ineptiarum tuarum cunctis

La lettre de Pammachius sur l'effet produit à Rome par l'*Apologie* de Jean l'émut plus vivement encore. Lui, Romain par le baptême, il tenait avant tout à sa réputation au centre de la catholicité. Il prit donc la plume et déversa toute l'amertume accumulée dans son cœur par des mois de lutte et de sécession. Il composa, en automne 396, un violent pamphlet contre l'évêque de Jérusalem, où il se compromettait à fond avec l'antiorigénisme et faisait écho, sans réserve, aux accusations et aux condamnations portées par saint Épiphane [1]. Seuls l'exaspération et l'emportement de la lutte peuvent en excuser le ton. Nous ne sommes plus habitués à entendre un simple moine le prendre de si haut avec un représentant de la hiérarchie et le sommer de faire sa profession de foi. Ces apostrophes virulentes nous causent quelque malaise. Tout en rendant justice au zèle de Jérôme et à son orthodoxie, on éprouve un sentiment pénible à le voir accuser avec tant d'acharnement cet Origène dont il avait si souvent chanté les louanges et vanté la doctrine, plus encore à constater qu'il ne met aucune bonne volonté dans l'interprétation des textes et que, dans sa partialité contre l'évêque, il s'obstine, en échenillant sa profession de foi, à découvrir un sens pervers et des intentions criminelles aux expressions les moins sujettes

---

cachinnum praebeas. Aliud a parva aetate didicisti... non est eiusdem hominis et aureos nummos et Scripturas probare, degustare vina et prophetas vel apostolos intellegere. »— Jérôme fait ensuite allusion à des discussions tenues à Bethléem : « Sanctum fratrem Oceanum in culpam haereseos vocas, presbyterorum tibi Vincentii et Pauliniani et fratris Eusebii iudicium displicet.» Déjà, n. 1 : « Eadem absenti significo quae in praesenti quoque locutus sum, me ita Origenem legisse vel legere ut Apollinarem, ut ceteros tractatores, quorum in quibusdam libros Ecclesia non recipit, non quo omnia dicam esse damnanda quae in illorum voluminibus continentur sed quo quaedam reprehendenda confitear... non tam probaturus omnia quam quae bona sunt electurus... » Cfr *ibid.* 4. — Plus tard dans la controverse avec Rufin, saint Jérôme soutint cette opinion, d'une subtilité invraisemblable, que c'était l'origéniste Rufin qui avait lancé Vigilance contre lui (*Apol.* III, 19; PL, XXIII, 471, B) : « Ego in Vigilantio tibi respondi. Eadem enim accusabat quae tu postea et amicus laudabas et inimicus accusas (d'être origéniste). Scio a quo illius contra me rabies concitata est. Novi cuniculos tuos. Simplicitatem quam omnes praedicant non ignoro. Per illius stultitiam tua in me malitia debacchata est. »

[1] C'est le *Contra Iohannem Hierosolymitanum* (PL, XXIII, 355-396), dont une édition critique est tout à fait désirable.

à caution [1]. Ce qu'il reprochait jadis, avec tant de véhémence, aux moines de Chalcis, il le pratique maintenant avec une insistance déconcertante [2]. A l'en croire, les origénistes n'ont aucune sincérité et jouent sans remords avec les mots comme avec leur conscience. Il reconnaît qu'Épiphane a donné aux moines le signal de la division, en leur écrivant de rompre la communion avec l'évêque, mais en réalité, c'est celui-ci qui est la cause du mal et le véritable schismatique, puisqu'il se refuse à donner d'abord satisfaction à ceux qui lui demandent de les rassurer sur sa croyance [3].

L'écrit finit brusquement. L'on en a conclu qu'il n'a pas été terminé, qu'il ne fut point envoyé à Pammachius ni publié. C'est beaucoup s'avancer. Dès le printemps de 398, Rufin y fait une allusion très claire. Il est donc croyable qu'il en circula des copies. Si l'auteur n'en a plus parlé, c'est sans doute parce que la réconciliation ne tarda guère [4]. En effet, Théophile avait pris sérieusement à cœur son rôle de médiateur. Au retour d'Isidore et après avoir reçu l'*Apologie*, il composa lui-même une grande épître [5], adressée sans doute à tous les moines, qui était une pres-

---

[1] Voir le *Contra Iohann. Hierosol.* IX, XV-XXVII.

[2] Le rapprochement des textes ne manque pas de piquant, avec cette circonstance aggravante qu'il s'agit non d'une discussion entre moines, mais d'un moine demandant raison de sa foi à un évêque. *Epist.* XV, 3 : « Respondemus nos ita credere; non sufficit sensus, ipsum nomen efflagitant, quia nescio quid veneni in syllabis latet. Clamamus : si quis etc., et quia vocabula non edicimus haeretici iudicamur. » Dans la lettre XVII, 3, il se plaint qu'on lui demande sans cesse sa profession de foi.— *Contra Iohann. Hierosol.* II (PL, XXIII, 556, A, etc.): « Oramus, petimus, obsecramus ut aut simpliciter nostra fateatur aut aperte defendat aliena. Nolo verborum ambiguitates, nolo mihi quod et aliter possit intelligi... Obicitur ei crimen cuius non habet conscientiam, ergo crimen quod totum pendet in verbo neget confidenter ac libere faciat invidiam adversario suo. » *Ibid.*, III : « ... numquam de amicorum iudicio glorieris. Illud verum est testimonium quod ab inimica voce profertur... » *Ibid.*, IV : « Quae haec est tanta arrogantia non respondere de fide interrogantibus ? » — Voir surtout la querelle à propos de *caro* et de *corpus* (*Ibid.*, XXV-XXVIII).

[3] *Ibid.*, II-IV, XXXIX-XLII.

[4] Voir la note complémentaire L.

[5] Elle ne nous est connue que par la réponse de Jérôme (*Epist.* LXXXII) et s'adressait probablement à tous les moines en rupture de communion avec l'évêque, en tous cas, à tous ceux de la communauté de saint Jérôme. Le fait que

sante exhortation à la concorde et à la réconciliation avec l'évêque. Il y rappelait les multiples enseignements de l'Écriture sur la paix et insistait éloquemment sur sa nécessité. Jérôme voulut faire preuve de bonne volonté. Il répondit aussitôt par une longue lettre [1]. C'étaient d'abord des effusions de reconnaissance et de joie pour la manière paternelle dont Théophile venait à eux :

« Tu caresses comme un père, tu enseignes comme un maître, tu diriges comme un pontife ; tu es venu à nous non point avec la dureté de la verge, mais dans l'esprit de bénignité, de douceur, de mansuétude, et dès le début ta parole a rendu le son de l'humilité du Christ, qui a sauvé le genre humain non en fulminant et en tonnant, mais en vagissant dans la crèche et en se taisant sur la croix. Dans notre course vers la paix tu nous a encore stimulés ; les voiles étaient tendues pour la navigation ; le souffle répété de ton exhortation les a gonflées. Ce n'est pas la gorge hésitante et dédaigneuse, mais avide et largement ouverte, que nous cherchons à boire les eaux de la paix. »

Le seul obstacle vient de Jean, qui ne veut pas efficacement la paix, la cherche en paroles et la détruit par ses œuvres, proclame la concorde et veut imposer la servitude. Tel est, en somme, le thème développé tout au long de cette épître. Jérôme oppose la conduite paternelle et condescendante de Théophile avec ses moines, qui lui vaut leur affection et leur obéissance joyeuse, à la morgue de Jean et à son désir de domination. En passant il rappelle les origines de la querelle, la dissension avec Épiphane, qui a précédé l'ordination de Paulinien. Mais il entend s'en désintéresser, n'y ayant point été mêlé personnellement. Il ne peut s'empêcher de remarquer au passage que l'*Apologie*, en matière doctrinale, rend un son ambigu ; cependant il n'insiste pas. Il demande seulement qu'on cesse de l'injurier et de le calomnier. S'il a traduit de l'Origène, c'est en prenant soin, comme saint Hilaire, de ne retenir que ce qu'il y avait d'utile et de laisser le mauvais. Son frère Paulinien est le plus pacifique des hommes et ne peut être incriminé : Jérôme revendique la légitimité de son ordination

---

Théophile y recueillait et commentait abondamment les textes scripturaires sur la paix, suggère de penser plutôt à un écrit du genre des lettres festales qu'à une lettre privée.

[1] *Epist.* LXXXII, fin de 396 ou début de 397.

pour le lieu, comme pour l'âge. Ayant ainsi répondu à l'*Apologie* ou plus exactement à l'accusation, il ouvre son cœur tout grand à l'évêque Théophile : Pourquoi aller chercher si loin la paix et recourir à sa médiation ? Ses adversaires n'ont qu'à vouloir efficacement la paix, ils l'auront. Qu'ils cessent de chercher à dominer et à terrifier. Est-ce chrétien d'avoir voulu le faire exiler ? A Bethléem même, sans recourir ni à Rome ni à Alexandrie, Jérôme communique déjà avec Jean, par l'intermédiaire des prêtres de l'église. Que Jean se rappelle son ancienne affection, qu'il cesse d'être l'instrument d'une haine qui lui est étrangère; qu'il montre vraiment la charité du Christ et la paix renaîtra. Jérôme sait trop bien quels sont les devoirs à l'égard des évêques pour les oublier, mais qu'ils se rappellent eux aussi qu'ils doivent être des pères et non des maîtres [1].

---

[1] Citons quelques phrases caractéristiques. *Epist.* LXXXII, 9 : « Nunc autem quaeso te ut veniam tribuas dolori meo et si superbum est respondisse multum sit superbius accusasse, quamquam ita responderim ut silentium potius indicaverim meum quam sermonem. Quid procul pacem quaerunt et volunt eam nobis ab aliis imperari. Sint pacifici et illico pax sequitur. » — *Ibid.*, 11 : « Praeterea quod scribit nos per te et romanam ecclesiam communicare ei a quo videmur comminus separari, non necesse est ire tam longe. Et hic, in Palaestina, eodem modo ei iungimur, et ne hoc quoque procul sit, in viculo Bethleem, presbyteris eius, quantum in nobis est, communione sociamur. Ex quo perspicuum est dolorem proprium causam Ecclesiae non putandum, nec stomachum unius hominis, immo per illum aliorum, generali Ecclesiae vocabulo nuncupandum. Quapropter quod in principio epistulae dixi, etiam nunc repeto, nos velle Christi pacem, veram optare concordiam, et te rogare ut illum moneas pacem non extorquere sed velle. Sit praeterito nostrarum contumeliarum vulnere contentus, vetera vulnera saltim nova obliteret caritate. Sit talis qualis ante fuit, quando nos suo arbitrio diligebat. Verba ei de alieno stomacho non fluant. Faciat quod vult et non quod velle compellitur. Aut quasi pontifex cunctis aequaliter imperet aut quasi imitator apostoli universorum saluti ex aequo serviat. Si talem se praebuerit, ultro praebemus manus, extendimus brachia, amicos et parentes habeat et sentiat in Christo sicut omnibus sanctisita et sibi esse subiectos... Idcirco enim et nos patrias nostras dimisimus ut quieti absque ullis simultatibus in agris et in solitudine viveremus, ut pontifices Christi, qui tamen rectam fidem praedicent, non dominorum metu sed patrum honore veneremur, ut deferamus episcopis quasi episcopis et non sub nomine alterius aliis quibus nolumus servire cogamur. Non sumus tam inflati cordis ut ignoremus quid debeatur sacerdotibus Christi, sed contenti sint honore suo et patres se sciant esse non dominos... Tribuat autem orationibus tuis Christus Deus omnipotens ut pacis non ficto nomine sed vero et fideli amore sociemur. » Ces allusions à une influence étrangère doivent viser la faveur dont jouissait Rufin auprès de l'évêque de Jérusalem et ouvrent une perspective sur les à-côtés de la querelle et ses raisons profondes.

Ainsi des deux côtés, sous le couvert des récriminations à propos du passé, on faisait un pas réel vers la réconciliation. L'*Apologie* de Jean comme la lettre de Jérôme témoignaient d'un véritable désir de mettre fin à cette lutte intestine. Le vœu final formulé par saint Jérôme se réalisa, dans des circonstances qui nous sont mal connues. Elles laissèrent chacun sur ses positions en ce qui concernait l'origénisme. Jérôme se réconcilia sincèrement avec Jean et avec Rufin. Un matin de l'année 397, dans l'église de la Résurrection, après la célébration du saint sacrifice, les deux anciens amis unirent leurs mains en signe public de réconciliation et du renouvellement sincère de leur amitié. Quand Rufin partait peu après pour l'Occident, Jérôme vint lui faire ses adieux et l'accompagna une partie du chemin. Hélas ! leur réconciliation devait être aussi éphémère qu'elle avait été laborieuse [1] !

---

[1] On a écrit que Jean de Jérusalem aurait acheté la paix par l'immolation de ses convictions et sacrifié l'origénisme. C'est une affirmation gratuite, parfaitement démentie par la conduite ultérieure de Rufin, qui fit sa paix en même temps que lui, et par l'attitude de Jean lors de la nouvelle phase de la querelle, où il resta passif. Nous n'avons aucun texte sur la réconciliation avec Jean, plusieurs au contraire sur celle avec Rufin. *Epist.* LXXXI, 1 : « Conscientiae nostrae testis est Dominus, *post reconciliatas amicitias*, nullum intercessisse rancorem quo quemquam laederemus... Haec apud te potius amice expostulare volui quam lacessitus publice desaevire ut animadvertas me *reconciliatas amicitias* pure colere et non, iuxta Plautinam sententiam, altera manu lapidem tenere, panem offerre altera. » — *Apol.* III, 33 (PL, XXIII, 481, B C) : « Venio ad gravissimum crimen in quo *post reconciliatas amicitias* me infidelitatis accusas. Fateor, inter cuncta maledicta, quae vel obicis vel minaris, nihil a me ita repellendum est quam fraus dolus infidelitas. Peccare enim hominis est, insidias tendere diaboli. Ergo ideo in Anastasi, immolato agno, dextras iunximus, ut tuas Romae schedulas furaremur ? » — *Ibid.*, I, 1 (398, B) : « Prudentis fuerat et amici, *post reconciliatam simultatem*, etiam leves suspiciones fugere. » — *Ibid.*, III, 24 (475, B) : « *Pacem dedimus* non haeresim suscepimus, iunximus dexteras, abeuntem prosecuti sumus ut vos essetis catholici, non ut nos essemus haeretici. » — Rufin, *Apol.* II, 37 (PL, XXI, 616, A) : « Post pacem illam summo vix sudore reparatam », et dans l'*Apologie* de Jérôme III, 24 (PL, XXIII, 475, B) : « Vos nobis pacem proficiscentibus dedistis. »

CHAPITRE II

LA CONTROVERSE ORIGÉNISTE
JÉROME ET RUFIN
(397-402)

I. La traduction du *Periarchon* et les préfaces de Rufin. — II. La dénonciation du *Periarchon*. L'origénisme de Rufin. Premières attaques contre Rufin. — III. La lettre LXXXIV de Jérôme à Pammachius. — IV. Anastase et l'origénisme. La lettre de Rufin au pape et son *Apologie*, en réponse à la lettre LXXXIV. —V. L'anti-origénisme en Orient. La première *Apologie* de saint Jérôme. — VI. La fin de la querelle.

I

Dans le courant de l'année 397 [1], pour un motif qui nous échappe, Rufin regagna l'Occident. Ces « retours de Jérusalem » momentanés ou définitifs, n'avaient rien alors que de très ordinaire. Vers le même temps, à intervalles rapprochés, quatre moines du monastère de saint Jérôme quittaient eux aussi la Palestine pour l'Occident. Parmi eux était son frère Paulinien, qui se rendait à Stridon pour vendre le reste des biens familiaux, afin de subvenir aux besoins du couvent de Bethléem [2]. L'origénisme

[1] Les synchronismes sont indiqués par saint Jérôme lui-même, *Apol.* III, 24 (PL, XXIII, 475, C); Préface au commentaire de saint Matthieu (PL, XXVI, 20).

[2] *Apol.* III, 24 (PL, XXIII, 475, C) : « Vincentius, Paulinianus, Eusebius, Rufinus presbyteri, quorum Vincentius, multo tempore ante vos, Romam venit, Paulinianus et Eusebius post annum vestrae navigationis profecti sunt, Rufinus, in causa Claudii post biennium missus ; omnes vel pro re familiari vel pro periculo capitis alieni. » Le pluriel *vos*, *vestrae*, viserait-il Rufin et Mélanie ? L'argument de M. Brochet pour nier qu'ils soient revenus ensemble en Occident : le silence de Paulin de Nole dans la lettre XXIX, où il raconte l'arrivée de Mélanie à Nole, est loin à lui seul d'être décisif.

n'entrait pour rien dans le retour de Rufin [1]. Les derniers événements n'avaient point modifié son attitude à cet égard et jusqu'au bout elle devait, contrairement à celle de Jérôme, rester la même [2].

Si l'on définit l'origénisme par les huit propositions qu'avait formulées saint Épiphane [3], Rufin pas plus que Jean de Jérusalem, n'était origéniste. Non seulement il ne faisait aucune propagande en leur faveur, mais il affirmait très haut son attachement à l'orthodoxie, à la foi de l'église d'Aquilée, laquelle était la même que celle de Rome, d'Alexandrie et de Jérusalem [4]. En revanche il restait fidèle à la mémoire et à la personne d'Origène. Comme Jérôme l'avait soutenu longtemps, il persistait à croire que les œuvres de ce docteur, expurgées de ce qu'il croyait des interpolations dues aux hérétiques [5], restaient éminemment utiles à l'Occident, si pauvre en fait de théologie originale. Rufin y rentrait tout disposé à vulgariser les œuvres du grand alexandrin, mais aussi celles des autres écrivains orientaux, les Basile, les

---

[1] Cela ressort entre autres du silence de celui qui avait intérêt à le dire et qui pourtant ne l'a jamais dit. Pas un mot, dans les diverses accusations de Jérôme, sur ce sujet. Il suppose expressément le contraire, quand il se défend d'avoir envoyé, comme le lui reproche Rufin, ses « chiens » aux trousses de son ancien ami (*Apol.* III, 24; PL, XX, 475, A — 476, A): «Novum calumniae genus ; *ante accusatores misimus quam tu accusanda committeres*. Non fuit, non fuit, inquam, nostri consilii sed Dei providentiae ut missi ad aliud contra nascentem haeresim dimicarent. » Voir encore *Ibid.*, III, 33 (481, C) : « Scilicet noveramus quid in animo volveres. » Cela ressort aussi du fait que Rufin s'occupe de beaucoup d'autres choses que de l'origénisme et qu'en dehors des travaux demandés par Macaire, on ne fournit pas la preuve qu'il ait fait la moindre propagande. Tout cela part d'un faux présupposé qui vicie la plupart des travaux sur ce sujet, surtout celui de M. Brochet (*Saint Jérôme et ses ennemis*, Paris 1905), à savoir que Rufin était un origéniste à tout crin et n'avait pour ainsi dire qu'une pensée, propager l'origénisme. C'est justement ce qu'il faudrait d'abord démontrer.

[2] *Apol.* III, 18 (PL, XXIII, 470, C) : « Et audes dicere in suggillationem mei : Magistros meos nec accuso nec muto. »

[3] Saint Jérôme les rapporte dans le *Contra Iohann. Hierosol.* VII (PL, XXIII, 360, A D); cfr *Epist.* LI, 4 et suiv.

[4] Il est facile de s'en assurer en consultant, outre son Commentaire sur le symbole (PL, XXI, 335-386), sa préface à l'*Apologie* d'Origène (PG, XVII, 541-542), et son *Apologie* au pape Anastase (PL, XXI, 623-628).

[5] La démonstration de cette assertion est le sujet du *De adulteratione librorum Origenis*, appendice à sa traduction de l'*Apologie* d'Origène par Pamphile (PG, XVII, 615-632).

Grégoire, les Eusèbe, les Évagre du Pont, qui paraîtraient profitables à la pensée latine [1].

Il n'y apportait aucun exclusivisme, mais seulement la conviction de l'opportunité pour lui de servir d'intermédiaire entre les deux chrétientés et, à défaut d'œuvres personnelles, d'employer ainsi, avec le modeste talent que Dieu lui avait confié, sa connaissance de la langue grecque [2]. C'était, après saint Jérôme, l'homme qui connaissait le mieux cette littérature et dont la bibliothèque était la plus riche. La sainteté de sa vie, la fermeté de son caractère, la gravité de son maintien [3], son humeur affable dans les relations [4], non moins que son érudition devaient vite lui valoir de précieuses et fidèles amitiés. Le souvenir et la présence de la grande moniale Mélanie les lui facilitèrent. C'est ainsi qu'arrivé à Rome il ne tarda guère à entrer dans l'intimité d'Apronianus, le mari d'Avita, nièce de Mélanie, et de sa sœur Aproniana [5]. Des relations suivies s'établirent entre lui et Paulin de Nole, retiré depuis trois ans près du tombeau de saint Félix et lui aussi parent de la vénérable religieuse [6]. A Rome, il fit la connaissance

---

[1] On trouvera la longue liste de ses traductions dans PL, XXI, 293-294. Il faut y ajouter celle du *Dialogue* d'Adamantius (PG, XI, 1711-1884; édit. VAN DE SANDE BAKHUYSEN, dans les *Griechische Christliche Schriftsteller*, 1901). Voir BARDENHEWER, *Geschichte*, t. III, p. 553-555; SCHANZ, § 968 (t. IV, 1, p. 415-423).

[2] Sur la modestie littéraire de Rufin, lire les diverses préfaces à ses traductions, en particulier à Josué (PG, XII, 823-826) et son *Apologie*, I, 2 et II, 12 (PL, XXI, 542 et 594-593). Jérôme l'a souvent ridiculisé à ce sujet, non sans se contredire; cfr *Apol.* I, 2 (PL, XXIII, 399, B C); 17 (410-411); 20 (414, B); 30 (422-423); II, 22 (446, A); III, 6 (461-462); 10 (464-465); 25 (476, A C); 26 (476-477); 29 (479 A B); 31 (480, B C); 39 (484, B C).

[3] D'où le nom de Caton que lui donne parfois saint Jérôme.

[4] Voir les lettres de Paulin dans le *De Benedictionibus Patriarcharum* (PL, XXI, 295-298 et 309-312) avec les réponses de Rufin (*Ibid.* 297-300, 311-314) et ses diverses préfaces. Saint Jérôme reconnaît qu'il avait la réputation universelle d'agir avec simplicité (*Apol.* III, 19; PL, XXIII, 471, B). Le contexte indique que simplicité signifie franchise, droiture.

[5] C'est l'Apronianus auquel Rufin dédie l'*Apologie*, écrite en 401, la traduction des discours de saint Grégoire de Nazianze et des homélies d'Origène sur les Psaumes XXXVI-XXXVIII. Les *Sentences* de Sixte sont traduites pour Aproniana (édit. GILDEMEISTER, Bonn, p. LIII, préface).

[6] Outre la correspondance au sujet du *De Benedictionibus Patriarcharum* (PL, XXI, 295 et suiv.; cfr édit. HARTEL, p. 383-389), la lettre de Paulin à Sulpice Sévère, XXVIII, 5 (édit. HARTEL, p. 245-246; PL, LXI, 311-312).

d'un ancien vicaire du préfet passé à l'ascétisme, Macaire [1], et cette rencontre fut l'occasion du renouveau de la controverse origéniste qui allait mettre aux prises, beaucoup plus vivement que par le passé, les deux amis si péniblement réconciliés.

Rufin a raconté lui-même dans quelles circonstances se fit cette rencontre [2]. Macaire préparait une réfutation de l'astrologie. Embarrassé pour le choix de certains arguments, il eut, expliqua-t-il à Rufin, un songe où il lui avait semblé voir arriver au port d'Ostie un vaisseau chargé de marchandises orientales à lui destinées. Il se demandait le sens de ce rêve quand il apprit l'arrivée de Rufin. Le songe lui parut réalisé. Rufin lui assura qu'en effet il trouverait d'excellents arguments dans les livres d'Origène et, pour le lui prouver, peut-être aussi parce que ce nom sonnait mal aux oreilles latines depuis les récentes controverses, il traduisit l'*Apologie* de Pamphile, du moins le premier livre, en le faisant suivre d'un petit travail de sa composition, destiné à le compléter [3].

Il y soutenait la thèse fallacieuse, reprise depuis lors plus d'une fois par les partisans d'Origène, que ses productions avaient été interpolées par les hérétiques, et qu'il fallait attribuer à cette falsification les passages répréhensibles disséminés dans ses œuvres. Rufin utilisait quelques documents authentiques [4], mais en même temps faisait preuve d'un manque de critique vraiment excessif. Il y témoignait déjà de cette facilité à se laisser impressionner par les pseudépigraphes, qui lui ferait accepter l'attribution des *Récognitions* à saint Clément et les *Sentences* du philosophe Sixte

---

[1] Sur Macaire : préface de l'*Apologie* de Pamphile (PG, XVII, 539-542) et celle du *Periarchon* (édit. KOETSCHAU, p. 3-6 ; PG, XI, 111-114) ; PALLADIUS, *Histor. Laus.* LXII (édit. BUTLER, p. 157 ; PG, XXXIV, 1233, C).

[2] RUFIN, *Apol.* I, 11 (PL, XXI, 548-549). Saint Jérôme a ridiculisé ce récit et mis en doute sa véracité. Il est confirmé pourtant par les préfaces de l'*Apologie* et du *Periarchon*. On n'a aucune raison de le rejeter ; cfr JÉRÔME, *Apol.* I, 3 (PL, XXIII, 400, A) ; II, 15 (437, B C) ; III, 24 (475, C) ; 29 (479, B) ; *Epist.* CXXVII, 9. L'*Apologie* contient un passage sur le libre arbitre.

[3] PG, XVII, 513-616 (*Apologie*) ; 615-632 (*De adulteratione librorum Origenis*). Sur l'authenticité de l'*Apologie* de Pamphile, voir note complémentaire N.

[4] Les critiques de saint Jérôme à ce sujet ne sont pas fondées, comme on le verra plus loin. Il n'y a pas eu tromperie voulue : on peut seulement discuter certains détails d'interprétation ou d'attribution.

au pape du même nom [1]. C'est lui également qui vulgarisa en Occident la légende du Symbole composé en commun par les apôtres [2]. Mais il faut bien le dire, si son esprit critique est sujet à caution, sa sincérité en cette affaire ne saurait être mise en question [3].

L'appétit excité par cette lecture, Macaire voulut connaître ce fameux livre des *Principes* dont on parlait tant et où la défense du libre arbitre occupait une belle place. Rufin, en dépit des attaques qu'il prévoyait, ne demandait pas mieux que de le satisfaire [4]. Il se mit au travail pendant le carême de 398. Macaire habitait près de lui et ne cessait de le stimuler. Les deux premiers livres du *Periarchon* furent ainsi traduits assez vite [5]. Après Pâques le travail se ralentit, Macaire n'habitant plus aussi près de Rufin et ne pouvant plus, à cause de ses occupations, le harceler aussi souvent. Toutefois avant la fin de l'année, un premier essai de rédaction était achevé et communiqué à quelques amis, avant l'édition définitive [6]. Il y avait deux préfaces justifiant l'œuvre et la

---

[1] Voir note complémentaire N.

[2] *Comment. in Symbol. Apost.*, II : « Tradunt maiores nostri, etc. » (PL, XXI, 337, A B).

[3] Voir note complémentaire N.

[4] Saint Jérôme et, à sa suite, certains critiques modernes ont d'autant moins le droit de le lui reprocher que la lettre LXXXV de saint Jérôme à Paulin de Nole renvoie précisément à cette partie du *Periarchon* en disant : « Origenes fortissime respondit. » La lettre, postérieure de peu à la traduction même de saint Jérôme, date du plus fort de la querelle avec Rufin. Pour plus de commodité, je reste fidèle à l'orthographe usuelle *Periarchon*, dans la désignation du livre des *Principes*.

[5] Ces détails sont tirés de la préface aux deux derniers livres (PG, XI, 247-248; édit. KOETSCHAU, p. 193) : « Superiores duos Περὶ ἀρχῶν libellos, te non solum insistente verum etiam cogente, diebus quadragesimae interpretatus sum. Sed quoniam illis diebus etiam tu, frater religiose Macari, et vicinus manebas et amplius vacabas, etiam ego amplius operabar; hos vero ampliores duos tardius explicuimus, dum tu ad nos ab extrema et ultima Urbis parte rarior exactor accedis. » Cette dernière phrase suppose qu'ils étaient tous deux à Rome; si Rufin en avait été éloigné, cette mention précise (extrema, ultima) n'aurait guère sa raison d'être.

[6] Ici, quoique saint Jérôme parle de mensonge (*Apol.* III, 34; PL, XXIII, 482, B) : « quanta varietas et dissonantia mentiendi », Rufin est encore exact. La lettre même de Pammachius et d'Oceanus, qui dénonce la traduction, en porte témoignage (JÉRÔME, *Epist.* LXXXIII) : « Sanctus aliquis ex fratribus schidas ad nos cuiusdam detulit. » Les *schidae* ou *schedulae* représentaient l'état du manuscrit avant sa transcription définitive et sa mise en volume (voir la préface de saint

méthode suivie; la première au début de l'ouvrage, l'autre avant le troisième livre. Les adversaires de Rufin étaient aux aguets et tenaient Jérôme au courant de ce qui se passait. Eusèbe de Crémone, venu récemment de Bethléem (après Pâques 398) et qui allait mettre au service de l'antiorigénisme une conscience peu difficile sur le choix des moyens [1], suborna quelqu'un qui déroba un exemplaire de l'ouvrage. Le procédé parut d'autant plus indélicat que, depuis son arrivée, Eusèbe avait entretenu avec Rufin des relations amicales. Il le voyait, le saluait, priait avec lui [2]. Eusèbe communiqua aussitôt l'ouvrage à Pammachius,

---

Jérôme, de l'*In Matth.* (PL, XXVI, 20, B C); *Apol.* I, 4 (PL, XXIII, 400, C); III, 4, (499, C); III, 5 (460); III, 20 (472, B): « Vociferare et clamita per compita, per plateas: non est meus liber et, si meus est, schedulas inemendatas Eusebius furto abstulit. Aliter ego edidi, immo nec edidi. Nulli eas dedi aut certe paucis »; III, 33 (481, C); III, 34 (482, A C). Dans tous ces passages saint Jérôme emploie toujours le mot de *schedulae* comme Rufin, cité dans ces textes du livre III, surtout III, 4. Rufin (*Apol.* II, 44; PL, XXI, 620 C) est très catégorique et significatif : « Meos vero non codices sed *schedulas* imperfectas, inemendatas, furto cuiusdam nebulonis et fraude subtractas sibique delatas (Pammachius)... ad Orientem mitteret et instigaret linguam eius hominis (Jerôme) qui eam temperare non noverat. »

[1] Voir plus loin l'incident de Milan. Il est fâcheux que ce soit toujours lui qui intervienne passivement ou activement dans ces tristes circonstances : à Bethléem, c'est chez lui qu'est dérobée la lettre d'Épiphane; à Rome, c'est lui qui se procure le manuscrit du *Periarchon*; à Milan, c'est lui qui est pris en flagrant délit de substitution de textes et qui, pour se défendre, rejette la faute sur Marcella; c'est encore lui qui affirme à Jérôme l'existence d'une fausse lettre aux évêques d'Afrique sous son nom, œuvre de ses adversaires. Voir encore *Epist.* CXLIII, 2 : « Ipsos libros in schedulis missos a sancto fratre nostro Eusebio (un ouvrage pélagien) ». Jérôme, comme on le verra, essaiera vainement de le modérer. C'était un de ces subalternes, plus zélés que scrupuleux, dont les meilleures causes ne peuvent ou ne savent pas toujours se défendre.

[2] RUFIN, dans JÉRÔME, *Apol.* III, 4: « Noli multo auro redimere notarium meum, sicut amici tui de meis *Periarchon* schedulis nondum emendatis, nondum ad purum digestis, fecerunt, ut facilius falsare possent, quod nullus haberet aut admodum pauci. Gratis a me missum suscipe codicem quem censu magno cuperes comparatum. » Les réponses de saint Jérôme, aux endroits cités, surtout II, 15 et 34, passent à côté de la question : la falsification à laquelle Rufin fait allusion est celle qu'il décrit longuement (*Apol.* I, 16-21; PL, XXI, 552-559), et qui provoqua un incident à Milan. Rufin donne les deux textes, le second étant sans doute la traduction de saint Jérôme, comme on peut le conclure de l'aveu d'un des accusateurs (*Ibid.*, 20): « In graeco ita haberi, me (Rufin) autem in latino immutare voluisse. » C'est toujours à ce passage que Rufin pense, lorsqu'il parle de falsification et non, comme le suppose Jérôme, d'une série de falsifications de détail. La chose était d'importance, parce qu'il s'agissait probablement d'une

à Marcella, à Oceanus, à tout le cercle des amis romains de saint Jérôme [1]. Les préfaces surtout attirèrent leur attention. Dans la première [2], Rufin se présentait comme le continuateur de l'œuvre annoncée et commencée par Jérôme, — qu'il louait à deux reprises sans le nommer, — et abandonnée depuis pour des travaux plus personnels :

« Je sais qu'un grand nombre de frères désireux de connaître les Écritures ont dans ce but demandé à quelques savants, versés dans la langue grecque, de latiniser Origène et de le faire entendre aux oreilles romaines. Prié de cela par l'évêque Damase, notre frère et collègue, ayant traduit du grec en latin deux homélies sur le Cantique des Cantiques, lui a consacré une préface si louangeuse et si magnifique qu'elle provoquait en chacun le désir de lire Origène et de se le procurer très avidement. Il promit encore assurément dans cette préface de faire don aux oreilles romaines des livres mêmes sur le Cantique des Cantiques et d'autres ouvrages d'Origène, du plus grand nombre. Mais, à ce que je vois, se complaisant en sa propre plume, il poursuit un dessein plus glorieux et préfère être père plutôt qu'interprète de la parole. Nous continuerons donc l'œuvre qu'il a entreprise et approuvée, bien qu'avec des ressources d'éloquence inégales pour exprimer littérairement les dires de ce grand homme. Aussi, je redoute que, par ma faute, il n'arrive que celui qu'il a loué à juste titre, comme le premier maître de

---

accusation devant l'autorité civile, pouvant entraîner un châtiment très grave. Jérôme ne discute pas sérieusement le fait même du vol. Il cherche seulement à montrer l'inconsistance des assertions de Rufin pour conclure : « Sentisne non haerere inter se mendacium ? » (*Apol.* III, 5 ; PL, XXIII, 461, B) : « Vide ne magis illud verum sit a paucis illis amicis tuis et Eusebio et ceteris data exemplaria. » *Ibid.*, 34 (492, B): « Furto et insidiis ministrorum meorum dicis schedulas tuas in publicum prolatas fuisse, quae latebant in cubiculo tuo vel apud eum solum erant qui rem sibi geri iniunxerat. Et quomodo supra confiteris quod aut nullus eas habuerit aut admodum pauci ?...Furto sublatas arguis et rursum emptas grandi pecunia et infinitis mercibus criminaris ! In una re et in parva epistula quanta varietas et dissonantia mentiendi. » La réplique n'était pas bien difficile : Rufin avait déjà indiqué la solution, dans le texte cité au début de cette note. Ailleurs il dit d'Eusèbe (*Apol.* I, 20; PL, XXI, 558, C) : « Quippe qui usque ad ipsum tempus etiam videre me et salutare et in oratione communicare solitus erat. »

[1] *Epist.* LXXXIII, 1 (de Pammachius et d'Oceanus) : « Sanctus aliquis ex fratribus schidas ad nos cuiusdam detulit quae Origenis nomine volumen quod *Periarchon* scribitur in latinum sermonem conversum tenerent »; pour Marcella, RUFIN (*Apol.* I, 19 ; PL, XXI, 557, C), à confronter avec la lettre CXXVII, 9-10.

[2] *Epist.* LXXX, parmi les lettres de saint Jérôme (PG, XI, 111-114; édit. KOETSCHAU, dans les *Griechische Christliche Schriftsteller*, p. 3-6).

l'Église après les Apôtres, pour sa science et sa sagesse, par l'indigence de notre parole, ne paraisse bien inférieur à lui-même. »

Rufin exposait ensuite sa méthode de traduction, en se réclamant ici encore de l'autorité et de l'exemple de Jérôme :

« Faisant là-dessus de fréquentes réflexions, je gardais le silence et aux instances fréquentes qui m'étaient faites par les frères, j'opposais un refus. Mais ton insistance, ô très fidèle frère Macaire, est si forte que même l'inhabileté ne peut lui résister. Aussi pour n'avoir pas à subir davantage des exigences si lourdes, malgré ma résolution, j'ai cédé, à cette condition cependant et avec cette convention qu'autant que possible, dans ma traduction, j'observerai la règle suivie par mes prédécesseurs et en particulier par l'écrivain dont je viens de parler. Plus de soixante-dix opuscules d'Origène, appelés homélies et un certain nombre de tomes sur l'apôtre ont été traduits par lui en latin. Comme le grec y offre quelques passages scabreux, il a si bien dans sa traduction tout nivelé et corrigé que le lecteur latin n'y trouvera rien en désaccord avec notre foi. C'est donc lui encore que, malgré notre infériorité littéraire, pour la méthode à suivre, dans la mesure de nos forces, nous imiterons, en prenant garde de rendre les passages des livres d'Origène qui sont en contradiction avec le reste et de sens opposé.

« La cause de ces divergences je te l'ai fait connaître plus au long, dans l'*Apologétique* que Pamphile a composée sur les écrits d'Origène en y joignant un court opuscule où, par des preuves évidentes, je l'espère, nous avons montré qu'en beaucoup d'endroits ces livres ont été altérés par les hérétiques et les malveillants et en particulier celui-ci que tu m'imposes de traduire, ce Περὶ ἀρχῶν qui peut s'intituler *Des principes* ou *Des principats*, livre par ailleurs très obscur et très difficile. Il traite de matières où les philosophes, en y dépensant toute leur vie, n'ont pu rien découvrir. Notre auteur, lui, de toutes ses forces, s'est appliqué à faire servir à la piété la foi du Créateur et l'ordre des créatures qu'ils ont détourné en faveur de l'impiété. Partout donc où dans ces livres nous avons trouvé quelque assertion contraire à ce qu'ailleurs il affirmait pieusement sur la Trinité, la considérant comme altérée et interpolée, nous l'avons omise ou modifiée, selon la règle que nous avons trouvée souvent affirmée par lui. Quant aux passages où, supposant parler à des gens déjà instruits et au courant, dans son désir de brièveté, il s'exprime avec une certaine obscurité, nous avons ajouté pour les rendre plus clairs, ce que, sur le même sujet, dans ses autres livres, nous avions lu de plus compréhensible, en vue de faciliter l'intelligence. Nous n'avons cependant rien dit de personnel, mais, quoique cela se trouve écrit ailleurs, c'est son bien que nous lui rendons.

« J'ai tenu à m'expliquer dans cette préface générale pour que les calomniateurs ne s'imaginent pas avoir trouvé de nouveau [1] matière à accusation. Mais tu verras à l'œuvre ces pervers et ces disputeurs. En attendant, ce labeur, si du moins vos prières nous aident auprès de Dieu, nous l'avons entrepris, non pour faire taire les voix calomnieuses, — ce qui est impossible, sauf encore si Dieu l'accomplit, — mais pour aider ceux qui veulent progresser dans la science. »

La seconde préface, au début des livres III et IV, était beaucoup plus courte [2]. Rufin y faisait allusion aux difficultés soulevées déjà par les adversaires, à la seule annonce qu'il s'occupait de ce travail. Il y répondait ainsi :

« Tu te rappelles comment dans la préface précédente, je t'avertissais que certains s'indigneraient s'ils apprenaient que nous ne disions pas du mal d'Origène. Tu as vu de suite la vérité de ces paroles. Mais si, de cette œuvre, ils ont été si furieux ceux qui excitent les langues des hommes à mal parler, ces démons dont il n'avait point pleinement dévoilé les secrets, qu'arrivera-t-il, dis, pour celle-ci, où toutes leurs obscures et occultes voies pour se glisser dans les cœurs humains et tromper les âmes faibles et fragiles, sont dévoilées ? Tu verras aussitôt du trouble partout, des séditions excitées, des clameurs se répandre dans toute la ville, un appel à la condamnation de celui qui, à la lumière de la lampe évangélique, s'est efforcé de dissiper les diaboliques ténèbres de l'ignorance. Cela ne doit pas rester sans importance pour qui désire, en sauvegardant la règle de la foi catholique, s'exercer dans les divines connaissances.

« J'en avertis d'ailleurs expressément: de même que dans les livres précédents, j'ai omis en ceux-ci de traduire ce qui paraissait contraire au reste de sa doctrine et à notre foi, le passant sous silence comme inséré par d'autres et adultéré. Au sujet des créatures raisonnables, s'il paraît avoir dit du nouveau, en une matière qui n'est pas l'essentiel de la foi, à titre de spéculation et de discussion, étant donné que peut-être il est nécessaire de réfuter ainsi certaines hérésies, je ne l'ai supprimé ni dans ces livres ni dans les précédents, sauf en cas de répétition et en vue de la brièveté; car alors j'ai fait quelques retranchements. Si quelqu'un les lit pour profiter et non pour dénigrer, il fera bien de se les faire expliquer par de plus compétents. Il est absurde que les fictions des poètes et les pièces plaisantes des comiques soient expliquées par les grammairiens et que les traités sur Dieu, sur les puissances célestes et sur l'univers, où

---

[1] Rufin explique (*Apol.* I, 16; PL, XXI, 552-553) cet *iterum*, de critiques antérieures adressées à Jean de Jérusalem; voir note complémentaire L.

[2] PG, XI, 247-250; édit. KOETSCHAU, p. 193-194.

toute l'erreur soit des philosophes païens soit des hérétiques est réfutée, chacun pense pouvoir, sans maître ni commentateur, se les assimiler. Voilà comment les hommes préfèrent, par témérité et ignorance, condamner des sujets difficiles et obscurs plutôt que les maîtriser par l'application et la diligence. »

II

Ces préfaces nous font connaître l'existence à Rome d'un courant antiorigéniste. Il se rattachait évidemment aux controverses de Palestine et à l'influence de saint Jérôme. En effet, le grec n'était guère répandu alors parmi les gens cultivés [1]. Bien peu par conséquent étaient capables de lire Origène dans le texte et, en fait de traductions directes, il n'existait encore que celles auxquelles faisait allusion la préface de Rufin, les versions hiéronymiennes, dont la plus récente était celle des homélies sur saint Luc [2]. Jérôme lui-même venait d'être, peu auparavant, invité par un certain Tranquillinus à donner son avis sur l'attitude à adopter concernant l'origénisme. Il lui envoya la réponse suivante [3], dont la modération relative contraste aussi bien avec les vives attaques du *Contra Iohannem Hierosolymitanum* qu'avec celles des futures *Apologies*. La lettre LXXXV, à Paulin de Nole, écrite dans le même sens, après les débuts de la controverse, montre bien qu'il exprimait ici sa vraie pensée :

« Tu m'affirmes que l'erreur d'Origène en trompe beaucoup et que mon saint fils Oceanus lutte contre leur folie. J'en suis à la fois peiné et heureux : si les simples sont engeôlés, cet homme distingué vient au secours des égarés. Tu veux l'avis de ma petitesse. Faut-il avec le frère Faustinus rejeter complètement Origène ou, avec d'autres, en admettre la lecture ? Je suis avec ces derniers.

« Origène, à cause de son érudition, est parfois à lire, selon moi, comme Tertullien et Novat, Arnobe et Apollinaire et quelques auteurs ecclésiastiques grecs et latins. Il faut choisir ce qu'ils ont de bon et éviter le

---

[1] Voir plus haut, p. 7, note 4.

[2] Rufin parle de tomes en même temps que d'homélies ; Jérôme ne proteste pas. Nous ignorons ces traductions, à moins que ce ne soit une allusion aux commentaires mêmes de Jérôme. Rufin par ailleurs ne cite rien qui ne nous soit connu.

[3] *Epist.* LXII, fin 397.

contraire selon l'apôtre Paul qui dit : *Examinez tout; gardez ce qui est bon* [1]. D'ailleurs ceux qui l'aiment à l'excès comme ceux qui, par leur mauvais estomac, sont entraînés à le détester, me paraissent tomber sous le coup de la malédiction prophétique : *Malheur à ceux qui appellent le bien mal et le mal bien, qui changent l'amer en doux et le doux en amer* [2]. Sa science ne doit point faire accepter ses mauvaises opinions, ni la méchanceté de ses opinions, quand il a composé d'utiles commentaires sur les Saintes Écritures, faire totalement rejeter ceux-ci. A supposer que partisans et adversaires s'entêtent à son sujet, refusent tout moyen terme et ne gardent pas de modération, mais en bloc approuvent ou rejettent, je préférerai une pieuse rusticité à un savant blasphème... »

Quand les familiers de saint Jérôme parcoururent le *Periarchon* traduit par Rufin, deux choses surtout les frappèrent : l'impudence, pensèrent-ils, avec laquelle Rufin osait mettre sous le patronage de Jérôme une entreprise aussi perverse que la traduction du *Periarchon*, mais aussi l'innocuité relative de l'ouvrage. Certes il y avait du mauvais dans le livre des *Principes*, mais ils s'attendaient à en trouver beaucoup plus et, puisque Rufin déclarait qu'il avait fait des changements, il fallait s'éclairer sur ce point. Il importait donc d'agir au plus tôt auprès de Jérôme pour qu'il avisât. C'est le double sentiment qui s'exprime dans la lettre suivante de Pammachius et d'Oceanus [3] :

« Un saint parmi les frères nous a apporté les feuilles d'un tiers contenant le volume d'Origène, qui a pour titre Περὶ ἀρχῶν, traduit en latin. Il s'y rencontre bien des choses qui émeuvent la faiblesse de notre esprit et nous n'y trouvons pas d'expression suffisamment catholique. Comme nous soupçonnons aussi que, pour excuser l'auteur, on a supprimé de son livre beaucoup de choses qui auraient pu montrer son impiété ouverte, nous prions ta Prestance, sur ce sujet particulier, moins pour nous que pour tous les habitants de Rome, de vouloir bien composer un travail utile et interpréter dans ta langue fidèlement ce livre d'Origène, tel qu'il a été édité par l'auteur, en manifestant ce que son défenseur a interpolé et, dans ces feuilles mêmes que nous adressons à ta Sainteté, blâmer et réfuter ce qui est contraire à la règle catholique ou

[1] I *Thessal.* V, 21.
[2] Is. V, 20.
[3] *Epist.* LXXXIII.

mal traduit. Assurément dans la préface de son ouvrage il a fait subtilement comprendre, tout en taisant le nom de ta Sainteté, qu'il achevait bien l'œuvre promise par toi, insinuant par là obliquement que vous avez les mêmes sentiments. Lave-toi donc de tout soupçon et convaincs celui qui t'accuse : si tu laisses passer sans rien dire, tu paraîtrais consentir. »

Cette dénonciation et cette impérieuse mise en demeure étaient-elles justifiées ? Beaucoup d'historiens ont encore renchéri. Calomnie, perfidie, méchanceté hypocrite, insincérité malveillante, telles sont les appréciations souvent portées sur l'attitude de Rufin et la première préface du *Periarchon*. Les quelques critiques qui ont essayé de contester le bien-fondé de ces accusations sont, sans plus, taxés de partialité. Ils n'ont point réussi à modifier les jugements acquis [1]. De ce fait la mémoire de Rufin est restée gravement entachée. Ce texte étant le fondement de toute la querelle, il importe de l'étudier de près. Il est évident cependant qu'il faut écarter les accusations de mensonge et de calomnie. Rufin n'avance rien qui ne soit rigoureusement vrai. Comme il le montrerait bientôt [2], avec une documentation surabondante, ce n'était pas seulement en deux passages, ainsi que l'affirmait Jérôme, mais en plus de dix que celui-ci s'était fait le panégyriste sans réserve d'Origène. Il n'avait émis aucune restriction. Plus d'une fois même, il avait rejeté expressément les prétextes dogmatiques invoqués pour attaquer celui dont il répétait, avec Didyme, qu'il était le « maître de l'Église, après les Apôtres ». Il avait célébré dans le *De Viris* son « immortel génie » et opposé dédaigneusement sa valeur hors de pair à la médiocrité de ses imitateurs et de ses plagiaires [3].

A le rappeler il pouvait y avoir quelque mauvais goût depuis la volte-face de Jérôme; il n'y avait ni mensonge, ni déloyauté. C'était un fait universellement connu. Si Rufin avait été réellement animé de mauvaises dispositions à l'égard de Jérôme et

[1] Le réquisitoire moderne le plus vif est celui de M. Brochet dans sa thèse : *Saint Jérôme et ses ennemis*, Paris, 1905. Deuxième partie.

[2] Rufin, *Apol.* II, 13-22 (PL, XXI, 595 et suiv.), où il donne les textes hiéronymiens.

[3] Sur ces faits, voir note complémentaire Q.

professé l'origénisme fougueux qu'on lui prête, il aurait autrement tiré parti des armes qu'il avait en mains. Au lieu d'expressions flatteuses, auxquelles Jérôme ne resta pas entièrement insensible, il eût employé d'autres qualificatifs pour apprécier l'attitude de son adversaire. En réalité, c'est en ami que Rufin écrit sa préface. Il protestera jusqu'au bout que la violation de l'amitié si laborieusement rétablie n'est point son œuvre, mais celle de Jérôme et de ses partisans : ce sont eux qui ont foulé aux pieds toutes les règles de la charité chrétienne en cette affaire. Jérôme et Rufin se renvoient ainsi les accusations, et cela prouve leur bonne foi à tous deux [1]. Les ménagements dont Jérôme usa dans sa première réponse, pour ne point paraître détruire la réconciliation à laquelle il s'était sincèrement rattaché, montrent bien qu'à son avis, même après la préface de Rufin, elle n'avait point subi d'atteinte irréparable.

La préface ne permet pas davantage de reprocher à Rufin d'avoir essayé de donner le change et d'attribuer à Jérôme dans son entreprise une part et une responsabilité qui ne lui revenaient pas. Il y reconnaît explicitement que Jérôme avait renoncé à ses anciens projets et désormais préférait être « père plutôt qu'interprète de la parole ». On ne saurait donc, sans fausser les faits, l'accuser d'avoir solidarisé Jérôme avec sa propre initiative : c'était la réalité qu'il était son continuateur, — Jérôme ayant déjà traduit plus de soixante-dix homélies ou tomes d'Origène, — mais continuateur indépendant, s'inspirant seulement de la méthode suivie par son prédécesseur, quoique, ajoutait-il modestement, avec un talent bien inférieur. L'état d'esprit de Rufin paraît en réalité avoir été le suivant : pour lui la question dogmatique ne se pose pas. Il ne connaît que la doctrine de l'Église et c'est à elle seule qu'il est attaché. Il est donc convaincu que sur le seul problème qui reste : la personne d'Origène et l'utilité de ses œuvres, Jérôme et lui sont et ne peuvent qu'être du même avis.

---

[1] RUFIN, *Apol.* I, 1-3 (PL, XXI, 541-543); II, 37-40 (615-618); JÉRÔME, *Apol.* I, 1-7 (PL, XXIII, 397-402); III, 1-5 (457-460); 24 (475); 33-35 (481-482); 43 (489-492).

Entre gens de la partie, on ne saurait sérieusement mettre en question la valeur d'Origène; des ignorants seuls peuvent prendre le change et aboyer sottement après le grand écrivain. Rufin pensait que Jérôme sur ce point n'avait réellement pas changé d'idée et que, la controverse de Jérusalem terminée, qui avait été surtout une querelle de personnes, Jérôme, rejetant toujours, comme Rufin, les propositions malsonnantes attribuées à Origène, gardait, au fond, pour le grand alexandrin son ancienne sympathie. Voilà pourquoi Rufin loue à la fois le talent et l'orthodoxie de Jérôme et se réclame de sa méthode pour la traduction qu'il entreprend. Sur ce point la préface a dit vrai, bien que l'*Apologie* donne des explications assez confuses.

La méthode suivie est celle que récemment encore, en réfutant Vigilance, Jérôme revendiquait comme sienne. Il le répétait à Tranquillinus [1]. Rufin et lui, dans leur traduction, avaient pour principe de ne vouloir donner aux Latins que ce qu'il y avait d'orthodoxe chez Origène. Ils laissaient le reste, tout en différant d'avis sur la manière soit d'expliquer la présence de ces passages défectueux, soit d'apprécier quels étaient ces passages. Jusqu'à la querelle origéniste, saint Jérôme n'y avait pas regardé de très près. Rufin a relevé sans peine, non seulement dans les traductions, mais même dans les œuvres originales de saint Jérôme, des traces non équivoques des erreurs caractéristiques d'Origène. Sauf sur la question de la Trinité, où, de même que Rufin, il

[1] *Epist.* LXI et LXII, à rapprocher de la lettre LXXXV à Paulin; ce sont les mêmes idées et parfois les mêmes expressions. Désormais Origène est classé, avec Apollinaire, parmi les auteurs en partie suspects. Voir surtout la lettre LXI, 2 : « Si igitur quae bona sunt transtuli et mala vel amputavi vel correxi vel tacui, arguendus sum, cur per me Latini bona eius habeant, ignorent mala? Si hoc crimen est, arguatur confessor Hilarius. » Rufin s'est habilement servi de cette déclaration pour montrer la contradiction où Jérôme est tombé dans sa polémique (*Apol.* I, 21; PL, XXI, 559, B); il la cite expressément en reprochant à son auteur d'y avoir manqué dans sa traduction du *Periarchon:* « Istos ipsos quos ego nunc transtuleram reinterpretatus est et omnia quae a me velut improbabilia praetermissa fuerant, inseruit, quo scilicet nunc contra sententiam suam Romani per ipsum Origenis cognoscant mala et ignorent bona. » Sur les intentions de Rufin en traduisant, cfr *Apol.* II, 41 (PL, XXI, 518, B). Jérôme a rappelé quelque part la « simplicité » que l'on vantait en Rufin. C'est difficile à accorder avec l'hypocrisie raffinée qui lui est reprochée.

avait l'attention très éveillée et se montrait impitoyable, pour les autres thèses contestables, il lui avait échappé des expressions fâcheuses. Sa dernière traduction d'Origène (les homélies sur saint Luc) avait laissé passer plus d'une fois les thèses erronées familières à leur auteur.

Jérôme ne semble pas d'ailleurs avoir lu attentivement le *Periarchon* avant d'y être obligé par les nécessités de la polémique. L'on comprend que les mêmes erreurs diluées dans l'ensemble de l'œuvre exégétique l'aient beaucoup moins frappé et lui aient paru sans importance en regard des avantages considérables qu'offraient les homélies ou les tomes pour l'explication de l'Écriture. Toutefois il avait cet avantage sur Rufin, d'être beaucoup plus ferme dans leur appréciation. L'attention une fois attirée sur ces erreurs, il n'hésite pas à en reconnaître la nature et à les condamner.

Rufin au contraire, moins perspicace et moins ferme d'esprit, n'avait pas sur toutes une opinion bien arrêtée. Il adoptait à leur égard l'attitude des origénistes les plus bienveillants : sans les prendre à son compte, il considérait que c'étaient plutôt des essais métaphysiques que des affirmations dogmatiques, des thèses de circonstance, utiles à la défense du christianisme contre la philosophie, en des matières secondaires et obscures sur lesquelles l'Église ne s'était pas prononcée et où une grande latitude était laissée aux savants. Sur ces points Origène pouvait être obscur et faillible [1]. C'était d'ailleurs l'explication que le maître avait donnée le premier pour sa justification. Il faut se rappeler que Rufin délimite assez strictement le domaine de la foi : il s'agit surtout pour lui de la Trinité et du salut. Le reste, ce qui concerne la création, prise non dans son origine divine, mais dans son organisation, la nature de l'homme, le mode selon lequel l'âme, créée par Dieu, s'unit au corps, la liberté,

[1] Voir, avec les préfaces du *Periarchon*, l'*Apologia ad Anastasium*, surtout n. 6. Sa position d'incertitude sur l'origine immédiate de l'âme paraîtra moins choquante si l'on se rappelle les hésitations de saint Augustin entre le créatianisme et le traducianisme, à cause du péché originel. Jérôme était en avance sur l'un et sur l'autre par sa ferme adhésion au créatianisme.

lui paraît être du domaine propre de la raison. Ce qui lui fait défaut ici, ce n'est pas la bonne volonté ou la sincérité, c'est la clairvoyance. Il ne s'aperçoit réellement pas de la répercussion dogmatique de certaines de ces thèses, du danger qu'elles peuvent offrir ou des erreurs qu'elles renferment.

La supériorité de l'esprit critique de Jérôme se montrait encore sur un autre point : tandis que Rufin admettait sincèrement que l'œuvre d'Origène avait été interpolée par les hérétiques et que la plupart des passages malsonnants devaient s'expliquer ainsi, Jérôme rejetait sans ambages cette théorie insoutenable et avec raison les attribuait à Origène. Rufin pourtant n'était pas ici non plus sans excuse. Outre les dires d'Origène lui-même, que l'on pouvait invoquer pour justifier cette position, il y avait dans son œuvre si touffue et si considérable, trop de facilité à découvrir sur la même question des thèses quelque peu contradictoires pour ôter toute vraisemblance à la conclusion. Comment admettre qu'un génie aussi éminent eût proféré sur les mêmes matières des idées opposées ? Seule une main étrangère avait pu glisser dans son œuvre des passages disparates. La piété même pour la mémoire d'Origène imposait de leur substituer les textes où le grand alexandrin était d'accord avec lui-même. Il suffisait donc à Rufin de découvrir ailleurs dans Origène l'expression orthodoxe d'une doctrine, pour conclure que, dans le *Periarchon*, les phrases qui y paraissaient contraires ne sauraient être d'Origène. Il se croit donc autorisé à les supprimer et à les remplacer par les premières, satisfaisant ainsi aux exigences de l'orthodoxie, sans renier l'article de son programme, par lequel il s'est interdit de donner autre chose que de l'Origène [1].

---

[1] Il est d'ailleurs assez difficile, dans l'état actuel des textes, de suivre dans le détail ce travail d'adaptation. Voir l'édition critique de M. KOETSCHAU, avec les indications de sa préface, pp. CXXVIII-CXXXVI, surtout les listes pp. CXXXI-CXXXV. La comparaison de son texte avec les fragments authentiques, donnés par la lettre à Avitus (JÉRÔME, *Epist.* CXXIV, 124), suffit pour une rapide étude. Saint Jérôme a varié sur ce sujet et selon les besoins de la polémique reproche à Rufin tantôt des altérations étendues, tantôt une fidélité absolue, sauf sur la Trinité (*Apol.* I, 7; PL, XXIII, 402, B): « Duplex in opere meo utilitas fuit, dum et haereticus auctor proditur et non verus interpres arguitur... Abstulit quae erant, dicens ab haereticis depravata et addidit quae non erant, asserens ab eodem

C'est en tenant compte de cet état d'esprit qu'il faut apprécier la traduction du *Periarchon*. Les modernes, intéressés surtout par le texte original d'Origène, sont en général très sévères pour l'initiative de Rufin et regrettent fort la disparition de la version littérale faite par saint Jérôme. Ce point de vue scientifique n'est pas ici le vrai. Rufin doit être jugé d'après ce qu'il a voulu faire. Son entreprise est dès lors parfaitement légitime. On ne peut lui reprocher que l'insuffisance de l'exécution. C'était rendre un éminent service aux Occidentaux que de mettre à leur portée ce premier traité de théologie, où la vigueur de la pensée personnelle s'alliait si heureusement à l'utilisation de l'Écriture. Mais pour donner de cette œuvre une adaptation à la fois bienfaisante et inoffensive, il y fallait un esprit d'une tout autre portée que celui de Rufin : Jérôme lui-même avait ployé sous le faix [1]. Peut-être la tâche était-elle impossible, dans l'état où se trouvait alors la théologie. Où découvrir le savant dont la lucidité et la puissance intellectuelle auraient pu faire, minutieusement, avec la maîtrise nécessaire, dans la forêt touffue des théories origéniennes, les élagages indispensables, ne rien laisser perdre d'utile de cette luxuriante production et cependant émonder sans pitié les branches folles, les pensées aventureuses ou hétérodoxes ? Rufin donna toute son attention à la partie trinitaire, pour laquelle il disposait d'un enseignement très précis et qui était d'ailleurs à son avis l'essentielle. Pour le reste, il se contenta de quelques suppressions, mais laissa subsister encore bien des passages scabreux, troublants ou erronés. Pourtant le succès de son livre, les copies qui en sont restées, alors que la traduction littérale de Jérôme a disparu, montrent qu'il répondait à une véritable utilité. Au surplus Jérôme lui-même, sans y penser, le

---

in aliis locis disputata... Mihi studio fuit nihil mutare de vero. » — *Ibid.*, I, 8 (403, B) : « Paucisque testimoniis de Filio Dei et Spiritu Sancto commutatis, quae sciebas esse displicitura Romanis, usque ad finem integra dimisisti, hoc idem faciens in Apologia quasi Pamphili, quod et in Origenis Περὶ Ἀρχῶν translatione fecisti. »

[1] Voir, plus loin, la controverse au sujet du Commentaire sur l'Épître aux Éphésiens et, dans le second volume, les chapitres sur saint Jérôme théologien et exégète.

justifiait quand, quelques mois après, il recommandait à Paulin de Nole, embarrassé par la question de l'action divine et de la prédestination, de recourir aux pages du *Periarchon* où Origène avait donné sur ce sujet «une réponse très forte» [1]. C'était justement un aspect de ce problème de la liberté dont Macaire avait cherché la solution et pour lequel Rufin lui offrait son travail.

En revanche, l'attitude imposée si impérativement par ses amis à Jérôme ne se justifiait que d'un point de vue très particulier. Trouvant déplorable l'adaptation de Rufin, ils réclament un remède pire que le mal, une traduction littérale qui fasse apparaître, aux yeux du public romain, dans toute son horreur, l'enseignement origéniste. Cela ne répondait qu'à une vue polémique du problème et l'on conçoit qu'en effet, sa demande exaucée, Pammachius ait été effrayé du résultat. Il mit sous clé l'œuvre de saint Jérôme [2]. A quoi bon faire connaître aux Latins des erreurs que la traduction de Rufin avait ou supprimées ou atténuées et qu'ils ne connaîtraient que par celle de son ami ? L'antiorigénisme certes y trouverait des armes excellentes, mais n'était-ce pas aussi le moyen de propager le mal et de le perpétuer en lui donnant corps ? D'ailleurs à l'égard de Rufin, la mesure restait forcément inefficace. Il avait été le premier, dans sa préface, à signaler qu'il ne donnait une traduction ni littérale ni complète. On était donc mal venu à le lui reprocher. Il était en droit de renvoyer aux adversaires leurs accusations et de les rendre responsables du mal qu'il avait voulu éviter. D'autre part, il fut impossible de soutenir contre Rufin lui-même une sérieuse accusation d'hérésie, tellement il avait pris soin de bien se désolidariser de toute complicité avec l'origénisme, entendu au sens doctrinal, et cependant, par suite d'un phénomène psychologique curieux, on substitua inconsciemment, dans l'appréciation de sa traduction, l'Origène tel que le révélait la version de saint

---

[1] *Epist.* LXXXV, 2 : « Duas quaestiunculas tuae litterae praeferebant, unam quare sit a Deo induratum cor Pharaonis et Apostolus dixerit : *non volentis neque currentis sed miserentis est Dei.* » — *Ibid.*, 3 : « Primae in libris *Periarchon* quos nuper, Pammachio nostro iubente, interpretatus sum, Origenes fortissime respondit. »

[2] *Epist.* CXXIV, 1.

Jérôme à celui dont Rufin suggérait l'image. On rendit ce dernier responsable d'une œuvre qui n'était pas la sienne. L'origénisme frappé par Anastase, sur le vu des propositions que lui avaient présentées le cercle hiéronymien de Rome et la lettre de Théophile d'Alexandrie, était celui du *Periarchon* authentique, tel que Jérôme l'avait fait connaître, beaucoup moins celui dont Rufin avait artificiellement composé la physionomie [1].

A Rome, les adversaires de Rufin n'attendirent point la réponse de saint Jérôme pour agir. Ils dénoncèrent bruyamment la nouvelle œuvre et organisèrent contre Rufin une campagne d'opinion. Sur ces entrefaites, Rufin qui avait appris à Rome la mort de sa mère et n'avait pas voulu revoir de suite sa patrie pour ne pas y raviver un chagrin déjà trop cruel, voulut aller se consoler près de l'évêque Chromatius et de ses anciens amis d'Aquilée. Il obtint sans peine des lettres de communion du pape Sirice et se mit en route pour la Haute Italie [2]. En quittant

---

[1] Ces considérations expliquent les variations de saint Jérôme dans sa polémique, variations qui vont jusqu'à la contradiction. L'historien ne peut les laisser dans l'ombre. Elles s'expliquent par ses procédés littéraires et son tempérament. On aurait tort de crier à la mauvaise foi. Jérôme est seulement passionné; il oublie ce qu'il a écrit. C'est pourquoi il le nie, sous l'action du sentiment qui le domine actuellement, mais les textes restent. C'est ainsi qu'il reproche à Rufin (*Epist.* LXXXIV, 7, et *Apol.* I, 8; PL, XXIII, 403, A) d'avoir traduit le *Periarchon* et du même coup suscité un scandale; ses prédécesseurs avaient été mieux avisés. Or, dans l'*Apol.* III, 14 (*Ibid.* 467, C) il écrit : « Ego non accusavi quare Originem pro voluntate transtuleris, hoc enim et ipse feci et ante me Victorinus, Hilarius, Ambrosiusque fecerunt. » De même, tantôt il lui reproche d'avoir publié une traduction hérétique et tantôt simplement de l'avoir mêlé lui-même sans raison à son entreprise, par la préface où il le visait, assurant qu'il ne fût point intervenu, si on l'avait laissé tranquille.

[2] *Epist.* LXXXI, 1: « Diu te Romae moratum sermo proprius indicavit nec dubito spiritualium parentum ad patriam revocatum desiderio, quem matris luctus ire prohibebat, ne magis coram doleres quod absens ferre vix poteras. » Cfr *Apol.* II, 2 (PL, XXIII, 426, A) : « Illud vero ridiculum quod, post XXX annos, ad parentes se reversum esse iactat, homo qui nec patrem habet nec matrem et, quos viventes iuvenis dereliquit, mortuos senex desiderat, nisi forte parentes militari vulgarique sermone cognatos et affines nominat, quos quia non vult deserere, ne inhumanus putetur aut durus, idcirco, patria derelicta, Aquileiam habitat.. Sicque praetendit longi itineris lassitudinem quasi triginta annis semper cucurrerit aut biennio Aquileiae sedens praeteriti itineris labore confectus sit. » Ce passage fait allusion au début de l'*Apologia ad Anastasium* et fixe la date du voyage d'Aquilée (fin 398 ou début 399), l'*Apologie* de Jérôme étant de 401 et Rufin étant depuis deux ans à Aquilée, lorsqu'il écrit à Anastase. Dans la lettre

Rome il écrivit à Jérôme une lettre confiante, pour l'informer de ce départ et se plaindre de l'attitude de ses amis qui continuaient à ne s'inspirer que de leur animosité, au lieu de s'en tenir à la direction de Jérôme et à sa conduite pacifique [1].

III

Jérôme avait déjà reçu la traduction du *Periarchon* avec la lettre commune de Pammachius et d'Oceanus [2]. Sincèrement réconcilié avec Rufin, il fut péniblement affecté de se voir ainsi mis en cause, alors que Rufin savait pertinemment à quoi s'en tenir sur ses dispositions actuelles à l'égard d'Origène. La lecture de la traduction lui montra vite ce qu'avait modifié Rufin,— la doctrine sur la Trinité,— et ce qu'il avait laissé de dangereux pour la foi de ses lecteurs dans les autres parties de l'ouvrage. Cependant la modération même avec laquelle Rufin avait parlé de lui, les éloges qu'il donnait à son orthodoxie et à son talent adoucirent quelque peu le ressentiment que lui inspirait l'ennui de se voir ainsi présenté, sans son aveu, au public, comme patronnant une œuvre dont il ne voulait à aucun prix accepter la responsabilité.

Cet état d'âme complexe explique le caractère différent des trois écrits qu'il envoya simultanément à Rome en réponse aux lettres précédentes. Tout d'abord il cessa toute autre occupation,

---

CXXVII, 10 (en 413), Jérôme présente ce voyage comme une fuite : Rufin, ne se sentant plus en sécurité à Rome, demande les lettres de communion pour s'en aller : « Cernentes haeretici de parva scintilla maxima incendia concitari et suppositam dudum flammam iam ad culmina pervenisse nec posse latere quod multos deceperant, petunt et impetrant ecclesiasticas epistulas ut communicantes Ecclesiae discedere viderentur. » Ces lettres de Sirice sont encore mentionnées dans l'*Apol.* III, 21 (PL, XXIII, 472, B C) : « Siricii iam in Domino dormientis profers epistulam et viventis Anastasii dicta contemnis. » *Ibid.*, 24 (475, B): « Tale quid et contra papam Anastasium disputas ut, quia Siricii habes epistulam, iste contra te scribere non potuerit. »

[1] Elle ne nous est connue que par la réponse de Jérôme (*Epist.* LXXXI, 1) : « Diu te Romae moratum sermo proprius indicavit... Quod quereris stomacho unumquemque servire et nostro non adquiescere iudicio, conscientiae meae testis est Dominus, post reconciliatas amicitias nullum intercessisse rancorem, quo quempiam laederemus, quin potius cum omni cautione providimus ne saltim casus in malivolentiam verteretur. »

[2] *Epist.* LXXXIII : « Quae etiam in schidis istis quas ad Sanctitatem tuam direximus. »

pour mettre aussitôt sur pied la traduction nouvelle et fidèle du *Periarchon* qui lui était demandée. Dans sa pensée, elle était évidemment surtout destinée à renseigner ses amis sur la nocivité de l'œuvre origénienne. De même que la version de Rufin était apologétique, celle-ci était polémique et l'on croira facilement qu'elle ne péchait point par atténuation des erreurs et des bizarreries [1]. En même temps que cette traduction, il expédiait à ses amis deux lettres, l'une destinée à Rufin, l'autre adressée à Pammachius et Oceanus, mais qui visait en réalité le grand public et devait dégager sa responsabilité dans l'affaire du *Periarchon* [2]. Il y a entre les deux un certain contraste dont la lettre à Rufin donne la clef. Manifestement, dans la lettre à Pammachius, Jérôme avait cherché à se contenir et amorti autant qu'il l'avait pu les saillies de son tempérament, pour ne point compromettre l'œuvre de paix si laborieusement rétablie.

« Ta propre lettre, écrit-il à Rufin, m'apprend que tu t'es attardé longtemps à Rome. Je ne doute point que l'envie de revoir tes parents spirituels ne t'ait ramené dans ta patrie où le deuil de ta mère t'empêchait de te rendre, pour ne point souffrir présent plus cruellement ce que dans l'absence tu avais de la peine à supporter. Tu te plains que chacun suive son caprice et n'acquiesce point à notre jugement. Dieu m'est témoin, qu'après le rétablissement de notre amitié il ne m'est resté aucune rancœur, me poussant à attaquer personne. Au contraire, j'ai pris toute précaution pour que même le hasard ne devînt point occasion de malveillance. Mais qu'y pouvons-nous si chacun pense agir avec justice dans ce qu'il fait et estime plutôt rendre la pareille que mordre le premier ?

« La vraie amitié ne doit point dissimuler ses sentiments. On m'a envoyé une petite préface du livre du *Periarchon* où j'ai reconnu ton style et où, obliquement, ou plutôt ouvertement, je suis attaqué. Dans quelle intention elle est écrite, c'est ton affaire; comment elle est comprise, les sots eux-mêmes s'en rendent compte. Je pourrais moi aussi, qui ai si souvent déclamé des controverses fictives, reprendre quelque

---

[1] Sur cette édition, voir le *Periarchon* (édit. KOETSCHAU, préface, p. LXXXVIII-XCV), notamment le tableau des fragments de la lettre CXXIV à Avitus (*Ibid.* p. XCIII-XCV), comparés avec le texte de Rufin.

[2] Ce sont les lettres LXXXI (à Rufin) et LXXXIV. Vallarsi n'a pas vu leur rapport étroit et intercale ici mal à propos la lettre LXXXII, à Théophile, qu'il a raison d'ailleurs de rattacher chronologiquement au *Contra Iohann. Hierosol.* M. Grützmacher (t. III, p. 47, n. 1) a bien vu le synchronisme. La lettre LXXXI a été écrite immédiatement après la lettre LXXXIV, qu'elle suppose et explique.

chose de la vieille manière et te louer à ma façon. Mais Dieu me garde d'imiter ce dont je te blâme. Au contraire, j'ai écrit de manière à écarter l'accusation, et cependant bien que blessé, autant que possible, à ne pas blesser mon ami.

« Mais je t'en prie, si désormais tu veux imiter quelqu'un, contente-toi de ton jugement. Car nous recherchons ou le bien ou le mal : pour le bien nous n'avons besoin du secours de personne, pour le mal la multiplicité des coupables n'apporte aucun patronage à l'erreur. J'ai préféré t'exposer amicalement ces observations plutôt que m'indigner publiquement. Tu t'en rendras compte : je cultive sincèrement l'amitié rétablie et ce n'est pas, selon le mot de Plaute, avec une pierre dans une main que, de l'autre, j'offre du pain.

« Mon frère Paulinien n'est pas encore rentré du pays. Je pense que tu l'auras vu à Aquilée chez le saint évêque Chromatius. Nous avons aussi envoyé par Rome à Milan, pour un motif particulier, le saint prêtre Rufin et l'avons prié de vous apporter personnellement notre amitié et notre respect [1]. Nous avons fait savoir de même aux autres amis qu'il fallait éviter par des morsures réciproques de se détruire mutuellement. A toi et aux tiens de ne donner aucune occasion à ceux qui sont impatients. Tu pourrais en trouver qui ne me ressemblent pas et ne se contentent pas de louanges fictives. »

En somme, la lettre était un noble témoignage donné à l'amitié et exprimait un désir sincère de la sauvegarder. Les dispositions en étaient excellentes. Le mémoire envoyé à ses amis devait être lu dans cet esprit et, pour répondre à la pensée de Jérôme, il fallait interpréter dans ce sens les critiques qu'il y faisait de la préface où Rufin le mettait en cause. Quand on le lit ainsi, on se rend compte que Jérôme s'est efforcé d'y apporter une certaine modération soit de fond, soit même de forme [2]. Mais tout d'abord

---

[1] Voir dans JÉRÔME, *Apol.* III, 24 (PL, XXIII, 475, C), quelques indications sur ce voyage : « Rufinus in causa Claudii, post biennium missus. » Sans doute c'est ce Rufin qui était chargé de porter la lettre ainsi que les deux autres écrits adressés aux amis de Rome.

[2] *Epist.* LXXXIV. Saint Jérôme s'est même réellement persuadé que, n'ayant pas nommé Rufin, mais seulement en général des adversaires, celui-ci était tout à fait à couvert des attaques, — comme si la préface mise en cause n'était pas celle de Rufin et si dès lors celui-ci ne recevait pas en pleine figure les critiques décochées. C'est un curieux cas de psychologie, car la bonne foi de Jérôme est incontestable. Son insistance là-dessus et son étonnement que Rufin ne partage pas cette manière de voir, le prouvent suffisamment. Cfr *Apol.* III, 38 (PL, XXIII, 484) : « Hic est totus error tuus et haec iusta querimonia quod quae nos in haereticos dicimus, tu in te dicta confingis. » — *Apol.* I, 3 (*Ibid.* 399, A) :

Jérôme se défend comme s'il avait été l'objet d'une attaque directe, ce qui n'était pas le cas. Lui-même reconnaît ailleurs qu'il a étendu à tout l'univers et dans un sens hostile ce qui n'était vrai que de Rufin, son ami, au sujet de cette controverse et des objections soulevées contre lui. Puis il atténue singulièrement son passé origéniste et son attitude envers son maître Didyme : « Origène, dit-il, sans doute je l'ai loué, mais en deux passages seulement et encore pour son exégèse et non pour sa doctrine. » Sa vraie pensée sur lui se trouve dans les commentaires sur l'Épître aux Éphésiens et sur l'Ecclésiaste : il y sépare nettement sa cause de celle de l'Alexandrin. Il a distingué, comme on le fait pour tant d'autres : on loue ce qui est bon, on rejette le reste. Tel Cyprien à l'égard de Tertullien. Apollinaire et Eusèbe ont d'excellents ouvrages, à côté de ceux où ils propagent l'erreur. C'est la conduite qu'il a tenue jadis à l'égard d'Apollinaire et de Didyme. La lettre qu'il a écrite à ce dernier est de pure politesse. Nulle part dans ses œuvres on ne retrouvera l'erreur origéniste, partout elle est combattue. Oui, il a lu Origène et a recueilli ses œuvres et cela lui a même coûté fort cher et il voudrait avoir ainsi les œuvres de tous les écrivains chrétiens, sa propre tâche lui serait facilitée, mais cela ne fait pas de lui un origéniste. A insister, ils l'obligeront à attaquer directement leur mignon.

Puis à mesure qu'il avance, devenant plus combatif, il écrit sur un ton plus âpre [1] : « Ils s'imaginent que j'agis comme eux, que je fais partie de leur confrérie de mensonge, qui les autorise, selon l'enseignement du maître, à mentir et à se parjurer devant les profanes. » Aussi trouvent-ils toutes sortes de prétextes pour se dispenser de condamner directement ces erreurs : rien que des formules ambiguës où la littéralité orthodoxe peut cacher les pires erreurs : « Ainsi la résurrection de la chair, ils la proclament,

---

« Ad quas respondi, fateor, et quamvis laesus sic amicitiae iura servavi ut me sine accusantis accusatione defenderem et, quod unus Romae amicus obiecerat a multis in toto orbe inimicis dicerem iactitatum, ut non viderer homini sed criminibus respondere. » — *Apol.* I, 12 (407, A) ; III, 37 (483, D). Mais il n'y avait évidemment que lui à se faire illusion là-dessus et Rufin avait le droit d'être d'un autre avis et de voir dans ces explications une mauvaise plaisanterie.

[1] *Epist.* LXXXIV, 3.

mais quand ils s'expliquent, eux et les femmelettes qui les suivent, c'est pour tourner en dérision le dogme vrai et la persistance d'une chair identique à la nôtre. » Voilà qui est clair au moins sur ses sentiments actuels vis-à-vis d'Origène, quoi qu'il en soit du passé; ils n'ont qu'à l'imiter.

Mais alors, dira-t-on, pourquoi l'a-t-il loué [1]? Il le louerait encore si on n'exaltait pas ses erreurs. D'autres aussi se sont trompés, mais on peut tirer profit du reste de leurs ouvrages : que l'on reconnaisse seulement ses erreurs. Il l'a loué; fallait-il que, dans sa préface, il le blâmât et le traitât d'hérétique? ou qu'il déclarât qu'il l'avait corrigé? En agissant ainsi à propos du *Periarchon*, c'est toute la vie d'Origène qu'on a soumise à la discussion et toutes ses œuvres. Lui a été bien mieux inspiré de corriger sans le dire ce qu'il y avait à reprendre et n'a point soulevé de colère contre son auteur. D'ailleurs, il y a des livres rebelles à la correction et voilà pourquoi jusqu'ici tous ceux qui ont traduit Origène ont soigneusement évité de traduire le *Periarchon*. C'était lui rendre le plus mauvais service. Qu'on le loue, oui certes; il y a de quoi et il y applaudit; mais pas pour ses erreurs. Qu'on le loue, mais sans idolâtrie et sans vouloir substituer sa doctrine à la pureté de la foi. Jérôme préfère passer pour un imbécile et rester catholique.

Quant à dire que les hérétiques ont altéré ses livres, c'est inepte [2]. Ses meilleurs défenseurs, un Eusèbe, un Didyme, n'ont jamais recouru à ce moyen de le défendre, ils se sont contentés de l'expliquer. L'attribution de l'*Apologétique* à Pamphile est une ruse pour assurer à Origène le patronage d'un martyr; en fait Pamphile n'a rien écrit. Le premier livre de l'*Apologétique* est d'Eusèbe, comme le reste de l'ouvrage, où il s'efforce d'attirer Origène à son parti arien [3]. En terminant Jérôme reconnaissait attaquer celui dont jadis il louait le talent; il avoue qu'il préfère voir sa renommée en péril plutôt que sa foi. La traduction demandée du *Periarchon* lui a coûté beaucoup de travail, car modifier le

---

[1] *Epist.* LXXIV, 7.
[2] *Ibid.*, 10.
[3] *Ibid.*, 12. Sur la valeur de ces allégations, voir note complémentaire N.

texte grec c'est non pas traduire mais trahir, et rendre mot pour mot, renoncer à conserver au langage son élégance.

On voit par ce résumé que saint Jérôme n'était pas un anti-origéniste fanatique et que, de lui-même, il aurait volontiers continué à profiter de ce qu'il y avait de bon dans ces œuvres, sans se livrer à des attaques violentes du genre de celles de saint Épiphane. C'est en ce sens que, peu après, consulté par Paulin de Nole sur l'endurcissement de Pharaon, il le renvoie[1] au *Periarchon* qu'il vient de traduire, en s'excusant d'avoir été obligé, sur les prières instantes des moines romains, de laisser le commentaire sur Daniel qu'il avait abordé, pour cette œuvre d'urgence absolue. Presque toute la fraternité de Rome le demandait, affirmant qu'il y avait péril de perversion. Aussi a-t-il été obligé de traduire cet ouvrage, où il y a plus de mal que de bien, en gardant cette règle de ne rien ajouter ni retrancher et de conserver en latin l'intégrité du grec : « Tu pourras en emprunter un exemplaire à Pammachius, bien que le grec te suffise et que tu ne doives point rechercher les ruisseaux troubles de notre petit talent, toi qui bois à la source même. » Jérôme profite de l'occasion pour faire cette déclaration d'importance, qui précise bien sa position à ce moment :

« En outre, comme je parle à un homme docte, aussi familier avec l'Écriture qu'avec les lettres profanes, je veux informer ta Dignation de ne point croire que j'entends réprouver comme un rustique bouffon toutes les œuvres d'Origène, ce dont m'accusent ses partisans qui, croyant que je suis un autre philosophe Denys, me reprochent d'avoir tout à coup changé d'opinion. Je me contente de répudier ses fausses idées. Je sais que la même malédiction atteint ceux qui appellent le bien mal et qui font du mal le bien. Quelle opiniâtreté que de louer la doctrine de quelqu'un au point de suivre ses blasphèmes ! »

Voilà pourquoi, comme il le déclarait au début de son *Apologie* à Pammachius, Jérôme refusait d'aller avec ceux qui l'aimaient tant, qu'ils ne pouvaient être hérétiques sans lui.

---

[1] *Epist.* LXXXV, 3: « In libris Περὶ Ἀρχῶν quos nuper, Pammachio nostro iubente, interpretatus sum. » Pammachius était aussi l'ami de Paulin, qui lui avait écrit une longue lettre de sympathie à l'occasion de la mort de sa femme Paulina (*Epist.* XIII ; édit. HARTEL, p. 84-107 ; PL, LXI, 207-223).

Comparée avec ce que Jérôme écrira ou traduira bientôt, cette *Apologie*, malgré certaines contradictions et ses vivacités de langage, nous apparaît dans l'ensemble relativement modérée. Jointe à la lettre à Rufin, elle aurait pu sauvegarder suffisamment son attitude sans entraîner de rupture. Mais cette modération ne faisait pas l'affaire de ses partisans romains. Là les esprits s'étaient échauffés. Ils le furent encore plus lorsqu'à la réception du travail de saint Jérôme, ils constatèrent les altérations subies par le texte, dans la version de Rufin, et les erreurs réelles du *Periarchon*. Le bon Pammachius en fut tout scandalisé et, nous affirme saint Jérôme [1], s'empressa de mettre sous clé la nouvelle traduction, pour ne la prêter qu'à des amis et en vue de la propagande antiorigéniste. L'*Apologie* fut également la bienvenue. On décida de lui donner la plus large publicité. Quant à la lettre à Rufin, on la trouva tout à fait intempestive, après les accusations infamantes qu'il avait, assuraient-ils, portées contre saint Jérôme [2]. Par un véritable abus de confiance, on décida de la garder sans la transmettre à son destinataire. Rufin ainsi n'eut point connaissance des dispositions conciliantes qui animaient en fait saint Jérôme. Il ne connut que l'*Apologie* à Pammachius et, par là même, fut beaucoup plus sensible à quelques-uns des traits vifs qu'elle contenait, en particulier à l'accusation d'hérésie par laquelle s'ouvrait la lettre et à celle d'appartenir à une confrérie de mensonge [3]. Il résolut donc de préparer une réponse

[1] *Epist.* CXXIV, 1, ad Avitum : « Feci ut voluit (Pammachius) misique ei libros, quos cum legisset exhorruit et recludens scrinio ne prolati in vulgus multorum animos vulnerarent... »

[2] *Apol.* I, 12 (PL, XXIII, 407, A) : « Ego ille moderatus in epistula publica, qui diligenter cavi ne quid in te putares, scripsi ad te statim brevem epistulam expostulans super laudibus tuis, quam, quia Romae non eras, amici mei tibi mittere noluerunt, eo quod te dicerent cum sodalibus tuis indigna nomine christiano de mea conversatione iactitare. Cuius exemplum huic volumini subdidi ut scias quantum dolorem quanta moderatione necessitudinis temperavi. » — *Ibid.*, III, 38 (484, A) : « Multi Romae eius exemplaria habent, ante hoc circiter triennium, qui tibi eam mittere noluerunt, scientes quae de meo nomine iactitares et quam indigna proposito christiano ac nefanda confingeres. » Le prétexte invoqué par ses amis pour justifier cette inqualifiable attitude est incontrôlable, d'autant plus que Rufin avait quitté Rome depuis plusieurs mois.

[3] *Epist.* LXXXIV, 1 : « Boni homines (eadem) super nomine meo iactare consuerunt et tantum me diligunt ut sine me haeretici esse non possint. » *Ibid.*, 3 :

où il réfuterait point par point cette *Apologie* et suppléerait aux défauts de mémoire et aux inexactitudes qui s'y manifestaient un peu trop à son gré.

IV

La tâche lui parut d'autant plus urgente qu'à Rome même un changement de pontificat venait de se produire [1], fort défavorable à sa cause. Sirice, sommé d'agir par les amis de Jérôme, s'y était toujours refusé, au grand scandale de Marcella. Elle avait protesté publiquement et organisé, de concert avec ses amis, en particulier avec l'aide de sa fidèle compagne Principia, toute une campagne contre Rufin [2]. Des deux traductions du *Periarchon* elle fit des extraits, en constitua un dossier, qu'elle remit entre autres à Eusèbe de Crémone. Celui-ci avait pris à cœur la condamnation d'Origène et de Rufin. A Rome, puis en diverses villes d'Italie, partout où l'influence des adversaires pouvait s'exercer, dans les monastères, auprès des évêques, des prêtres et des laïques, Eusèbe faisait connaître ces extraits et s'efforçait de montrer combien dangereuse était l'œuvre de Rufin. Il ne semble pas qu'il y ait jamais eu entre Sirice et Jérôme beaucoup de sympathie. Celui-ci attribue l'attitude du pape en cette affaire

« Ex quo intellegi volunt nos qui nec dum initiati sumus debere audire mendacium ne parvuli atque lactentes solidioris cibi edulio suffocemur. Quod autem periuriorum atque mendacii inter se orgiis foederentur sextus Stromatum liber, in quo Platonis sententias atque nostrum dogma componit, planissime docet. »

[1] La date du 26 novembre 399 pour la mort de Sirice, proposée par Mgr Duchesne au lieu de 398, est la seule d'accord avec les documents de cette controverse (*Liber Pontificalis*, I, chronologie, p. CCL-CCLI). En revanche, c'est bien trois ans qu'il faut donner au pontificat d'Anastase et en 402, non en 401, qu'eut lieu sa mort. Voir la chronologie, VIII, 2, t. II, p. 38.

[2] Voir surtout la lettre CXXVII, 9, qui d'ailleurs reproduit en partie l'*Apol.* III, 24 (PL, XXIII, 475) : « Cum venenata spurcaque doctrina Romae invenerit quos induceret. Tunc librorum Περὶ Ἀρχῶν infamis interpretatio, tunc discipulus ὄλβιος vere nominis sui (Macarius), si in talem magistrum non impegisset, tunc nostrorum διάπυρος contradictio et pharisaeorum turbata schola, tunc sancta Marcella quae diu coniverat ne per aemulationem quicquam facere crederetur, postquam sentit fidem apostolico ore laudatam plerisque violari, ita ut sacerdotes quoque et nonnullos monachorum maximeque saeculi homines in adsensum sui traheret ac simplicitati illuderet episcopi (Sirice), qui de suo ingenio ceteros aestimabat, publice restitit, malens Deo placere quam hominibus. »

à sa simplicité qui lui faisait juger des autres par lui-même [1]. Son successeur Anastase (décembre 399) était au contraire favorable à Jérôme dont les partisans trouvèrent auprès de lui le meilleur accueil. Aussi Marcella profita-t-elle aussitôt de la situation pour éclairer la conscience du Pontife sur la nouvelle hérésie : « Des témoins furent produits, raconte saint Jérôme, qui avaient été endoctrinés par les origénistes et ramenés ensuite à de meilleurs sentiments. On montrait au pape le grand

[1] Rufin se plaint vivement des moines venus de Bethléem et en particulier d'Eusèbe. A en juger par son texte, Eusèbe, à diverses reprises, quitta Rome et non pas seulement au moment (après le 15 août 400) où le pape Anastase le charge de porter sa lettre à Venerius de Milan. RUFIN, *Apol.* I, 18 (PL, XXI, 555, D) : «Istis qui ad insidiandum mihi de Oriente transmissi sunt.» — *Ibid.*, 19 (556-557) : « Iste (Eusèbe) qui de monasterio Romam, quasi calumniandi peritissimus, missus est... docetur... pro pace movere bellum, pro concordia movere dissidia, perfidus esse pro fide, pro veritate falsarius. » — *Ibid.*, 20 (558, C D), il lui reproche de ne pas l'avoir averti à Rome où ils étaient ensemble. — *Ibid.*, 21 (559, A) : «Sed istum quia falsi conscientia deterrebat ad me quidem cuius erant scripta quae volebat criminari, non detulit sed per domos, per matronas, per monasteria, per singulos quosque fratrum circumfert quo solo possit conturbare auditu. Et hoc fecit sub ipso tempore quo confestim ex Urbe discederet ne vel comprehensus facti sui redderet causas. Etiam inde, ut intelligi datur, secundum praeceptum magistri, per totam Italiam criminari, instigare turbas, conturbare Ecclesias, aures quoque polluere sacerdotum et in his omnibus modestia nostra tamquam conscientia abuti. Haec discipuli. Ipse vero orientalis magister... Hinc iam non solum Origenem sed meipsum in suspicionem haeresis conatur adducere. Hinc emittit incessabiliter canes suos qui me per urbes, per vicos, per iter quoque transeuntem calumniarum latratibus insectentur et fanda adversum me omnia atque infanda tentant. » RUFIN, dans JÉRÔME, *Apol.* III, 24 (PL, XXIII, 475) : « Vos nobis pacem proficiscentibus dedistis et a tergo iacula venenis armata iecistis. » — Il est évident que Rufin incrimine à tort Jérôme. Celui-ci n'était point maître de ses troupes. *Epist.* LXXXII, 2 : « Ceterisque amicis eadem significavimus ne mordentes invicem consumamini ab invicem. » — JÉRÔME, *Apol.* III, 33 (PL, XXIII, 481, B) : « Venio ad gravissimum crimen in quo, post reconciliatas amicitias, me infidelitatis accusas. Fateor inter cuncta maledicta quae vel obicis vel minaris nihil a me ita repellendum est quam fraus dolus infidelitas. » — *Ibid.* (482, C) : « Sed in eo reprehendendus sum quare accusatores tuos amicos meos non coercuerim. Vis tibi proferam litteras eorum in quibus me hypocriseos arguunt quod te sciens haereticum tacuerim, quod dum pacem incautus praebeo intestina Ecclesiae bella suscepi... Et quia parcior fui in refellendis laudibus tuis, putant me tuum esse symmysten. Hoc mihi praestitit prologus tuus ut me plus amicus laederes quam inimicus... Te non putant insidiose scripsisse sed vere. » Pour ses efforts infructueux auprès d'Eusèbe en particulier, voir l'*Apol.* III, 15 (*Ibid.* 460, A B). Finalement sous leur influence lui aussi a écrit comme s'il était persuadé que Rufin était véritablement hérétique. Voir par exemple le récit des événements dans la lettre CXXVII, 9-10.

nombre de gens trompés ; on mettait sous ses yeux les volumes impies du *Periarchon*, avec les corrections dues au scorpion (Rufin) [1]. »

Les impressions fâcheuses ainsi produites furent très opportunément confirmées par une lettre qu'Anastase reçut de l'évêque d'Alexandrie, Théophile. Elle marquait dans son attitude une volte-face inattendue. Jusqu'alors, comme la plupart des gens cultivés de son temps, sans professer les erreurs d'Origène, il goûtait ses œuvres et blâmait les ignorants qui l'attaquaient. Mais à la suite d'une démonstration des moines anthropomorphites et de ses dissentiments avec son ancien homme de confiance, le prêtre Isidore, et avec les Longs Frères, qui l'avaient recueilli, l'antiorigénisme lui apparut comme le moyen d'accabler ses adversaires [2]. Il l'employa avec la vigueur dans l'exécution et l'absence de scrupules pour le choix des moyens qu'il apportait dans tous ses actes. Un concile réuni par lui, au début de l'année 400, condamna l'origénisme. L'autorité impériale confirma la mesure, en proscrivant les ouvrages d'Origène. Théophile s'empressa de porter ces décisions à la connaissance du pape Anastase. Celui-ci, déjà saisi par les amis de Jérôme de la question, fut révolté par les doctrines que lui dénonçait Théo-

---

[1] *Epist.* CXXVII, 10 : « Non multum post tempus in medio, succedit in pontificatum vir insignis Anastasius quem diu Roma habere non meruit ne orbis caput sub tali episcopo truncaretur... quo hoc ? Ad laudem Marcellae. Damnationis haereticorum haec fuit principium, dum adducit testes qui prius ab eis eruditi et postea ab haeretico fuerant errore correcti, dum ostendit multitudinem deceptorum... dum impia Περὶ Ἀρχῶν ingerit volumina quae emendata manu scorpii (Rufin) monstrantur, dum acciti frequentibus litteris haeretici ut se defenderent venire non ausi sunt tantaque vis conscientiae fuit ut magis absentes damnari quam praesentes coargui maluerint. Huius tam gloriosae victoriae origo Marcella est tuque (Principia) caput horum et causa bonorum, quae scis me vera narrare, quae nosti vix de multis pauca dicere. »

[2] SOCRATE, HE, VI, 7 (PG, LXVII, 684-688) ; SOZOMÈNE, HE, VIII, 11-12 (PG, LXVII, 1544-1545) ; PALLADIUS, *Histor. Laus.* X (édit. BUTLER, p. 29-32, PG, XXXIV, 1028, B et 1033, B). Après sa mission à Jérusalem, Isidore avait été envoyé à Rome pour y réconcilier Flavien d'Antioche avec le pape Sirice (398) ; cfr CAVALLERA, *Le schisme d'Antioche*, p. 287-289. C'est à son retour qu'il encourut la défaveur de Théophile. Les Longs Frères étaient quatre moines de haute taille, frères selon la nature, renommés pour leur science et leur vertu. Ils étaient à la tête des origénistes égyptiens.

phile [1]. Il s'empressa de condamner ces propositions et toutes celles qu'Origène, dont il avait jusqu'alors ignoré l'œuvre, avait pu soutenir en désaccord avec la foi catholique [2]. Puis, désireux de parer complètement au danger, il communiqua sa décision à l'évêque de Milan, Simplicien, en l'invitant à s'y associer ainsi que ses collègues de la Haute Italie et à la promulguer à leur tour [3].

---

[1] ANASTASE, *Epist.* ad Simplicianum, 1 et 2 (PL, XX, 74, A) : « Pari animo vir sanctus et honorabilis Theophilus frater et coepiscopus noster circa salutis commoda non desinit vigilare ne Dei populus per diversas Ecclesias Origenem legendo, in magnas incurrat blasphemias. Conventus litteris memorati, convenio sanctitatem tuam. » LE MÊME, lettre à Venerius (RHLR, t. IV, 1899, p. 7-8) : « Indicante coepiscopo Alexandrinae civitatis Theophilo, qui refert se legisse libros quosdam illius qui dictus est Origenis, in quibus sunt tantae blasphemiae in legem divinam vel in evangelium Christi Domini nostri... De qua re conventus a Theophilo, convenisse me memini sanctae memoriae Simplicianum praeterito tempore praeeuntem nos ad Dominum. » — JÉRÔME, *Epist.* LXXXVIII : « Equidem super hac re et antequam scriberes ad Occidentem epistulas miseram, ex parte haereticorum strophas meae linguae hominibus indicans et dispensatione Dei factum puto ut eo in tempore tu quoque ad papam Anastasium scriberes et nostram dum ignoras sententiam roborares... Vincentius presbyter, ante biduum quam hanc epistulam darem, de Urbe venit et suppliciter te salutat crebroque sermone concelebrat Romam et totam Italiam tuis post Christum epistulis liberatam. »

[2] *Epist.* ad Simplicianum, 2 (avant le 15 août 400 ; PL, XX, 75, A) : « Ne quis contra praeceptum legat haec quae diximus, damnavimus... Illud quidquid est fidei nostrae contrarium ab Origene quondam scriptum indicavimus a nobis esse alienum atque punitum. » — *Ibid.*, 3 : « Verum et si qua alia sunt ab Origene exposita cum suo auctore pariter a nobis scias esse damnata. » — Lettre à Venerius (RHLR, t. IV, p. 6) : « Origenes... a nostris catholicis pectoribus habeatur alienus. » — *Epist.* ad Ioannem Hierosolymitanum, 3 (PL, XX, 69-70) : « Origenes autem cuius in nostram linguam composita derivavit (Rufinus) antea et quis fuerit et in quae processerit verba nostrum propositum nescit... » — *Ibid.*, 4 : « Numquam profecto eveniet aliqua ut haec admittam ratione quae iure meritoque damnamus. » — THÉOPHILE, fragment conservé par Justinien, dans le traité adressé à Ménas, *Adversus Origenem* (PG, LXXXVI, 967, B) : « *Ἀπὸ τοῦ λόγου τοῦ γραφέντος πρός τινας μοναχοὺς τὰ Ὠριγένους φρονοῦντας. Οὐκοῦν ἀναθεματίζοντες τὸν Ὠριγένην καὶ τοὺς ἄλλους αἱρετικούς, ὥσπερ ἡμεῖς, καὶ ὁ τῆς Ῥωμαίων ἁγίας Ἐκκλησίας ἐπίσκοπος Ἀναστάσιος ... ᾧ καὶ πᾶσα τῶν μακαρίων κατὰ τὴν δύσιν ἐπισκόπων ἕπεται σύνοδος ἀποδεχομένη τῆς τῶν Ἀλεξανδρέων ἐκκλησίας τὴν κατὰ τοῦ ἀσεβοῦς ψῆφον.* » — JÉRÔME, *Epist.* CXXX, 16 : « Statim noxium perculit caput et sibilantia hydrae ora compescuit. »

[3] PL, XX, 73-76 et JÉRÔME, *Epist.* XCV. L'authenticité de la lettre est confirmée par l'épître à Venerius (RHLR, t. IV, p. 7-8 ; cfr *infra*, p. 260, n. 2) : « De qua re conventus a Theophilo, convenisse me memini sanctae memoriae Simplicianum praeterito tempore praeeuntem nos ad Dominum idoneum Christi sacerdotem, ut ad episcopos fratres nostros perveniat etiam, sive in illis partibus, quicumque sunt constituti catholici, ut eius sanctis apicibus monerentur, quatenus Origenes cum suo dogmate ab omnibus damnaretur. »

C'est Eusèbe de Crémone qui servait de messager au Pape et qui sans doute avait provoqué la démarche, car dans cette lettre même, Anastase raconte qu'enflammé de la foi et épris d'amour pour le Seigneur, Eusèbe lui a présenté quelques propositions blasphématoires qui lui ont fait horreur. Comme toutes celles qu'Origène pouvait avoir énoncées, il les condamne avec leur auteur [1].

L'arrivée d'Eusèbe à Milan acheva d'éclairer Rufin sur les intentions de ses adversaires. Dans la liste des propositions dont Eusèbe se servait pour provoquer les condamnations, il y en avait une qu'il présentait comme extraite de la version rufinienne du *Periarchon*. Cela donna lieu à une altercation très vive, probablement devant l'évêque, entre lui et Rufin. Celui-ci protesta contre la calomnie dont il était l'objet et n'eut point de peine à montrer que non seulement ce texte n'était pas dans son œuvre, mais qu'à la place il y avait un développement concernant le dogme trinitaire, absolument irréprochable. Tout penaud, Eusèbe ne trouva d'autre excuse à formuler que de rejeter la faute sur Marcella de qui, dit-il, il avait reçu ses extraits. Un de ses compagnons vint à son secours en faisant remarquer que le texte, s'il n'était pas de la traduction faite par Rufin, appartenait en tout cas à l'original [2]. Ces scènes durent se reproduire plus d'une fois. Celle-ci eut peut-être pour résultat de refroidir le zèle d'Eusèbe, car il ne parlait de rien moins que de citer Rufin en jugement devant le tribunal impérial, ce qui, en cas de condamnation, eût entraîné les peines les plus lourdes [3]. Vainement

[1] *Epist.* ad Simplicianum, 3 (PL, XX, 76) : « Haec sanctitati tuae scripsimus per Eusebium presbyterum, qui calorem fidei gestans et amorem circa Dominum habens, quaedam capitula blasphemiae obtulit, quae nos non solum horruimus et iudicavimus, verum et si qua alia sunt ab Origene exposita cum suo auctore pariter a nobis scias esse damnata. »

[2] RUFIN, *Apol.* I, 17-20 (PL, XXI, 554-558, texte authentique, n. 17, falsifié, n. 19 ; cfr 557, C) : « Nam cum falsam huiusmodi sententiam apud Mediolanum recitaret (Eusebius) et a me quae legebat falsa esse dicerentur, interrogatus a quo accepisset exemplaria, respondit matronam quandam (Marcella) sibi dedisse, de qua ego, quaecumque illa est, nihil dico, sed sui eam et Dei conscientiae derelinquo... ; 20 : Memini sane quod aliquis eorum cum argueretur falsasse haec respondit mihi : in graeco ita haberi, me autem in latino immutare voluisse. »

[3] Jérôme fait allusion à ces projets d'accusation publique et à ses efforts

Jérôme mis au courant avait essayé de l'en dissuader. On le trouvait tiède, quand on n'allait pas jusqu'à l'accuser de connivence avec son ancien ami [1]. Simplicien mourut le 15 août 400, probablement avant d'avoir rien fait au sujet de l'origénisme. Son successeur Venerius ne tarda pas à recevoir lui aussi une lettre d'Anastase, l'invitant comme son prédécesseur à promulguer la condamnation pontificale [2]. C'est sans doute vers ce temps que Rufin, préparant déjà sa réponse aux accusations de Jérôme, estima utile de se défendre auprès du pape Anastase [3].

---

inutiles pour en détourner Eusèbe (*Apol.* III, 5; PL, XXIII, 460, B) : « Et ante scripsi et nunc eadem, Deo audiente, protestor me non approbasse accusationem eius nec cuiusquam christiani in christianum. Quid enim necesse est in multorum scandala ruinamque proferri, quae secreto aut corripere valeas aut emendare? Sed quia unusquisque vivit stomacho suo et amicus non statim dominus est alterius voluntatis, sicut accusationem etiam veram reprehendo sic falsitatem schedularum in sancto viro non suscipio. » Il s'efforce de rejeter l'accusation de faussaire portée par Rufin contre Eusèbe. Le contexte me semble indiquer que, de la part d'Eusèbe, il ne peut être question que d'une accusation publique devant les juges civils, analogue à celle dont Rufin menacera plus tard Jérôme lui-même. C'est d'ailleurs le sens propre du mot *accusatio*. L'objet en est difficile à déterminer : violation des lois réprimant l'hérésie? On pourrait à la rigueur songer à une accusation devant l'évêque; mais le raisonnement et les termes mêmes de saint Jérôme (christiani in christianum) paraissent exiger davantage.

[1] JÉRÔME, *Apol.* III, 35 (PL, XXIII, 482, C) : « Sed in eo reprehendendus sum quare accusatores tuos amicos meos non coercuerim? Vis tibi proferam litteras eorum in quibus me hypocriseos arguunt quod te sciens haereticum, tacuerim?... Tu discipulos vocas qui me tuum condiscipulum suspicantur. »

[2] Anastase ignore, quand il écrit à Venerius, si son prédécesseur a fait quelque chose (RHLR, t. IV, p. 8) : « Verum, si minime factum est, quaeso dilectionem tuam ut nunc procures. » Sur cette lettre à Venerius, retrouvée et publiée en 1871, voir VAN DEN GHEYN, *La lettre du pape Anastase Ier à S. Venerius, évêque de Milan, sur la condamnation d'Origène*, dans la RHLR, t. IV, 1899, p. 1-12; le texte de la lettre, *ibid.* p. 5-8. Elle est rappelée et communiquée par Anastase à Jean de Jérusalem (PL, XX, 72, A) : « Qua re moti qualem epistulam ad fratrem et coepiscopum nostrum Venerium, diligentiori cura perscriptam, parvitas nostra transmiserit, ex subditis poteris comprobare. » Saint Jérôme mentionne la condamnation d'Origène par Venerius et Chromatius (*Apol.* II, 22; PL, XXIII, 445, C; écrit en 401).

[3] *Apologia ad Anastasium* (PL, XXI, 623-628). Elle est considérée comme formant le troisième livre de l'*Apologie* de Rufin et à ce titre réfutée par saint Jérôme au second livre de sa propre *Apologie*. D'après celle-ci, Rufin l'aurait écrite deux ans après son arrivée à Aquilée : « Biennio Aquileiae sedens » (*Apol.* II, 2; PL, XXIII, 426, A). Cette date est assez vraisemblable et conduit à la seconde moitié de l'année 400. Rufin motive ainsi son envoi (*Apol.* I, 1; PL, XXI, 623, B) : «Audivi quosdam, cum apud Beatitudinem tuam controversias, sive de fide sive

Rappelant les accusations portées contre lui, il constate que le pape, équitablement, n'a point voulu juger un absent. Fatigué de ses voyages, il ne peut se rendre à Rome pour présenter sa défense, il lui envoie donc comme un bâton pour écarter ceux qui continuent à aboyer contre lui. Sa foi, il l'a confessée déjà en Égypte, dans les prisons et dans l'exil. Il en renouvelle la profession, telle que l'Église l'enseigne, sur la Trinité, l'incarnation et la rédemption, sur la résurrection de la chair, sur le jugement final avec la justice rendue à chacun selon ses œuvres, avec le feu éternel pour le démon et ceux qui font ses œuvres, en calomniant leurs frères. Quant à l'origine des âmes, il connaît trois opinions : le créatianisme, le traducianisme, la préexistence. Il affirme que les âmes sont toutes créées par Dieu, mais puisque l'Église n'a rien déclaré encore sur la manière dont elles viennent au corps, il s'abstient avec elle. Il a traduit des livres d'Origène, mais c'est par jalousie qu'on l'accuse : il n'est que traducteur; seul l'auteur est responsable en bien comme en mal. Rufin a seulement retranché ce qui était suspect et que d'autres avaient interpolé; il l'a remplacé par des textes authentiques tirés d'autres ouvrages. Il n'est point le premier traducteur d'Origène. Qu'il n'y ait donc pas d'esprit de parti dans cette affaire. Si l'on porte une

---

de aliis nescio quibus quaestionibus commoverent.. etiam mei nominis fecisse mentionem. Et tua quidem Sanctitas... de absente sibique bene et in fide et in caritate Dei cognito, calumniantibus non accommodavit auditum... Aequum putavi ut, quoniam ipse, post triginta fere annos, parentibus redditus sum et durum satis atque inhumanum erat si tam cito desererem eos quos tam tarde reviseram simul et quam longi itineris labor fragiliorem me reddit ad iterandos labores, litteris meis satisfacerem Beatitudini tuae,... ut aemulis adversum me forte oblatrantibus baculum quemdam tibi confessionis meae quo abigerentur offerrem. » Selon saint Jérôme, écrivant douze ans plus tard l'éloge de Marcella (*Epist.* CXXVII, 10), Rufin aurait été convoqué à venir se défendre : « Dum acciti frequentibus litteris haeretici ut se defenderent venire non sunt ausi. » Mais le renseignement n'est pas donné dans les documents contemporains de Jérôme et de Rufin. Le passage d'ailleurs n'est peut-être qu'une interprétation exagérée (frequentibus) des faits. La lettre d'Anastase à Jean n'est guère compatible avec ces appels réitérés : « Ut quid agat et ubi sit nescire cupiamus. » Un passage de saint Jérôme fait allusion à l' « omnis tam Orientis quam Occidentis catholicorum synodus qui pari constantia quia pari et spiritu illum (Origenem) haereticum denuntiant populis. » Il s'agit du concert des évêques, non de synodes proprement dits.

défense, elle ne peut valoir que pour l'avenir. A viser le passé, elle doit atteindre tout d'abord les plus anciens coupables. Pour lui il reste fidèle à la foi qu'il vient d'exposer, foi de Rome, d'Alexandrie et de son Aquilée, foi aussi de Jérusalem. Anathème à qui croit autrement! Il réserve au jugement de Dieu ceux qui provoquent les dissensions et les scandales entre frères, par envie et par jalousie.

Nous ignorons quelle réponse fit Anastase à cette communication. Mais il est facile de connaître sa manière de voir. En 401, il reçut une lettre de Jean de Jérusalem qui le consultait sur Rufin et avait pris sa défense. Le pape lui renvoie avec modestie les éloges qui lui sont décernés et le loue en termes qui contrastent singulièrement avec les critiques du *Contra Iohannem Hierosolymitanum*. Puis confirmant la condamnation d'Origène et de tous ses livres, il déclare qu'il veut ignorer Rufin, l'abandonnant à sa conscience et au jugement de Dieu, pour le but poursuivi par la traduction du *Periarchon*. Il l'approuve, si elle a cherché à mettre en lumière la nocivité de la doctrine d'Origène. Si, au contraire, elle veut la propager, c'est une entreprise pernicieuse contre la foi de l'Église, à laquelle il s'opposera toujours et qu'il condamne absolument. Il en a déjà écrit à son collègue de Milan Venerius. Il continuera partout à y veiller par ses lettres. Déjà, à sa grande joie, les empereurs ont interdit la lecture d'Origène. Pour Rufin donc, en dehors de toute coterie, que Jean examine son attitude au sujet de la traduction, s'il l'approuve ou non. C'est s'associer au coupable que d'approuver ses vices. D'ailleurs, Rufin lui est si étranger qu'il ignore ce qu'il fait et où il habite [1].

Ces incidents, les instances de ses amis, Apronianus et Macaire notamment, confirmèrent Rufin dans la résolution de réfuter l'*Apologie* à Pammachius. Il y mit le temps d'ailleurs, puisque la

---

[1] ANASTASE, *Epist.* ad Iohannem Hierosol. (PL, XX, 68-73; XXI, 627-632). Il ressort du n. 6 que la lettre de Jean était en faveur de Rufin : « Quod te vero vulgi de Rufino querela sollicitat ut quosdam vagis suspicionibus persequaris, hanc tuam opinionem constringam. » Rufin ignorait la lettre d'Anastase et crut même que c'était un faux des hiéronymiens (JÉRÔME, *Apol*, II, 14; III, 20, 38). Jérôme en avait annexé un exemplaire à son *Apologie* de 401.

réponse ne parut que deux ans après la lettre qui la motivait (401). C'est ce qu'assure saint Jérôme raillant la lenteur de son adversaire [1]. La réponse avait été peut-être lente à venir; elle n'était point négligeable. Si peu que Jérôme, l'ayant partiellement connue par des indiscrétions, que lui transmettaient ses partisans et en particulier son frère Paulinien, revenu d'Aquilée et de Stridon à Bethléem [2], jugea qu'il ne fallait pas attendre d'en avoir le texte authentique et complet et se mit en mesure d'y répliquer sur-le-champ. L'ouvrage en effet en valait la peine. Dans la littérature polémique il mérite d'occuper un bon rang. S'il n'a pas le brillant et la verve des écrits de Jérôme, il n'en a pas non plus les violences et les outrances déplaisantes. Il rachète son infériorité littéraire relative par la rigueur logique et la solidité des preuves. Rufin avait ses dossiers bien fournis et savait frapper à l'endroit faible. Sur nombre de points il touche juste et l'histo-

---

[1] JÉRÔME, *Apol.* III, 10 (PL, XXIII, 464, D).

[2] *Apol.* I, 1 (PL, XXIII, 397, A) : « Scribuntur contra me libri. Ingeruntur omnibus audiendi et tamen non eduntur ut et simplicium corda percutiant et mihi facultatem pro me auferant respondendi. » — *Ibid.*, I, 3 (400, A) : « Nunc quoque, quia renui laudatorem et verso stylo docui me non esse quod meus necessarius praedicavit, dicitur furere et tres contra me libros venustate attica texuisse. » En fait il y avait deux livres, mais Jérôme considérait l'*Apologie* au pape Anastase comme une attaque directe contre lui : on peut voir par le résumé donné plus haut que c'est exagéré. — *Apol.* I, 4 (400, A) : « Sed adversus illos libros qui per angulos garriunt et furtiva accusatione me mordent, cum editi fuerint et de tenebris ad lucem processerint, atque ad nos vel studio fratrum vel temeritate aemulorum potuerint pervenire respondere conabor. Neque enim magnopere formidandi sunt quos metuit auctor suus prodere et tantum confoederatis legendos esse decrevit. » — *Ibid.*, I, 15 (409, A): « Quid in libris proprie accuset ignoro. Fama enim ad me criminum eius non scripta venerunt. » — III, 3 (459 A) : « Illis eruditissimis libris quos antequam legeram confutavi. » Rufin répondit, ajoute-t-il : « Accusationem ad eos tantum misisse qui meis verbis laesi fuerant et non ad plures quia non ad ostentationem sed ad aedificationem christianis loquendum est. » Il ajoutait dédaigneusement en lui envoyant son œuvre, par allusion à la manière dont Eusèbe s'était procuré le *Periarchon* : « Noli multo auro redimere notarium meum sicut amici tui de meis Περὶ Ἀρχῶν schedulis fecerunt... Gratis a me missum suscipe codicem quem censu magno cuperes comparatum. » Jérôme riposte que des deux c'est Rufin qui est le Crésus (*Apol.* III, 4; 459, C D). D'Aquilée Paulinien rapporta les indications sur les critiques faites au Commentaire sur la lettre aux Éphésiens (*Apol.* I, 21; 414, B) : « Sed quia Paulinianus frater meus de commentariis ad Ephesios quaedam ab eo reprehensa narravit et pauca ex his memoriae tradidit mihique ipsa demonstravit loca, non debeo subterfugere. »

rien impartial, loin de faire écho aux accusations de mensonge que lui prodigue son adversaire, ne peut que reconnaître le bien-fondé de ses dires [1].

L'*Apologie* proprement dite comprend deux livres [2] dédiés à Apronianus, de qui Rufin avait reçu l'écrit adressé à Pammachius par « son ami et bon frère d'Orient ». Rufin se réjouit d'être, comme Jésus, victime de la calomnie et se tairait volontiers si le scandale provoqué ne l'obligeait à rétablir la vérité. En matière de foi le silence n'est pas de mise, d'autant plus que si l'invective de Jérôme promet d'écarter les personnes et de répondre seulement aux accusations, elle fait tout le contraire. Rufin n'a accusé personne et le traducteur du *Periarchon* est perpétuellement pris à partie. Il laissera toute feinte de côté et quoiqu'inhabile, s'en remettra au lecteur. Il veut non pas accuser, mais se défendre en exposant la simple vérité. Voilà donc sa récompense pour les éloges qu'il a donnés à Jérôme! Il en a loué l'éloquence et l'orthodoxie; en échange on lui dénie l'une et l'autre. Qu'on l'excuse donc s'il lui échappe des incorrections: obligé de se défendre, il n'a pas à se préoccuper d'élégance et de distinction, mais seulement de la vérité [3].

Hérétique, tel est le titre dont on l'accable dès le début, mais grâce à Dieu, d'abord moine, puis baptisé à Aquilée, il n'a jamais professé d'autre foi que celle de cette Église, soit sur l'ensemble du Credo, soit sur la résurrection de la chair, de *notre chair* comme s'exprime explicitement le Symbole qu'il a récité à son baptême. En vain Jérôme plaisante-t-il grossièrement à ce sujet. Rufin et ceux qu'il accuse croient purement et simplement à une vraie résurrection, telle que l'Église l'enseigne, mais en n'oubliant

---

[1] Voir note complémentaire N.

[2] PL, XXI, 541-624. *Apologia* est le titre authentique, donné par Rufin comme par saint Jérôme. *Invectivae* n'a aucune raison d'être et dénature le caractère du traité qui est avant tout une défense, en réponse aux accusations ou aux démentis de la lettre LXXXIV de Jérôme à Pammachius et à Oceanus (*Apol.* I, 1) : « Perlegi scripta tua, Aproniane fili carissime, quae ab amico et fratre bono, de Oriente ad virum nobilissimum Pammachium missa transmisisti ad me . »

[3] RUFIN, *Apol.*, I, 1-3 (PL, XXI, 541-543, B).

pas que, si le corps ressuscite, il ressuscite spirituel et par conséquent dégagé de tout le terrestre. Voilà sa foi [1].

Quant aux accusations portées contre Origène sur la restauration finale, la création des âmes avant le corps et leur déchéance, cela ne le regarde pas : il ne plaide pas la cause d'Origène. Il ne parlera de lui que dans la mesure où l'y obligent les coups de son adversaire qui, même à propos d'Origène, entend l'attaquer et en particulier prétend qu'il a été choisir exprès le *Periarchon*, que personne jusqu'alors n'avait osé traduire. Rufin explique donc à quelle occasion, sollicité par Macaire, il a fait cette traduction, avec quelles précautions il a procédé pour ce qui concerne la foi, comme l'indiquent ses préfaces : n'entendant jamais y mettre du sien, mais promettant seulement de corriger Origène par Origène et non point de faire un choix qui ferait disparaître le mal et garderait le bien [2].

Il avait annoncé d'ailleurs par avance les attaques qui se sont produites et qui renouvelaient celles contre la lettre de Jean de Jérusalem à Théophile. Il avait même prévu l'altération de son livre et solennellement adjuré de n'en rien faire. Et cependant ce forfait a été commis et par des gens qui croient à la résurrection ! C'est ce qui s'est passé pour le passage d'Origène sur la vision de Dieu dans son texte à lui, dénaturé par Eusèbe de Crémone, imitant Jézabel et cela pour le faire condamner et le perdre dans l'opinion. Voilà pourquoi, à Rome, où ils étaient en bonnes relations, il ne lui a jamais soufflé mot de cette prétendue découverte, mais en attendant il colportait partout l'accusation et son maître qui se vantait, en écrivant à Vigilance, de n'avoir vulgarisé d'Origène que le bien, vient maintenant de traduire le *Periarchon* en y insérant tout ce qui est critiquable de manière à faire tout le contraire. Il l'entraîne lui-même dans le soupçon d'hérésie et envoie partout ses chiens pour aboyer contre lui et tout tenter [3].

S'adressant directement à Jérôme, Rufin l'invite à expliquer la contradiction de sa conduite : ses préfaces présentent Origène

[1] I, 4-9 (543, B-547, D).
[2] I, 10-15 (547, D-552, B).
[3] I, 16-21 (552, B-559, C).

comme docteur de l'Église, et, à ce qu'il affirme, le texte rectifie ses erreurs. Pourquoi ce changement subit d'attitude, comme si, après trente ans de fréquentation assidue, il avait tout à coup découvert quelque nouveau traité, alors que ce sont les mêmes qui provoquent des jugements si opposés. Si Jérôme se repent, il devrait se taire et non point accuser ceux qu'il a d'abord imités [1]. D'ailleurs ces commentaires mêmes, auxquels il en appelle, le condamnent, comme le montrent de nombreux passages reproduisant les idées qu'il blâme aujourd'hui sur la résurrection, sur la préexistence des âmes, sur le pardon accordé au démon, sur la restauration universelle et l'instabilité des créatures. Oui certes Jérôme doit se repentir, mais sérieusement, et non pas pour en attaquer d'autant mieux ceux qui n'ont point trempé dans ses erreurs, imiter Origène dans sa pénitence, au lieu de s'ériger en juge et de le condamner [2].

Le début du livre suivant proteste d'abord contre la confrérie de mensonge dont Jérôme prétend qu'Origène est l'instituteur, en déformant son véritable enseignement sur la dissimulation, parfois nécessaire, de la vérité. Elle n'est nullement le mensonge[3]. Le parjure c'est lui qui l'a commis en violant si continuellement le serment qu'il avait prêté au sujet des auteurs profanes, en les citant à chaque page, même quand il écrit à des femmes qui ne devraient et ne voudraient connaître que l'Écriture. Il va jusqu'à se vanter d'apprendre la logique à l'école de Porphyre, cet exécrable adversaire du nom chrétien [4]. Il accuse Origène de paganisme parce qu'il a recours à des raisonnements qui veulent défendre la providence et la justice de Dieu, quelle qu'en soit la valeur. Le paganisme c'est lui qui l'adopte, quand il emploie, à propos de Paula, l'expression impie de « belle-mère de Dieu » [5]. Il blâme Rufin d'avoir appris sans maître, mais il se réclame de Didyme qu'il a vu seulement trente jours, alors que Rufin l'a

[1] *Apol.* I, 22, compté deux fois par erreur (559, C-561, A).
[2] I, 23-44 (561, B-584).
[3] II, 1-4 (583, D-586, D).
[4] II, 4-8 (587, A-592, A).
[5] II, 9-11 (592, A-594, B).

entendu plus de six ans et d'autres avec lui, non moins éminents, Paul, les deux Macaire, Pambo. Jérôme d'ailleurs ne craint pas de recourir aux Juifs et, outre Porphyre, de se réclamer de Barabbas [1].

Il prétend n'avoir loué Origène que deux fois et encore comme exégète. Or, en dix endroits bien comptés il le loue sans restriction. Ah ! comme nous sommes loin du temps où il le proclamait un modèle de travail et où il protestait que c'était par envie et non pour cause d'orthodoxie qu'Origène avait été condamné [2] ! D'ailleurs Jérôme en profite pour dire du mal de saint Ambroise, comme il a dit du mal de Rome, dans une autre préface où il élevait jusqu'au ciel ce Didyme qu'il plonge maintenant dans les enfers. Comme si lui-même n'avait pas pillé Origène plus encore qu'Ambroise et ne s'en était pas vanté comme d'un titre d'honneur ! Mais cela lui est coutumier de dénigrer ceux qu'il avait d'abord loués. Il l'a fait pour Didyme, pour lui Rufin, pour Mélanie, dont il a supprimé la mention dans sa *Chronique* [3].

Est-ce qu'il n'a pas d'ailleurs le premier altéré Origène, supprimé ce qui lui paraissait malsonnant ? Alors pourquoi lui reproche-t-il d'en faire autant, lui qui aurait beaucoup à corriger dans ses œuvres, dans l'Épître aux Éphésiens en particulier [4].

De plus il se contredit car, d'après lui, le *Periarchon*, tel que Rufin l'a traduit, est d'un hérétique et cependant il lui reproche de l'avoir rendu orthodoxe : il faut choisir [5]. Il ne respecte même pas le martyr Pamphile, dans sa rage d'attaquer tous les écrivains ecclésiastiques [6]. Il se plaint que Rufin ait traduit le *Periarchon;* mais si d'autres ne l'ont pas fait, c'est peut-être qu'ils n'en avaient pas les moyens et, après tout, le traducteur est libre de choisir ce qu'il traduit. Jérôme n'épargne pas le blâme aux traducteurs précédents, saint Hilaire et Victorin. N'a-t-il pas reconnu lui-même

[1] II, 12-13 (594-B-596, A). C'est une allusion au maître hébreu de saint Jérôme, Baranina, qui, dans certains textes, est dit Barabbas.

[2] II, 13-22 (596, A-602, A).

[3] II, 23-26 (602, A-606, A).

[4] II, 27-28 (606, A-608, A).

[5] II, 29 (608, A-609, B).

[6] II, 30 (609, B-610, C).

que ce que contient le *Periarchon* est déjà dans les autres livres ? dans ceux-là même qu'il a traduits [1] ? N'y a-t-il pas une audace plus grande à refaire la traduction de l'Écriture et à chercher ainsi à supplanter la version des Septante, divinement inspirée et transmise à l'Église par les Apôtres ? Est-ce que ceux-ci ont trompé l'Église ? Est-ce qu'ils n'auraient pas pu eux-mêmes corriger les Livres Saints, si c'était utile ? n'avaient-ils pas le don des langues ? et Paul, de plus, n'était-il pas versé dans la science des Écritures ? On peut se consoler d'être attaqué avec tous ceux auxquels Jérôme s'en prend et les Septante mêmes. Rufin préfère rester avec l'Église plutôt que d'aller à la Synagogue, garder le texte reçu depuis quatre cents ans, plutôt que d'abandonner Suzanne et Daniel et Jonas [2]. Origène l'a devancé, dira Jérôme, mais il ne faudrait pas tantôt l'accuser et tantôt réclamer son patronage, ni couper d'abord la branche sur laquelle on veut s'asseoir. D'ailleurs Origène n'a rien modifié au texte, il s'est contenté de montrer ce que les Juifs lisaient ou ne lisaient pas, comme on ajouterait des signes sur une liste qui reste intacte [3].

Ayant tout cela sur la conscience, est-ce que Jérôme n'aurait pas dû être plus indulgent, résister à ceux qui le poussaient à un éclat, lui faire des remontrances en particulier, guider les gens encore novices dans la voie de la crainte de Dieu, comme Pammachius, et imiter la manière dont ce même Pammachius avait agi à propos de son livre contre Jovinien ? Ainsi procède la vraie charité chrétienne [4].

Avant de finir, Rufin reprend l'ensemble de cette réponse pour la résumer nerveusement, en rappelant que sa traduction lui a été dérobée avant d'être achevée et en reprochant à Pammachius d'avoir agi si diversement pour le livre contre Jovinien et pour son propre *Periarchon*. Pourtant Rufin était près de lui, à Rome même ; rien de plus facile que d'aller le trouver et de lui communiquer ses observations [5]. Si dans sa réponse il y a quelque aspé-

---

[1] *Apol.* II, 31 (610, C-611, A).
[2] II, 32-35 (611, A-614, A).
[3] II, 36-37 (614, A-615, C).
[4] II, 37-40 (615, C-618, B).
[5] II, 41-44 (618, B-621, A).

rité, il le regrette et s'en excuse, mais il désire libérer sa conscience et il est loin d'avoir tout dit [1]. En post-scriptum, Rufin répond à une dernière objection que lui soumet un envoyé d'Apronianus, à qui il vient de lire ce qui précède : Rufin a loué dans sa préface Jérôme d'avoir si bien corrigé Origène que nulle part le lecteur ne trébuche en le lisant; pourquoi n'en a-t-il pas fait autant ? Voilà ce que disent les adversaires. Mais il en a fait autant : pour la Trinité il a corrigé, comme Jérôme l'a fait à propos des Séraphins d'Isaïe; pour la résurrection de la chair, il n'y donne que l'enseignement des Églises; le reste touchant la création ne concerne pas la théologie et jusqu'ici nul ne s'en émouvait, mais si, comme on l'annonce, un synode suit le conseil de Jérôme et condamne tous les livres qui contiennent cette doctrine avec leurs auteurs, on condamnera les Grecs, mais aussi les Latins qui les imitent et par suite Jérôme avec Origène [2].

V

Pendant que Rufin composait à loisir cette apologie, saint Jérôme s'était, de plus en plus, engagé à fond dans la lutte antiorigéniste. Il était devenu le collaborateur actif de Théophile et lui servait d'intermédiaire avec l'Occident. Non content d'écrire au pape Anastase, au printemps de 400, l'évêque d'Alexandrie, tout en pourchassant chez lui les moines origénistes, s'efforçait d'étendre le théâtre des opérations et d'organiser à travers tout l'Orient la même répression. Il profita de la réunion annuelle des évêques de Palestine à Jérusalem, à l'occasion de la fête des Encénies (14 septembre), pour leur faire parvenir avec prière d'y adhérer, une lettre synodale, remplie d'accusations contre les moines origénistes, qu'il avait chassés de Nitrie. Elle avait l'allure d'un bulletin de victoire. D'autres provinces ecclésiastiques, notamment celle de Chypre, furent l'objet d'une semblable dé-

[1] II, 44 (621, A B).

[2] II, 45-47 (621, B-624, A). La finale laisserait croire que l'*Apologie* aurait été achevée avant la condamnation d'Origène par Anastase, ou plutôt qu'il était question d'une condamnation solennelle.

marche [1]. Épiphane, qui en était le métropolitain, reçut même une lettre particulière de Théophile, l'invitant à réunir un synode, pour adhérer à cette condamnation [2]. Les Palestiniens répondirent par un accusé de réception correct et froid. Ils s'empressaient de déclarer leur pays à l'abri de toute contagion, à l'exception de quelques Apollinaristes, réprouvaient les doctrines qu'ils n'avaient d'ailleurs jamais entendu soutenir, et déclaraient qu'ils n'admettraient point à leur communion ceux qui seraient condamnés par Théophile, avant qu'ils lui eussent donné satisfaction [3]. Dans une lettre particulière, l'ami d'Épiphane, Denys de Lydda, exprimait en termes chaleureux son approbation, et invitait Théophile avec énergie à continuer [4]. Nous n'avons point la réponse des Cypriotes, mais on peut juger du bonheur du vieil évêque de Salamine, par la lettre qu'il écrit à Jérôme. C'est un chant de triomphe, en même temps qu'une exhortation à se mêler plus activement encore à la bataille. Déjà Épiphane l'y avait invité dans une lettre précédente; il espère qu'il a agi et qu'il a mis la dernière main au livre destiné à l'Occident sur ce sujet. La tâche est d'autant plus urgente que, a-t-il appris, certains naufragés y sont arrivés qui essaient d'en envelopper d'autres dans leur perte [5].

Jérôme de son côté était déjà de nouveau en relations épistolaires suivies avec Théophile. Si lui-même n'avait jamais cessé d'écrire, Théophile, depuis les incidents causés par l'affaire de Paulinien, gardait le silence [6]. Mais à l'occasion d'une question de discipline, il reprit la correspondance pour rappeler à l'observation des saints canons, tout en manifestant une sympathie qui

[1] La synodique adressée aux Palestiniens et aux Cypriotes, traduite par Jérôme, forme la lettre XCII de la correspondance. Elle est antérieure de peu au 14 septembre 400.

[2] Correspondance de saint Jérôme, *Epist.* XC, du même temps.

[3] Jérôme, *Epist.* XCIII, septembre 400.

[4] Jérôme, *Epist.* XCIV, septembre 400.

[5] Jérôme, *Epist.* XCI, du même temps : « Iam autem puto et te aliquid operis edidisse et iuxta priorem epistulam, qua te super hac re fueram exhortatus, elimasse libros quos tuae linguae homines legant. Audio enim et ad Occidentem quorundam hominum naufragia pervenisse. »

[6] Voir la chronologie, t. II, p. 38 et suiv.

contrastait avec sa froideur momentanée. Jérôme s'était empressé de répondre pour dire le contentement que lui causait la reprise de rapports cordiaux et remercier de l'avertissement. Il laissait entendre qu'il était inutile et ajoutait, non sans hardiesse, que Théophile était jugé un peu tiède dans la répression de l'hérésie origéniste [1]. C'était avant la grande expédition de Nitrie. Il ne tarda pas à être entendu au delà de ses espérances. Théophile, au lendemain de cette expédition, envoyant à Rome le moine Théodore, approuva qu'il se rendît d'abord à Bethléem pour voir Jérôme. Il devait lui apporter des nouvelles consolantes sur l'état des monastères de Nitrie et la paix qui y régnait, depuis l'expulsion des origénistes. Il souhaitait qu'il en fût de même en Palestine : le mal y comptait quelques foyers qu'il fallait extirper [2]. A l'occasion d'un semblable voyage aux mêmes lieux de l'évêque Agathon et du diacre Athanase, Théophile l'informait de nouveau du succès de son zèle en Nitrie et l'invitait à prendre part à la récompense, en la méritant par son ardeur à instruire les égarés.

L'avant-veille, était rentré de Rome à Bethléem le prêtre Vincent. Jérôme s'empresse de communiquer à Théophile les bonnes nouvelles qu'il en rapporte : « La voix de votre Béatitude a retenti comme un tonnerre dans tout l'univers et les venins diaboliques ont cessé d'agir. » Déjà avant même d'y être exhorté, lui-même avait écrit en Occident pour dénoncer les ruses hérétiques. Par un dessein providentiel, la lettre de l'évêque d'Alexandrie est arrivée vers le même temps au pape Anastase, et a confirmé ses assertions. Jérôme sera maintenant plus zélé dans cette œuvre et affrontera sans peur la haine. Si l'évêque a quelque synodique, il la recevra volontiers, pour s'appuyer sur son autorité. Vincent lui a fait connaître comment son intervention a délivré Rome et toute l'Italie. Qu'il écrive donc en toute occasion aux

---

[1] *Epist.* LXIII, fin 399, ou début 400.

[2] *Epist.* LXXXIX, printemps 400, après les événements de Nitrie. La phrase « a nobis Romam navigaturus », est amphibologique et peut signifier simplement que Théodore a quitté Alexandrie pour Rome, mais aussi et plutôt qu'il y va de la part de Théophile.

évêques d'Occident, pour qu'eux aussi ne cessent, avec leur faulx aiguë, d'amputer les mauvaises plantes [1].

Un peu plus tard encore, de lui-même, Jérôme prend l'initiative d'écrire à Théophile pour le féliciter à nouveau. Ses envoyés Priscus et Eubulus ont parcouru la Palestine et pourchassé jusque dans leurs repaires les basilics. Gloire à l'évêque d'Alexandrie dont les trophées brillent aux regards de tous les peuples ! Il montre bien que sa conduite jusqu'ici n'avait été qu'une attitude de circonstance. On se lamentait sur son trop de patience, mais le bras n'a été longtemps arrêté que pour frapper plus fort. L'ancien adversaire de Jean de Jérusalem intervenait maintenant en sa faveur : si celui-ci a accueilli un exilé, c'est parce que Théophile n'avait rien fait savoir. Il a jugé téméraire de prendre une décision. D'ailleurs Jérôme pense qu'il ne veut ni ne peut d'aucune manière le blesser [2].

Cette correspondance s'échangeait du printemps à l'automne de l'année 400. Les promesses furent tenues. Jérôme traduisit la synodique, et diverses autres pièces, puis expédia ce dossier en Occident, pour fournir d'armes ceux qui luttaient sans trêve contre l'hérésie [3]. L'année suivante, Théophile ayant choisi comme sujet de sa lettre pascale les erreurs d'Origène, Jérôme la traduisit et l'envoya aussi à Rome [4]. C'est encore à cette

---

[1] *Epist.* LXXXVIII, en réponse à la lettre LXXXVII : « Dispensatione Dei factum est ut, eo in tempore, tu quoque ad papam Anastasium scriberes et nostram, dum ignoras, sententiam roborares. Verum nunc a te commoniti magis studium accommodabimus ut et hic et procul simplices ab errore revocemus nec timeamus odia subire quorumdam... simulque obsecro ut, si qua synodica habes, ad me dirigas... Vincentius presbyter, ante biduum quam hanc epistulam darem, de Urbe venit. »

[2] *Epist.* LXXXVI : « Super susceptione cuiusdam non debes contra huius urbis dolere pontificem quia nihil tuis litteris praecepisti et temerarium fuit de eo quod nesciebat ferre sententiam. Tamen reor illum nec audere nec velle te in aliquo laedere. » La phrase ne marque pas beaucoup de chaleur à l'endroit de l'évêque Jean, avec lequel il était reconcilié, mais témoigne de la sincérité de la réconciliation. C'est lui qui protège maintenant l'évêque auprès de Théophile.

[3] *Epist.* XC-XCIV. Cette traduction fut faite, sans doute, sur l'invitation de Théophile (JÉRÔME, *Apol.* I, 12 ; PL, XXIII, 406, D) : « Ergo et epistulae papae Theophili et Epiphanii et aliorum episcoporum quas nuper, ipsis iubentibus, transtuli, te petunt, te lacerant. » Cfr *ibid.*, III, 36 (468, C D).

[4] Lettre XCVI dans la correspondance de saint Jérôme, du début de 401.

période qu'il faut probablement rapporter la traduction d'un écrit anonyme sur la vision des Séraphins au chapitre VI d'Isaïe, où l'auteur prend violemment à partie Origène et s'efforce de montrer à quel point son exégèse était déraisonnable [1].

Telle est l'atmosphère enfiévrée où vivait Jérôme quand il reçut de ses amis romains et de Paulinien, communication des principaux passages de l'*Apologie* de Rufin. Il lui opposa en hâte une réfutation en deux livres, dédiée à Pammachius et à Marcella [2].

Après quelques plaintes sur l'ignorance où on le tenait du texte exact de l'*Apologie*, il entrait dans le vif du sujet. On lui reproche, dit-il, d'avoir traduit le *Periarchon*, avec toute sa réalité hétérodoxe, mais c'est justement pour en montrer la malice, dissimulée par les altérations de Rufin, lequel d'ailleurs n'a modifié que ce qui concerne la Trinité. Alors que les nombreuses traductions de Jérôme n'ont jamais suscité de réclamation, Rufin, dès son premier ouvrage soulève des clameurs [3]. C'est qu'il a agi comme Eusèbe revendiquant Origène pour l'arianisme, il a voulu le faire accepter par l'Église en fraude. L'*Apologie* est en effet d'Eusèbe et non de Pamphile, comme le dit Rufin : de l'aveu même de son ami, le martyr n'a jamais rien écrit [4]. Origène a été condamné par Théophile, par Anastase. Que Rufin renonce donc à son erreur et rende à Eusèbe ce qui lui appartient. Pourquoi par ses louanges a-t-il forcé Jérôme à se désolidariser d'avec lui ? Il n'avait qu'à traduire, sans parler de lui et il ne serait point intervenu. Mais tout le monde sait que ces prétendues louanges n'étaient qu'une attaque. Blessé, Jérôme se devait de ne pas se laisser achever sans protester. D'ailleurs sa réplique vise ses accusateurs. Si Rufin n'a fait que le louer, de quoi se plaint-il ?

---

[1] *Tractatus in Esaiam*, VI, 1-7, publié par dom AMELLI, puis par dom MORIN (*Anecdota Maredsolana*, t. III, III, p. 103-122). Voir note complémentaire F.

[2] *Apologiae adversus Rufini libros libri duo*, ou *Contra Rufinum* (PL, XXII, 397-456), en 401.

[3] JÉRÔME, *Apol.* I, 6-7 (PL, XXIII, 401, B-403, A).

[4] I, 8-9 (403, A-404, B). C'est une erreur que Jérôme répètera souvent, et encore dans le *Dialogue* contre les Pélagiens, en 415, préface (PL, XXIII, 497, B).

et pourquoi se croit-il visé ? C'est lui alors que frappent aussi les lettres de Théophile, celles d'Épiphane et des autres évêques que, sur leur ordre, il a traduites, et les rescrits impériaux chassant d'Égypte les origénistes. C'est Jérôme qui est cause de tout cela et encore de l'aversion si marquée du pontife romain [1]. Il avait pris soin de l'épargner dans l'écrit public et de lui écrire une lettre de reproche particulière, mais ses amis l'ont gardée pour eux, parce que Rufin et ses sectateurs colportaient sur son compte des bruits indignes du nom chrétien. Il lui en envoie un exemplaire [2].

Rufin plaisante sur son maître en hébreu Barabbas, qui est en réalité Baranina, mais il fait tant de confusions ! Eusèbe pour Pamphile, un hérétique pour un martyr ! Jérôme sans doute deviendra aussi quelque jour, avec ce Caton, un Sardanapale. Il n'a pas compris que là Jérôme parlait non de tous ses maîtres, — comment aurait-il omis Grégoire de Nazianze ? — mais de ceux qui étaient répréhensibles et seulement pour autoriser, par le témoignage d'un juif, ce qu'il disait de la langue hébraïque. Ainsi ont agi avant lui Origène, Clément, Eusèbe [3]. Il paraît que la lettre de Théophile a éclairé Rufin et qu'il n'a pu entendre sans frémir les erreurs d'Origène qu'il ne connaissait pas encore, même après avoir traduit le *Periarchon* ! Pourquoi Jérôme, qui a traduit les homélies, ne les aurait-il pas ignorées de même ? Si Rufin les connaissait, pourquoi lui reproche-t-il la faute où lui-même est tombé [4] ?

Quant au commentaire sur l'épître aux Éphésiens, Jérôme n'a pu se contredire à ce point, y louer et condamner à la fois la même doctrine. Comment le croire un sot, quand Rufin commence par

---

[1] *Apol.* I, 10-12 (404, B-407, A).
[2] I, 12 (407, A).
[3] I, 13 (407, A-408, A).
[4] I, 14 (408, A C). Il résulte de la réponse de Rufin que c'était un faux bruit. Il ignorait ce qui se passait en Orient. Jérôme l'accuse de lui imputer une fausseté à ce propos, mais en fait Rufin vise ce passage ; cfr *Apol.* III, 16 (468, C) : « Scribis quoque me litteris indicasse quod papa Theophilus expositionem fidei nuper ediderit quae ad vos necdum pervenit... Ego me hoc scripsisse non novi nec istiusmodi unquam litteras direxisse, sed tu idcirco ad incerta descendis... ut certa declines. »

le représenter comme très disert et très éloquent? Qu'il le sache donc, l'objet propre des commentaires, qui ont leur règle particulière comme tous les genres littéraires, consiste à rapporter fidèlement les différentes opinions sur le sens d'un passage, afin de mettre le lecteur à même de choisir. Rufin a dû, dans sa jeunesse, lire les commentateurs de Virgile ou de Plaute, Asper, Volcatius, Victorin, Donat. Il est vrai qu'il a dédaigné ces puérilités : on le voit à son style. Qu'il écrive en grec, pour que les Grecs reconnaissent en lui un étranger; s'il veut écrire en latin, qu'il aille d'abord à l'école. On a beau être un Crésus ou un Darius, la littérature ne suit pas la bourse; elle suit le travail et l'effort [1].

Les origénistes se plaignent de ce qu'il a dit sur leur confrérie de mensonge, mais il a indiqué la source : le livre VI des Stromates où Origène approuve la théorie du mensonge utile de Platon [2]. On lui reproche une contradiction entre les commentaires sur les Psaumes et sa traduction, à propos du Psaume IIe; mais la diversité répond au but différent de chacun de ces ouvrages. Pourquoi lui refuser la liberté que prend Origène, et Rufin lui-même, de faire connaître les diverses manières d'entendre un même mot [3]? Puisque l'effort principal porte sur le commentaire aux Éphésiens, Jérôme, utilisant les renseignements reçus de son frère Paulinien, sur les passages incriminés, va les examiner les uns après les autres et en rétablir le véritable sens. On verra qu'ils ne disent pas ce qu'on en affirme, ou qu'ils exposent simplement l'idée d'autrui, Jérôme exprimant ailleurs sa propre pensée [4].

Cela fait, le reproche d'hérésie rejeté, il est plus libre pour en venir à d'autres accusations moins importantes : on le traite de mauvaise langue, acharné à détracter tous ses prédécesseurs. Qu'on en signale un qu'il a blâmé nommément ou loué fictivement, à l'exemple de Rufin. Pourquoi se donne-t-il comme visé

---

[1] I, 15-17 (408, C-412, A). Ce passage (412 A) est en partie reproduit dans la lettre CXXVII, 10, avec une variante intéressante : *fuste* pour *scorpione*.

[2] I, 18 (412, A-413, A).

[3] I, 19-20 (413, A-414, B). Il n'y a pas de passage correspondant à cette critique dans l'*Apologie* de Rufin.

[4] I, 21-29 (414, B-421, A).

partout où quelqu'un est attaqué ? C'est donc lui le Calpurnius qui poussait Magnus à lui objecter ses citations d'auteurs profanes, puisqu'il lui reproche son fameux serment fait en songe. Mais il n'a juré que pour l'avenir ; il n'a pas promis d'oublier ce qu'il avait appris. S'il a bonne mémoire, cela prouve l'utilité de faire, jeune, de bonnes études, pour la bien meubler. Aujourd'hui encore, bien souvent, en songe, il se revoit petit enfant, s'amusant à la maison ou plus fréquemment, en classe, orateur novice, débitant un discours devant son maître. Si Rufin avait étudié, lui aussi, il l'éprouverait. N'a-t-il pas appris tout seul le grec et faudra-t-il qu'il boive l'eau du Léthé ? Est-ce que, malgré cela, Rufin n'a pas traduit l'éloquent Grégoire de Nazianze avec une éloquence égale ? D'où lui vient-elle, s'il n'a pas lu en cachette Cicéron, puisque dans sa jeunesse il a si peu goûté à la rhétorique ? Il veut donc être le seul écrivain ecclésiastique élégant ! Cependant ce sont plutôt les philosophes obscurs qui ont ses préférences. En matière de logique, loin d'être un stoïcien, il est un parfait épicurien ; peu lui importe de n'être point compris. Que si, en le lisant, Jérôme pense à Héraclite, il se l'explique, car il fait pour le comprendre les mêmes efforts que Rufin pour composer. Quant au songe, quelle plaisanterie de lui accorder de l'importance ! Comme si on ne rêvait pas des absurdités ! Rufin serait plus sérieux de s'examiner lui-même pour voir s'il a tenu toutes les promesses de son baptême. Qu'il prenne garde aux accusations, par lesquelles il a déshonoré la profession monastique. Il s'en prend à qui a de la défense. Jérôme n'a pas renoué amitié avec lui pour se laisser insulter impunément et il a grand'peine à se retenir [1]. Chrysogone, son partisan, lui reproche, paraît-il, son enseignement sur l'effet du baptême, par rapport à un premier mariage : qu'il relise sa lettre à Oceanus et le convainque d'erreur. C'est avec un parfait désintéressement qu'il maintient son opinion, laissant à d'autres la liberté de penser autrement et n'ayant aucune ambition ecclésiastique [2].

Le second livre, après cette défense, car Jérôme entend n'at-

[1] *Apol.* I, 30-31 (421, A-424, C).
[2] I, 32 (424, C-426, A.)

taquer personne, a pour sujet l'*Apologie de Rufin au Pape Anastase*, qui n'est encore, affirme Jérôme, qu'une attaque déguisée contre lui [1]. Après avoir tourné en ridicule les excuses que Rufin met en avant pour ne pas se rendre à Rome et le témoignage d'orthodoxie qu'il se décerne, Jérôme traite de flagrant mensonge l'assertion de Rufin concernant la persécution qu'il aurait subie en Égypte : il en demande les actes ou les témoins [2]; puis il lui reproche de jouer sur les mots et de ne point répondre franchement aux questions précises sur sa foi. Ainsi pour l'âme du Christ, pour la vérité de la résurrection : toujours des équivoques; de même pour le sort éternel du démon. On sait comment les origénistes éludent les mots précis et savent affirmer le feu éternel en expliquant qu'il n'est ni du feu ni éternel. Semblablement pour l'origine des âmes, Rufin énumère trois opinions, mais il se dispense de choisir. Il écrit sur la Trinité, mais il ne sait pas ce qui le concerne lui-même et s'embrouille dans sa courte érudition à propos de Tertullien et de Lactance; en revanche il connaît Origène, mais pas assez pour dire ce qu'il en pense. Personne encore, depuis l'origine du monde, n'a donc été éclairé par Dieu sur la question ? Pas même lui dans sa prison [3] ? Jérôme discute ensuite ses explications au sujet de la traduction du *Periarchon*, se moquant à la fois de son style et de ses piteuses raisons. Rufin promet de traduire Origène et en fait il le mutile; il prétend compléter ou rectifier Origène par Origène et en fait il coud du Didyme à de l'Origène et serait bien embarrassé pour montrer dans les autres œuvres le contraire des multiples hérésies que contient le *Periarchon*, pas même dans les six mille volumes qu'il prétend à tort qu'Épiphane a dit avoir lus; comme si Origène était un imbécile, et avait l'habitude de se contredire [4] ! Rufin se réclame des traducteurs d'Origène antérieurs et c'est là qu'il atteint Jérôme : ce n'est pas de traduire qu'on lui fait un reproche, mais de mal choisir l'objet de sa traduction. Ni Hilaire, ni Ambroise, ni Jé-

[1] II, 1 (425, A)
[2] II, 2-3 (425, A-426, C).
[3] II, 4-10 (427, A-433, A).
[4] II, 11-13 (433, A-436, B).

rôme n'ont été si mal inspirés que d'aller chercher pour leur premier travail, un livre hérétique, en le faisant précéder d'une apologie attribuée à un martyr. Que si Rufin voulait le dénoncer comme hérétique, il fallait le laisser tel quel, comme raisonne justement le pape Anastase, dans la lettre écrite contre lui à Jean de Jérusalem, lettre dont Jérôme transcrit le texte à la suite de son propre ouvrage [1]. Rufin prétend ne pas défendre Origène et c'est le moment d'examiner sa fameuse *Apologie de Pamphile*. Impossible de relever toutes ses fautes de latin, ses mensonges, ses incohérences. Il a d'ailleurs là aussi altéré le texte pour en faire disparaître ce que l'auteur, Eusèbe, y avait mis pour favoriser l'arianisme. Soit Eusèbe, soit Didyme, témoin non suspect, puisque sur la Trinité il est catholique, reconnaissent les erreurs d'Origène et son subordinatianisme !

Comment Rufin le défend-il ? Par sa théorie de l'interpolation, qu'on pourrait appliquer à tous les hérétiques pour les rendre orthodoxes ; par des assertions fausses, sur saint Athanase, par exemple, dans sa défense de Denys d'Alexandrie ; par des documents tronqués, comme la lettre d'Origène, que Jérôme reproduit tout entière, pour prouver qu'elle n'a pas le sens que lui donne Rufin ; par une fausseté sur Hilaire, présenté comme condamné par un synode d'évêques ; par une historiette sur Jérôme lui-même, au sujet des Apollinaristes falsifiant un passage de saint Athanase ; puis en attaquant, comme auteur responsable de ces accusations, saint Épiphane, qui se serait vanté faussement d'avoir lu les six mille ouvrages d'Origène, alors qu'il n'en existe pas le tiers, et qui aurait voulu par là dissimuler ses larcins. Ainsi donc l'érudition d'Épiphane qui connaît cinq langues sera une arme contre lui ! Nous avons sa lettre où il réfute cette calomnie, au temps où Rufin était encore en Orient. Et après tout cela, Rufin prétend qu'il ne défend pas Origène ! Encore une fois l'*Apologétique* n'est pas de Pamphile. C'est parce que Rufin, en lui prêtant son manuscrit, lui en a imposé, que lui-même dans son *De Viris illustribus* a dit le contraire [2].

---

[1] *Apol.* II, 14 (436, B-437, A).
[2] II, 15-23 (437, B-447, B).

Eusèbe de Crémone lui écrit qu'il a trouvé entre les mains des évêques d'Afrique, venus à la cour, une lettre où Jérôme déclare regretter la faute qu'il a commise en traduisant la Bible sur l'hébreu. Beaucoup d'autres, de Rome, lui ont communiqué la même nouvelle, qui l'oblige à un démenti formel. L'auteur d'ailleurs se trahit par son style, c'est le même qui, dans son *Apologie*, lui reproche d'avoir blâmé les Septante. Avec un pareil système on pourrait lui objecter tous les crimes et c'est heureux qu'on les lui ait épargnés. La belle récompense pour le zèle avec lequel il a corrigé l'édition défectueuse des Septante et les commente aux siens tous les jours, ou les suit en chantant les Psaumes ! Tous ses traités sont tissus de leurs textes. Quelle sottise de vouloir oublier vieux ce qu'il avait étudié enfant ! Toutes ses préfaces témoignent du contraire et il suffit de les transcrire : elles sont claires. C'est ce qu'il fait, en terminant par celle de Daniel, dont il rappelle que l'Église lit le texte dans l'édition de Théodotion. S'il a rapporté l'opinion des Hébreux sur Bel, Suzanne et l'hymne des trois enfants, il a renvoyé à plus tard le soin de leur répondre. D'ailleurs, il n'impose à personne ses livres et il est singulier que Rufin accepte l'œuvre d'un Théodotion, hérétique et judaïsant, et rejette celle d'un pauvre pécheur chrétien. S'il avait bien lu ses préfaces, il y aurait vu l'utilité de sa traduction sur l'hébreu, et sa justification par les illustres exemples de tant de commentateurs, à commencer par le Sauveur, qu'ont imité les Apôtres. Ils suivent les Septante, mais les abandonnent pour l'hébreu, quand il y a discordance. Qu'il montre dans le Nouveau Testament un texte emprunté aux Septante et absent de l'hébreu, comme Jérôme y montre des textes tirés de l'hébreu et absents des Septante, et la cause sera entendue. Que Rufin reçoive donc de sa main ce qu'il se procure à grands frais ailleurs, c'est-à-dire les traductions faites par Aquila, Symmaque, Théodotion [1].

---

[1] II, 24-35 (447, B-456).

VI

Rufin eut connaissance de cette réponse à Aquilée, où un marchand, venu d'Orient, lui en remit un exemplaire. Il n'avait que deux jours pour la réponse [1]. Suivant les conseils de Chromatius, évêque d'Aquilée, qui désirait voir la paix se rétablir entre les deux amis et écrivait dans le même sens à saint Jérôme [2], il tenta une démarche auprès de ce dernier et, au lieu d'une riposte publique, lui adressa une lettre particulière dont malheureusement le texte n'a pas été conservé [3]. Nous n'en avons que des extraits cités par saint Jérôme. D'après ce qu'il en dit, la lettre aurait été pleine de menaces et de reproches. Rufin s'y plaignait des mauvais procédés dont il avait été l'objet, en particulier du vol de son manuscrit du *Periarchon* et des injures de Jérôme. Il le sommait de cesser ses attaques, sous peine de se voir accusé publiquement de certains méfaits, qu'il avait autrefois avoués à Rufin, et d'être traîné devant les tribunaux comme calomniateur et diffamateur; Jérôme traduisait : avec menace de condamnation à la peine capitale. Il lui envoyait en même temps un exemplaire de son *Apologie* à laquelle Jérôme avait répondu sans en avoir le texte.

On ne peut préciser davantage ces menaces de Rufin, auxquelles saint Jérôme affecte d'attacher la plus grande importance, tout en déclarant les braver. C'est même le prétexte qu'il invoqua pour refuser de garder le silence et décliner la proposition de Chromatius [4]. Sa réplique, d'ailleurs, d'une extrême vivacité, re-

---

[1] *Apol.* III, 10 (464, C-465, C) où Jérôme conteste la vérité de cette assertion, vu l'élégance du style de sa lettre, incompatible avec une improvisation.

[2] Jérôme, *Apol.* III, 2 (PL, XXIII, 458, C-459, A).

[3] Un essai de reconstitution sera toujours insuffisant pour en rendre la vraie physionomie, car Jérôme, à côté d'extraits textuels, donne des résumés tendancieux, présentant les conséquences qu'il tire des textes comme si elles appartenaient aux textes mêmes. Ainsi, des menaces de mort. Il est équitable de tenir compte du caractère privé de la lettre, quand il s'agit d'en apprécier le ton.

[4] *Apol.* III, 2 (PL, XXI, 458 C) : « Testem invoco Iesum conscientiae meae, qui et has litteras et tuam epistulam iudicaturus est, me, ad commonitionem sancti papae Chromatii, voluisse reticere et finem facere simultatum sed quia minaris interitum, nisi tacuero, respondere compellor, ne videar tacendo crimen agnos-

prend [1] les accusations précédentes de parjure, de mensonge, d'hérésie, en y revenant à plusieurs reprises et en les enrichissant d'allusions aux anciens événements de Palestine et aux récentes condamnations portées par Théophile et Anastase. Jérôme accuse de nouveau Rufin d'avoir falsifié l'*Apologétique*, dite à tort, de Pamphile, nie avoir écrit la lettre d'Afrique, tout en affirmant que Rufin a sur la conscience des faux de ce genre, s'explique sur le songe et sur Pythagore, dont il n'a jamais prétendu avoir lu les livres et termine par de longues citations des Proverbes, concernant les envieux, les médisants et les injurieux, comme Rufin, dont les Psaumes décrivent le châtiment. Il déclare accepter la paix à condition que Rufin désarme et qu'il n'y ait entre eux qu'une même foi.

Rufin eut la sagesse de suivre les conseils de Chromatius et laissa tomber la controverse. Au surplus, en Occident, elle ne pouvait avoir qu'une vie factice et n'intéressait que les amis personnels de saint Jérôme. Pendant la dizaine d'années que Rufin vécut encore, sa vie exemplaire et son érudition lui valurent l'estime et l'amitié des personnages les plus recommandables de son temps, Chromatius, Paulin de Nole et Gaudentius de Brescia, en particulier. Ce fut une période d'intense activité littéraire, consacrée plus encore qu'à la composition d'œuvres personnelles, comme le court mais substantiel commentaire sur le Symbole des Apôtres [2], à la traduction d'œuvres diverses : Histoire ecclésiastique d'Eusèbe, remaniée et augmentée de deux livres sur les faits du IVe siècle, de Constantin à Théodose, homélies de saint Grégoire de Nazianze et de saint Basile, traités d'Évagre du Pont, *Histoire des moines*, probablement de Timothée, diacre d'Alexandrie, *Récognitions*, attribuées faussement à Clément de Rome, *Dialogue* d'Adamantius. Déjà il avait traduit les

---

cere et lenitatem meam malae conscientiae signum interpreteris. » Le prétexte est assez peu satisfaisant. On ne voit pas pourquoi il n'aurait pas lui aussi répondu par une lettre privée, au lieu de continuer à porter le débat devant le public.

[1] C'est le livre III de l'*Apologia adversus libros Rufini* (PL, XXIII, 457-492). Il date de 402.

[2] PL, XXI, 335-386. Ce volume de Migne contient les écrits originaux de Rufin et quelques apocryphes, dont on s'est récemment occupé, pour déterminer leur véritable auteur.

Sentences de Sixte et probablement composé ses deux livres sur les Bénédictions des Patriarches. Il traduisit surtout de nombreuses homélies d'Origène sur divers livres de l'Ancien Testament et du Nouveau, plus de cent trente. Il faut y ajouter un volume de lettres adressées par Rufin à Falconia Proba, l'illustre patricienne de la gens Anicia [1]. L'arrivée d'Alaric en Italie l'en chassa. Il accompagna en Sicile, où ils se réfugiaient, Pinien, Mélanie la jeune et sa mère Albina. C'est là qu'il mourut, en 411, attristé par les dévastations des barbares et les incendies dont il avait le spectacle de l'autre côté du détroit, acharné jusqu'au bout au travail, malgré une pénible maladie d'yeux. La vénération dont ses contemporains l'avaient entouré et qu'attestait encore le *Gelasianum* [2], ne résista point, à la longue, à l'influence des écrits de saint Jérôme. Ils lui ont valu une déchéance, dont il ne s'est jamais relevé.

Jérôme, n'ayant plus d'adversaire pour lui donner la réplique, dut cesser l'attaque directe. Saint Augustin traduisait à merveille le sentiment général des chrétiens cultivés sur cette polémique, quand, en réponse [3] à l'envoi de son *Apologie*, justifié, affirmait Jérôme, par la propagande que Rufin faisait en Afrique contre lui, il lui écrivait :

« Je ne sais quels sont les écrits méchants sur ta personne qui seraient arrivés en Afrique [4]. J'ai reçu cependant ce que tu as daigné m'en-

[1] Il n'y a pas d'édition complète des œuvres de Rufin ni d'étude récente sur lui et son œuvre. Voir les notices littéraires de BARDENHEWER, *Geschichte*, t. III, p. 549-558 et de SCHANZ, § 967 (t. IV, 1, p. 412-429). On ne lui rend point assez justice. En réalité, il a été l'un des plus actifs ouvriers des lettres chrétiennes et son labeur de traduction, pour être d'ordre secondaire, n'en a pas moins été fort utile au monde latin.

[2] *Decretum Gelasianum*, édit. E. VON DOBSCHÜTZ (TU, t. XXXVIII, 4, p. 10 et 44-45). Dans le passage même, où il fait siennes les critiques de saint Jérôme, il le qualifie : « Rufinus, vir religiosissimus. »

[3] Dans la correspondance de saint Jérôme, *Epist.* CX; dans celle de saint Augustin, *Epist.* LXXIII (PL, XXXIII, 245-250).

[4] Le fait est à relever et montre combien les assertions de ce genre dans les deux Apologies sont sujettes à caution. Les adversaires se renvoyaient ces accusations. Rufin parlait des « chiens » mis à ses trousses par Jérôme. Celui-ci répondait (*Apol.* III, 3; PL, XXIII, 459, B) : « Idcircone Cereales et Anabasii tui

voyer en réponse à ces injures. L'ayant lu, j'ai eu beaucoup de peine, je l'avoue, qu'entre des personnes si chères et si intimes, que presque toutes les Églises savaient unies du lien le plus étroit, un si grand mal de discorde se soit produit. Pour toi, combien tu te maîtrises, combien tu retiens les dards de ton indignation pour ne point rendre injure pour injure, cela se voit assez dans ta lettre. Pourtant si cette lecture m'a accablé de douleur et séché de tristesse, que n'auraient point fait celles qu'il a écrites contre toi, si elles étaient tombées entre mes mains! Malheur au monde à cause du scandale ! Quels cœurs pourront s'assurer de leur fidélité désormais ? Dans le sein de qui se jettera tout entière une sûre affection ? Quel ami ne redoutera de devenir quelque jour ennemi, s'il a vu entre Jérôme et Rufin se produire ce que nous pleurons ? O malheureuse et misérable condition ! O pour les cœurs amis science peu sûre du présent, puisqu'il n'y a pas prescience de l'avenir ! Mais pourquoi me laisser aller à gémir avec un tiers quand chaque homme ignore ce qu'il sera lui-même ? demain Peut-être connaît-il vaille que vaille ce qu'il est maintenant, mais ce qu'il deviendra il ne le sait [1].

« Hélas ! ajoutait-il, que ne puis-je vous rencontrer ensemble ! Peut-être dans mon émotion, ma douleur, mes craintes, je tomberais à vos pieds, je pleurerais de toutes mes forces, je prierais à la mesure de mon amour, tantôt chacun de vous pour lui-même, tantôt les deux pour chacun et pour les autres, en particulier les faibles pour lesquels le Christ est mort et qui vous regardent sur le théâtre de cette vie, avec la grande crainte que vous n'écriviez publiquement l'un sur l'autre ce que, réconciliés, vous ne pourrez effacer, vous qui maintenant ne voulez pas

---

per diversas provincias cucurrerunt ut laudes meas legerent ? » En réalité, ce sont surtout les amis de saint Jérôme qui se sont remués et parfois, on l'a vu, plus que le maître ne l'aurait désiré. Rufin semble avoir d'ailleurs renoncé assez vite à se tenir au courant et en particulier ignoré ce qui se passait en Orient. L'incident de la lettre de Théophile est caractéristique et plus encore celui de la lettre d'Anastase à Jean de Jérusalem sur son propre compte. C'est par saint Jérôme qu'il en eut connaissance. Cela autorise à croire que la propagande en sa faveur n'était point aussi étendue que le suppose l'adversaire. En tout cas, Augustin témoigne que son *Apologie* ne lui était point encore parvenue, tandis que cet envoi supposé sert de prétexte à l'expédition de l'*Apologie* de Jérôme. Il y aurait moins à insister sur ces faits si, contre toute évidence, on n'avait fait peser sur Rufin exclusivement les accusations d'intrigue, de manœuvres et de prosélytisme intempérant. Rufin a gardé le silence pendant près de dix ans après cette controverse, alors qu'il continuait à être traité de la manière la plus désobligeante. On peut croire qu'auparavant il n'était pas le plus ardent à la lutte. Le fait d'avoir mis plus de deux ans à composer son *Apologie*, alors que saint Jérôme y répond avant même qu'elle soit publiée, confirme cette appréciation.

[1] JÉRÔME, *Epist.* CX, 6 ; AUGUSTIN, *Epist.* LXXIII, 6.

vous réconcilier ou que, réconciliés, vous redoutiez de lire, pour ne point de nouveau vous quereller. »

Saint Jérôme, dominé par le passé, ne comprit pas assez ce noble langage. Il ne sut point oublier. Tandis que Rufin, renonçant à polémiquer, se renfermait désormais dans ses actives occupations littéraires et ne songeait plus qu'à se rendre utile par ses travaux[1], Jérôme continuait, en de multiples occasions, à l'attaquer par des allusions injurieuses, des sobriquets déplaisants, des accusations fâcheuses[2]. Mélanie l'ancienne, si louée jadis, mais dont le souvenir était inséparable de celui de Rufin, devint celle « dont le nom indique assez la noirceur de l'âme », tandis que Rufin était couramment désigné comme le scorpion ou le « porc qui grogne » (Grunnius). Une fois même il est défini « Caton au dehors, Néron au dedans ». Sa mort ne mit point un terme à l'inimitié. Le commentaire d'Ézéchiel[3] débute par un morceau émouvant, où Jé-

---

[1] Il n'y a dans ses œuvres qu'une allusion à la querelle origéniste en dehors de l'*Apologie*, dans la préface à sa traduction du *Dialogue d'*Adamantios, qu'il identifie avec Origène (édit. VAN DE SANDE-BAKHUYZEN, p. 1) : « Et considerans quam catholice, quam integre ecclesiastici dogmatis defensor exstiterit, arbitror quod suinum et foetidum quorundam vitium de conculcandis verborum margaritis et rumpendis doctoribus perhorrebis. » Cette préface fait mention de Jovinus, l'évêque de Pavie, — je crois que c'est la seule allusion que l'on connaisse à son siège épiscopal, — l'ancien archidiacre d'Aquilée, au temps où Rufin y reçut le baptême (RUFIN, *Apol.* I, 4 ; PL, XXI, 513, C ; cfr JÉRÔME, *Epist.* VII). C'était un de ces parents spirituels que Rufin allait revoir à son retour d'Orient : « Dum venerabili patri Iobino visendi redderemus officia. » Cette expression de la préface semble bien indiquer qu'il s'agit d'une première visite et par suite l'œuvre doit être rapportée aux premiers temps du séjour à Aquilée, en 399. Cela explique le ton amer qui éclate dès les premières lignes. On est en pleine bataille origéniste.

Quoi qu'il en soit, il est curieux que cette agitation contre Origène et les condamnations portées soient comme restées lettre morte. Rufin a continué paisiblement à traduire Origène, comme si de rien n'était : plus de cent trente pièces ! et personne ne semble y avoir trouvé à redire. C'est grâce à lui qu'une bonne partie de l'héritage du grand docteur nous a été conservée. Rien ne démontre mieux à quel point l'agitation était factice et tenait beaucoup plus à des questions de personnes qu'à des nécessités doctrinales. Le changement de pontificat dut contribuer à cet apaisement (*Epist.* CXXVII, 10). Jérôme de son côté ne cessa point de s'inspirer d'Origène dans ses commentaires, mais avec plus de précaution et en signalant à l'occasion les erreurs. Voir note complémentaire Q.

[2] Sur ces faits, voir note complémentaire S. Il convient cependant de faire remarquer que Jérôme, à tort ou à raison, attribue à Rufin la persistance de certaines attaques à propos de ses œuvres, en particulier au sujet de son commentaire sur Daniel, comme on le verra plus loin.

[3] *Comm. in Ezech.* préface (PL, XXV, 16-17).

rôme déplore la perte de Pammachius et de Marcella, la prise de Rome et la mort de beaucoup de frères et de sœurs; il y rappelle la douleur profonde qui l'a envahi et rendu de longs jours incapable d'application au travail, ses larmes sur la Ville où s'est éteint l'éclatant flambeau qui éclairait le monde, et sur l'empire romain décapité. Mais il s'est ressaisi et remis au travail, entre autres motifs, parce que «le Scorpion, entre Encelade et Porphyrion, gît écrasé sous la terre de Sicile et qu'enfin l'hydre aux têtes multiples a cessé de siffler contre lui ! » Telle est l'oraison funèbre de son ami. En 415 encore, oubliant la responsabilité de l'autre Rufin, moine chez lui à Bethléem, et hôte à Rome de Pammachius, dans les origines du pélagianisme, il y implique celui d'Aquilée. Il en profite pour l'accuser une fois de plus de mensonge, à propos de son *Historia monachorum* : Rufin y parle de moines qu'il dit avoir connus bien qu'ils n'aient jamais existé et n'a cherché qu'à y glorifier les origénistes [1].

En Orient la lutte antiorigéniste continuait. Jérôme s'y montra l'auxiliaire infatigable de Théophile et d'Épiphane. Elle se poursuivit sur un double terrain. Tandis que, dans ses lettres pascales, Théophile développait la campagne amorcée par la synodique de 400, et dénonçait sans relâche les erreurs d'Origène, il traquait impitoyablement ceux qu'il en signalait comme les partisans. Les Longs Frères, n'ayant point été accueillis en Palestine, résolurent d'aller à Constantinople réclamer justice auprès de l'empereur. Saint Jean Chrysostome n'avait aucun motif de les persécuter : il les accueillit avec charité dans sa ville épiscopale, sans entrer en communion avec eux cependant et en réservant au synode qui devait être convoqué la décision dernière. Pendant ce temps, Théophile agissait. Mandé à Constantinople, pour s'y justifier, il s'y rendit au début de 403. Saint Épiphane y était accouru lui aussi pour combattre les origénistes et l'avait d'abord énergiquement soutenu. Mais le saint homme finit par ouvrir les yeux sur les intrigues qui se couvraient de son patronage. Écœuré, il se hâta de quitter la ville et mourut de douleur

[1] *Epist.* CXXXIII, 3.

en rentrant à Salamine. Théophile trouva dans la capitale des auxiliaires tout dévoués à ses desseins. Au synode du Chêne, il fit déposer Chrysostome qui bientôt fut exilé. Le bannissement dura peu et le retour fut un triomphe, mais on sait comment la situation devint de nouveau défavorable. Dès 404, à Pâques, commença l'exécution des mesures de rigueur qui se consommèrent le 20 juin, par l'exil définitif, avec ses cruelles rigueurs. Le « pharaon » victorieux voulut compléter son triomphe, en accablant saint Jean Chrysostome sous un violent libelle. Peine perdue : à Rome, la voix de l'exilé avait couvert la sienne. Innocent Ier multiplia les démarches pour assurer la victoire de la justice. Elle ne devait triompher qu'après la mort du banni [1]. Saint Jérôme avait traduit les lettres pascales publiées par Théophile en 401, 402 et 404 [2]. Saint Jean Chrysostome ayant appartenu au parti mélécien d'Antioche, saint Jérôme, prêtre de Paulin, chef du parti opposé, ne pouvait avoir pour lui qu'une médiocre sympathie. Il ne refusa pas à Théophile le service de l'aider dans cette mauvaise cause, et traduisit pour l'Occident le libelle injurieux [3]. Ce fut l'épisode final de la lutte. Débarrassé du rival qu'il détestait, Théophile se réconcilia avec les Longs Frères et l'on n'entendit plus guère parler du danger origéniste qu'il avait subitement trouvé si menaçant.

---

[1] Sur ces faits, voir PUECH, *Saint Jean Chrysostome*, livre III, et DUCHESNE, *Histoire ancienne de l'Église*, tome III, p. 72-106.

[2] JÉRÔME, *Epist.* XCVI, XCVIII et C.

[3] Il n'en existe que des fragments tristement significatifs, conservés par Facundus d'Hermiane dans le *Pro defensione trium capitulorum*, VI, 5 (PL, LXVII, 676 et suiv.) ; cfr 678, A : « Legat innormem librum non solum contumeliis sed ipsa quoque saepe repetita maledictorum recapitulatione nimis horribilem, ab Hieronymo presbytero translatum. » Voir le fragment de la lettre de Théophile s'y rapportant, dans la lettre CXIII de saint Jérôme. Ce pourrait être le début même du livre. On a nié que la lettre CXIV de Jérôme, toute d'éloge pour un livre de Théophile qu'il vient de traduire, concerne cet ouvrage. Avec beaucoup moins de raison ou plutôt sans raison aucune, M. Brochet a refusé d'accepter le témoignage de Facundus d'Hermiane et nié que Jérôme ait pu traduire ce pamphlet (*Les ennemis de S. Jérôme*, p. 415-417). Voir en sens contraire l'article de dom BAUR, *Saint Jérôme et S. Chrysostome*, dans la *Revue Bénédictine*, t. XXIII, 1910, p. 430-436.

LIVRE V

LES DERNIÈRES ANNÉES

(403-419).

CHAPITRE I

AVANT LA LUTTE ANTIPÉLAGIENNE

(404-414)

I. Nouveaux travaux scripturaires. Mort de Paula. Écrits ascétiques. — II. Jérôme et Augustin. — III. Polémique contre Vigilance; lettres diverses, commentaires sur les petits Prophètes, sur Daniel et sur Isaïe. — IV. Les invasions barbares et la prise de Rome. Mort de Marcella et de Rufin. Les infirmités de la vieillesse. Lettres diverses.

I

Au cours de la campagne antiorigéniste, les travaux ordinaires de saint Jérôme et sa correspondance n'avaient point chômé [1]. Un moment cependant il avait dû s'arrêter. Sur la fin de l'année 397, une grave maladie le terrassa et ce fut seulement à l'entrée du carême de 398, qu'il se sentit hors de danger. Encore s'étant remis trop tôt à un travail intensif, cette imprudence faillit-elle lui coûter cher. Épuisé par l'effort, il retomba dans une sorte de langueur, qui se prolongea jusque vers la fin de l'année [2]. Il s'en

---

[1] Voir au livre III, chapitre III, ce qui est dit des œuvres se rapportant à cette période, telles qu'elles sont classées à la fin de la table chronologique.

[2] *Epist.* LXXI, 5 : « Longo tentus incommodo, vix diebus quadragesimae quibus ipsi (homines tui) proficiscebantur respirare coepi. » — *Epist.* LXXIII, 10 : « Ego, post longam aegrotationem, vix in quadragesimae diebus febri carere potui et cum alteri me operi praepararem, paucos dies qui supererant, in Matthaei expositione consumpsi, tantaque aviditate studia omissa repetivi, ut quod exercitationi linguae profuit, nocuerit corporis valetudini. » — *In Matth.* préface (PL, XXVI, 20, C): « Maxime cum scias me ita tribus mensibus languisse ut vix nunc, imminente iam Pascha, ingredi incipiam... Des exemplaria cum Romam veneris virgini Christi Principiae quae me rogavit ut in Canticum canticorum scriberem, a quo opere exclusus aegrotatione diuturna, spem in futurum distuli. » — *In libros Salomonis*, préface (PL, XXVIII, 1241, A) : « Itaque longa aegrotatione fractus, ne penitus

releva pourtant et c'est alors qu'il se jeta tout entier dans la controverse origéniste, rallumée par la préface du *Periarchon*. Au cours de cette année cependant, outre le commentaire sur saint Matthieu, et quelques lettres, il composa encore des traductions sur l'hébreu, mais rapidement, en trois jours, pour s'acquitter d'une sorte de dette. C'étaient trois livres salomoniens : les Proverbes, le Cantique et l'Ecclésiaste. Ils furent dédiés à Chromatius et Héliodore, qui étaient au nombre de ses plus intelligents bienfaiteurs. Chaque année, Jérôme leur adressait quelque ouvrage, pour les remercier de la constance avec laquelle ils encourageaient effectivement ses travaux, en lui envoyant de quoi entretenir copistes et tachygraphes [1]. Sa longue maladie lui laissant encore peu de forces, il dicte à la hâte ce travail comme gage de bonne volonté. Puis c'est le Pentateuque qu'il aborde. Il le dédie à Desiderius, celui qui l'avait consulté, lors de sa conversion à la vie ascétique. Suivant son conseil, il était venu passer quelques mois près de lui à Bethléem [2]. Pour Eustochium, après la mort de

---

hoc anno reticerem et apud vos mutus essem, tridui opus nomini vestro consecravi. » — *Epist.* LXXIV, 6 : « Nos enim et haec ipsa, lectulo decumbentes longaque aegrotatione confecti, vix notario celeriter scribenda dictavimus ;... post XII menses quibus iugi labore confectus sum... Caninum libenter vidi qui tibi narrare poterit quam difficile et periculosum manus dexterae, usque in praesentem diem quo ista dictavi, vulnus sustinuerim. » M. Grützmacher (t. III, p. 16) a vu une allusion à cette même maladie dans le texte suivant (*Epist.* LXXXII, 4) : « Quomodo me ipse (Jean de Jérusalem) laedit aegrotantem morbo pessimo et rebellem Ecclesiae ventilans. » Il s'agit d'une accusation de l'évêque de Jérusalem et la maladie est purement morale. La lettre est de 397, antérieure de peu aux débuts de cette infirmité qui a duré douze mois.

[1] PL, XXVIII, 1241-92 ; détails donnés par la préface, 1241-44.

[2] Il y travaillait déjà au début de l'année 398, quand il écrivait à Lucinus (*Epist.* LXXV, 5) : « Canonem hebraicae veritatis, excepto Octateucho, quem nunc in manibus habeo, pueris tuis et notariis describendum dedi. » Voir la préface du Pentateuque (PL, XXVIII, 147-152). Il en résulte (*Ibid.* 152, B) qu'elle était écrite avant l'achèvement de l'œuvre. Desiderius est mentionné comme rapportant à Vital (*Epist.* LXXII, 5) les présents de Jérôme, et sans doute aussi sa lettre, écrite lors du second séjour d'Héraclius à Bethléem (seconde moitié de 398). Cette préface est déjà citée, en 401, dans l'*Apologie* (II, 25 ; PL, XXIII, 448-450), ainsi que celle sur les livres de Salomon (*Ibid.* 31 ; 454). Desiderius avait dû demander par lettre cette traduction et en remporter une partie après son séjour (il n'y est fait aucune allusion dans la préface, antérieure à sa venue). D'autre part, la préface à Josué laisse supposer que le Pentateuque ne fut achevé qu'après la mort de Paula (404).

Paula, il traduit Josué, les Juges, Ruth [1], Esther [2], en promettant de revenir bientôt aux commentaires des Prophètes et de satisfaire ainsi aux désirs de son beau-frère Pammachius. C'est aussi vers le même temps, sinon plus tôt, qu'il envoie à Chromatius et à Héliodore la traduction de Tobie et de Judith [3]. A l'occasion de tous ces travaux, il se défend comme d'habitude avec insistance, de vouloir ruiner l'œuvre des Septante, mais revendique avec une égale énergie le droit d'imiter ses prédécesseurs, multipliant les traductions directes sur l'hébreu, malgré les versions grecques déjà existantes.

C'est aux Septante d'ailleurs que l'avait ramené, à propos du

---

[1] Préface commune aux trois (PL, XXVIII, 461-464) : « Tandem finito Pentateucho Mosi, velut grandi faenore liberatus, ad Iesum filium Nave manum mittimus et ad Iudicum librum,... ad Ruth quoque et Esther... » ; (464, B): « Ceterum post sanctae Paulae dormitionem, cuius vita virtutis exemplum est et tres libros quos Eustochio virgini Christi negare non potui, decrevimus, dum spiritus hos regit artus, Prophetarum explanationi incumbere et omissum iamdiu opus, quodam postliminio repetere, praesertim cum et admirabilis sanctusque vir Pammachius hoc idem litteris flagitet. » La traduction, antérieure aux commentaires écrits en 406, doit être de 405.

[2] Prologue d'Esther (PL, XXVIII, 1433-36), dédié à Paula et à Eustochium. Il ne peut s'agir de la jeune Paula, qui avait à peine cinq ou six ans alors et n'était pas encore sans doute à Bethléem, où sa présence n'est signalée qu'en l'année 415 (*Epist.* CXXXIV, 2). Le contexte l'exclut : « Vos autem, o Paula et Eustochium, quoniam et bibliothecas hebraeorum studuistis intrare et interpretum certamina comprobastis, tenentes Esther hebraicum librum, per singula verba nostram translationem aspicite ut possitis agnoscere me nihil etiam augmentasse addendo. » Jérôme suppose donc la science de l'hébreu dans ses lectrices, ce qui, avec le premier rang donné à Paula, exige qu'il fasse allusion à Paula senior. Pourtant, d'après le prologue sur Josué, elle était déjà morte (*Ibid.* 461-462 et 464). On peut dire avec vraisemblance qu'Esther était traduit, mais non encore édité, lors de la mort de Paula et que lorsque Jérôme publia ce livre avec la traduction du reste de l'Octateuque, il laissa la préface primitive. Sur ces questions, voir l'exposé critique de dom Cottineau, *Chronologie des versions bibliques de Saint Jérôme*, dans *Miscellanea Geronimiana*, p. 42-68, sur Esther, p. 63. Il croit à une erreur de copiste pour la mention d'Esther, dans la préface de Josué. Le texte : « quos iisdem nominibus efferunt », la rend difficilement croyable.

[3] Il semble bien que Judith soit dédié à Chromatius et à Héliodore (préface; PL, XXIX, 37-40) ; pour Tobie, voir *ibid.* 23-26 ; les traductions, là-même. Héliodore ayant un successeur dès l'année 407, les versions datent au moins d'avant cette époque. Elles sont supposées par la lettre LXXI, 5, qui ne mentionne que l'Octateuque et de fait la préface de Josué (Juges et Ruth) laisse entendre que le cycle des traductions sur l'hébreu est terminé, en exprimant la volonté de revenir aux commentaires sur les Prophètes, réclamés avec instance par Pammachius.

Psautier, une lettre, beaucoup plus curieuse encore pour son origine que pour son objet. Deux moines gètes, Sunnia et Frétéla, ayant comparé la revision de Jérôme, dite aujourd'hui psautier gallican, avec le texte grec, relevèrent tous les passages qui étaient discordants et lui en demandèrent la raison. Ravi de voir ces barbares s'intéresser aux Livres Saints et à ses études, Jérôme leur répondit avec le plus grand détail, justifiant le choix fait par sa version et reconnaissant aussi au passage les quelques inexactitudes qu'elle avait conservées [1].

A la même époque appartient une de ses lettres les plus remarquables, le traité qu'il écrit pour Laeta, femme de Toxotius, le frère d'Eustochium, à l'occasion de la naissance de sa fille Paula, vouée dès lors à la vie religieuse, en remerciement pour la protection divine [2]. Jérôme s'y fait petit avec les petits. Il entre dans les plus menus détails sur la manière d'élever pour Dieu la jeune patricienne et de la préserver de tout ce qui pourrait développer en elle des goûts en opposition avec sa vocation prédestinée. Il termine d'ailleurs en recommandant de l'envoyer, dès que cela sera possible, à sa grand'mère Paula et à sa tante qui l'élèveront avec joie au couvent de Bethléem. Lui-même se fera son éducateur et son père nourricier. Il ne devait pas être donné à l'aïeule de voir ce vœu réalisé.

Peu d'années auparavant, dans l'éloge funèbre de Paulina, qui était surtout le panégyrique de Pammachius, Jérôme le mettait en garde contre la vaine gloire, en lui rappelant ce que de faibles femmes, sa belle-mère et sa belle-sœur, Paula et Eustochium, accomplissaient à Bethléem. « Je n'étais pas à Rome, mais au désert, — que ne m'a-t-il gardé ! — lorsque du vivant de Toxotius ton beau-père, elles étaient asservies au siècle, mais je l'ai entendu raconter. Elles qui ne pouvaient supporter la boue des rues, que les mains des eunuques portaient, et à qui les iné-

[1] *Epist.* CVI, ad Sunniam et Fretelam, *De psalterio quae de LXX interpretum editione corrupta sint*. Sur une identification assez arbitraire de DRAESEKE, adoptée par M. ZEILLER, voir le mémoire de ce dernier : *Saint Jérôme et les Goths*, dans *Miscellanea Geronimiana*, p. 123-130.

[2] *Epist.* CVII, vers 400.

galités du sol causaient du malaise, qui trouvaient lourdes les robes de soie, et intolérable la chaleur du soleil, maintenant vêtues pauvrement et tristement, devenues plus fortes par comparaison avec autrefois, garnissent les lampes, allument le feu, balaient, épluchent les légumes, jettent par poignées les herbes dans la marmite bouillante, préparent les tables, disposent les tasses, distribuent les mets, sont sans cesse en mouvement. Certes il y a autour d'elles un nombreux chœur de vierges. Ne pourraient-elles pas leur donner des ordres pour ces services ? Elles ne veulent point se laisser surpasser au travail manuel, tout en les surpassant par la force d'âme[1].» A ces occupations matérielles Paula joignait les charges et les soucis d'une direction assez lourde. Elle pourvoyait à l'entretien des moniales, en même temps qu'elle les formait à la vie religieuse. Elle tissait des vêtements pour Jérôme et ses moines. Avec lui, elle recevait les hôtes qui affluaient aux Lieux Saints. On comprend que ses mortifications et cet excès de travail l'aient usée prématurément [2]. En 402 ou 403, elle tomba malade et pendant de longs mois ce fut à son tour d'être soignée [3]. Eustochium s'y dévoua avec une tendre sollicitude, encore stimulée par la présence de saint Jérôme, qui passait la meilleure partie de ses journées près de la malade, la réconfortant et l'aidant à sanctifier ses douleurs. En voyant ainsi dépérir, sans grand espoir, celle qui avait été son élève fidèle et dont la vie, depuis des années, s'identifiait avec la sienne, Jérôme fut saisi d'une inexprimable tristesse. Elle ne fit que s'accentuer à mesure que le temps passait, aggravant le mal. Loin de trouver dans le travail une distraction et un remède à sa douleur, il n'arrivait point

---

[1] *Epist.* LXVI, 13, en 398.

[2] Je ne puis entrer dans ces détails; voir la lettre CVIII et les ouvrages qui la mettent en œuvre, comme la *Vie de sainte Paule* par Mgr LAGRANGE et celle plus récente par le R. P. GÉNIER (collection *Les Saints*).

[3] Le renseignement est emprunté à la lettre CII, 1 : « Accessit ad moram sanctae et venerabilis Paulae longa infirmitas. Dum enim langurnti multo tempore assidemus paene epistulae tuae vel eius qui sub tuo nomine scripserat obliti sumus memores illius versiculi : musica in luctu importuna narratio. » Les détails qui suivent sont tirés de l'éloge funèbre (*Epist.* CVIII, 27-34) écrit probablement en 404-405.

à la surmonter. La plume lui tombait des mains. C'est à grand'-peine qu'il put, cette année et la suivante, achever de courtes traductions ou quelques lettres. Eustochium, qui allait sans cesse de la chambre de sa mère à la grotte de la Nativité, où elle implorait avec larmes une guérison, lente à venir, dut se résigner à l'inévitable.

L'évêque Jean de Jérusalem, son clergé, des moines et des moniales, en grand nombre, vinrent réconforter la mourante de leurs prières et s'édifier du calme parfait avec lequel, tandis que la vie abandonnait peu à peu ses membres, sa pensée était tout entière tournée vers le ciel. A Jérôme qui lui demandait pourquoi elle restait silencieuse, Paula répondit en grec qu'elle n'éprouvait aucun ennui et que son âme était dans la paix la plus complète. Dans le râle de l'agonie, on percevait encore un écho des Psaumes aspirant aux tabernacles du Seigneur. Elle mourut ainsi, le 26 janvier 404, laissant à Eustochium, pour tout héritage, avec ses dettes et la charge des monastères qu'elle avait fondés, le souvenir de sa foi indomptable, de sa ferveur au service de Dieu, de sa charité sans limites. Elle lui laissait aussi, pour la diriger et l'aider, dans la lourde tâche qui tombait sur ses trente-cinq ans, le père spirituel qui depuis vingt ans lui montrait le chemin de l'austérité et de la perfection évangélique. Lui aussi, près du lit de mort où Paula transfigurée paraissait seulement dormir, s'était agenouillé, accablé par l'épreuve et songeait avec amertume aux misères de cette vie. Il était loin d'en avoir atteint la pleine mesure. De plus en plus, il en aurait sa large part. Les funérailles de Paula furent un triomphe. Les évêques présents voulurent porter eux-mêmes la dépouille mortelle jusqu'à l'église de la Nativité. Dans la grotte, près de la place où le Sauveur était né, on creusa le sépulcre où elle fut ensevelie. Jérôme dicta l'inscription qui rappelait les grandeurs terrestres, mais aussi le détachement et les œuvres pieuses de la défunte.

Pendant les mois qui suivirent, il eut de la peine à se ressaisir. Si vif était le chagrin de cette séparation qu'il lui fallut s'imposer une sorte de violence pour répondre aux sollicitations toujours nombreuses à le harceler et se remettre au travail. Lui-même tomba malade à son tour. Encore agité par la fièvre, il écrivait à

Théophile d'Alexandrie en lui envoyant, avec quelque retard, la traduction de sa lettre pascale pour 404 [1] :

« Depuis que j'ai reçu la lettre de ta Béatitude et le livre pascal jusqu'à ce jour, la tristesse de mon deuil, la préoccupation et les bruits divers répandus, çà et là, sur l'état de l'Église, m'ont tellement secoué que j'ai pu à peine traduire en latin ton ouvrage. Tu connais parfaitement le vieil adage : la tristesse est incompatible avec l'éloquence, surtout si à la maladie de l'âme s'ajoute celle du corps. Cette lettre même, c'est brûlant de fièvre et au lit depuis cinq jours, que je la dicte, trop rapidement, ajoutant en peu de mots pour ta Sainteté, que j'ai eu beaucoup de mal pour traduire, de manière à rendre toutes les phrases avec un agrément pareil et à faire correspondre en quelque sorte à l'élégance grecque le parler latin. » Puis après des compliments hyperboliques sur le contenu et la valeur littéraire et philosophique de la lettre : « Je t'en prie, pardonne-moi mon retard. La dormition de la sainte et vénérable Paula m'a tellement accablé qu'en dehors de cette traduction, jusqu'à présent, je n'ai rien composé sur la science sacrée. Nous avons perdu subitement, tu le sais bien, notre consolation. Je le dis, — Dieu est témoin de notre conscience, — non par rapport à mes besoins personnels mais au rafraîchissement des saints, à qui elle se dévouait avec sollicitude. Ta sainte et vénérable fille Eustochium, que rien ne peut consoler de l'absence de sa mère, te salue humblement avec toute la fraternité. Envoyez-nous à lire ou à traduire les livres que vous avez, dites-vous, récemment composés [2]. »

Il venait d'avoir l'occasion de rendre un service signalé aux moines latins habitant le monastère égyptien de la Pénitence à Canope. Sur leur demande et avec la collaboration du prêtre Léonce, il dicta la traduction latine de la règle de saint Pachôme et de quelques autres monuments anciens du cénobitisme. Un interprète traduisait directement du copte en grec; à mesure, Jérôme dictait au tachygraphe la version latine. Ses monastères

---

[1] *Epist.* C.

[2] *Epist.* XCIX, 1, à Théophile : « Ex eo tempore quo Beatitudinis tuae accepi epistulas, iuncto paschali libro, usque in praesentem diem, ita et maerore luctus et sollicitudine ac diversis super Ecclesiae statu hinc inde rumoribus exagitatus sum ut vix volumen tuum potuerim in latinum vertere... maxime si ad aegritudinem animi accedat corporis aegritudo. Et hanc ipsam epistulam febre aestuans et quintum iam diem decumbens lectulo, nimia festinatione dictavi...2... Unde obsecro te, ignoscas tarditati meae; ita enim sanctae ac venerabilis Paulae dormitione confectus sum ut, absque translatione huius libri usque in praesentiarum, nihil aliud divini operis scripserim. »

eux-mêmes profitèrent de ce travail pour améliorer leur organisation et mettre en pratique les conseils spirituels contenus dans ces documents [1].

Les exemples sont plus efficaces que les préceptes. Aussi ses moines furent-ils encore plus édifiés par l'ouvrage où Jérôme exprima ce que vingt ans d'intimité et de direction avaient développé en lui d'affection, d'estime, d'admiration pour la haute vertu de celle qu'il pleurait et, avec lui, Eustochium et sa communauté. De tout son cœur et son talent il s'appliqua à faire revivre la « sainte et vénérable Paula », à mettre en relief son détachement des biens terrestres, son humilité, son amour de l'Église et de l'orthodoxie, son application au travail, mais aussi ses dons de supérieure, à la fois énergique et compatissante, offrant la première l'exemple du renoncement, donnant beaucoup afin de pouvoir à son tour exiger beaucoup [2]. L'éloge se terminait par l'émouvant tableau des derniers moments de la sainte et, avec une solennité absente des autres pièces de ce genre, non seulement le rappel des inscriptions placées sur le tombeau, mais aussi les dates précises de la naissance, de la conversion à la vie parfaite et de la mort [3]. La disciple héroïque, que rien n'avait pu détacher du maître, en qui plus qu'en personne, il retrouvait sa pensée fidèlement comprise et exécutée, celle qui avait été l'écho docile et intelligent aussi bien de son enseignement scripturaire que de ses prédilections spirituelles, recevait un hommage digne d'elle, immortalisant à jamais sa mémoire [4]. C'était en même temps un mémorial éloquent et persuasif pour celles qui s'étaient essayées, sur ses traces et sous sa conduite, aux austérités de l'observance monastique.

Par ces travaux divers, Jérôme reprenait peu à peu de l'intérêt à ses occupations ordinaires. Sa santé d'ailleurs était pleinement

---

[1] Préface (PL, XXIII, 61). Voir note complémentaire O.

[2] *Epist.* CVIII, en 404 ou 405.

[3] *Epist.* CVIII, 33-34.

[4] Saint Jérôme en avait conscience et l'affirmait (*Epist.* CVIII, 33) : « Vale Paula et cultoris tui ultimam senectutem orationibus iuva... Exegi monumentum aere perennius, quod nulla destruere possit vetustas. » On a reconnu l'allusion à Horace, *Od.* l. III, xxx, 1.

rétablie. Dans de nouvelles polémiques, il montra que la douleur intime ne gênait en rien son ardeur pour la défense de l'orthodoxie ou sa propre apologie, et n'avait point émoussé son style. Vigilance allait en faire à nouveau l'épreuve et saint Augustin faillit en être à son tour la victime.

II

Leurs relations débutèrent mal [1]. Depuis longtemps l'évêque d'Hippone souhaitait entrer en correspondance avec le solitaire de Bethléem et profiter de ses lumières. Dès 394 ou 395, encore simple prêtre, il lui avait écrit pour lui demander, au nom de l'épiscopat africain et au sien, d'activer son travail de traduction des exégètes grecs, en particulier d'Origène. Au contraire, médiocre apparaissait l'utilité de la version de la Bible sur l'hébreu. Il suffisait d'une édition revisée des Septante, en distinguant, par des signes appropriés, comme dans les exemplaires grecs, les passages qu'il fallait omettre ou ajouter. Jérôme avait fait cela pour Job et l'on s'en trouvait bien. Ainsi restait sauvegardée l'autorité des Septante auxquels il ne fallait pas toucher. Augustin se plaignait ensuite qu'un passage du commentaire de Jérôme sur l'Épître aux Galates, en donnant comme feinte la discussion entre saint Pierre et saint Paul, apparût en fait comme légitimant l'usage du mensonge et ruinât par là même la morale chrétienne. Il l'invitait donc à s'expliquer sur ce point et à rétablir la vérité. Il terminait en lui exprimant le regret de ne pouvoir accompagner le porteur de la lettre, *Profuturus*, qui ne *profiterait* certainement pas aussi bien qu'il l'aurait fait lui-même de son séjour à Bethléem. Il lui porterait quelques ouvrages sur

[1] Sur cette correspondance, voir la chronologie. On a souvent étudié ces relations; cfr la bibliographie dans BARDENHEWER, *Geschichte*, t. III, p. 647. Récemment: Eligio MALFATTI, *Una controversia tra S. Agostino e S. Girolamo*, dans la *Scuola cattolica*, 1921, p. 321-338 et 402-426; R. P. LAGRANGE, *L'esprit traditionnel et l'esprit critique, à propos des origines de la Vulgate*, dans le BLE, 1899, p. 37-50, reproduit dans les *Mélanges d'histoire religieuse*, sous ce titre plus précis: *Saint Augustin et saint Jérôme, à propos des origines de la Vulgate*.

lesquels Augustin serait heureux d'avoir l'avis de Jérôme [1]. Profuturus fut sur ces entrefaites nommé évêque, puis ne tarda pas à mourir, de sorte que la lettre d'Augustin, lui aussi devenu évêque dans l'intervalle, ne fut point alors transmise à son destinataire [2]. Cependant ce dernier, ayant été salué incidemment par saint Augustin, sans doute, à l'occasion d'une lettre envoyée par un de ses amis, lui écrivit une missive assez courte mais amicale, où il le mettait au courant de sa pensée sur Origène, à savoir qu'il fallait utiliser ce qu'il présentait de bon et de conforme à la foi, et attaquer ses erreurs [3].

Augustin, tout en trouvant, à son gré, la lettre trop courte, fut ravi de ces premières ouvertures et répondit longuement. Il disait à saint Jérôme sa joie et son désir qu'en dépit de l'absence corporelle, une correspondance régulière s'échangeât entre eux. En conséquence, il lui posait dès maintenant une série de questions. Il avait eu depuis peu entre les mains un livre de Jérôme, privé de son titre, lequel, au dire d'un frère, était *Epitaphium*. Comme ce mot ne paraissait pas répondre au contenu, il souhaitait savoir si le renseignement était exact. Puis il exposait de nouveau sa difficulté sur l'incident de l'Épître aux Galates et son regret que Jérôme parût y patronner la licéité du mensonge utile. Il l'invitait donc à réformer sa manière de voir et à chanter sans hésiter la palinodie, s'excusant d'ailleurs par avance, si en fait l'opinion de Jérôme n'était pas celle qu'il croyait. En le remerciant de ces renseignements sur Origène, sur quoi il était pleinement d'accord avec lui, il le priait de lui préciser la liste de ses erreurs. Il lui suggérait, à cette occasion, d'accoler dans son catalogue d'écrivains ecclésiastiques, à la notice des hérésiarques, les indications concernant leurs erreurs ou d'écrire là-dessus un

---

[1] JÉRÔME, *Epist.*, LVI = AUGUSTIN, *Epist.* XXVIII : « Numquam aeque », en 394-395. Alypius qui avait séjourné à Bethléem était déjà évêque.

[2] JÉRÔME, *Epist.* CIV = AUGUSTIN, *Epist.* LXXI, 2 : « Ex quo coepi », et *Epist.* CV=LXXII : « Crebras ad me ». Une allusion dans la lettre LXVII=XL, 8 : « Habeo gratiam. »

[3] JÉRÔME, *Epist.* LXVII = AUGUSTIN, XL : « Habeo gratiam quod pro subscripta salutatione plenam mihi epistulam reddidisti sed breviorem multo quam ex te vellem sumere. De Origene autem quod rescribere dignatus es... »

livre à part, pour venir en aide à ceux qui n'avaient point le temps de faire les recherches que cela supposait [1].

Cette lettre écrite vers 398 [2] et qui devait être portée par le moine Paul [3], mit plus de cinq ans pour parvenir à son adresse. En attendant elle circulait, à Rome en particulier, d'où le bruit parvint à Bethléem que saint Augustin avait composé un livre contre saint Jérôme. Il fut aussi rapporté à Hippone [4]. Augustin s'empressa d'écrire une nouvelle lettre pour démentir ce bruit et informer Jérôme qu'il avait seulement écrit une lettre pour laquelle il attendait encore une réponse. Elle ne contenait rien contre lui. Il y exprimait seulement une opinion différente de la sienne, usant à son égard d'un procédé pour lequel il demandait la réciprocité, heureux par là de suppléer à la présence et aux conversations qui lui seraient si agréables [5].

Jérôme répondit par une lettre un peu aigre-douce, où on le sent combattu par deux sentiments divers : la sympathie que provoquent en lui le talent et la démarche d'Augustin et une certaine appréhension qu'il ne cherche à entrer en relation avec lui que pour se faire valoir à ses dépens. Il ne manquait pas de gens autour de lui pour l'assurer que cette hypothèse était la vraie. Jérôme le prie en conséquence de l'informer s'il est bien l'auteur d'une lettre anonyme qu'il tient du diacre Sisinnius, où on l'exhorte à chanter la palinodie comme Stésichore, afin de retrouver les yeux de la vérité. Il hésite, bien que le style lui paraisse d'Augustin, parce qu'il ne voudrait pas s'exposer en lui répondant à se faire reprocher de l'avoir blessé sans s'être d'abord informé si ses coups tombaient juste. D'ailleurs la longue maladie de Paula lui a fait perdre longtemps de vue cette affaire, dans la tristesse

---

[1] JÉRÔME, *Epist.* LXVII = AUGUSTIN, XL, 1 : « Quare adgredere, quaeso istam nobiscum litterariam collocutionem ne multum ad nos disiungendos liceat absentiae corporali. »

[2] Voir la chronologie, t. II, p. 48-50.

[3] Envoi de Paul, *Epist.* LXVII = XL, 9 : « Hunc interea Paulum fratrem nostrum in Christo multum commendo benignitati tuae. »

[4] Lettres d'Augustin (JÉRÔME, *Epist.* CI = AUGUSTIN, *Epist.* LXVII, 2), de Jérôme (*Epist.* CII = AUGUSTIN, LXVIII, 1, et CV = AUGUSTIN, LXXII, 1).

[5] JÉRÔME, *Epist.* CI = AUGUSTIN, *Epist.* LXVII : « Audivi pervenisse », vers 402 (MAURISTES, VALLARSI), en réalité 402 ou 403.

qui l'accablait. Quant à s'occuper des œuvres d'Augustin, il n'y songe point : il lui suffit de songer aux siennes propres :

« Ta prudence sait parfaitement que chacun abonde dans son sens et qu'il est d'une jactance puérile de rechercher, comme les jeunes de jadis, par l'accusation de gens illustres, la célébrité. Je ne suis pas assez sot pour me croire atteint par la diversité de tes explications, pas plus que toi, si je n'ai pas tes idées. Le vrai sujet de blâme entre amis c'est d'oublier de voir notre besace, selon le mot de Perse, et de ne considérer que le havresac des autres. Donc aime qui t'aime et dans le champ des Écritures, jeune, ne provoque pas un vieillard. Nous avons eu notre temps; nous avons couru autant que nous avons pu; maintenant c'est toi qui cours et as de longs espaces à dévorer; nous, le repos nous est dû. En même temps cependant, soit dit en tout honneur et avec ta permission, pour que tu ne sois point seul à citer les poètes, souviens-toi de Darès et d'Entelle et du proverbe vulgaire : le bœuf las appuie le pied plus fortement. C'est avec tristesse que je dicte cette lettre : comme je souhaiterais t'embrasser et causant avec toi ou t'instruire, ou m'instruire ! » Il terminait en lui annonçant l'envoi d'une réponse aux injures de Rufin qu'on lui disait être parvenues en Afrique et ajoutait : « Souviens-toi de moi, saint et vénérable Père. Vois combien je t'aime, puisque même provoqué je n'ai pas voulu répondre et que je ne crois pas ton œuvre ce que chez un autre, peut-être, je blâmerais. »

C'était le sous-diacre Asterius qui était chargé d'apporter cette lettre [1]. Jérôme le mentionne encore dans un court billet de date incertaine, où il profitait d'une occasion pour saluer l'évêque d'Hippone et lui recommander son très cher ami le diacre Presidius qui souhaitait fort l'amitié d'Augustin : « Vivant dans un monastère, nous sommes diversement battus par les flots et supportons les ennuis du voyage terrestre, mais nous croyons en Celui qui a dit : *J'ai vaincu le monde*. Grâce à Lui et sous sa conduite, nous triompherons de l'ennemi diabolique. » Il saluait en même temps Alypius [2].

---

[1] JÉRÔME, *Epist.* CII = AUGUSTIN, LXVIII « In ipso profectionis », en 402 (MAURISTES, VALLARSI), fin 402 plutôt. M. HILBERG a eu tort de modifier à la fin la leçon ordinaire et d'écrire : « frater Communis suppliciter te salutat. » C'est la réponse de Paulinien à la salutation d'Augustin dans la lettre précédente; il faut donc lire : « frater communis » (commun à Jérôme et à Augustin) comme Jérôme lui-même écrivait jadis à Marcella (*Epist.* XXXII, 2) : « Albinam communem matrem valere cupio. »

[2] JÉRÔME, *Epist.* CIII = AUGUSTIN, *Epist.* XXXIX : « Anno praeterito »; sur la date, voir la chronologie, X.

De son côté saint Augustin trouvait une occasion absolument sûre en la personne du diacre Cyprien. Il s'empresse d'en profiter pour envoyer de nouveau à Jérôme les trois lettres déjà écrites, y compris la première que Profuturus n'avait pu remettre, et revenir sur la question des Septante. Il ne comprend pas comment, après son admirable édition de Job, avec les obèles et les astérisques, Jérôme a jugé utile d'en donner une toute différente d'après l'hébreu. Cela le désoriente. Il serait préférable, au lieu d'introduire dans les Églises une nouvelle version sur l'hébreu, de traduire fidèlement les Septante. Le nouveau travail ne fera que jeter le désarroi et créer des embarras par la difficulté où l'on sera dans la controverse de justifier les changements : on ne pourra guère se référer à l'original hébreu, alors que le latin et le grec sont si accessibles. Que d'inconvénients à rejeter tant de leçons reçues, si les Juifs ne sont pas de son avis; outre que sa présence sera toujours nécessaire pour les convaincre, quel juge présidera aux débats ? Il raconte à ce propos la mésaventure d'un évêque d'Oea qui, faisant lire Jonas dans la nouvelle version, fut violemment pris à partie par des Grecs présents à l'église, comme utilisant un texte falsifié. Les Juifs consultés leur donnèrent raison et, pour calmer la fureur du peuple, il fallut en hâte expliquer qu'il s'agissait d'une méprise. Jérôme a donc pu faire quelques erreurs. Sa traduction de l'Évangile est au contraire très satisfaisante. Augustin voudrait savoir à quoi il attribue cette grande différence entre le texte hébreu et celui des Septante, si répandu et si autorisé par l'usage des Apôtres. Il rendrait bien service en ramenant ce dernier à sa pureté primitive, tellement les exemplaires en sont différents et peu sûrs [1].

Tandis que Cyprien était en route, Jérôme avait reçu une lettre antérieure, dont nous n'avons pas le texte, où saint Augustin reprenait les mêmes sujets [2]. Il lui répondit plus longuement que

[1] Jérôme, *Epist.* CIV = Augustin, LXXI : « Ex quo coepi », en 403 (Mauristes, Vallarsi).

[2] On le conclut d'un détail qui ne se retrouve pas dans les lettres existantes (Jérôme, *Epist.* CVI = Augustin, LXXII, 1) : « Illum, cuius nomen retices, maris timuisse discrimina et navigationis mutasse consilium. » Comparer avec la lettre de Jérôme CIV, 2, qui n'était pas encore reçue.

la première fois, mais dans le même sens, insistant plus durement sur le soupçon que le jeune écrivain songeait peut-être à se faire valoir à ses dépens, lui rappelant qu'il n'avait pas intérêt à le provoquer, malgré son âge, qu'il pourrait s'en repentir et concluant qu'il était préférable d'aller chacun leur chemin sans se heurter. Au surplus, il souhaitait son amitié :

« Je t'écris ainsi parce que je veux t'aimer sincèrement et chrétiennement et ne rien garder dans le cœur qui soit loin des lèvres. Il ne convient pas que, depuis ma jeunesse jusqu'à l'âge où je suis, suant au travail, dans un monastère avec de saints frères, j'ose écrire contre un évêque de ma communion et un évêque que j'ai commencé à aimer avant de le connaître, qui m'a le premier invité à son amitié, que je me suis réjoui de voir se lever après moi dans la science des Écritures. »

Il ajoutait qu'il craignait, lorsqu'Augustin le priait de lui dire son avis sur ses œuvres, que ce ne fût encore un moyen détourné de se faire valoir. Au surplus, il ne connaissait de lui que les *Soliloques* et quelques courts commentaires sur les Psaumes, bien éloignés des interprétations des anciens docteurs grecs. « Adieu, mon ami très cher, fils par l'âge, père par la dignité; je t'en prie, veille à ce que désormais, quand tu m'écriras, je sois le premier à recevoir tes lettres [1]. »

Ce chassé-croisé devait continuer encore. Augustin, ayant reçu du sous-diacre Asterius la première réponse de Jérôme, s'efforce de réparer la maladresse dont il se rend mieux compte et d'adoucir le susceptible vieillard. Il prend en riant l'avertissement qui lui est donné et proteste en même temps avec énergie qu'il n'a jamais eu l'arrière-pensée que l'on insinue. La réponse venue de Bethléem contenait d'ailleurs des phrases qui l'avaient enchanté, en l'assurant de l'amitié de Jérôme et du plaisir qu'il aurait à sa conversation. Il tenait d'autant plus à éviter toute polémique qu'il avait éprouvé plus de douleur au sujet de la discorde entre Jérôme et Rufin. Son âme en était endolorie. Comme il aurait tout fait pour qu'elle cessât : à qui se fier désormais, puisque des amis si intimes en étaient venus à échanger des paroles si amères ?

---

[1] JÉRÔME, *Epist* CV = AUGUSTIN, LXXII : « Crebras ad me », en 403 (MAURISTES, VALLARSI).

Aussi redoute-t-il tout incident semblable avec Jérôme et lui offre-t-il entière satisfaction pour ce qui, contre sa volonté, aurait pu le blesser. Malgré tout, il ne peut renoncer aux joies et aux sécurités de l'amitié chrétienne. Elle est si bonne ! Il se confie à Dieu pour l'avenir. Il n'y a d'ailleurs qu'à vivre d'une façon irréprochable et les indiscrétions ne seront pas à craindre. Mieux vaut encore être accusé à faux que justifier par ses actes l'accusation. Aussi sa conscience doit-elle aider Jérôme à supporter les incroyables inimitiés de son ancien ami. « Toutefois je souhaite qu'il soit lui-même plus doux pour que tu n'aies pas à te défendre ainsi. C'est un grand et triste prodige qu'une telle intimité ait abouti à cette inimitié. Ce sera grande joie, et bien plus après de telles dissensions, de revenir à l'ancienne concorde [1]. » En même temps Augustin, un peu inquiet sur l'effet de cette lettre, envoyait un billet à Presidius, devenu évêque, le priant d'intervenir et lui communiquant dans ce but toute la correspondance [2].

Le diacre Cyprien dans l'intervalle avait accompli son mandat et remis aux mains de Jérôme toutes les pièces de l'affaire. Il ne trompa point la confiance qu'exprimait saint Augustin lorsqu'il écrivait, dans la lettre qui l'accréditait : « Jamais je n'ai eu de meilleure occasion. J'ai un tel espoir de recevoir par lui une lettre que je ne puis en ce genre rien espérer de plus sûr. Car ni le zèle à demander une réponse ne lui manquera, ni la grâce pour l'obtenir, ni l'attention pour la garder, ni la promptitude pour l'apporter, ni la fidélité pour la remettre [3]. » Il obtint en effet une longue lettre où Jérôme abordait enfin les divers problèmes posés par saint Augustin et donnait franchement son avis, après avoir rectifié les informations insuffisantes sur le *De Viris* [4]. A grand renfort de citations patristiques et scripturaires, il maintenait l'interprétation donnée par lui du différend entre saint Pierre et

[1] Jérôme, *Epist.* CX = Augustin, LXXIII : « Quamvis existimem », en 404 (Mauristes, Vallarsi).

[2] Jérôme, *Epist.* CXI = Augustin, LXXIV : « Sicut praesens », même date.

[3] Jérôme, *Epist.* CIV = Augustin, LXXI, 1.

[4] Le nom d'*Epitaphium* lui venait de ce que dans certains exemplaires le livre se terminait par la mention de l'*Epitaphium* de Népotien.

saint Paul, tout en s'excusant d'insister et en invitant encore Augustin à s'abstenir de questions qui paraissaient vouloir le faire passer pour défenseur de l'erreur. Il répondait ensuite au sujet de sa traduction sur l'hébreu en expliquant la méprise d'Augustin concernant les Septante. Par un argument *ad hominem*, il lui montrait que de même que lui, Augustin, avait trouvé beaucoup de nouveau à dire sur les Psaumes, malgré la foule des commentateurs qui l'avaient précédé, Jérôme avait aussi pu trouver à rectifier, après les travaux des premiers traducteurs. Quant à Jonas, les Juifs consultés avaient dû se moquer des chrétiens, le terme hébreu ne répondant d'aucune manière à la « citrouille » des Septante. La lettre se terminait par un nouvel appel à la paix [1]. Peu de temps après, le moine Firmus quittant Bethléem pour revenir en Afrique [2], Jérôme en profita pour envoyer une lettre amicale à Augustin. Il s'excusait encore d'avoir été obligé de lui répondre et l'exhortait à éviter désormais, dans sa correspondance, les questions épineuses pour se contenter d'un échange d'affection. Une brève allusion visait ce qu'Augustin avait écrit sur Rufin et justifiait l'attitude de Jérôme. « Désormais, concluait-il, divertissons-nous l'un et l'autre dans le champ des Écritures, sans nous faire du mal [3]. »

---

[1] JÉRÔME, *Epist.* CXII = AUGUSTIN, LXXV : « Tres simul epistulas », en 404 fin (MAURISTES, VALLARSI).

[2] A en juger par la lettre ultérieure CXXXIV, ce moine Firmus, plus tard prêtre, semble avoir été l'homme d'affaires d'Eustochium. De là ses voyages en Afrique : « Sanctum presbyterum Firmum, anno praeterito, ob rem earum (Eustochium et la jeune Paula), Ravennam et inde Africam Siciliamque direximus quem putamus iam in Africae partibus commorari. » On s'explique aisément qu'il n'ait point vu Augustin pendant son séjour en 405-406 (*Epist.* CXV): « Cum a sancto fratre nostro sollicite quaererem quid ageres sospitem te laetus audivi, rursum cum tuas litteras non dico sperarem sed exigerem, nesciente te de Africa profectum esse se dixit. » Le beau-frère d'Eustochium, Pammachius, avait aussi des possessions en Afrique et, fin 401, saint Augustin lui écrit pour le féliciter de la manière dont il entend ses devoirs de propriétaire chrétien, en détournant ses colons du schisme donatiste (AUGUSTIN, *Epist.* LVIII). D'autres sénateurs catholiques étaient moins zélés.

[3] JÉRÔME, *Epist.* CXV = AUGUSTIN, LXXXI : « Cum a sancto », en 405 fin (MAURISTES), 405 (VALLARSI), 404 ou 405. Allusion à Rufin : « Sin autem amicus qui me gladio petiit stilo repulsus est, sit humanitatis tuae atque iustitiae accusantem reprehendere non respondentem. In scripturarum si placet campo sine nostro invicem dolore ludamus. »

Au reçu de cette lettre, Augustin répondit en renouvelant ses excuses pour celle où il avait parlé de la querelle avec Rufin, et en insistant sur sa bonne intention. Il revendiquait ensuite, puisque seules les Écritures canoniques ont le privilège de l'inerrance, le droit d'être en désaccord d'idées avec ses amis et de le dire, sans que le public dût y voir le signe d'une inimitié quelconque. Cela lui permettait de reprendre à fond la question du conflit entre saint Pierre et saint Paul, de réfuter les raisons alléguées par saint Jérôme et de maintenir sa propre opinion. Il n'avait aucune arrière-pensée de supplanter Jérôme dans l'opinion publique, en lui écrivant la lettre qui s'était égarée, en Italie et à Rome, avant de lui parvenir : il n'était d'ailleurs pour rien dans ce retard. Sa plaisanterie à propos de Stésichore et de la palinodie n'avait pas de signification désobligeante : simple allusion littéraire, peut-être peu opportune. Il souhaitait recevoir les avis de Jérôme, qui lui était supérieur de tant de manières, bien qu'inférieur par rapport à la dignité épiscopale. L'utilité de la version d'après l'hébreu lui apparaissait maintenant, mais cela lui laissait encore des difficultés et il lirait volontiers le traité de saint Jérôme sur la meilleure manière de traduire. D'ailleurs il était heureux d'apprendre que celui-ci avait revisé complètement les Septante. Qu'il lui fît donc parvenir un exemplaire : on verrait ainsi que si Augustin s'opposait à l'introduction de la version selon l'hébreu dans l'Église, ce n'était pas par un sentiment de jalousie à son égard, comme certains le disaient, mais pour ne pas déchaîner le désordre et par respect pour la version approuvée des Apôtres. Il tâcherait d'ailleurs que ses lettres lui fussent remises directement. Cependant avec l'affection, il souhaitait aussi la liberté de l'amitié et la franchise dans les rapports mutuels, pour se dire nettement ce que l'on pensait sans avoir à craindre de blesser. Mais par-dessus tout il tenait à conserver la charité [1].

Nous n'avons pas la réponse directe de saint Jérôme à cette

---

[1] Jérôme, *Epist.* CXVI = Augustin, LXXXII : « Iampridem caritati », fin 405 (Mauristes), 405 (Vallarsi), mieux 404 ou 405. C'était une réponse aux trois lettres CV, CXII et CXV de Jérôme et un complément de la lettre CX.

lettre. L'essentiel pourtant était assuré. Ces relations, un peu orageuses d'abord, devinrent et restèrent franchement amicales. En somme chacun gardait ses idées, et Jérôme se refusait à toute discussion; mais ni l'estime, ni l'affection réciproque ne reçurent d'atteinte et il viendrait un temps où la collaboration intellectuelle si désirée s'établirait d'elle-même pour faire front devant l'ennemi commun.

III

On a vu plus haut avec quelle vivacité saint Jérôme avait jadis répondu aux mauvais propos tenus sur son compte par celui qu'il avait si amicalement traité à Bethléem, le prêtre Vigilance. En 404, celui-ci lui fut dénoncé par un voisin de paroisse, le prêtre Riparius, comme attaquant le culte des martyrs. Sur cette simple donnée, Jérôme répondait par une invective où le « Dormitant », comme il l'appelait ironiquement, était secoué de belle façon et brièvement réfuté. Le polémiste se déclarait d'ailleurs prêt à récidiver et à compléter cette première ébauche, dès qu'il aurait entre les mains des pièces à conviction lui permettant de ne pas frapper l'air seulement, mais de diriger ses coups au bon endroit [1]. Elles lui vinrent près de deux ans plus tard avec une lettre où deux prêtres, le même Riparius et Desiderius, faisaient connaître à Jérôme, par l'intermédiaire du diacre Sisinnius, les erreurs scandaleuses propagées par leur voisin Vigilance et lui communiquaient ses écrits. Il attaquait le culte des martyrs et de leurs reliques; il protestait contre les vigiles célébrées auprès de leur tombeau, et les flambeaux qu'on y entretenait allumés; il niait l'efficacité de l'intercession des Saints après leur mort. Par ailleurs, il attaquait l'austérité de la vie chrétienne en s'élevant contre le célibat des clercs; il traitait la continence d'hérésie et de séminaire des passions. Il blâmait ceux qui distribuaient leurs biens aux pauvres tout d'une fois au lieu de les vendre peu à peu. Enfin, il détournait d'envoyer des aumônes aux moines de Pales-

---

[1] *Epist.* CIX; la date 404 est fixée par celle du traité, écrit en 406 (n. 9) : « In altera epistula quam, ante hoc ferme biennium, scripseram. »

tine, comme le saint évêque de Toulouse, Exupère, qui déléguait Sisinnius son diacre, pour y répandre d'abondantes charités.

Il est possible que les pratiques visées par Vigilance aient donné lieu à des abus, Jérôme le reconnaît; mais l'ancien pèlerin de Terre-Sainte dépassait la mesure; la plupart de ses critiques étaient aussi scandaleuses qu'erronées. Sans doute nous n'avons pas ses opuscules ni la lettre des correspondants de Jérôme, qui nous permettraient une appréciation plus objective de sa doctrine. Quelles que soient les exagérations de son adversaire, qui lui répond avec une extrême vivacité et des personnalités excessives [1], il n'est pas douteux que l'ancien « cabaretier » était dans son tort. Le traité de Jérôme, dicté en une nuit, au moment où Sisinnius allait quitter Bethléem pour l'Égypte [2], fut pour Vigilance comme un coup de massue sous lequel il resta accablé. Retiré dans sa paroisse de Barcelone, on n'entendit plus parler de lui [3].

Jérôme fait allusion dans cet ouvrage à une invective du même genre, quoique sur un sujet un peu différent, qu'il avait écrite, à la

---

[1] Les détails qui précèdent sont donnés par le traité *Contra Vigilantium* (PL, XXIII, 339-352) : la date en est fixée par le fait qu'il est en relation avec le voyage de Sisinnius visitant la Palestine en 406. Il repartit avant la fin de cette année pour l'Égypte, emportant les divers écrits de Jérôme dont il va être question et en particulier celui-ci (*Ibid.*, III ; PL, XXIII, 341, BC) : « Sed iam tempus est ut ipsius verba ponentes ad singula respondere nitamur. Fieri enim potest ut rursum malignus interpres dicat fictam a me materiam cui rhetorica disputatione respondeam, sicut illam quam scripsi ad Gallias matris et filiae inter se discordantium. Auctores sunt huius dictatiunculae meae sancti presbyteri Riparius et Desiderius, qui paroecias suas vicinia istius scribunt esse maculatas miseruntque libros per fratrem Sisinnium quos inter crapulam stertens evomuit. »

[2] *Contra Vigilantium*, XVII (PL, XXIII, 352, B) : « Unius noctis lucubratione dictavi, festinante admodum fratre Sisinnio et propter sanctorum refrigeria ad Aegyptum ire properante. »

[3] Les erreurs professées par Vigilance expliquent la sympathie particulière que lui témoignent les protestants. Ils en font volontiers un précurseur et enflent le rôle, en somme très épisodique, de cette tête brûlée du Comminge. D'après Gennadius (*Vir. ill.* XXXV ; PL, LVIII, 1078, B), Vigilance desservait la paroisse de Barcelone. L'intervention de Sisinnius ferait naturellement songer plutôt à une paroisse voisine de Toulouse et du pays natal de Vigilance. On ne peut cependant songer à Barcelone du Gers, car cette localité ne porte ce nom que depuis l'année 1315 (MONLEZUN, *Histoire de la Gascogne*, Auch, 1847, t. III, p. 80).

prière d'un clerc gaulois, sur un sujet assez délicat. Le clerc avait encore sa mère et sa sœur. Or l'une et l'autre refusaient de vivre avec lui et de vivre aussi ensemble et habitaient chacune de leur côté avec un clerc qui gérait leur fortune. C'était, on le voit, l'abus déjà ancien des agapètes, dénoncé ailleurs par Jérôme. La rhétorique dans cette pièce est si sensible et les allusions à la situation réelle des personnes visées, à la fois si vagues et si typiques, que certains contemporains y virent non pas un traité, répondant à une situation réelle, mais une sorte de déclamation dictée par saint Jérôme, pour s'exercer au beau style. La manière dont il rapporte lui-même cette opinion n'est pas absolument faite pour rendre complètement improbable cette hypothèse [1].

Le diacre d'Exupère, Sisinnius, ne rapportait pas seulement à Toulouse le traité contre Vigilance, mais diverses autres œuvres de saint Jérôme. Il y avait d'abord un certain nombre de réponses à des lettres venant soit de clercs, soit de moines, soit de pieuses femmes [2]. Une seule nous est restée, la réponse aux questions posées par les deux frères toulousains Minervius et Alexandre, anciens avocats devenus moines, qui l'interrogeaient sur le sens des mots de saint Paul: *Tous nous dormirons, mais nous ne serons point tous changés.* Surpris par le départ précipité de Sisinnius qui avait hâte de se rendre en Égypte et en Lybie pour y secourir les moines, victimes d'une famine, Jérôme dut se contenter de transcrire les diverses interprétations données par les commentateurs Théodore d'Héraclée, Diodore de Tarse, Apollinaire, Didyme, Acace de Césarée, ainsi que sur le texte analogue de la

[1] Voir page précédente, n. 1. Il s'agit de la lettre CXVII. La date *a parte post* est fixée par cette allusion du *Contra Vigilantium.* Jérôme ne précise pas davantage et la lettre ne fournit aucune donnée.

[2] *Epist.* CXIX, 1 : « In ipso profectionis articulo fratris nostri Sisinnii qui vestra mihi scripta detulerat, haec qualiacumque sunt dictare compellor...Multas sanctorum fratrum et sororum de vestra provincia ad me detulit quaestiones ad quas usque diem Epiphaniorum largissimo spatio me responsurum putabam, cumque furtivis noctium lucubratiunculis ad plerasque dictarem et expletis aliis me ad vestram quasi ad difficillimam reservarem, subito supervenit, adserens se illico profecturum cumque eum rogarem ut differret iter Lybiae mihi coepit famem obtendere etc.» — *Ibid.*, 12 : « Volens ad alias quaestiunculas respondere et vel mea vel alia dictare, extemplo a fratre Sisinnio admonitus sum ut et ad vos et ad ceteros sanctos fratres, qui nos amare dignantur, litteras scriberem. »

première aux Thessaloniciens, où est décrite la résurrection. Il fait connaître diverses opinions, notamment celle de Diodore et d'Origène, renvoyant à plus tard la réponse à d'autres questions. Sisinnius emportait aussi deux nouveaux commentaires sur les petits Prophètes, celui de Zacharie dédié à Exupère et celui de Malachie dédié à ces mêmes Minervius et Alexandre. Les commentaires étaient composés suivant la méthode des précédents : explication du texte hébreu et des Septante confrontés, d'abord au sens littéral, puis au sens typique. Les préfaces indiquent à quelle source puise l'exégète; celle à Zacharie contient en outre un magnifique éloge de la charité et du désintéressement d'Exupère: il mettait en vente jusqu'aux vases sacrés pour secourir les pauvres [1].

Il continua ce travail d'exégèse par les commentaires d'Osée, de Joël et d'Amos, dédiés tous les trois à Pammachius. Il y applique ses procédés habituels [2]. Dans la préface au livre II d'Amos, c'est comme un fragment d'autobiographie qu'il écrit, en traçant une description réaliste des incommodités de la vieillesse qu'une douloureuse maladie venait d'aggraver pour lui. Il se félicitait pourtant qu'elle lui apportât, avec l'apaisement des passions, la paix intérieure, supérieure à tous les maux d'ici-bas:

« Nombreux sont les biens et les maux qu'apporte la vieillesse. Biens, la délivrance de ces très impudentes maîtresses que sont les voluptés ; elle modère la gourmandise, brise les assauts de la luxure, accroît la sagesse, inspire des desseins plus mûris. Quant à ce qui est considéré comme maux, ce sont de fréquentes infirmités, la pituite bien ennuyeuse,... les yeux qui clignotent, la nourriture qui s'aigrit, la main parfois tremblante, les gencives privées de leurs dents qui tombent au milieu des mets. Avec cela les tortures et les élancements d'estomac, les douleurs de la goutte aux pieds et aux mains, si fréquentes et si lancinantes, telles qu'on ne peut pas tenir en main le stylet ou le calame ni aller et venir. C'est comme une

---

[1] PL, XXV, 1415-1542, pour le commentaire sur Zacharie; 1541-1578, pour celui sur Malachie. L'éloge de la préface sur Zacharie est à compléter par la lettre à Agérochia (*Epist.* CXXIII, 15) et celle à Rusticus (*Epist.* CXXV, 20). C'est celle-ci qui contient le détail sur les vases sacrés : « Nihil illo ditius qui corpus Domini canistro vimineo, sanguinem portat vitro. »

[2] PL, XXV, 815-946, commentaire sur Osée; 947-988, sur Joël; 989-1096, sur Amos, en 406.

grande partie de la vie qui semble arrachée et de nombreux membres déjà soumis à la mort. En cet état de choses, à choisir entre les maux, je supporterai plus facilement les maladies pourvu que seulement je ne sois plus aux prises avec cette insupportable maîtresse qu'est la volupté. Sans doute la vieillesse même éprouve quelquefois l'aiguillon des vices et, au dire du saint martyr Cyprien, personne n'est longtemps en sécurité, proche du mal, mais autre chose est être chatouillé, autre être accablé par les voluptés. Là, avec l'apôtre, c'est la jeunesse qui parle, connaissant les nécessités d'un corps dans sa verdeur : *Je ne fais pas le bien que j'aime et je fais le mal que je hais! Malheureux homme, qui me délivrera de ce corps de mort?* (ROM. VII, 24). Ici c'est rarement, qu'entre des cendres mortes une étincelle scintillant s'efforce de revivre, sans pouvoir provoquer d'incendie. C'est pourquoi, mon cher Pammachius, dont la tête est chenue comme la mienne, demande pour moi au Seigneur que je mérite d'avoir la sagesse pour compagne, celle dont il est écrit : *Aime-la et elle te sauvera, honore-la et elle t'embrassera* (PROV. IV, 8). »

De la même année encore, probablement, est une lettre à un riche personnage du nom de Julien, peut-être un compatriote, victime à plusieurs reprises de l'adversité. Il avait perdu sa femme et ses deux filles, puis une incursion barbare avait ruiné une grande partie de ses biens. Jérôme le console par l'exemple du saint homme Job et l'invite à marcher sur les traces de Pammachius et de Paulin, en renonçant entièrement au monde, sans se contenter de subvenir par ses aumônes aux nécessités des moines disséminés à travers les îles de la Dalmatie. C'était le frère même de Julien, un jeune officier, Ausonius, qui rapportait cette réponse [1].

L'année suivante, du fond des Gaules, vint le visiter un moine Apodemius, chargé de missives envoyées à Jérôme de la région bordelaise. Il y avait, en particulier, un petit mémoire d'une noble dame Hédybia, qui comptait, parmi ses proches aïeux, deux littérateurs célèbres, Patera professeur de rhétorique à Rome sous Constantin, et Delphidius dont la renommée littéraire remplissait la Gaule quand Jérôme était encore enfant [2]. Elle lui posait

[1] *Epist.* CXVIII : postérieure à la conversion monastique de saint Paulin de Nole et de Pammachius. Vallarsi la rapporte à cette année 406, à cause des allusions aux incursions barbares, où il voit visée celle de Rhadagaise en 405.

[2] *Epist.* CXX, préface : « Maiores tui Patera atque Delphidius, quorum alter antequam ego nascerer, rhetoricam Romae docuit, alter me iam adulescentulo,

un certain nombre de questions, sur différentes pages de l'Évangile, concernant la Passion, la Résurrection, la descente du Saint-Esprit, puis sur les épîtres de saint Paul, mais tout d'abord lui demandait conseil pour vivre selon la perfection, dans un veuvage qui la laissait sans époux et sans enfant. Jérôme s'excuse modestement d'avoir si peu de titres littéraires pour se présenter à elle, mais la science des Écritures n'a pas besoin des ornements de la rhétorique : il répondra donc simplement et brièvement aux questions posées. Une autre dame, Algasia, par le même Apodemius, lui faisait tenir un mémoire semblable contenant onze difficultés, tirées elles aussi des Évangiles et des Épîtres. Jérôme tout en la renvoyant au prêtre Alethius qui, dans sa propre ville, peut l'éclairer de vive voix, lui adresse une réponse complète [1].

Entre-temps il poursuivait activement la série des commentaires. Les petits Prophètes étant terminés, il passe aux grands et tout d'abord commente Daniel [2] avec une méthode un peu nouvelle, insistant sur les points difficiles et passant rapidement sur les autres. L'importance de Daniel était, à ses yeux, capitale, aucun prophète n'ayant prédit le Christ d'une manière plus nette, et aucun n'ayant été plus attaqué. Porphyre lui avait consacré une attention spéciale. Jérôme cite largement les auteurs qui lui ont répondu, à propos de la vision et des semaines d'années. Dans la préface, il justifie de nouveau l'omission des parties que l'hébreu ne possède pas : les récits sur Susanne, le dragon, les enfants dans la fournaise, et rappelle que ce n'est pas aux Sep-

---

omnes Gallias prosa versuque suo illustravit ingenio. » Sur les deux, voir SCHANZ, § 842 fin, t. IV, 1, p. 187. Les lettres CXX et CXXI sont postérieures au commentaire sur Amos écrit en 406.

[1] *Epist.* CXXI, écrite avant la précédente, mais portée par le même courrier (*Hieronymiana*, II, dans BLE, 1921, p. 150-151). Préface : « Habes ibi sanctum virum Alethium presbyterum qui viva, ut aiunt, voce et prudenti disertoque sermone possit solvere quae requiris. » Cet Alethius, correspondant de saint Paulin de Nole, devint évêque de Cahors.

[2] Il devait s'en occuper dès 398, sur la demande de Paulin de Nole, mais la traduction du *Periarchon* et les incidents qui suivirent l'en détournèrent (*Epist.* LXXXV, 3). Le commentaire (PL, XXV, 491-584) est dédié aux deux cousins Pammachius et Marcella. Il est postérieur à celui sur Amos (406) et antérieur de quelques mois à la mort de Stilicon (août 408).

tante, mais à Théodotion que le texte de la Vulgate est emprunté.

Avec Isaïe [1], Jérôme revient à sa manière ordinaire, au commentaire détaillé, expliquant à la fois le texte hébreu et les Septante, d'après le sens littéral et la tropologie [2]. Depuis longtemps il avait promis ce commentaire à Paula. Il l'offre maintenant à ses enfants, Eustochium et Pammachius. Il le composera avec un soin particulier parce qu'à lui seul ce livre contient toute l'histoire du Sauveur, depuis sa naissance jusqu'à sa résurrection et à la conversion du monde. Isaïe est à la fois prophète, évangéliste et apôtre. Si détaillés que soient les commentaires, ils sont loin d'épuiser le sens mystérieux de ses prophéties. Celui-ci est le plus long ouvrage de ce genre qu'ait écrit saint Jérôme. Il comprend dix-huit livres, chacun précédé d'une courte préface pour faciliter leur distinction. Mais ces livres sont d'étendue inégale, car autant que possible, l'auteur cherche à traiter une même vision en un seul et même livre pour ne pas en interrompre l'explication. Cependant comme, plus de dix ans auparavant, il avait composé pour l'évêque Amabilis un commentaire littéral des dix grandes visions d'Isaïe sur les cités [3], il l'insère sous la forme d'un livre complet, le cinquième, dans son nouveau travail et donne à part, dans les deux suivants, le commentaire allégorique qui y correspond. De temps en temps, au cours de ses préfaces, il fait allusion à ses adversaires et particulièrement à Rufin, « le scorpion » ou « Luscius Lavinius », dont on lui a dit qu'il attaquait son commentaire sur Daniel [4]. La mort de Stilicon (août 408) vint à point pour le délivrer de certaines difficultés, que son interprétation de la vision de la statue, appliquée par lui à l'empire romain, avait fait naître [5]. Au cours de ce travail, plusieurs fois

[1] PL, XXIV, 17-678.

[2] C'est sur la demande même des lecteurs qu'il développe plus longuement. Son commentaire sur Daniel avait quelque peu déconcerté par sa brièveté.

[3] Voir *supra*, p. 188. Le commentaire sur Isaïe est commencé immédiatement après celui sur Daniel, donc en 407 ou 408. Il est antérieur à la prise de Rome par Alaric (préface au commentaire sur Ézéchiel). Le texte du livre III (PL, XXIV, 9, C) : « ante annos circiter triginta... » au sujet de la lettre XVIII, confirme ces données (379-408).

[4] Préface au livre X (PL, XXIV, 349-351), et au livre XII (*Ibid*. 409-412).

[5] Préface au livre XII (*Ibid*. 377-378).

interrompu, Jérôme est tombé malade. La guérison survenue lui apparaît une invitation divine à poursuivre activement son œuvre jusqu'au terme [1]. On ne peut lire sans émotion les confidences discrètes de ce vieillard infatigable au travail :

« Le Seigneur qui *regarde la terre et la fait trembler*, *qui touche les montagnes et les fait fumer* (Ps. CIX, 32), qui, dans le Deutéronome (XXXII, 39) déclare : *C'est moi qui mettrai à mort et moi qui vivifierai ; je frapperai et je guérirai*, par de fréquentes maladies fait trembler aussi ma propre terre, à laquelle il a été dit : *Tu es terre et tu iras à la terre* (Gen. III, 19). Comme j'oublie ma condition d'homme, il m'avertit souvent d'avoir à reconnaître que je suis homme et vieux et pas éloigné de la mort. C'est à ce sujet qu'il est écrit : *Pourquoi se glorifie-t-elle la terre et la poussière ?* (Eccl. X, 92). Aussi lui qui m'avait frappé subitement de langueur m'a guéri avec une incroyable rapidité. Il voulait m'effrayer plutôt que m'accabler, me corriger plutôt que me flageller. Sachant donc à qui appartient tout ce que j'ai de vie et que, peut-être, ma dormition est différée pour l'achèvement de mon travail sur les Prophètes, je me livre tout entier à cette étude et, comme du haut d'un observatoire, je contemple les tourbillons et les naufrages de ce monde, non sans douleur ni gémissement, n'arrêtant pas ma pensée au présent, mais à l'avenir, ne redoutant point l'opinion des hommes et leurs vains bruits, mais le jugement de Dieu. Toi, vierge du Christ, Eustochium, qui pendant ma maladie m'as assisté de tes prières, maintenant que je suis guéri, obtiens-moi encore la grâce du Christ, pour que le même esprit qui a dévoilé aux Prophètes l'avenir, me fasse entrer dans leur nuée obscure et connaître la parole de Dieu, sensible non aux oreilles de chair, mais à celles du cœur. »

Saint Jérôme se remet donc avec ardeur au commentaire d'Isaïe. Au cours des nouvelles préfaces, il défend ses idées bien connues sur la valeur relative des Septante [2]. Il termine par l'exposé des diverses opinions sur le millénarisme, qu'il ne se lasse pas de rejeter énergiquement [3].

La lettre CXXIV ramène pour un instant à la controverse origéniste. La traduction faite par Jérôme du *Periarchon* avait été,

[1] Préface au livre XIV (PL, XXIV, 477) ; voir encore livre IX (*Ibid.* 313-314).

[2] Préface au livre XV (*Ibid.* 513-514), et au livre XVI (547-548), où il résout une difficulté d'Eustochium à propos du psaume XIII et d'un passage analogue de l'épître aux Romains.

[3] Préface au livre XVIII (*Ibid.* 627-628). La réfutation du millénarisme est le thème du commentaire de ce livre, bien qu'il y ait déjà touché auparavant.

sans son aveu, éditée furtivement, avec des erreurs si grossières, un désordre tel dans la suite du texte et des fautes si nombreuses, qu'elle en était incompréhensible. Avitus lui ayant demandé un exemplaire correct, Jérôme le lui envoie en l'accompagnant de cette lettre destinée à servir d'introduction et d'avertissement, pour que la lecture du livre ne soit point funeste [1]. Ce n'est pas autre chose en effet qu'un relevé minutieux livre par livre et chapitre par chapitre des passages critiquables. En le terminant, Jérôme proteste une fois de plus contre la traduction de Rufin, qui s'est contenté de modifier le texte en ce qui concerne la Trinité et a laissé le reste intact. Qui donc voudra lire le *Periarchon*, « qu'il se chausse avant d'entrer dans la terre promise pour éviter d'être mordu par les serpents et frappé par la blessure en arc du scorpion; qu'il lise d'abord ce livre et avant de se mettre en route il saura ce qu'il doit éviter. »

IV

Mais depuis longtemps, des préoccupations singulièrement plus actuelles et plus poignantes le torturaient. Déjà il les avait manifestées, lorsqu'à la prière d'Hédybia, il correspondait avec Rusticus [2]. Celui-ci, après avoir voué la continence avec sa femme Artémia, était revenu sur sa parole. Jérôme lui tresse, comme il dit, au sujet de la pénitence, une couronne de textes scripturaires, qu'il l'invite à mettre sur sa tête. Il lui recommande d'imiter sa femme, en venant à son tour visiter les Saints-Lieux. Sera-t-il insensible à la leçon de détachement que les incursions des barbares lui mettent sous les yeux ? Tant de ruines, de villes détrui-

[1] *Epist.* CXXIV, 1, dix ans après la traduction du *Periarchon* : « Ante annos circiter decem », ce qui reporte à 409. Il explique (*Ibid.*, 1) comment un ami trop zélé s'étant fait prêter le manuscrit de Pammachius, le fit transcrire en hâte, et l'édita tout criblé de fautes. La version hiéronymienne ayant disparu, les fragments qui en sont ici conservés sont extrêmement précieux pour reconstituer la teneur originale du livre des *Principes*.

[2] *Epist.* CXXII, en 407, à cause de la mention d'une lettre d'Hédybia apportée sans doute par Apodemius et des allusions aux ruines accumulées en Gaule par l'invasion vandale, fin 406. — Dès 396, l'éloge funèbre de Népotien (*Epist.* LX) contient une lamentation (n. 15-16) sur la dévastation de l'empire.

tes, d'amis et de concitoyens massacrés ne lui parlent-ils pas assez haut? Telle est la pensée qui le hante maintenant. Telles les graves leçons qu'il rappelle, un peu plus tard [1], à une jeune veuve Agérochia, pour la détourner des secondes noces, à l'exemple d'autres femmes de sa propre famille, sa grand'mère Métronia, veuve pendant quarante ans, sa mère Bénigna, depuis quatorze, sa tante paternelle depuis vingt. Il lui peint le tableau le plus sombre de la désolation de l'empire et dévoile par là-même à quel point son âme en était oppressée : il désespérerait si depuis longtemps son cœur n'était fixé en Dieu :

« Nous survivons en petit nombre: ce n'est point dû à nos mérites, mais à la miséricorde du Seigneur. Des nations innombrables et très féroces ont occupé l'ensemble des Gaules. Tout ce qu'il y a entre les Alpes et les Pyrénées, tout ce que limitent l'Océan et le Rhin est dévasté par le Quade, le Vandale, le Sarmate, les Alains, les Gépides, les Hérules, les Saxons, les Burgondes, les Alamans et, ô malheureuse république! les Pannoniens devenus ennemis, car *Assur aussi est venu avec eux* (Ps. LXXXII, 9). Mayence cité jadis illustre a été prise et saccagée et dans son église des milliers d'hommes ont été massacrés; les Vangiens [2] ont été réduits par un long siège, la ville si puissante de Reims, Amiens, Arras, les plus reculés des hommes, les Morins [3], Tournai, les Némètes, Strasbourg ont été transportés en Germanie. Les Aquitains et la Novempopulanie, la Lyonnaise et la Narbonnaise, sauf un petit nombre de villes, sont complètement ravagés. Celles-ci aussi, au dehors le glaive, au dedans la faim les dévaste. Je ne puis sans larmes mentionner Toulouse, dont la ruine n'a jusqu'ici été empêchée que par le

---

[1] *Epist.* CXIII. M. Hilberg a cru devoir restituer sous la forme *Geruchia* le vrai nom de la correspondante de saint Jérôme, lu jusqu'à lui *Ageruchia* ou *Agerochia* (CSEL, t. LVI, p. 72, apparat critique, où il fait remarquer qu'une erreur semblable a substitué dans quelques manuscrits au nom de *Laeta* celui d'*Aleta* ou d'*Athleta*). L'épître elle-même, comme il le signale (n. 1, *ibid.*, p. 73, l. 2) justifie ce nom par une sorte d'étymologie : « Quae quodam vaticinio futurorum ac Dei providentis auxilio nomen accepit. » Cependant la leçon *Ageruchia* donnée par tous les manuscrits que cite M. Hilberg, sauf un, est plus justifiée, en particulier sous la forme *Agerochia* (dans certains manuscrits) qui se rattache directement à l'adjectif ἀγέρωχος et répond ainsi à l'étymologie rappelée par saint Jérôme; voir l'apparat critique aux divers passages où est exprimé le nom de la jeune veuve. Cette forme a l'avantage de se rapporter à un mot déjà existant. Je ne trouve pas signalé d'adjectif γεροῦχος. La lettre, par ses allusions au sort de Rome, qui a dû se racheter à prix d'or, se date elle-même de 409 (n. 17).

[2] Le territoire actuel de Worms.

[3] Les Morins : Nord et Pas-de-Calais; les Némètes : Spire.

mérite de son saint évêque Exupère. Les Espagnes elles-mêmes, voyant venir à leur tour la mort, sont quotidiennement en proie à la terreur, se rappelant l'invasion des Cimbres. Ce que les autres ont souffert en une fois, elles, par l'appréhension, le souffrent continuellement. Je laisse le reste pour ne point paraître désespérer de la clémence divine. Jadis du Pont-Euxin aux Alpes Juliennes, notre bien n'était plus à nous et pendant trente ans, la barrière du Danube brisée, en pleines régions de l'empire romain, on se livrait bataille. La durée avait séché les larmes. Sauf quelques vieillards, les autres, nés pendant la captivité ou le siège, ne regrettaient point l'inconnue qu'était pour eux la liberté. Mais qui croirait et quelle histoire raconterait dignement que Rome, sur son propre sol, ne lutte plus pour sa gloire, mais pour son salut; hélas ! ne lutte même plus, mais, au prix de son or et de tous ses ornements, rachète sa vie [1] ? »

La lamentation continue pour se terminer par cette adjuration :

« Réponds-moi, très chère fille dans le Christ : c'est dans ces circonstances que tu épouseras ? que tu prendras un mari ? Ce sera sans doute ou un fuyard ou un combattant; tu saisis la conséquence de l'un et de l'autre. Au lieu du chant fescennin, le son terrible et rauque de la trompette éclatera. Les filles d'honneur seront peut-être tout en deuil. Quelles commodités de la vie, quand tu auras perdu les revenus de tes domaines, quand tu verras ta petite famille dépérir par la faim et la maladie ! Mais non, tu n'as point ces sentiments; je ne puis avoir cette idée fâcheuse de celle qui a consacré son âme au Seigneur [2]. »

Quand il écrivait à Agérochia, saint Jérôme ne se doutait pas que le désastre un moment écarté allait fondre sur Rome trahie; qu'elle serait violée par les troupes d'Alaric, ses trésors pillés, ses monuments détruits, ses habitants en partie massacrés ou livrés à tous les caprices de la soldatesque. Beaucoup de chrétiens et de chrétiennes avaient pu fuir à temps en Sicile, en Afrique, en Orient, où chaque jour, par troupes, ils se présentaient dénués de tout. Jérôme, Eustochium, tous les frères se prodiguaient pour leur assurer les consolations et les secours de la charité [3]. D'autres étaient restés à Rome; de ce nombre Marcella qui, intrépidement, avait fait front aux envahisseurs, et par sa force d'âme

---

[1] *Epist.* CXXIII, 15-16.

[2] *Epist.* CXXIII, 17.

[3] Préface au livre III du *Comm. in Ezech.* (PL, XXV, 75-76), au livre VII (*Ibid.* 199).

imposé sa volonté. Au barbare cupide qui lui demandait son or, elle montrait ses pauvres habits de moniale, indices de sa pauvreté volontaire. Rouée de coups de bâton, elle demeurait impassible, uniquement soucieuse d'arracher au déshonneur sa compagne plus jeune, la vierge Principia. A force de supplications, elle obtint de la conduire elle-même jusqu'à la basilique de saint Paul, que les pillards avaient désignée, avec d'autres églises, comme lieu de refuge et promis de respecter.

Ces dernières épreuves eurent raison de ses forces. Quelques mois après, brusquement, en pleine santé apparente, sans secousse, souriante parmi les pleurs et les baisers de sa fille d'adoption, elle s'endormit dans le Seigneur. Vers le même temps, son cousin Pammachius quittait lui aussi ce monde. Parmi les victimes directes de l'occupation, plusieurs étaient personnellement connues de Jérôme [1]. Ces nouvelles lui survenaient coup sur coup. Elles s'ajoutaient aux émotions que lui donnait la vue de tant de personnes réduites subitement de la richesse et de l'aisance au dénuement le plus pitoyable. Parfois on leur disputait encore le prix des quelques hardes qu'elles avaient emportées ! Ces épreuves, plus encore la défaite de l'empire, l'humiliation subie par Rome, la maîtresse du monde, écrasée par le barbare vainqueur, tout cela pendant quelque temps accabla son âme et lui fit tomber la plume des mains [2]. Il finit par réagir

[1] *Epist.* CXXVII, 13-14. Le texte d'Hilberg adopte, d'après les manuscrits, une variante importante : « Post aliquot *menses*, sana, integra, vegetoque corpusculo, dormivit in Domino. » Les éditions antérieures lisaient : « post aliquot *dies* ». *Comm. in Ezech.* I (PL, XXV, 15) : « Et ecce subito mors mihi Pammachii atque Marcellae, Romanae urbis obsidio multorumque fratrum et sororum dormitio nuntiata est. » Il résulte de la comparaison de ces deux textes que le dernier ne suit pas l'ordre chronologique.

[2] *Epist.* CXXVI, 2 et CXXVII, 1 ; Préface aux livres I, III et VII du *Comm. in Ezech.* (PL, XXV, 15-17 ; 75-76 et 199) ; cfr *ibid.* 16-17 : « Ad Ezechiel quod tibi et sanctae memoriae matri tuae Paulae, o virgo Christi Eustochium, saepe pollicitus sum, transire cupiebam et extremam, ut dicitur, manum operi imponere prophetali, et ecce subito mors mihi Pammachii atque Marcellae, Romanae urbis obsidio multorumque fratrum et sororum dormitio nuntiata est. Atque ita consternatus obstupui ut nihil aliud, diebus ac noctibus, nisi de salute omnium cogitarem meque in captivitate sanctorum putarem esse captivum nec possem prius ora reserare nisi aliquid certius discerem, dum inter spem et desperationem sollicitus pendeo aliorumque malis me crucio. Postquam vero clarissimum terrarum

contre cette torpeur, surtout quand la mort de Rufin, survenue sur ces entrefaites, l'eut comme délivré d'un horrible cauchemar : « Il n'avait plus à craindre les embûches des hérétiques; il pourrait maintenant, en toute sécurité, se consacrer aux travaux scripturaires [1]. » Il se remit donc au travail en adoptant pour Ézéchiel la même méthode que pour Isaïe. Après une alerte, provoquée par une incursion des barbares, survenue lorsqu'il achevait le troisième livre [2], il poursuivit sans se décourager les quatorze livres de commentaires consacrés à cette prophétie obscure et pour laquelle, en ce qui concernait du moins le temple symbolique, décrit par le Prophète, il ne se connaissait pas de prédécesseur [3].

Le travail était bien lourd parfois. Les journées étaient absorbées par le soin des pèlerins, par l'exercice de la charité auprès

---

omnium lumen exstinctum est, immo Romani imperii truncatum caput et, ut verius dicam, in una urbe totus orbis interiit, obmutui et humiliatus sum... »

[1] *Comm. in Ezech.* I (PL, XXV, 16-17, A) : « Verum quia et tu indesinenter hoc flagitas et magno vulneri cicatrix paulatim obducitur scorpiusque inter Enceladum et Porphyrium Trinacriae humo premitur et hydra multorum capitum contra nos aliquando sibilare cessavit, datumque tempus quo non haereticorum respondere insidiis sed scripturarum expositioni incumbere debeamus, aggrediar Ezechielem prophetam. » Le texte sur Ézéchiel (PL, XXV, 15-17, A) rapproché de la lettre CXXVII, 14, et de CXXVI, 2, indique nettement qu'il faut placer la mort de Rufin en 411, et non en 409 ou 410, quelque temps après la mort de Marcella, survenue elle-même cette année. Cfr *supra*, p. 282.

[2] Cela résulte de la lettre CXXVI, 2. Le commentaire sur Ézéchiel, commencé avant la prise de Rome, fut interrompu : « in ipso dictandi exordio, ita animus meus Occidentalium provinciarum et maxime urbis Romae vastatione confusus est, ut, iuxta vulgare proverbium, proprium quoque ignorarem vocabulum diuque tacui sciens tempus esse lacrimarum. » Il fut repris l'année où une invasion se produisit en Orient, qui obligea Jérôme à interrompre de nouveau, après le troisième livre (les préfaces ne font point allusion à cette invasion. La seule interruption dont il est parlé se trouve mentionnée dans la préface du livre III et non dans celle du livre IV, où cette mention aurait naturellement sa place) : « Hoc anno autem cum tres explicassem libros subitus impetus barbarorum... sic Aegypti limitem, Palaestinae, Phoenicis, Syriae percucurrit, ad instar torrentis cuncta secum trahens, ut vix manus eorum misericordia Christi potuerimus evadere. » Il s'agit de l'année 411.

[3] Préface au livre XI du *Comm. in Ezech.* (PL, XXV, 325, C) : « Diu mihi erit multumque dubitandum utrum ad spirituale templum debeam mittere manus an aperte ignorantiam confiteri, praesertim cum et apud iudaeos et apud nos super interpretatione eius grande silentium sit. » — Préface au livre XII (*Ibid.* 369, C) : « Trepidationem meam in explanatione templi Ezechiel immo tacendi perseverantiam, tuae, filia Eustochium, preces et Domini promissa superarunt. »

des fugitifs qui ne cessaient d'accourir, sur cette terre hospitalière, loin de l'Occident ravagé. Il lui fallait alors prendre sur ses nuits pour continuer la tâche [1]. Mais là encore quelles difficultés ! Il se faisait vieux; les forces baissaient, la vue s'affaiblissait comme jadis pour Isaac; ses paupières clignotaient et ne lui permettaient plus de lire aussi commodément qu'autrefois. La nuit il ne pouvait distinguer les caractères hébreux; le jour, leur petitesse les rendait de plus en plus insaisissables à ses yeux fatigués. Les frères lui faisaient la lecture des commentateurs grecs et lui-même dictait à un secrétaire. Mauvaises conditions que tout cela pour écrire l'œuvre parfaite qu'il aurait désirée [2] ! La disparition de l'hydre rufinienne lui avait fait espérer le repos, mais elle poussait des rejetons. Les aboiements de Scylla se faisaient de nouveau entendre et venaient le troubler encore [3]. Il hésita un moment à commenter la dernière partie de la prophétie pour laquelle il était sans guide; mais les encouragements d'Eustochium triomphèrent de ses hésitations, si bien que, le commentaire

[1] Préface au livre III (*Ibid.* 75, D) : « Quis crederet... ut tota Orientis, Aegypti, Africae littora olim dominatricis urbis servorum et ancillarum numero complerentur, ut cottidie sancta Bethleem, nobiles quondam utriusque sexus atque omnibus divitiis affluentes susciperet mendicantes ? Quibus quoniam opem ferre non possumus condolemus et lacrimas lacrimis iungimus occupatique sancti operis sarcina, dum sine gemitu confluentes videre non patimur, explanationes in Ezechiel et paene omne studium omisimus... Unde rursus a te commoniti, o virgo Christi Eustochium, intermissum laborem repetimus. » — Au livre VII (*Ibid.* 199, A) : « Fateor me explanationes in Ezechiel multo ante tempore promisisse et occupatione de toto huc orbe venientium implere non posse, dum nulla hora nullumque momentum est, in quo non fratrum occurramus turbis et monasterii solitudinem hospitum frequentia commutamus, in tantum ut aut claudendum sit nobis ostium aut Scripturarum, per quas aperiendae sunt fores, studia relinquenda. Itaque lucrativis, immo furtivis noctium horis, quae, hieme propinquante, longiores esse coeperunt haec ad lucernulam, qualiacumque sunt, dictare conamur et aestuantis animi taedium interpretatione digerere. Nec iactamus, ut quidam forsitan suspicantur, fratrum susceptionem sed morarum causas simpliciter confitemur, praesertim cum Occidentalium fuga et sanctorum locorum constipatio nuditate atque vulneribus indigentium rabiem praeferat barbarorum. Quod absque lacrimis et gemitu videre non possumus, illam quondam potentiam et ignorationem divitiarum ad tantam inopiam pervenisse ut tecto et cibo et vestimento indigeat et tamen nequaquam duri quorumdam atque crudeles animi molliuntur dum pannulos eorum et sarcinulas discutiunt, aurum in captivitate quaerentes. »

[2] Préface au livre VII (PL, XXV, 199, B C).

[3] Préface au livre VI (*Ibid.* 165-167).

d'Ézéchiel touchant à sa fin, il annonça qu'il aborderait celui de Jérémie, le dernier des Prophètes qui lui restait à traiter [1].

Les lettres de cette époque sont assez rares et forment de véritables opuscules. Au moine Rusticus, Jérôme adresse tout un programme de vie monastique recommandant la fuite des occasions et des fréquentations féminines, la vie en commun dans un monastère plutôt que la solitude, l'étude qu'il faut prolonger avant de passer à l'enseignement et à la composition. Il le met en garde contre les flatteurs et l'exhorte à la grande vertu monastique qui est le détachement [2]. Marcellinus et sa femme Anapsychia, à qui il avait fréquemment écrit déjà, l'ayant consulté sur le problème de l'origine de l'âme, Jérôme énumère brièvement les opinions diverses et les renvoie à saint Augustin pour une explication plus complète [3]. Il était alors en plein travail du commentaire d'Ézéchiel et rappelle les tribulations par lesquelles la Palestine et ses habitants viennent de passer, tous les pays circonvoisins ayant été en proie à l'invasion. Elle l'avait obligé à s'arrêter après le troisième livre. Comme cependant il a déjà envoyé les deux premiers à Fabiola, ils pourront les lui emprunter et juger par eux de tout l'ouvrage qu'il espère conduire à sa fin malgré de particulières difficultés. Oceanus est à même de les guider directement dans leurs recherches scripturaires; ils en obtiendront une réponse pareille à celle que donnerait Jérôme.

---

[1] Préface au livre XI (PL, XXV, 325-326); au livre XII (369-370); au livre XIII (405-410); au livre XIV (447-448): « Quartus decimus liber est, quem si, orante te, virgo Christi Eustochium, ad finem usque perduxero et Dominus vitae huius concesserit spatium, transibo ad Hieremiam qui unus nobis remanet prophetarum. »

[2] *Epist.* CXV. Ce jeune homme est distinct du Rusticus, mari d'Artémia, à qui est adressée la lettre CXXII. On l'identifie avec Rusticus, évêque de Narbonne au temps de saint Léon. Il serait dans ce cas mort en 461, à plus de quatre-vingts ans. On lui fait habiter Toulouse, à cause de la mention de l'évêque Exupère (*Epist.* CXXV, 20) : « Huius e vicino sectare vestigia et ceterorum qui virtutem illius similes sunt. » Mais l'expression signifie suivre de près ou en tout cas désigne seulement un voisinage assez relatif, car là-même, il est question du « pontificem Proculum », l'évêque de Marseille, dont il est dit : « Habes ibi sanctum doctissimumque pontificem Proculum qui viva et praesenti voce nostras schedulas superet cotidianisque tractatibus iter tuum dirigat. » Si Rusticus habitait Toulouse ou était de Toulouse, saint Jérôme n'écrirait pas sans doute : « Sanctus Exsuperius Tolosae episcopus », mais « tuae civitatis » ou quelque autre expression analogue. La lettre suppose Rufin déjà mort (n. 18). Elle est de 411 ou plutôt de 412.

[3] *Epist.* CXXVI, en 411.

C'est avec une satisfaction intime mêlée de tristesse qu'il répondit, en 413, à l'appel de Principia, l'invitant à composer l'éloge funèbre de Marcella [1]. Avec quelle complaisance il dessine les traits de cette chère physionomie, revit les lointaines années passées près d'elle sur le mont Aventin, les débuts de la vie monastique et de l'enseignement scripturaire à Rome. Ce sont ensuite les luttes de Marcella contre l'origénisme et ses interventions victorieuses auprès du pape Anastase pour obtenir la condamnation du livre altéré par le scorpion, puis l'épreuve finale, la prise de Rome par Alaric, le courage et la joie de la sainte femme parvenant à mettre à l'abri Principia dans la basilique de saint Paul, sa mort joyeuse, sans maladie, dans la paix d'une bonne conscience et l'espoir de la récompense céleste.

Bien qu'il y aspire lui aussi, les années qui s'accumulent n'ôtent rien à la vivacité de ses impressions et à la variété de son talent. Il en donne une nouvelle preuve dans sa lettre à Gaudentius [2] où, reprenant le même sujet que dans l'épître à Laeta, mais en tempérant quelque peu l'austérité de sa direction, il expose comment il faut s'y prendre pour élever la jeune Pacatula, vouée à Dieu elle aussi dès sa naissance. Ce n'est pas sans une surprise agréable qu'on le voit insister sur la modération, sur cette discrétion, que recommandera plus tard saint Benoît à ses moines, et qui seule, proportionnant à chaque âge le fardeau qu'il doit porter, permet de servir Dieu avec les forces requises et dans la joie. Une longue dissertation explique à Dardanus [3], deux fois préfet du prétoire, quelle est la véritable terre de promission, la Jérusalem céleste d'où les Juifs sont exclus à cause de leur parricide, entraînant le châtiment qui dès ce monde les a frappés.

---

[1] *Epist.* CXXVII, en 413.

[2] *Epist.* CXXVIII, sur Pacatula, après 410; en 413, assez vraisemblablement d'après Vallarsi; cfr *Epist.* CXXVIII, 5 : « Urbs inclita et romani imperii caput una hausta est incendio. Nulla regio quae non exsules eius habeat. »

[3] *Epist.* CXXIX. La première préfecture est de 409, la seconde de 413; cfr la lettre CXXIX, 8 : « Haec tibi, vir eruditissime, ex duplicis praefecturae honore transacto, nunc in Christo honoratior. » La lettre est déjà mentionnée dans le commentaire sur Jérémie, I, 59 (édit. Reiter, p. 47; PL, XXIV, 704, A): « Edidi nuper parvum libellum de terra repromissionis. » La lettre est donc de 414, au plus tôt.

Un prêtre du nom de Cyprien était venu le voir et avait joui quelques jours de son amitié. A peine éloigné, il écrivit à Jérôme pour en avoir un nouveau gage et lui demanda de commenter à son intention le Psaume LXXXIX : *Domine, refugium factus es nobis*. Jérôme se mit de bonne grâce à la besogne et, selon sa méthode, comparant les diverses versions, mit en relief avec le sens original, les leçons spirituelles et les pieux sentiments exprimés par le texte. Il complétait ainsi la série des homélies et des *tractatus* sur les Psaumes, dont il avait abordé l'étude depuis plus de trente ans [1].

Enfin un événement, qui rappelait le jour lointain où Eustochium s'était donnée à Dieu, lui donna l'occasion de revenir encore une fois sur les enseignements concernant la virginité et la vie religieuse. Démétriade, de la famille illustre des Anicii, fille du consul Olybrius et de Juliana, petite-fille de Proba, venait de se décider à se vouer à Dieu. Sa mère et son aïeule approuvèrent la résolution et s'adressèrent aux écrivains chrétiens les plus connus pour les prier d'aider la jeune fille de leurs conseils [2]. Jérôme était du nombre. Il composa donc un nouveau traité [3] où, après avoir magnifiquement célébré la générosité de la jeune vierge, il lui rappelait la nécessité de la persévérance, la mettait en garde contre les tentations et les illusions diaboliques, lui recommandait l'étude des Ecritures, le jeûne, l'obéissance, l'austérité de la tenue, le choix sévère des compagnes, le détachement, sans lesquels elle ne réaliserait pas toute la beauté de la vie qu'elle voulait consacrer au céleste Époux.

---

[1] *Epist.* CXL, en 414 ou 415, début.

[2] Augustin, le pape Innocent I, Jérôme, Pélage.

[3] *Epist.* CXXX, en 414, après la mort d'Heraclianus (août 413), au moment où il écrivait le passage du commentaire sur Ézéchiel concernant le temple (PL, XXI, 396-398, ou plutôt 401, C-403), trente ans environ après la lettre XXII à Eustochium (*Epist.* CXXX, 2 et 19). Démétriade mourut sous le pontificat du pape saint Léon (*Liber Pontificalis*, notice XLVII, sur saint Léon; édit. DUCHESNE, t. I, p. 238 et 531) : « Huius temporibus fecit Demetria ancilla Dei basilicam sancto Stephano, via latina, miliario III, in praedio suo. » Sur cette église découverte en 1858 et sur l'inscription confirmant cette fondation, voir DUCHESNE (*Ibid.*, p. 239 et 531) : « Cum mundum linquens Demetrias Amnia virgo, etc. »; GRISAR, *Histoire de Rome et des papes au Moyen Age*, chapitre V, n. 40, et XII, n. 244 (Paris, 1906, t. I, p. 53 et 343).

CHAPITRE II

LA LUTTE CONTRE LE PÉLAGIANISME
LES DERNIERS JOURS
(414-419)

I. Orose à Bethléem; la lettre à Ctésiphon et le *Dialogue* contre les Pélagiens. — II. La vengeance des Pélagiens. Jérôme persécuté. — III. La mort d'Eustochium. Les dernières lettres et la mort.

I

Au nombre de ces conseillers de la jeune vierge [1], se trouvait un moine dont la personne et la doctrine [2] attiraient l'attention depuis quelques années. Il allait devenir l'adversaire dont Jérôme ne cesserait de s'occuper. Le breton Pélage, ressuscitant l'erreur stoïcienne sur le pouvoir des forces naturelles pour le bien, affirmait leur suffisance entière pour le salut. Il n'y avait qu'à le vouloir pour échapper au péché; la grâce n'était point nécessaire et d'ailleurs désignait moins un secours particulier de Dieu que l'ensemble de ses dons. A la suite du prêtre Rufin, qui avait été moine au monastère de Jérôme, puis hôte de Pammachius, il niait l'existence du péché originel. Par l'exaltation de la volonté libre et par sa haute tenue morale, le système apparaissait généreux et séduisant. Il était plein d'équivoques et il n'était pas aisé d'en reconnaître au premier abord l'opposition avec le dogme chrétien. Aussi se répandit-il, pendant plusieurs années, sans éveiller l'attention. Augustin fut des premiers et des plus ardents à le démasquer et à le combattre. Lors de l'invasion d'Alaric, Pélage quitta Rome pour l'Afrique, puis gagna l'Orient où se rendaient aussi son principal auxiliaire Célestius et quelques-uns

---

[1] La lettre de Pélage est dans PL, XXXIII, 1099-1120.

[2] Voir Hefele-Leclercq, *Histoire des conciles*, t. II, § 118, p. 168 et suiv.; Portalié, art. *Augustin*, dans DTC, t. I, 2280 et suiv.

de ses disciples les plus actifs. A Jérusalem il obtint toute la confiance de l'évêque Jean. Mais Augustin ne le perdait pas de vue. En 415 un jeune prêtre, originaire d'Espagne, passait en Afrique, pour consulter l'évêque d'Hippone sur un certain nombre de questions. Après quelques semaines, il recevait d'Augustin lui-même le conseil de se rendre à Bethléem : saint Jérôme l'y instruirait mieux. Orose emportait en partant deux écrits, sur lesquels Augustin tenait à connaître la pensée du docteur de Bethléem. Le premier exposait les différentes opinions sur l'origine de l'âme et leurs difficultés, le deuxième discutait l'interprétation d'un texte où saint Jacques affirme [1] que celui qui enfreint un commandement les viole tous [2]. Mais Jérôme ne songeait plus qu'à barrer la route aux nouveaux hérétiques, dont quelques-uns [3] avaient entretenu avec lui d'amicales relations. C'était une raison de plus pour tâcher de les ramener. Il ne se souciait pas, tout en reconnaissant le grand talent et la doctrine éminente d'Augustin, d'affirmer à ce moment des divergences de pensée. Il importait de s'unir devant l'ennemi et de pousser à fond la lutte contre lui. C'est dans ce sens qu'il répondit [4]. Lui-même venait d'y prendre une part très active. Déjà plusieurs mois auparavant, il avait réfuté les idées pélagiennes sur l'*impeccance* et l'*apathie*, dans une longue lettre à Ctésiphon. Il y dénonçait comme précurseurs de l'hérésie, avec les philosophes, les manichéens, les gnostiques, Évagre du Pont et Rufin son disciple qui, par ses traductions, avait répandu le mal de l'*apathie* en Occident. Une longue parenthèse rappelait ses faux littéraires : l'Histoire des moines, les Sentences de Sixte, l'Apologie de Pamphile. Enfin il fallait

---

[1] *Jac.* II, 10.

[2] JÉRÔME, *Epist.* CXXXI et CXXII = AUGUSTIN, CLXVI et CLXVII. Sur Orose, voir la lettre CXXXI = CLXVI, 20 : « Religiosus iuvenis, catholica pace frater, aetate filius, honore compresbyter noster Orosius, vigil ingenio, paratus eloquio, flagrans studio... Docui hominem quod potui, quod autem non potui, unde discere posset admonui atque ut ad te iret hortatus sum. » Orose était déjà en Palestine, lors du synode de Jérusalem, en juillet 415 (*Apologeticus*, III ; PL, XXXI, 1176, B C ; édit. ZANGEMEISTER, CSEL, t. V, p. 606, 1).

[3] Voir note complémentaire M.

[4] *Epist.* CXXXIV = AUGUSTIN, CLXXII : « Virum honorabilem », en 416, probablement quand Orose regagne l'Espagne par l'Afrique, après la composition des *Dialogues*.

y compter aussi Jovinien. Il réfutait ensuite les idées pélagiennes, visant en particulier Célestius sans cependant le nommer. Il reprochait à la secte de chercher le secret, afin de pouvoir plus facilement troubler l'Église, tout en dissimulant ce qu'elle professait et au besoin en le niant. La fin de la lettre laissait prévoir un ouvrage plus considérable [1]. Celui-ci était déjà sur le chantier au mois de juillet de l'année 415 [2]. Jérôme le publia quelques semaines après, sous forme de dialogue. Un catholique et un pélagien y discutaient les diverses assertions formulées par les partisans de la nouvelle hérésie. Jérôme, tenant à montrer qu'il n'apportait au débat aucune arrière-pensée personnelle et à ruiner la réputation de jalousie que ses adversaires lui faisaient partout, comme si elle inspirait tous ses actes, prenait pour interlocuteurs deux personnages fictifs, un catholique Atticus et un hérétique Critobule. Il se contentait, dans l'exposé lui-même, d'allusions assez vagues aux divers représentants de l'hérésie, tout en réfutant directement le livre où, à l'exemple de saint Cyprien, Pélage avait recueilli, sous plus d'une centaine de titres, les textes scripturaires qu'il estimait favorables à ses erreurs [3]. Plus encore qu'au raisonnement, c'est à l'Écriture que Jérôme avait recours pour le réfuter. Il terminait par un rappel de certains traités de saint Augustin, dont il faisait le plus grand éloge et auquel il renvoyait comme ayant déjà présenté les meilleurs arguments. La modération dont il faisait preuve vis-à-vis des personnes était méritoire, car il avait une querelle personnelle à vider avec Pé-

---

[1] *Epist.* CXXXIII, en 414 : Orose y fait allusion dans son *Apologeticus*, IV (PL, XXXI, 1177, B; édit. ZANGEMEISTER, p. 608), et XI (*Ibid.* 1182, B, ou p. 619) : « Beatissimus pater Hieronymus in epistola ad Ctesiphontem. »

[2] C'est ce qu'affirmait Orose aux Pères du synode de Jérusalem (*Apologeticus*, *loc. cit.*) : « Hoc et beatus Hieronymus cuius eloquium universus Occidens sicut ros in vellus exspectat. Multi enim iam haeretici cum dogmatibus suis ipso oppugnante supplosi sunt, et in epistula sua quam nuper ad Ctesiphontem dedit, condemnavit. Similiter et in libro, quem nunc scribit, collata in modum dialogi altercatione confutat. » Texte du dialogue dans PL, XXIII, 495-590, *Dialogus adversus Pelagianos sub persona Attici et Critobuli haeretici*.

[3] Voir les fragments de cette œuvre de Pélage, recueillis par le P. Garnier dans son édition de Marius Mercator, Paris, 1673, p. 370 et suiv. (PL, XLVIII, 593-596: Diss. VI, de scriptis pro haeresi pelagiana, cap. I).

lage, à laquelle il fait allusion en d'autres traités [1]. Ce moine scot «nourri de bouillie grossière» avait attaqué certaines interprétations de Jérôme. Celui-ci lui reprochait de renouveler à son égard les accusations de Rufin d'Aquilée au sujet de son commentaire de l'épître aux Éphésiens, et les critiques, déjà réfutées, provoquées par son traité contre Jovinien, et tendant à le représenter comme condamnant le mariage. Pélage avait d'ailleurs des protecteurs haut placés, dont Jérôme regrettait l'aveuglement. Ainsi la famille de Démétriade, qui voyait en lui un père spirituel, et lui restait très attachée. Plus tard, à une de ces nobles maisons un malheur survint que Jérôme et ses correspondants signalent avec un certain mystère et où ils ne sont pas éloignés de voir un châtiment divin motivé par cette protection mal éclairée [2]. Quoi qu'il en soit, dans le commentaire sur Jérémie, auquel saint Jérôme s'appliquait en ce temps, qu'il s'agisse des préfaces aux six livres, composés à divers intervalles, ou de l'explication du texte, Jérôme se montre d'une énergie implacable contre la nouvelle hérésie. C'est l'attitude qu'il gardera jusqu'au bout. Il faut écra-

[1] Lire surtout la préface au livre I du *Comm. in Hieremiam* (PL, XXIV, 679).

[2] L'on a vu que Pélage écrivit à Démétriade, à l'occasion de sa prise de voile, une lettre fameuse, qui eut beaucoup de succès, sous le nom de saint Augustin ou de saint Jérôme. Je pense que c'est à la famille de Démétriade que fait allusion la lettre CXXXIII, 13, à Ctésiphon, à rapprocher de la lettre CLXXXVIII de saint Augustin, à Juliana (à la date de fin 417, ou début 418): «Illudque per te sanctae atque illustris domus conciliabulum precor atque commoneo, ne per unum aut, ut multum, tres homunculos suscipiant tantarum faeces haereseon aut, ut parum dicam, infamiam ut, ubi primum virtus et sanctitas laudabatur, ibi praesumptionis diabolicae et sordidissimae societatis turpitudo versetur sciantque se qui huiuscemodi hominibus opus suggerunt haereticorum multitudinem congregare et Christi hostes facere et nutrire adversarios eius frustraque aliud lingua praetendere cum manu sentire aliud comprobentur.» L'allusion à un malheur survenu est dans la lettre CXXXIX, à Apronius, de 417: «Eversam nobilem domum funditus doleo, et tamen quid in causa sit scire non potui, neque enim portitor litterarum nosse se dixit, unde dolere possumus pro amicis communibus et Christi qui solus potens et dominus est et eius clementiam deprecari, licet ex parte Dei mereamur offensam qui inimicos Dei fovemus.» La date de la lettre de saint Augustin ne permet pas de supposer qu'il puisse s'agir de la famille de Démétriade. Ce que dit le P. Garnier sur Démétriade elle-même (Diss. VI, ad a. 418; PL, XLVIII, 554), est du pur arbitraire: le silence de saint Augustin sur elle s'explique bien plus facilement par sa jeunesse. Déjà à l'occasion de la prise de voile, c'est avec la mère et la grand'mère qu'il avait correspondu.

ser ce nouveau monstre avec la massue spirituelle. Sous une nouvelle forme revient l'hérésie origénienne déjà réfutée. Cette manifestation diabolique ne doit point effrayer, mais exciter à la résistance. Il faut affronter hardiment les dangers de toute sorte et briser si c'est nécessaire les vieilles amitiés, car il vaut mieux obéir à Dieu qu'aux hommes [1].

Jérôme n'assista point au concile de Jérusalem, où Pélage comparut devant les évêques de Palestine (juillet 415); mais sa pensée y guidait Orose remplissant, sur l'invitation même des Pères, le rôle de défenseur de la foi catholique [2]. Au synode de Diospolis (20-26 décembre 415) il n'était pas présent davantage ni Orose non plus. Il le qualifiait plus tard de « lamentable » et c'est sans doute aux équivoques dont ce fut l'occasion qu'il faisait allusion, en écrivant peu après à saint Augustin: « Il faut agir pour que l'hérésie si pernicieuse soit chassée des églises. Elle simule toujours le repentir pour obtenir la faculté de continuer son enseignement, car si elle se faisait voir en pleine lumière, expulsée, aussitôt elle mourrait [3]. » C'était ce qui venait de se passer. Grâce à leurs subterfuges, les hérétiques avaient été absous, mais l'hérésie était condamnée. Les publications de Jérôme achevaient de faire la lumière et d'assurer à l'orthodoxie la victoire.

II

Dès ce moment, tout en ayant l'œil ouvert sur les menées pélagiennes [4], Jérôme s'apprêtait à continuer ses autres travaux,

[1] Voir surtout la préface du livre III (PL, XXIV, 757-758; édit. REITER, p. 150-151) et celle du livre IV (*Ibid.* 793-795 et p. 220-222). On ne sait au juste qui est visé par ce rappel de l'amitié.

[2] Orose se réfère à lui (*Apologeticus*, IV; PL, XXXI, 1176, B C; édit. ZANGEMEISTER, p. 608).

[3] *Epist.* CXXXIV, 1, en 416.

[4] Le P. Garnier a imaginé de son cru le texte suivant, dans sa reconstitution de la lettre de Pélage au pape Innocent I, il écrit : « Haec presbyter Hieronymus qui mihi tamquam aemulo invidet, haec alter iuvenis ex Africa submissus ab inimicis (Orose), haec episcopi duo de suis sedibus merito in Galliis eiecti (Héros et Lazare, ses accusateurs au synode de Diospolis) obicere non cessant » (PL, XLVIII, 610, B).

dans des conditions d'ailleurs de plus en plus défavorables. Augustin avait dû renouveler par l'intermédiaire d'Orose, sa demande ancienne de recevoir l'édition revisée des Septante; Jérôme en était réduit à lui répondre : « Dans ce pays nous souffrons d'une grande pénurie de scribes latins. Nous ne pouvons donc satisfaire à votre demande, surtout en ce qui concerne l'édition des Septante avec les astérisques et les obèles; une grande partie de ce travail, par la fraude de quelqu'un, a été perdue [1]. » Ses adversaires pélagiens, furieux de leur défaite, résolurent de la lui faire payer cher. Ne pouvant le réfuter, ils tâchèrent de le supprimer.

En été ou en automne de l'année 416, une bande de moines palestiniens, appartenant à ce parti, s'abattit en armes sur les monastères dirigés par Jérôme : religieux et religieuses n'échappèrent à la mort qu'en se réfugiant dans les tours construites en vue des incursions bédouines. Il y eut un diacre tué. Les bâtiments furent incendiés [2]. Pendant quelque temps Jérôme et les siens durent chercher ailleurs un abri précaire [3]. Le bruit de ces faits, sur lesquels nous n'avons pas d'autres détails, parvint jusqu'en Occident et y suscita une vive émotion. Tandis qu'en Afrique Augustin et ses collègues se demandaient quelles mesures de réparation allaient prendre les évêques de Palestine, le pape Innocent I, bien qu'imparfaitement renseigné, par l'intermédiaire d'Aurélien de Carthage et peut-être aussi directement par Eustochium, s'empressa d'intervenir énergiquement auprès de Jean de Jérusalem :

---

[1] *Epist.* CXXXIV, fin.

[2] AUGUSTIN, *De gestis Pelagii*, LXVI (PL, XLIV, 358; édit. ZYCHA, p. 121-122) : « De his autem quae post hoc iudicium (Diospolis) ibi nescio quo perditorum qui valde in perversum perhibentur Pelagio suffragari, incredibili audacia perpetrata dicuntur, ut Dei servi et ancillae ad curam sancti Hieronymi presbyteri pertinentes sceleratissima caede afficerentur, diaconus occideretur, aedificia monasteriorum incenderentur, vix ipsum ab hoc impetu atque incursu impiorum, in Dei misericordia, turris munitior tueretur, tacendum nobis potius video et exspectandum quid illic fratres nostri episcopi de his tantis malis agendum existiment, quibus eos dissimulare posse quis credat ? » — Voir aussi les lettres d'Innocent I qui vont être citées et les lettres CXXXVIII et CXXXIX de saint Jérôme.

[3] *Epist.* CXXXVIII.

« Dévastations, meurtres, incendies, tous les forfaits d'extrême démence, les très nobles vierges Eustochium et Paula déplorent que le diable les ait perpétrés dans le domaine de leur église. Elles ne nomment ni l'auteur ni le motif, mais il n'y a pas de doute sur celui qui l'a commis. Ta fraternité aurait dû veiller avec plus de sollicitude sur ton troupeau, pour empêcher de pareils événements. Le danger d'autrui met en cause ta négligence. Le troupeau du Seigneur, de telles brebis, dépouillées par les armes et la persécution, restées sans défense après qu'on a assommé et tué leurs gens, vivent à grand'peine, à ce que nous entendons dire. Ta piété épiscopale n'est point émue que le diable ait sur toi et les tiens une telle puissance ? Sur toi, dis-je, car la gravité épiscopale est mise en cause par un pareil forfait, accompli dans l'Église. Où sont tes précautions, ou en tout cas, s'il y a eu surprise, les secours et les consolations, puisqu'elles déclarent avoir plus à redouter qu'elles n'ont à se plaindre de ce qu'elles ont souffert ? Je prendrais une décision plus importante si elles m'avaient parlé plus clairement. Garde-toi, frère, des embûches de l'antique ennemi et veille avec l'esprit d'un bon supérieur, pour que ces actes apportés jusqu'à nous par la renommée plutôt que par une accusation formelle, soient corrigés ou réprimés, sinon le droit ecclésiastique aurait à mettre en cause la responsabilité de celui qui n'a point assuré la défense des opprimés [1]. »

En même temps, il écrivait à saint Jérôme [2] pour lui exprimer son regret de n'être pas mieux informé afin d'agir immédiatement. « Pas de nom ni d'accusations. Ce que nous pouvons c'est compatir. Si tu déposes une accusation claire et formelle à l'égard de quelques personnes, ou j'assignerai des juges compétents, ou si quelque chose de plus urgent et de plus pressant peut être fait, je n'y mettrai point de retard, fils très cher. » Il le mettait également au courant de sa semonce à l'évêque Jean [3].

---

[1] JÉRÔME, *Epist.* CXXXVII (JAFFÉ, 325), en février 417 (VALLARSI). Jean était mort le 10 janvier 417, d'après Garnier ; je ne sais où il a pris cette date précise que lui empruntent les historiens. Cette année-là son successeur Praylos écrivait à Rome en faveur de Pélage.

[2] JÉRÔME, *Epist.* CXXXVI, même date (JAFFÉ, 326). Le début de la lettre est assez mystérieux. On dirait qu'Innocent reproche à Jérôme d'avoir usé de ménagements, dans la lutte contre l'hérésie, au lieu de couper immédiatement dans le vif.

[3] Il y a encore une courte lettre d'Innocent I à l'évêque de Carthage Aurelius, par qui lui avait été transmise la plainte de Jérôme (JÉRÔME, *Epist.* CXXXV ; JAFFÉ, 327). Ces trois lettres doivent être reportées à l'année 417, parce que la lettre synodale de Carthage, fin 416, ignore ces faits, tout en louant le zèle de

Jérôme oubliant dans la circonstance ses maux personnels, était tout entier à la joie de la victoire sur l'hérésie et à souffler l'énergie à ses compagnons d'armes. Si les nouvelles venues d'Occident, où se manifestait une certaine hésitation dans l'attitude d'Innocent d'abord, puis de Zosime [1], le troublaient un peu, pour l'Orient il était satisfait :

« Sache qu'en cette province ce n'est point par des moyens humains, mais par la sentence du Christ qu'a été chassé non seulement de la ville mais du territoire de la Palestine, Catilina. Nous regrettons beaucoup qu'avec Lentulus bien des conjurés soient restés qui s'attardent à Joppé. Pour nous il nous a paru meilleur de changer de local, plutôt que de foi, et de perdre les bâtiments et la commodité de notre demeure, plutôt que de nous souiller par la communion de ceux avec qui actuellement il fallait ou céder ou faire tous les jours la guerre, non avec la langue mais avec le glaive. Ce que nous avons souffert et le châtiment infligé par la main souveraine du Christ, en notre faveur, à l'ennemi, tu as dû l'apprendre par la renommée universelle. Je t'en prie, achève l'œuvre commencée, ne permets pas qu'en ta présence, l'Église du Christ reste sans défenseur... Ce n'est point avec les forces corporelles,mais avec la charité du cœur qu'il faut combattre, elle est invincible. »

Ainsi écrivait-il à Riparius [2].

On devine avec quelle sympathie il suivait les tenaces et cou-

---

saint Jérôme. Peut-être les détails donnés par saint Augustin dans le *De gestis Pelagii* (417) étaient-ils empruntés à la lettre de Jérôme à Aurelius. C'est par l'intermédiaire de ce dernier qu'Innocent I fait aussi parvenir sa réponse à Jérôme.

[1] Voir le résumé de PORTALIÉ, art. *Augustin*, dans DTC, t. I, 2281-82.

[2] *Epist.* CXXXVIII. Jérôme fait allusion à l'expulsion de Pélage que Marius Mercator (*Commonitorium super nomine Caelestii*, édit. BALUZE, p. 139; édit. GARNIER, PL, XLVIII, 100-101), rapporte ainsi : « Sed postmodum evidenter deprehensus (Pelagius) insistentibus accusatoribus, a posteriore synodo, cui sanctae memoriae Theodotus Antiochiae praesedit episcopus, atque detectus a sanctis quoque ac venerabilibus Hierosolymorum locis est deturbatus, eiusdemque sancti Theodoti ad reverentissimum urbis Romae episcopum et sanctae recordationis Prayli Hierosolymitani episcopi missa scripta testantur, quorum exemplaria ad documentum habemus in manibus. » Le synode semble avoir passé inaperçu depuis en Occident. Garnier le date d'octobre 417 (PL, XLV, 344-346; diss. II, 10). Cela semblerait un peu tôt, si l'on considère que Zosime a tardé plusieurs mois encore à condamner Pélage et Celestius; mais d'autre part il ne doit guère s'être passé plus d'un an depuis l'attentat contre Jérôme, car Riparius et lui s'écrivaient au moins une fois par an (*Epist.* CLI). La lettre doit être de fin 417. Catilina est Pélage; on ignore qui est Lentulus.

rageux efforts de saint Augustin pour tenir tête à l'hérésie, éclairer Rome et démasquer les ruses des pélagiens. De Bethléem il l'encourageait et applaudissait à son œuvre. C'était l'athlète arrivé au terme de la carrière qui voyait avec joie batailler à ses côtés celui qui continuerait la lutte sans défaillance, et avec le même succès. Il lui écrivait en 416, en lui renvoyant le prêtre Orose [1] : « J'ai résolu de t'aimer, de t'approuver, de te cultiver, de t'admirer, de défendre tes écrits, comme les miens propres. Dans le *Dialogue* que je viens de publier, j'ai fait mention de ta Béatitude, comme il convenait. » Plus tard au moment sans doute où le pape Zosime, trompé par Celestius, paraissait favorable aux novateurs, il lui mandait encore [2] :

« Toujours j'ai eu pour ta Béatitude l'honneur et la vénération que tu mérites, et j'ai aimé notre Sauveur qui réside en toi, mais maintenant, si c'est possible, nous ajoutons encore à ce comble, nous complétons ce qui est plein et ne laissons passer même une heure sans parler de toi. Contre ces vents agités, avec l'ardeur de la foi, tu as résisté, tu as préféré en ce qui te concerne être seul à te libérer de Sodome plutôt que de rester avec ceux qui périssaient. Ta prudence comprend ce que je dis. Courage! L'univers t'exalte. Les catholiques vénèrent et admirent en toi le restaurateur de la foi antique, et, signe de gloire plus importante, tous les

---

[1] *Epist.* CXXXIV, postérieure au *Dialogue*, publié fin 415, allusion tacite à l'attitude de Pélage aux deux synodes (*Ibid.*, I) : « Simulat paenitentiam. »

[2] *Epist.* CXLI = AUGUSTIN, CXCV, en 418. Une lettre, CXLII, avant la mort d'Eustochium, de contenu assez énigmatique, au début et à la fin, semblerait être plutôt de 416, avant l'attentat, mais après le synode de Diospolis qui, tout en absolvant les personnes, condamnait l'erreur : « Multi utroque claudicant pede et ne fractis quidem cervicibus inclinantur, habentes affectum erroris pristini cum praedicandi eamdem non habeant libertatem. » Ceci pourrait faire penser à la condamnation de 418, mais la fin paraît s'y opposer : « Capta Hierusalem tenetur a Nabuchodonosor nec Hieremiae vult audire consilia quin potius Aegyptum desiderat ut moriatur in Taphnes et ibi in servitute pereat sempiterna. » Cette allusion m'échappe : s'agit-il de Jean de Jérusalem ou de Praylos ou de Rome et de Zosime? L'ordre du texte dans le manuscrit le plus ancien (Scorialensis P de Hilberg) semble être le véritable : la phrase « Capta... sempiterna » vient tout au début et les salutations à la fin. Les Mauristes éditeurs de saint Augustin rapportent cette lettre (AUGUSTIN, *Epist.* CXXIII) à la fin de l'année 410 et y voient de préférence une allusion non à Jérusalem mais à Rome prise par Alaric. Vallarsi veut que cette lettre ne soit qu'un appendice de la précédente CXLI, contre toute évidence, à cause des salutations différentes dans les deux lettres. Cependant deux manuscrits de Vendôme, vus par les Mauristes, unissent les deux par la phrase : « Iam post subscriptionem. Multi, etc. »

hérétiques te détestent. Ils me poursuivent d'une haine pareille, et, ne pouvant nous atteindre de leurs glaives, ils nous massacrent par le désir.»

III

Dans ce triomphe de la foi catholique, et ce zèle de ses défenseurs qu'il ne cessait d'encourager, saint Jérôme trouvait une consolation à de lourdes épreuves domestiques et personnelles. Avec les infirmités ordinaires de la vieillesse, des maladies fréquentes paralysaient son activité. Un nouveau deuil, le plus douloureux qui pût l'atteindre alors, vint le frapper. Eustochium et Paula avaient eu la joie de voir et peut-être d'abriter quelque temps à Bethléem cette « communauté de Pinien », que l'invasion d'Alaric avait forcée de chercher refuge en Sicile d'abord, où elle avait fermé les yeux à Rufin, puis en Afrique. Maintenant Albina et ses enfants, Pinien et Mélanie, venaient d'arriver en Orient où ils s'installaient définitivement. Ils ne gardèrent point rancune à celui qui avait tant maltraité Rufin et la grande aïeule. Ils nouèrent des relations avec leur cousine, la petite-fille de Paula et Eustochium [1]. Ce fut pour Jérôme et pour elles dans l'épreuve un réconfort et une joie. Le cercle romain se reformait, dans l'entente complète, à la recherche des biens spirituels. Hélas ! le bonheur humain, même le plus élevé, est fragile. Eustochium subitement tomba malade et fut emportée en quelques jours. On était encore en pleine épreuve. « C'est dans l'ardeur du témoignage, qu'elle s'est endormie, écrivait Jérôme. Elle a préféré abandonner ses intérêts et sa maison et souffrir l'exil, plutôt que de se souiller de la communion avec les hérétiques [2]. »

---

[1] Toutefois Eustochium n'est point mentionnée dans les documents (*Epist.* CXLIII, postérieure à sa mort, et *Vie* de Mélanie par Gerontius). Lire GOYAU, *Sainte Mélanie*, chapitre V.

[2] *Epist.* CLIV, ad Donatum, éditée d'abord par le P. Antolin, puis par dom De Bruyne (*Revue Bénédictine*, t. XXVII, 1910, p. 5-6) : « In ipso confessionis ardore sciatis spiritum reddidisse libentiusque habuit et rem familiarem et domum suam dimittere et honorata (HILBERG, d'après Engelbrecht; onera et: DE BRUYNE) exsilia sustinere quam haereticorum communione maculari. » Pour *confessio*, il s'agit non de profession de foi qu'elle aurait émise au moment de mourir, mais de support de la persécution, comme les *confessores* de jadis. La lettre est de 419.

Ce coup inattendu accabla Jérôme. C'était tout le passé qui disparaissait, avec sa fille spirituelle, et un avenir incertain et difficile qu'elle lui léguait. Pauvre Paula restée seule avec l'inexpérience et la faiblesse de ses vingt ans, pour diriger le monastère fondé par son aïeule[1] ! Jérôme sentait combien lourdes allaient peser sur ses épaules les charges et les responsabilités. Lui qui jusqu'ici avait été aidé de toutes manières et pouvait se reposer sur ses collaboratrices des soucis matériels, aurait maintenant à faire face à tout : à la direction des âmes et aux nécessités corporelles, quand les circonstances rendaient plus dures encore les conditions de la vie. Les courts billets qu'il écrit alors nous font confidence de ses tristesses, de ses préoccupations, mais aussi de la force d'âme qu'il puisait dans sa foi et son zèle pour la vraie doctrine. Puisque ce sont les dernières lignes tombées de cette plume longtemps si active, il importe de les recueillir avec la piété filiale dont on entoure les recommandations suprêmes :

« C'est une grande joie, écrivait-il en 418 à Riparius[2], que m'a apportée la venue du saint et vénérable prêtre Innocentius. Il m'a remis tes lettres et m'a fait connaître de vive voix la ferveur chaleureuse de ta foi.

[1] Jérôme pousse en son nom un cri de détresse (*Epist.* CXLIII, 2) : « Neptis vestra (Alypius et Augustin) Paula miserabiliter deprecatur ut memores eius sitis. » Elle était née au plus tard en 400.

[2] *Epist.* CLII (édit. HILBERG ; DE BRUYNE, *Revue Bénédictine*, 1910, p. 10) ; la mention de Julien montre que la lettre est postérieure à l'été de 418, date de la *Tractoria* du pape Zosime, qui provoqua la révolte de Julien : « Furore Iuliani et sociorum eius », c'est-à-dire des dix-sept évêques qui signent avec lui la lettre de protestation. L'identification de ce Riparius avec celui qui était intervenu à plusieurs reprises à l'occasion de Vigilance semble appuyée par l'identité de nom, et l'énumération de la lettre CLI qui commence par les Gaules. On peut objecter qu'il paraît s'agir ici non plus, comme du temps de Vigilance, d'un prêtre attaché à une paroisse déterminée, mais d'un moine, d'ailleurs de situation distinguée, prêtre sans doute (Dignationi tuae, domne venerande, etc.), changeant de résidence, au point que ces changements gênent les relations épistolaires. Il habite Rome, au moins par intervalles, et paraît avoir fait son affaire de la lutte contre le pélagianisme dans les divers pays. La raison principale contre l'identification, je la tirerais de la phrase (*Epist.* CLI, 2), où Jérôme écrit : « Coeptas in Christo amicitias mutuis epistulis frequentemus. » On ne comprendrait guère cette façon de parler si son correspondant était en relation avec lui depuis près de quinze ans. L'objection n'est pas cependant absolument sans réplique, car on peut admettre que les relations de 404 et 406, assez occasionnelles, avaient cessé et n'ont repris qu'après 415, en vue de la lutte contre le pélagianisme. C'est cependant peu probable.

La fureur de Julien et de ses compagnons, les inepties de Pélage et les bavardages de Celestius n'ont pas à te donner grand souci. L'un blasphème avec sa propre loquacité, l'autre mendie ses expressions. Leurs écrits que j'ignore ne m'émeuvent point. Je sais qu'ils sont dépourvus de sagesse et d'éloquence et surtout de la connaissance des saintes Écritures qui sont le rempart de la foi, le droit du for ecclésiastique, et notre autorité des anciens. S'ils écrivent et si cela me tombe entre les mains, sans forfanterie, mais en me mettant au niveau de leur sottise, j'espère pouvoir réfuter tous ces volumes soignés, avec le même verbiage et peut-être en une seule séance de travail et de dictée. M'exhorter à composer, c'est imposer au vieux petit âne une lourde charge. La vivacité d'esprit et les forces corporelles m'ont complètement abandonné, par suite de mes continuelles maladies. »

L'année suivante il lui écrivait encore [1] :

« Ta vaillance dans les combats contre les hérétiques et ta victoire dans les batailles du Seigneur m'ont été rapportées par beaucoup d'arrivants. Non seulement les Gaules et l'Italie, mais la ville la plus célèbre de Palestine est souillée de leurs fraudes et de leurs parjures. Ils avaient un patron et un associé de leur maître que le Seigneur Jésus a tué de son souffle, montrant par un exemple combien il est dangereux de résister à la foi catholique et de chercher à renverser les fondements de l'Église. Je ne puis savoir où doit résider ta Sainteté, si elle est encore à Rome. Que notre rare correspondance au cours de chaque année, ne cesse point, mais qu'un échange de lettres active l'exercice de nos amitiés commencées dans le Christ. La dormition soudaine de la sainte et vénérable vierge Eustochium nous a tout à fait contristé et a presque changé notre manière de vivre, car en plus nous ne pouvons pour bien des choses réaliser nos désirs et l'ardeur de l'esprit est mise en échec par l'infirmité de la vieillesse. Les saints frères qui sont avec moi te saluent beaucoup. Je te recommande mon saint fils le diacre Théon et te prie de m'écrire familièrement tes occupations et ta situation actuelle et où tu comptes résider. »

Sur ces entrefaites le prêtre Innocentius revenait à Bethléem,

[1] *Epist.* CLI (édit. HILBERG ; DE BRUYNE, *Revue Bénédictine*, 1910, p. 3), en 419. Il est difficile de savoir à qui Jérôme fait allusion par ce *patronum et consortem magistri sui*. Il ne semble pas qu'il puisse être question de Jean de Jérusalem mort depuis deux ans, en 417, sans que rien laisse entendre (Théodoret au contraire le proclame *θαυμάσιον*, HE, V, 37 ; PG, LXXXII, 1269) D ; édit. PARMENTIER, V, 38, p. 342) que cette mort ait eu le caractère d'un châtiment divin. Le fait que la lettre est portée par Théon et non par Innocentius qu'elle ignore, montre bien que la lettre CLI est antérieure de quelques semaines au moins à celle où il est question pour la seconde fois d'Innocentius.

rapportant des nouvelles et des lettres d'Afrique et de Rome, où Boniface, après de laborieuses difficultés, avait fini par assurer son élection, après la mort du pape Zosime, contre son compétiteur Eulalius. Il avait voulu lui-même informer Jérôme de son accession au souverain pontificat. En même temps, un certain Donat lui faisait part de ses appréhensions au sujet du nouveau pape. Il se plaignait qu'il ne fût pas assez ferme contre l'hérésie. Jérôme, encore sous le coup de la mort récente d'Eustochium, répond à ces divers correspondants. Il s'efforce de rassurer Donat[1] :

« Il est écrit : *Nombreux sont les tourments des pécheurs* (Ps. XXXI, 10). Nous affirmons que c'est à bon droit que nous les avons supportés et les supportons, pourvu qu'ils nous soient utiles pour notre salut à venir. Que les cœurs hérétiques soient impossibles à purifier, je l'atteste moi qui ai résolu de ne jamais croire à leur repentir. Ils simulent la charité pour que ceux qu'ils n'ont pu tuer par leurs inimitiés succombent par leurs fausses amitiés. Leurs cœurs sont remplis de poison et, comme tu le dis excellemment, ni l'Éthiopien ne peut changer de peau ni la panthère perdre ses taches. Nous croyons cependant que mon saint et vénérable Seigneur, l'évêque Boniface, les déracinera par l'esprit du Christ. Il faut lui être indulgent si, à ses débuts, il leur offre la charité et, par sa clémence et sa mansuétude, s'efforce de sauver des gens réellement incurables. Je dirai franchement mon avis : à ces hérétiques il faut appliquer le mot de David : *Au matin je massacrais tous les pécheurs de la terre* (Ps. C, 8). Il faut les détruire, les occire spirituellement, oui les retrancher avec l'épée du Christ, eux que les emplâtres et les émollients ne peuvent ramener à la santé. »

Et après avoir rappelé la mort d'Eustochium, en pleine persécution pour la foi, il ajoute :

« Salue de ma part dans le Seigneur mon fils Mercator et avertis-le de montrer l'ardeur de sa foi, de détester ceux qui sont souillés de quelque soupçon d'hérésie pélagienne ; surtout salue, je t'en prie, mes saints fils : Marc, Januarius, Primus, Restitutus, Trajanus, tous mes compagnons d'armes. La perte d'autrui a été leur propre salut. Pour moi, accablé par la tristesse et par l'âge, brisé par de fréquentes maladies, c'est à peine si j'ai pu proférer ces quelques paroles. »

---

[1] *Epist.* CLIV (édit. HILBERG ; DE BRUYNE, *ibid.* p. 5-6).

Au pape Boniface, il manifeste sa joie des nouvelles reçues [1] :

« Au très bienheureux pape Boniface, Jérôme.

« Quelle joie l'ordination de ton pontificat connue par le saint prêtre Innocentius et par ta lettre qu'il m'a remise m'a apportée, ta Révérence ne peut le mettre en doute, puisque depuis longtemps une mutuelle affection nous unit et que nous avons commencé de nous aimer avant de nous connaître. L'homme intérieur est si intimement uni qu'il n'aperçoit pas ce qu'a perdu l'homme extérieur. Ce seul événement a adouci notre douleur pour la dormition de la sainte et vénérable vierge du Christ Eustochium. Cependant cela ne diminue pas notre tristesse de la voir privée de la grande joie que nous éprouvons. Si elle était encore en vie, comme elle exulterait en apprenant cette nouvelle ! Quelles prières et actions de grâces pour demander au Christ sa clémence, en apprenant que son saint et vénérable père est l'héritier du siège apostolique ! La petite Paula qui a été élevée dans tes bras, elle qui représente Laeta, de sainte et vénérée mémoire, pèse maintenant sur nos épaules. Ce fardeau pourrons-nous le porter ? Le Seigneur le sait, lui à qui l'avenir n'échappe point. En nous il n'y a de ressource que la bonne volonté, prouvée non point par l'effet, mais par le désir. Je prie ta Révérence de nous compter toujours parmi les tiens et de croire que nous jouissons comme d'un bien propre de la promotion et de l'honneur de ta Révérence. Certes le saint et vénérable prêtre Innocentius pourra indiquer à ta Béatitude combien, en pleine tristesse, nous avons éprouvé de joie et comment, si c'était possible, nous désirerions t'embrasser. »

Un post-scriptum donnait satisfaction aux désirs de Donat, en ajoutant :

« De ma propre main j'écris ceci pour ta Béatitude : Que les hérétiques sentent que tu es hostile à leur perfidie. Qu'ils te détestent. Les catholiques t'en aimeront davantage. Exécute et fais aboutir la sentence de tes prédécesseurs. Ne souffre point qu'ils gardent le nom d'évêques ceux qui patronnent les hérétiques et frayent avec eux. »

Vers le même temps, Apronius recevait cet autre bulletin de campagne :

« Dieu soit remercié de te savoir sauf et tout ardent de foi, parmi les tentations diaboliques. C'est ma joie d'apprendre dans le Christ que mes fils combattent. Daigne confirmer en nous ce zèle Celui en qui nous croyons, de sorte que nous versions volontairement notre sang pour la

---

[1] *Epist.* CLIII (édit. Hilberg ; De Bruyne, *Revue Bénédictine*, 1910, p. 4-5).

foi... Tu agiras excellemment si, laissant toutes choses, tu gagnes l'Orient et en particulier les Saints-Lieux. Ici tout est tranquille. Ils ont gardé dans le cœur tout leur venin, mais ils n'osent ouvrir leur bouche impie... Notre maison, pour les ressources matérielles, a été complètement ruinée par les persécutions des hérétiques, mais, par la faveur du Christ, elle est pleine de richesses spirituelles. Il vaut mieux n'avoir que du pain à manger que perdre la foi. [1] »

Une dernière lettre était adressée à ses chers amis d'Afrique Alypius et Augustin [2]. C'était à la fois le chant du cygne de l'amitié, le cri de victoire, le souhait de repos du brave, dont la tâche est finie et qui sait que d'autres sont là pour assurer la relève, avec la défense :

« Le saint prêtre Innocentius qui vous porte ce mot, ne devant point, l'année dernière, revenir en Afrique, n'avait pas pris mes lettres pour vous. Pourtant nous remercions Dieu qu'il en ait été ainsi, puisque notre silence a été surmonté par vos lettres. Pour moi toute occasion m'est très agréable qui s'offre d'écrire à vos Révérences. Dieu m'est témoin que si c'était possible, prenant les ailes de la colombe, j'irais m'enfermer dans vos embrassements, en tout temps, vu le mérite de vos vertus, maintenant surtout, parce que votre coopération et votre initiative ont jugulé l'hérésie de Celestius. Elle avait tellement infecté les cœurs de beaucoup que, se voyant vaincus et condamnés, ils conservent encore le venin de leurs âmes et ne pouvant autre chose, nous détestent, nous qu'ils rendent responsables de la perte de leur liberté pour enseigner le mal.

« Vous me demandez si j'ai répondu aux livres d'Annianus [3], le faux diacre de Célada, qui se repaît abondamment pour fournir aux blasphèmes d'autrui des paroles vaines. Sachez que ces livres m'ont été envoyés en feuilles par le saint frère Eusèbe, il y a peu de temps. Depuis lors les maladies se succédant, puis la dormition de votre sainte et vénérable fille Eustochium, m'ont fait tant souffrir que je les ai presque dédaignés. Il se retourne toujours vers le même bourbier, et sauf des mots sonores et empruntés, il n'y a rien. C'est cependant un grand résultat qu'en tâchant de répondre à ma lettre, il se découvre plus ouvertement et rend manifestes à tous ses blasphèmes. Tout ce qu'il (Pélage) prétend avoir nié

---

[1] *Epist.* CXXXIX. Il doit s'agir du second voyage d'Innocentius, auquel fait allusion la lettre CXLIII, qui est de 419. Voir la chronologie, t. II, p. 61-62.

[2] *Epist.* CXLII.

[3] Voir sur ce collaborateur de Pélage la notice de Garnier (Diss. I, 7 ; et VI, 5 ; PL, XLVIII, 298-305, et 626-630). On sait qu'il a traduit plusieurs ouvrages de saint Jean Chrysostome.

dans ce lamentable synode de Diospolis, il l'affirme dans cet ouvrage. Ce n'est pas difficile de répondre à ses très ineptes balivernes. Si Dieu me donne vie et si j'ai suffisance de scribes, en quelques séances de travail je lui répondrai, moins pour réfuter une hérésie enterrée que pour mettre en relief son impéritie et ses blasphèmes. Votre Sainteté le ferait encore mieux. Nous ne serions pas obligés ainsi de louer contre un hérétique notre propre travail. Nos saints fils communs, Albina, Pinien et Mélanie, vous saluent très fort. Cette courte lettre je vous la fais porter de la sainte Bethléem par le saint prêtre Innocentius. Votre petite fille Paula vous demande avec larmes de vous souvenir d'elle et vous salue beaucoup. En bonne santé et vous souvenant de moi, mes Seigneurs, que la clémence du Christ vous protège, Seigneurs vraiment saints et Pères vénérables par l'affection universelle. »

A quelque temps de là [1], probablement le 30 septembre 419, fortifié par les prières de sa communauté, le vieux moine était à son tour appelé à la récompense et à la paix éternelles. Lui qui avait conservé pour la postérité le souvenir de tant de chères figures chrétiennes ne trouva point, pour le faire revivre ou seulement raconter ses derniers jours, une plume amie. Du moins le temps ne nous a-t-il rien conservé. Seul un tombeau, placé non loin de celui de Paula, rappelait aux pèlerins son souvenir [2].

Mais il est de ceux à qui leurs œuvres suffisent. Tandis que des biographies tardives déformaient sa légende, sa grande figure en même temps que son œuvre s'imposaient à tous dès le lendemain de sa mort, et son autorité n'a fait que croître. C'est elle qui inspire le décret gélasien. Précisément parce qu'il n'a pas cherché

---

[1] Il n'y a pas à retenir le détail légendaire, apparaissant pour la première fois dans la vie tardive *Hieronymus noster* (PL, XXII, 183) : «Tanta denique lassitudine fatigatus est ut etiam in stratu suo iacens, funiculo trabe suspenso, supinisque manibus apprehenso erigeretur. » Le passage qui précède immédiatement ce texte est d'ailleurs altéré et doit être reconstitué à l'aide des passages parallèles dans les autres vies. Voir note complémentaire T. Sur la date de la mort, cfr la chronologie.

[2] *Itinéraire d'Antonin* (édit. GEYER, XXIX, dans CSEL, t. XXXIX, p. 178), amplifié dans la seconde recension (*Ibid.* p. 209) : « Hieronymus presbyter in ipso ore speluncae ipsam petram sculpivit et monumentum sibi fecit ubi et positus est. » Sur ses reliques et son culte, voir le *Commentarius* (§ LXIV-LXXVI) de STILTING dans les *AA. SS.*, 29 Septembris, t. VIII de septembre, p. 633-663 (Anvers 1762).

à faire œuvre doctrinale personnelle, parce qu'il n'a voulu être que l'écho de la tradition, on viendra de siècle en siècle lui demander des exemples et un esprit plus encore que des enseignements. Par la Bible latine, il est le grand messager de la vérité; par son œuvre d'exégèse, il inculque la nécessité du labeur assidu et probe, ne reculant devant aucune fatigue pour s'assurer la possession du vrai. En face de ceux qui représentent la spéculation, il est le modèle des érudits, s'attachant à tirer des textes les richesses que seuls peuvent y remarquer et y découvrir des yeux attentifs. Par-dessus tout il reste l'homme de l'orthodoxie, le *vir ecclesiasticus* qu'il a souvent loué, à qui rien n'est plus cher que d'être pleinement d'accord, de pensée et d'attitude, avec l'Église romaine. Le catholicisme lui sut et lui sait gré de tout cela. Il lui pardonne volontiers les quelques ombres que projettent sur son énergique profil les aspérités de son caractère et les outrances de son tempérament. C'est qu'il fut aussi un rude saint.

Dans un siècle où déjà la mondanité cherchait à envahir l'Église, il fut le défenseur incorruptible et plus encore le fervent adepte, conséquent avec lui-même, de cet ascétisme qui était l'application aux mœurs de cet âge des maximes de la perfection évangélique. Détaché des biens et des joies de ce monde, austère, ardent au travail et à la prière, exclusivement soucieux des intérêts de Dieu, sacrifiant tout à l'amour du Christ, voilà ce qu'il voulut être et ce que, en dépit des trébuchements de la faiblesse humaine, plus prompte à découvrir l'idéal qu'à le réaliser, il a réellement été. Il a réuni en lui d'une façon admirable le savant et le saint, fait vivre en une merveilleuse harmonie la culture antique et la Bonne Nouvelle, déployé une personnalité puissante dans la fidélité sans tache à l'orthodoxie. Par ses œuvres il est devenu l'éducateur des générations successives, comme par ses exemples il leur indiquait le chemin. La chrétienté lui en a toujours été reconnaissante. Plus que jamais, de nos jours, pasteurs, fidèles, hommes de science et hommes de goût peuvent rivaliser dans la ferveur de son culte et la fidélité à son souvenir.

TABLE ANALYTIQUE DES MATIÈRES